# Culinaria – Naturkost

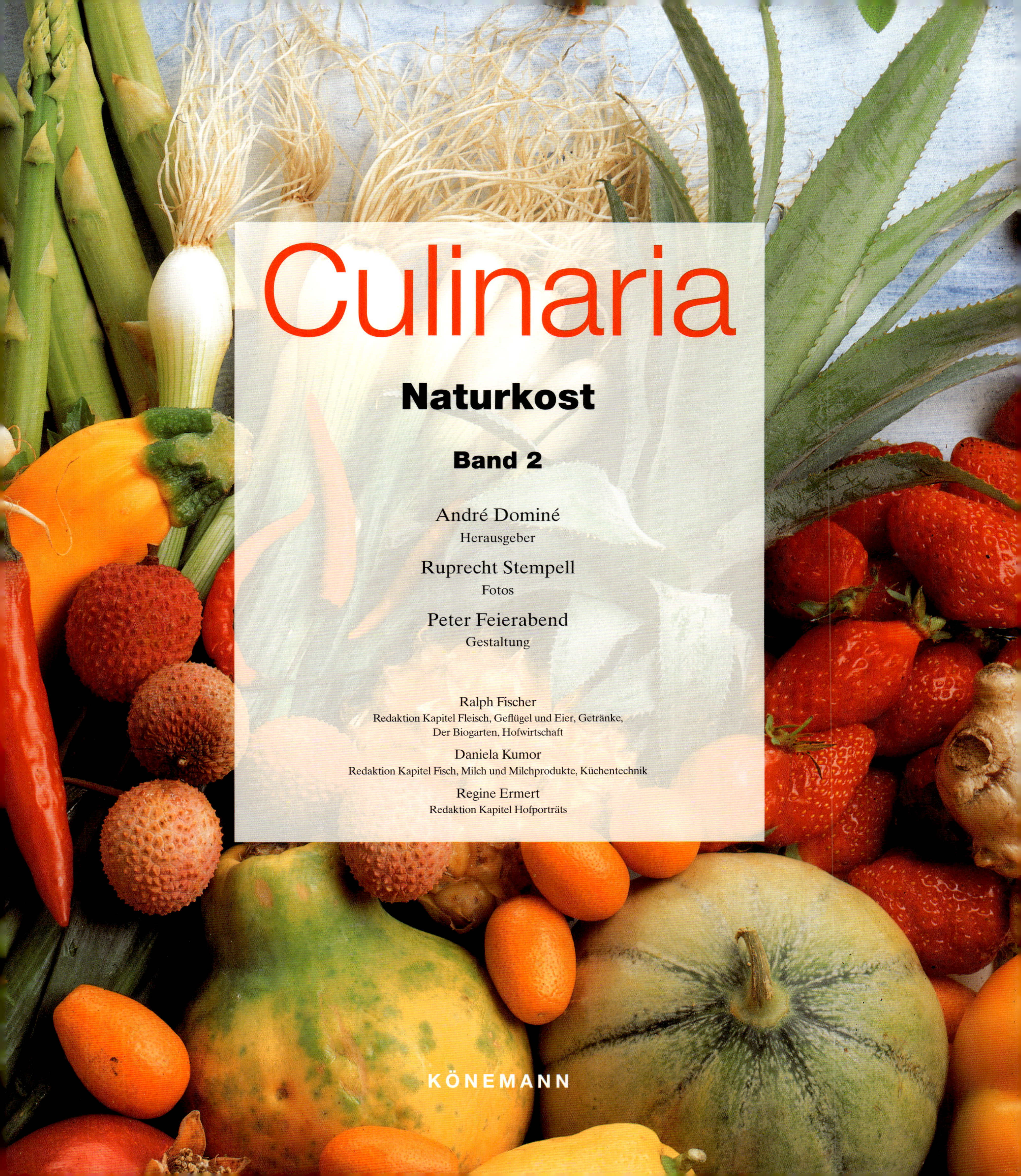

# Culinaria

## Naturkost

### Band 2

André Dominé
Herausgeber

Ruprecht Stempell
Fotos

Peter Feierabend
Gestaltung

Ralph Fischer
Redaktion Kapitel Fleisch, Geflügel und Eier, Getränke, Der Biogarten, Hofwirtschaft

Daniela Kumor
Redaktion Kapitel Fisch, Milch und Milchprodukte, Küchentechnik

Regine Ermert
Redaktion Kapitel Hofporträts

KÖNEMANN

## Hinweise

| | |
|---|---|
| 1 g | = 1 Gramm = $^1/_{1000}$ Kilogramm |
| 1 kg | = 1 Kilogramm = 1000 Gramm |
| 1 l | = 1 Liter = 1000 Milliliter |
| 1 ml | = 1 Milliliter = $^1/_{1000}$ Liter |
| 1 EL | = 1 gestrichener Eßlöffel |
| | = 15–20 Gramm bei trockenen Zutaten (je nach Gewicht) |
| | = 15 Milliliter bei flüssigen Zutaten |
| 1 TL | = 1 gestrichener Teelöffel |
| | = 3–5 Gramm bei trockenen Zutaten (je nach Gewicht) |
| | = 5 Milliliter bei flüssigen Zutaten |
| 1 Msp | = 1 Messerspitze |
| 1 Tasse | = 100–150 Gramm oder Milliliter (je nach Zutat) |

Löffelangaben beziehen sich bei trockenen Zutaten immer auf die verarbeitete Rohware

Mengenangaben in den Rezepten
Wenn nicht anders angegeben, sind die Rezepte für vier Personen berechnet. Um den Leser jedoch nicht in die Irre zu leiten und Mißverständnissen vorzubeugen, wurde in jenen Fällen, in denen auf einer Doppelseite mehrere Rezepte stehen, die jeweils für eine unterschiedliche Anzahl von Personen berechnet wurden, auch bei den Gerichten für vier Personen ein entsprechender Hinweis gegeben.

Zutaten
In den Rezepten werden vorzugsweise hochwertige Zutaten verwendet, in denen noch alle wichtigen Inhaltsstoffe enthalten sind, beispielsweise frischgemahlenes Getreide, Vollkornmehl, Weinsteinbackpulver, kaltgepreßtes/natives Öl der ersten Pressung, Schalen von unbehandelten Zitrusfrüchten, Honig, Meersalz etc.

Nährwertangaben
Alle Nährwertangaben beziehen sich auf jeweils 100 Gramm verzehrbaren Anteil des Lebensmittels.



| | |
|---|---|
| Koordination: | Michael Ditter |
| Rezepte: | Astrid Öwermann<br>Uschi Stender-Barbieri |
| Mitarbeit Rezepte: | Yvonne Bauer, Andree Köthe, Andreas Willius |
| Korrektur und Register: | Sabine Bleßmann |
| Fotoassistenz: | Martin Kurtenbach, Yonca Norgaz |
| Studiofotografie: | Food Foto Köln – Brigitte Krauth und Jürgen Holz |
| Foodstyling: | Stephan Krauth |
| Produktionsleitung: | Detlev Schaper |
| Herstellung: | Michael Ditter, Birgit Beyer |
| Reproduktionen: | Günnewig Produktions GmbH |
| Druck und Bindung: | Neue Stalling, Oldenburg |

Printed in Germany
ISBN 3-89508-221-X

# Inhalt

## Vorwort von André Dominé

Zahlreiche Skandale haben in den letzten Jahren die industrielle Herstellung tierischer Lebensmittel in Verruf gebracht. Schweinepest, Rinderwahn, Salmonellen in Geflügel und Eiern, Bakterien im Fisch, genetisch manipulierte Tiere, dazu die oft katastrophalen Bedingungen der Massenhaltung und des Massentransports – da verging manchem Verbraucher mit Recht der Appetit auf Fleisch, Milch, Geflügel und Fisch.

Aber man muß nicht Vegetarier werden, um sich gesund zu ernähren, und kein Vegetarier muß auf Milchprodukte, Käse und Eier verzichten. Denn eine wachsende Zahl landwirtschaftlicher Betriebe liefert tierische Lebensmittel, die unter biologisch-ökologischen Bedingungen hergestellt wurden. Hier kann man sich sicher sein, hochwertige, naturgemäße und gesunde Zutaten zu all den kulinarischen Köstlichkeiten zu erhalten, die wir Rind und Schwein, Schaf und Ziege, Fisch und Geflügel verdanken.

Hinzu kommt: Tierische Lebensmittel stellen nicht nur einen kulinarischen, auch einen kulturellen Reichtum dar. Ihre Herstellung und Verarbeitung beruht auf jahrhundertealten, regional sehr unterschiedlichen bäuerlichen Traditionen, die für die große und reizvolle Vielfalt unserer Lebensmittel sorgen.

Das gilt auch für einen anderen, häufig ein wenig vernachlässigten Bereich der Naturkost: für die Getränke. So führte etwa die im letzten Jahrzehnt zu beobachtende Rückbesinnung vieler europäischer Winzer auf althergebrachte Prinzipien und Methoden des biologischen Weinbaus zu einer breiten Palette vorzüglicher und reiner Weine, die so unterschiedlich sind wie die Lagen, denen sie entstammen; eine standardisierte Massenproduktion geht dagegen meist auf Kosten der Vielfalt und gelingt nur unter massivem Einsatz von Agrarchemie.

Vertrauen zu den Lebensmitteln, die man zu sich nimmt, ist die Vorraussetzung jedes kulinarischen Erlebnisses.

Der vorliegende Band illustriert auf augenfällige Weise, daß Naturkost in den Ställen, den Gärten, den Weinbergen und auf den Weiden beginnt. Zu wissen, wie entsteht, was wir essen und trinken, erhöht nur den Genuß an dem, was die Natur uns schenkt.

# Fleisch, Geflügel und Eier

Das fast ausgestorbene Angler-Sattel-Schwein erlebt auf Biohöfen seine Wiederauferstehung.

Vorherige Doppelseite: Gänse in Westfalen. Es gibt ein artgerechtes Tierleben vor dem Ende im Bräter.

Im biologischen Anbau kommt Tieren eine wesentliche Rolle zu. Viele Höfe sind auf einen Kreislauf gegründet, in dem Rinder und Schweine, Ziegen und Schafe einen nicht weniger wichtigen Part spielen als die Bauersleute. Deshalb wird ihnen in der ökologischen Landwirtschaft mit Achtung und oft mit Zuneigung begegnet. Man stuft ihre Bedeutung für den Boden noch höher ein als die der Lebensmittel, die sie schenken. Der Mist der Tiere und der stickstoffanreichernde Futterbau garantieren Nahrung für das vielfältige Bodenleben, dem der natürliche Anbau seine überragenden Feldfrüchte, Gemüse und Früchte verdankt. Den Tieren soll ein artgerechtes Leben ermöglicht werden, in dem sie sich wohlfühlen und gesund sind. In dieser bäuerlichen Struktur, die an Jahrtausende alte Traditionen anknüpft und sie bewußt weiterentwickelt, hat Fleisch einen völlig anderen Stellenwert als in der industriellen Landwirtschaft. Letztere führte durch skandalöse Zustände in Ställen, bei Viehtransporten und in Schlachthöfen, durch Salmonellenseuchen und Rinderwahnsinn immer offensichtlicher in eine Sackgasse. Zum Glück gibt es mehr und mehr Höfe, auf denen Tiere beispielhaft gehalten werden. Und das Verbraucherverhalten ändert sich. Eine gesunde Ernährung kann durchaus ganz auf Fleisch verzichten, ja, sie sollte es aus gesundheitlichen Gründen sogar teilweise tun. Übermäßiger Fleischkonsum, Wurst und Schinken eingeschlossen, ist bekanntlich Ursache vieler Krankheiten, von Rheuma über Fettleibigkeit bis zu erhöhtem Herzinfarktrisiko. »Wir essen nur ein- oder zweimal in der Woche Fleisch«, erklärt ein Rinderzüchter, dessen Tiere bis auf zwei Monate im Jahr draußen leben, und er rät seinen Kunden, sich ebenso einzuschränken. Dafür bietet Fleisch aus artgerechter Haltung eine Qualität, die in der Massenproduktion längst verlorenging. So wird es in der Naturküche wieder zu jenem Festmahl, das es früher war.

# Das Tier im Mittelpunkt

Um Tieren in der ökologischen Landwirtschaft ein Leben zu ermöglichen, das ihren Bedürfnissen entspricht, wurden und werden weitreichende Forschungen betrieben. Sie untersuchen den natürlichen Lebensraum noch wild lebender oder rückgezüchteter Arten. Ihr typisches Verhalten in bezug auf klimatische Bedingungen und Futter, aber auch in Hinblick auf Bewegung und Ruhe, soziale und sexuelle Kontakte wird ergründet. Denn leider sind Nutztieren in der Massenhaltung ihre natürlichen Verhaltensweisen so weit abhanden gekommen, daß sie von alleine nicht dazu zurückfinden könnten.

In der ökologischen Tierhaltung wird nicht das Tier den Haltungsbedingungen unterworfen, sondern diese werden ihm angepaßt. Sie müssen seinen Bedürfnissen in bezug auf Bewegung, Nahrung, Sozialverhalten, Ruhe, Komfort, Hygiene und Betreuung entsprechen. Nach diesen Kriterien werden Umstellungsbetriebe eingestuft. Oft ist es schwer, nach konventionellen Gesichtspunkten errichtete Ställe auf ökologische Anforderungen auszurichten. Allerdings kann reichlicher Auslauf, auf den es entscheidend ankommt, einen gewissen Ausgleich schaffen. Auch bei Zucht und Rassenwahl prallen die Prinzipien aufeinander. Daß in der Massenhaltung aus ökonomischen Erwägungen mehr mageres Fleisch produziert wird, hatte die Deformierung und konstitutionelle Schwächung der Tiere zur Folge; dagegen sind Widerstandsfähigkeit und Langlebigkeit Ziele der Ökologen.

Tiefgreifende Einflüsse auf die Landwirtschaft hat jedoch die Verknüpfung zwischen Tierbestand und vorhandener Fläche. Zum einen soll jeder Hof möglichst allein das gesamte Futter erzeugen können, das er benötigt. Zum anderen darf die anfallende Düngermenge nicht den Bedarf der landwirtschaftlich genutzten Flächen übersteigen. Denn eines der schwerwiegendsten Probleme, das Massentierhaltung der Umwelt beschert, sind die nicht zu bewältigenden Mengen an Gülle. Sie verätzen Böden und vergiften das Grundwasser. Diese Verkoppelung von Tierhaltung, Futtererzeugung und Dungausbringung beschränkt in der biologischen Landwirtschaft von vornherein den Tierbestand und damit auch die Exportkapazitäten.

Viel Platz und saftige Gräser genießen diese Rinder auf einer Weide im Norden Europas.

**Unersetzliche Helfer**

# Rinder

Rinder gehören auf die Weide. Nur sie und andere Wiederkäuer verzehren zellulosereiche Gräser und Kräuter und verwandeln sie in so hochwertige Lebensmittel wie Milch und Fleisch. Durch ihr beharrliches Abrupfen halten sie große Flächen sauber. So kommt ihnen zugleich eine bedeutende Rolle in der Erhaltung mittel- und nordeuropäischer Kulturlandschaften zu. Diese Rolle werden sie auch in Zukunft ausüben müssen, so wie ohne sie die Entwicklung der Landwirtschaft nicht hätte stattfinden können. Dabei bestand ihr wichtigster Beitrag nicht etwa in der Gabe von Milch und Fleisch, sondern in der Lieferung von Mist. Ohne ihren Mist wäre es den Bauern unmöglich gewesen, über Hunderte von Generationen die gleichen Böden fruchtbar zu halten. Ohne die Düngung mit angerottetem Kuhmist hätten sie nicht genügend Getreide und Gemüse anbauen können, um die stetig zunehmende Zahl von Menschen zu ernähren.

Voraussetzung dafür war aber auch, daß die Tiere ein gesundes Leben führten und vielfältige Nahrung fanden und erhielten. Denn nur so wies auch der Mist eine Reichhaltigkeit auf, die gutes Bodenleben aufrechterhielt und das rekonstituierte, was den Böden entzogen wurde. Kunstdünger und Massenhaltung haben dieses altbewährte System zerstört. Die Konsequenzen bestehen in der weitgehenden Abtötung landwirtschaftlicher Böden ebenso wie im Mißbrauch des Rinds und anderer Nutztiere mit den Folgen von Degenerierung und Kränklichkeit.

Angesichts dieser Zusammenhänge liegt es auf der Hand, daß ökologische Landwirtschaft so großen Wert insbesondere auf Rinderhaltung legt. In dem

Ein Angus-Bulle mit seiner Familie: ein schönes Beispiel für artgerechte Tierhaltung.

Die Charolais aus dem Burgund sind genügsame und robuste Tiere mit hervorragendem Fleisch.

Die wegen ihres zarten Fleisches berühmten Limousins vertragen auch unwirtliches Klima.

Rustikale, widerstandsfähige Tiere sind nötig, um eine draußen lebende Mutterkuhherde aufzubauen.

## Gesundheit und Wahnsinn

Für die Gesundheit der Tiere ist ein vielfältiges und auf ihre Verdauung abgestimmtes Futter von ausschlaggebender Bedeutung. Dies gilt vor allem auch für Wiederkäuer mit ihren vier Mägen. Sie sind in der Lage, für andere Tiere schwer- oder unverdauliche pflanzliche Nahrung aufzunehmen, die man Rauhfutter nennt. Werden Kühe, um höhere Milchleistungen zu erreichen, mit Kraftfutter gestopft, werden die Gärprozesse im Pansen negativ beeinflußt. Denn Kraftfutter geht vom Ansatz aus, durch hohe Nährwertzufuhren hohe Erträge an Milch oder Fleisch zu erzielen. Nur hat die Natur den Organismus der Wiederkäuer dafür nicht eingerichtet. Sie erkranken, und im Extremfall kommt es zu einer Übersäuerung, an der die Kuh stirbt.
Der gleiche wirtschaftliche Ansatz führte zur Verarbeitung von Tiermehl zu Kraftfutter. In England wurden Kadaver von an Scrapie verendeten Schafen auf diese Weise entsorgt und an Kühe verfüttert. Jahre später – die Inkubationszeit bei Rindern beträgt fünf Jahre – verbreitete sich dort die mit Scrapie engverwandte Rinderseuche BSE (Bovine Spongiforme Enzephalopathie), an der Zigtausende von Kühen elendig zu Grunde gingen. Als dann 1996 bekannt wurde, daß zwölf junge Menschen an mit dem Rinderwahnsinn vergleichbaren Symptomen starben, kam es unter europäischen Verbrauchern zu einer panischen Abwendung von Rindfleisch und zu einem zeitweisen Boykott britischer Fleischexporte. Dabei zeigt BSE nur den Gipfel des Eisbergs. Das ganze System der Massentierhaltung, ganz gleich welcher Tierart, erscheint in höchstem Grade ungesund und riskant. Eine ernstzunehmende Lösung kann deshalb nicht in massenweiser Notschlachtung bestehen, sondern nur in einer durchdachten Reformierung der Landwirtschaft.

möglichst autarken Hofkreislauf (s. S. 196ff.), der für lebendige und fruchtbare Böden sorgt, sind sie ein unerläßliches Kettenglied. Denn nur wenige biologische Betriebe kommen ohne tierischen Dünger aus. Und es scheint völlig ausgeschlossen, daß größere Flächen ohne Mist über längere Perioden fruchtbar und lebendig gehalten werden können.
Auf Ökohöfen erhält Rinderhaltung ihren einstigen Stellenwert zurück, und man gibt sich dort alle Mühe, Rindern wieder Lebensumstände zu schaffen, in denen sie Gesundheit und Widerstandskraft entwickeln.
Bei einer artgerechten Haltung erlangen aber auch Milch, die aus ihr gewonnenen Produkte und nicht zuletzt das Fleisch eine überragende Qualität. Nur wenn die Verbraucher sie erkennen, schätzen und großzügig honorieren, beweisen sie selbst echtes Engagement für ökologische Landwirtschaft und artgerechte Tierhaltung.

Den Winter verbringen die Öko-Rinder im Laufstall, in dem sie sich frei bewegen können; sie werden mit reichhaltigem Heu gefüttert.

Zur Pflege der Tiere gehört es auch, regelmäßig ihre Hufe zu kontrollieren und sie, wenn nötig, zu säubern. Das erhöht Hygiene und Wohlbefinden.

Diesem Kälbchen steht vielleicht nur ein kurzes, aber gutes Leben bevor, denn es bleibt bei seiner Mutter, bis sie erneut gedeckt wird.

## Mutterkuhhaltung

Immer häufiger kommt es vor, daß Grünland nicht intensiv für Milchkühe genutzt wird. Das kann verschiedenste Ursachen haben, die vom Naturschutz über die mangelnde Ergiebigkeit des Landes bis zur Vorliebe des Bauern reichen. Dafür hat auf ökologischen Höfen eine besondere Form der Haltung, die Mutterkuhhaltung, an Beliebtheit gewonnen, die zuvor hauptsächlich in landschaftlichen Regionen praktiziert wurde, deren Weideflächen viel zu karg für Milchwirtschaft sind. Man denke an das schottische Hochland, an Dartmoor und die anderen Hochmoore Südenglands oder an das französische Zentralmassiv.
In diesen Regionen leben Rinder entweder frei oder in ausgedehnten umzäunten Flächen unter freiem Himmel. Je nach Rasse und Klima kommen sie völlig ohne oder mit einfachsten Unterständen aus oder benötigen nur in den härtesten Wintermonaten Ställe. Meist stützen sich deshalb Biohöfe anderer Länder auch auf die bewährten Rassen dieser Gebiete. Denn dort haben die Tiere, nicht selten über Jahrhunderte, eine Genügsamkeit und Widerstandskraft entwickelt, die ihrer Umwelt ideal angepaßt ist. Ihre berühmtesten Vertreter sind Charolais und Limousin aus Frankreich, Galloway, Scottish Highlander und Aberdeen Angus aus Schottland.
Wo Rinder im Winter drinnen – meist in Freilaufställen – gehalten werden, kommen die Kälber in der Regel im Januar zur Welt. Im Frühjahr werden sie dann mit den Mutterkühen und dem Bullen auf die Weiden gelassen. Auf manchen Höfen erhalten sie keinerlei Zufutter. Kraftfutter ist in jedem Fall verpönt, denn es würde die Fleischqualität mindern. Bis in den Herbst hinein bleiben die Kälber draußen, tollen unbehelligt umher und genießen den Zusammenhalt der Herde. Wenn dann die Kühe neu gedeckt sind und mit ihrem nun selbständigen früheren Nachwuchs immer weniger zu tun haben wollen, naht dessen Schlachtzeit.
Diese natürliche, extensive Haltung ist für den Hof im Hinblick auf die eingesetzte Fläche wenig lukrativ. Wenn man darauf Milch erzeugen würde, könnte man nicht selten das Vierfache erzielen. Allerdings auch mit mindestens ebenso viel Mehr an Arbeit. Mutterkuhhaltung bietet sich dort an, wo man über viel Grünland verfügt und das Einkommen hauptsächlich durch andere Bereiche erzielt. Das Resultat ist aber immer überzeugend. Kein anderes Fleisch besitzt eine so hervorragende Struktur, ist so optimal marmoriert und schmeckt so vorzüglich.

**Steaks von der Weide**

# Das Rind-fleischpaket

Erst sehr wenige Metzger haben sich auf Fleisch aus artgerechter Tierhaltung spezialisiert. Bei ihnen hat die qualitätsbewußte Kundschaft Gelegenheit, jedes gewünschte Fleischstück sofort zu erhalten oder bestellen zu können. Der größte Teil vor allem der in Mutterkuhhaltung aufgezogenen Tiere wird von den Biohöfen direkt an Haushalte vermarktet. In der Regel gibt es für die Höfe keine Möglichkeit, bevorzugte Stücke separat zu liefern, da sie dies meist nach den bestehenden Rechtsverhältnissen auch nicht dürfen. Noch immer ist bei manchen Betrieben ein Viertel Rind das Mindestmaß, was bei Jungrindern leicht auf 75 Kilogramm hinauslaufen kann. Zwar läßt sich Rind am besten von allen Fleischsorten einfrieren, aber dennoch ist eine solche Abnahme mit Platz- und Energiefragen verknüpft. Ein Vorteil besteht allerdings darin, daß der Schlachter das Viertel oft nach Wunsch und individuellen Bedürfnissen – wenn auch gegen Bezahlung – zerlegt.
Als angemessener haben sich Rindfleischpakete erwiesen, für die Tiere in zehn ähnliche Portionen aufgeteilt werden, deren Gewicht meist zwischen 25 und 30 Kilogramm liegt. Jedes Paket enthält von jedem etwas, von Kurzgebratenem über Goulasch, Rouladen, Hackfleisch bis zu Suppenfleisch. In jedem Falle läuft der Verkauf über Vorbestellung, was auch dem Haushalt Gelegenheit gibt, Vorbereitungen zu treffen. Das Fleisch wird dann überprüft und fertig abgehangen und zerlegt geliefert.

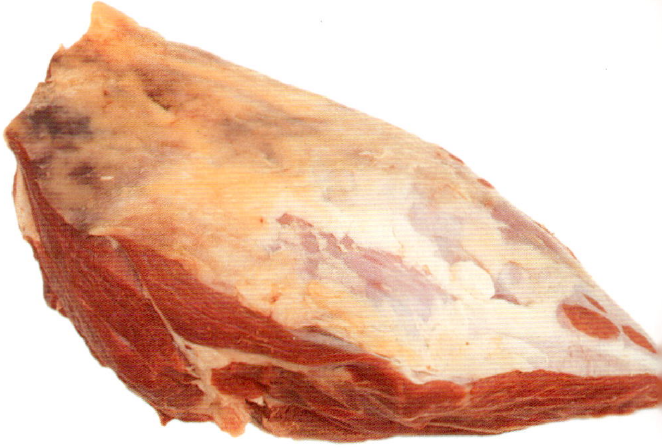

**Dickes Bugstück oder Dicke Schulter (2)**
kann als Schmorbraten dienen oder wird, kleingeschnitten, für Gulasch, Bœuf bourguignon oder Ragouts verwandt, aber auch als Siedfleisch gekocht.

**Schildstück oder Mittelbug (1)**
auch als Schulterspitz oder Schaufelstück bekannt, eignet sich als Schmorbraten oder Siedfleisch, als Ragout oder Gulasch.

**Roastbeef oder Nierenstück (6)**
als Roastbeef im Ganzen kurz gebraten und kalt oder warm serviert, sonst als gegrilltes oder gebratenes Steak oder auch für rohe Verwendung.

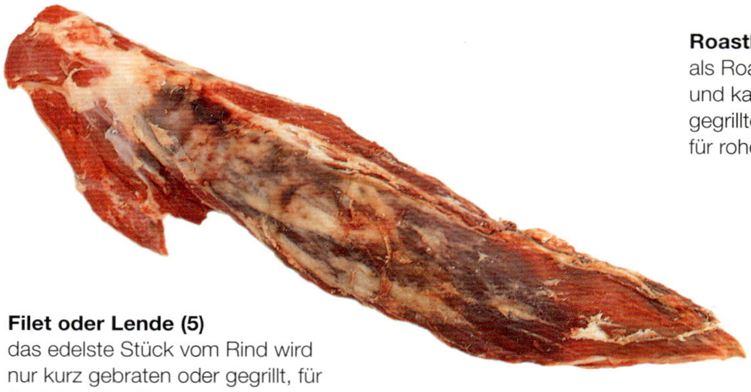

**Filet oder Lende (5)**
das edelste Stück vom Rind wird nur kurz gebraten oder gegrillt, für Gerichte wie Chateaubriand oder Tournedos oder roh als Carpaccio verwendet.

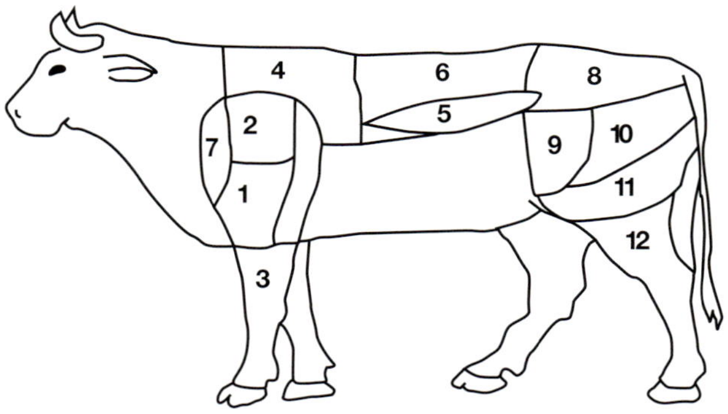


1 Schildstück oder Mittelbug
2 Dickes Bugstück oder Dicke Schulter
3 Vorderbein oder Hesse
4 Hohe Rippe oder Rippenstück
5 Filet oder Lende
6 Roastbeef oder Nierenstück
7 Falsches Filet oder Falsche Lende
8 Hüfte oder Keule
9 Kugel oder Große Nuß
10 Oberschale
11 Unterschale oder Schwanzstück
12 Hinterbein oder Hinterhesse

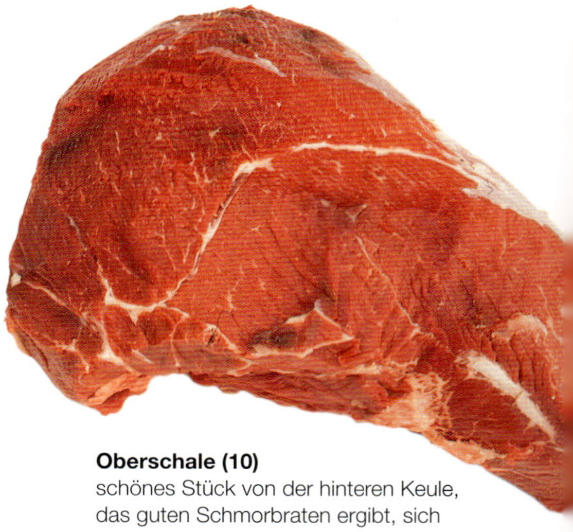

**Oberschale (10)**
schönes Stück von der hinteren Keule, das guten Schmorbraten ergibt, sich aber auch für Rouladen und Tatar eignet.

**Kugel oder Große Nuß (9)**
bei bester Qualität kurzgebraten oder gegrillt als Steak, auch als Tatar, sonst als Bratenfleisch, für andere Schmorgerichte und als Rinderhack.

**Hüfte oder Keule (8)**
liefert das beliebte Rumpsteak oder auch rohes Fleisch für Tatar, gespickt als Schmorbraten, Tafelspitz oder Schmorschnitzel.

**Vorderbein oder Hesse (3)**
als breite Scheiben vom Bein mit Knochen und Mark am besten als sogenanntes Klärfleisch für kräftige Rinderbrühen und sonstige Suppen geeignet.

**Falsches Filet oder Falsche Lende (7)**
als Steak gegrillt bzw. gebraten oder, andersgeschnitten, als Entrecôte oder Entrecôte double, als Rost- oder als englischer Braten.

**Hohe Rippe oder Rippenstück (4)**
in der Regel wird sie in Ochsenkoteletts zerteilt, oder ausgelöst als Steaks gebraten oder gegrillt, ist aber auch als ganzer Braten ein Genuß.

**Hinterbein oder Hinterhesse (12)**
außer als Klärfleisch für Rinderbrühen oder in Eintöpfen ergeben Beinscheiben bei langem Schmoren deftige Gerichte mit sehr aromatischen Saucen.

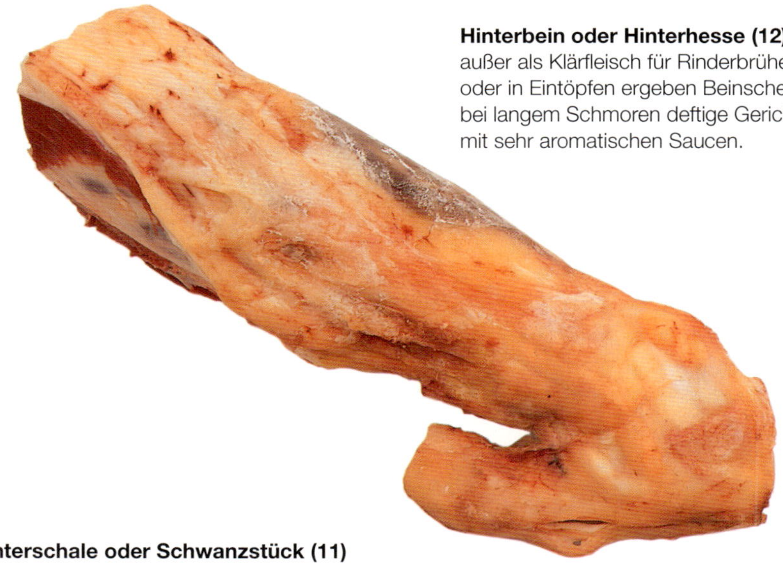

**Unterschale oder Schwanzstück (11)**
insbesondere fürs Schmoren geeignet, ob im Stück oder in Fleischwürfeln als Goulasch, auch dünngeschnitten für Rouladen oder Hackfleisch.

Zu den Zutaten des Schmorfleisches gehören die richtigen Gewürze und eine gute Flasche Rotwein.

Das Fleisch wird mit allen Zutaten in eine Schüssel gegeben und bleibt drei volle Tage in der Marinade.

Das Fleisch wird aus der Marinade genommen, gewürzt und in heißem Öl von allen Seiten angebraten.

Die Marinade wird in einen Topf abgegossen und das Gemüse im Sieb aufgefangen.

Das Gemüse wird in den Bräter gegeben und unter Zugabe von Tomatenmark unter Rühren angebraten.

Das Fleisch wird zum Gemüse gegeben, die Marinade angegossen, das Ganze zugedeckt und im Ofen geschmort.

Drei Tage Geduld, die sich lohnen: Schmorfleisch vom Rinderbug mit eingelegtem Dörrobst.

## Schmorfleisch mit eingelegtem Dörrobst

*1 kg Rinderbug*

***Marinade***
*150 g Karotten*
*3 mittelgroße Zwiebeln*
*1/4 Sellerieknolle*
*1 kleine Petersilienwurzel*
*1 Knoblauchzehe*
*3 Gewürznelken*
*1 Lorbeerblatt*
*10 Pfefferkörner*
*Meersalz*
*1 EL Vollrohrzucker*
*1 l kräftiger Rotwein*

***Eingelegtes Dörrobst***
*2 Orangen*
*6 Gewürznelken*
*1 Stange Zimt*
*200 g gemischtes Trockenobst*
*0,5 l Tee*

***Zubereitung***
*Meersal*
*Schwarzer Pfeffer*
*1 EL Erdnußöl*
*1 EL Tomatenmark*
*1 Prise Vollrohrzucker*

Das Fleisch in eine Schüssel legen. Die Zutaten zufügen und den Rotwein angießen. Im Kühlschrank mindestens 3 Tage ziehen lassen.
Einen Tag vor der Zubereitung das Dörrobst einlegen: die Orangen in Stücke schneiden, mit den Gewürzen und dem Trockenobst in eine Schüssel geben, mit dem Tee übergießen und dann kalt stellen.
Das Fleisch aus der Marinade nehmen, salzen und pfeffern. In einem Bräter das Öl erhitzen, darin das Fleisch von allen Seiten anbraten, herausnehmen und zur Seite stellen.
Das Gemüse aus der Marinade nehmen und abtropfen lassen, dann in den Bräter geben, das Tomatenmark zufügen und anrösten. Nun die Marinade wieder zufügen, das Fleisch hineinlegen, zudecken und im auf 200 °C vorgeheizten Ofen unter gelegentlichem Wenden garen. Dann das Fleisch herausnehmen und heiß stellen. Das Gemüse in der Sauce pürieren, mit Salz, Pfeffer und Zucker abschmecken. Das Fleisch aufschneiden und mit der Sauce übergießen. Das Dörrobst in seiner Marinade erhitzen, herausschöpfen und auf den Fleischscheiben verteilen.
Dazu reicht man am besten hausgemachte Spätzle.

## Gesottene Rinderfiletscheiben mit Gemüse, rote Bete und Meerrettichsahne

*2 rote Bete*
*1 EL Rotweinessig*
*Meersalz, Pfeffer*
*2 Möhren*
*2 Petersilienwurzeln*
*1/4 Sellerieknolle*
*1 Stange Lauch*
*200 g Stangenbohnen*
*1 l Rindfleischbrühe*
*4 Scheiben Rinderfilet à 180 g*
*8 Scheiben Rindermark*
*1 TL biologisches Geliermittel auf Pektinbasis*
*1 EL gehackte Petersilie*

***Meerrettichsahne***
*250 ml Schlagsahne*
*100 g vorbereiteter Meerrettich*
*1 TL Weißweinessig*
*Meersalz*

Rote Bete putzen und mit Essig, Salz und Pfeffer in Wasser bißfest garen und in Rauten schneiden. Die übrigen Gemüse putzen, in Rauten schneiden, die Abschnitte aufbewahren. Rauten in der Rindfleischbrühe garen und beiseite stellen. Filetscheiben (am besten Charolais) und Gemüseabschnitte in die kochende Brühe geben, Hitze reduzieren und 8 Minuten – ohne Kochen, damit das Fleisch saftig bleibt – ziehen lassen. Dann die Filetscheiben herausnehmen und warm halten. Brühe um ein Drittel reduzieren, durch ein Sieb passieren und erneut erhitzen. Die Markscheiben darin 3 Minuten garziehen lassen, herausheben und warmhalten. Agar-Agar in wenig kaltem Wasser anrühren und damit die Brühe binden. Das Gemüse mit den roten Beten zufügen und erwärmen. Das Fleisch in vorgewärmte Suppelteller geben, salzen und pfeffern. Je 2 Markscheiben darauflegen, dann mit der Brühe begießen, das Gemüse um das Fleisch verteilen und mit etwas Petersilie bestreuen.
Die Sahne schlagen, Meerrettich daruntermischen, mit Essig und Salz abschmecken. Meerrettichsahne gesondert zu den Rinderfiletscheiben reichen.

## Kalbstafelspitz mit Bouillon-Kartoffeln und Salsa verde

*1 kg Tafelspitz vom Kalb*
*Meersalz*
*2 Karotten*
*1/4 Sellerie*
*1 Stange Lauch*
*1 Bund Petersilie*
*1 ungeschälte große Zwiebel*
*Pfefferkörner*
*2 Lorbeerblätter*
*Schwarzer Pfeffer*

***Sauce***
*2 Bund Blattpetersilie*
*150 ml Olivenöl*
*Meersalz, Schwarzer Pfeffer*

***Kartoffeln***
*300 g festkochende Kartoffeln*
*1 EL sehr kleine Selleriewürfel*
*1 EL sehr kleine Lauchwürfel*
*1 EL sehr kleine Karottenwürfel*
*1 EL feingehackte Petersilie*
*Meersalz*

Den Tafelspitz in kaltem Wasser etwa 30 Minuten wässern. Dann herausheben, in einen Topf geben, mit kaltem Wasser auffüllen, bis er reichlich bedeckt ist. Aufkochen lassen und abschöpfen. Nun salzen, Gemüse, Petersilie und Gewürze zufügen und unter dem Siedepunkt gar ziehen lassen.
In der Zwischenzeit die Salsa verde zubereiten, indem man Petersilie, Salz und 100 ml abgekühlte Fleischbrühe im Mixer sehr fein püriert und dann nach und nach das Olivenöl unter weiterem Mischen zugibt. In den Kühlschrank stellen und kalt werden lassen.
Kartoffeln schälen und in 1,5 Zentimeter große Würfel schneiden. Einen halben Liter Brühe aus dem Topf entnehmen und die Kartoffeln darin etwa 15 Minuten kochen, dann die kleinen Gemüsewürfel zufügen und weitere 5 Minuten garen. Vor dem Servieren mit der Petersilie bestreuen.
Die Kartoffeln anrichten, das Fleisch in Scheiben schneiden, leicht nachsalzen und pfeffern und mit etwas Salsa verde garnieren.

## Schonender Umgang mit edlem Fleisch

- Fleisch kalt um 5 °C und nicht in Frischhalte- oder Alufolie aufbewahren, sondern am besten in einer Porzellan- oder Edelstahlschüssel.
- Fleisch eine Stunde vor der Zubereitung aus dem Kühlschrank nehmen, sonst wird es zäh.
- Fleisch in säuerlichen Marinaden hält sich besser und wird zarter; dennoch immer im Kühlschrank aufbewahren.
- Fleisch, das kurz oder im Ofen gebraten oder geschmort werden soll, immer zuerst bei großer Hitze auf allen Seiten anbraten, damit es saftig bleibt.
- Steaks vor dem Braten klopfen. Dadurch verkürzen sich die Fleischfasern, und das Bindegewebe reißt; sonst würde es bei Erhitzung, wenn sich die Fasern zusammenziehen, Saft herauspressen. Nicht bei Filet anwenden.
- Je kürzer edle Stücke erhitzt werden, um so besser bleiben Vitalstoffe und Geschmack erhalten.
- Bei Fleisch, das von Fett- und Bindegewebe umrahmt ist, diese Ränder einschneiden, da sie sich beim Braten zusammenziehen und das Stück wölben würden.
- Fleisch nur im Ofen grillen, da über Holzkohlenglut krebserregende Stoffe entstehen.
- Dämpfen ist auch bei Fleisch ein besonders schonendes Garverfahren.
- Beim Kochen das Fleisch zuerst immer in kochende Rinderbrühe geben – sie eignet sich am besten – und dann auf niedrigerer Temperatur garziehen; diese Methode eignet sich auch hervorragend für feine Stücke.
- Bei Fleisch, das in Flüssigkeit gegart wurde, diese immer mitverwenden, da in ihr viele wertvolle Inhaltsstoffe gelöst sind.
- Bratendes Fleisch nie mit einer Gabel anstechen, da sonst Saft mit wertvollen Inhaltsstoffen austritt.
- Steaks, Koteletts und Filets erst während oder nach dem Braten salzen; Bratenstücke und Schmorfleisch dagegen kurz vor dem Anbraten.
- Braten vor dem Anschneiden einige Minuten ruhen lassen, damit sich der Saft gleichmäßig verteilt.

## Roastbeefröllchen gefüllt mit Gorgonzola

*800 g Roastbeef*
*320 g Gorgonzola*
*16 große Basilikumblätter*
*Meersalz*
*Schwarzer Pfeffer*
*Öl zum Anbraten*
*300 ml Kalbsjus*
*1 EL Butter*

Das Roastbeef in 8 gleiche Scheiben schneiden und gut plattdrücken. Den Käse in 8 gleiche Stücke teilen, in jeweils 2 Basilikumblätter wickeln und jeweils 1 Päckchen auf 1 Scheibe Fleisch setzen. Dann das Fleisch darum aufrollen und nur von außen salzen und pfeffern. Entweder mit Zahnstochern zustecken oder mit Küchengarn zubinden. In einer Pfanne Öl heiß werden lassen. Darin alle Rouladen von allen Seiten anbraten. Sie mit der Pfanne in den auf 200 °C vorgeheizten Ofen schieben und darin 5 Minuten weiterbraten, herausnehmen und ruhen lassen. Den Kalbsjus in die Pfanne gießen und den Bratensatz loskochen, passieren und mit der Butter binden. Pro Person zwei Röllchen auf einem vorgewärmten Teller anrichten, dabei eins schräg aufschneiden, damit der Käse dekorativ herausläuft.

## Feine Rindergerichte

### Kalbsröllchen mit getrockneten Tomaten

| |
|---|
| 100 g getrocknete Tomaten |
| 16 schwarze Oliven ohne Stein |
| 2 EL kleine Kapern |
| 2 Knoblauchzehen |
| 2 Eigelbe |
| 2 EL gehackte Petersilie |
| Meersalz |
| Weißer Pfeffer |
| 4 dünne Kalbsschnitzel |
| 8 Scheiben Frühstücksspeck |
| Butter für die Form |
| 100 ml Weißwein |
| 200 g gemischter Salat |
| 4 EL Olivenöl |
| 1 EL Weißweinessig |

Getrocknete Tomaten in wenig Wasser 5 Minuten kochen, dann abgießen. Tomaten, Oliven, Kapern, Knoblauch ganz fein hacken, mit der Petersilie und dem Eigelb gut vermischen. Mit Salz und Pfeffer abschmecken. Kalbsschnitzel mit der Farce bestreichen, aufrollen und jedes Röllchen mit 2 Scheiben Speck umwickeln. Backofen auf 250 °C vorheizen. Eine feuerfeste Form ausbuttern, Röllchen mit der offenen Nahtseite nach unten hineinlegen und 15 Minuten garen. Dann den Weißwein angießen und weitere 30 Minuten schmoren. Das Fleisch aus der Form nehmen, abkühlen lassen und schräg in 1 Zentimeter dicke Scheiben schneiden. Den Salat putzen. Olivenöl und Essig mit Salz und Pfeffer zu einer Salat-sauce aufschlagen. Den Salat durch die Sauce ziehen, auf Portionstellern anrichten und die Fleischscheiben rundherum anrichten.

### Rinderrouladen mit Spinat und Roquefortsauce

(Abbildung unten)

| |
|---|
| 750 g Blattspinat |
| 2 Knoblauchzehen |
| 4 EL Butter |
| 4 Rinderrouladen |
| Meersalz |
| Weißer Pfeffer |
| 12 kleine Scheiben milder roher Schinken |
| 100 ml Weißwein |
| 125 g Roquefort |
| 200 ml Sahne |
| 1 TL gekörnte Gemüsebrühe |

Spinat verlesen, waschen und tropfnaß in einem großen Topf zusammenfallen lassen, in ein Sieb schütten und sehr gut abtropfen. Knoblauchzehen schälen, halbieren und in der Hälfte der Butter in einem breiten Topf glasig dünsten, dann entfernen. Den trockenen Spinat hineingeben, 2 Minuten schmoren, dann zur Seite stellen und abkühlen lassen.
Rinderrouladen ganz flach klopfen und in drei Teile schneiden, salzen, pfeffern und mit jeweils einer Scheibe Schinken und 2 EL Spinat belegen, zusammenrollen und mit einem Zahnstocher (in Längsrichtung) feststecken. Die restliche Butter in der Pfanne erhitzen, die Röllchen von allen Seiten anbraten und aus der Pfanne nehmen. Bratenfond mit Weißwein ablöschen und verkochen lassen. Den Roquefort zerbröckeln, mit der Sahne und der gekörnten Brühe glattrühren und in die Pfanne schütten. Die Rouladen in die Sauce legen und 20 Minuten leicht köcheln, bis die Sauce eingedickt ist. Dazu paßt gegrillte Polenta ausgezeichnet.

### Geschmorte Rindfleischstückchen mit Schalotten und Erbsen

| |
|---|
| 750 g Rindfleisch aus der Schulter |
| 1 Zwiebel |
| 2 Stangen Bleichsellerie |
| 1 Knoblauchzehe |
| 1 TL feingehackter Rosmarin |
| 6 EL Olivenöl |
| 4 EL Tomatenmark |
| 200 ml Rotwein |
| 1 TL gekörnte Gemüsebrühe |
| 500 g Schalotten |
| 30 g Butter |
| 300 g ausgepulte frische Erbsen |
| Meersalz |
| Weißer Pfeffer |

Rindfleisch in große Würfel schneiden. Zwiebel, Sellerie und Knoblauch sehr fein hacken und zusammen mit dem Rosmarin im Öl anschwitzen. Mit dem Rotwein und 100 ml Wasser ablöschen. Tomatenmark und gekörnte Brühe zugeben, verrühren und zugedeckt schmoren lassen. Nach einer Stunde die Schalotten schälen und in der Butter anschwitzen, dann zum Fleisch geben und 20 Minuten mitschmoren. Jetzt die Erbsen zufügen und weitere 10 Minuten schmoren. Mit Salz und Pfeffer abschmecken und sofort heiß servieren. Dazu Bauernbrot und gemischten Salat reichen.

Rinderrouladen mit Spinat und Roquefortsauce

**Übersicht über Inhaltsstoffe von Fleischarten mit Linsen zum Vergleich**
jeweils annähernde Werte für 100 g mittlerer Fettgehalt

| Inhaltsstoffe | Rind | Schwein | Lamm | Huhn | Ente | Linsen |
|---|---|---|---|---|---|---|
| **Proteine** (in g) | 17 | 14 | 16 | 18 | 16 | 23 |
| **Fett** (in g) | 15 | 26 | 12 | 9 | 12 | 1 |
| **Cholesterin** (in mg) | 57 | 59 | 60 | 60 | 70 | 0 |
| **Vitamin B1** (in mg) | 0,1 | 0,8 | 0,1 | 0,1 | 0,2 | 0,5 |
| **Vitamin B2** (in mg) | 0,2 | 0,15 | 0,2 | 0,15 | 0,15 | 0,3 |
| **Vitamin B3** (in mg) | 5,3 | 3,2 | 3,8 | 5,8 | 2,6 | 1,9 |
| **Vitamin B6** (in mg) | 0,4 | 0,4 | 0,3 | 0,2 | – | 0,6 |
| **Calcium** (in mg) | 9 | 7 | 7 | 12 | 8 | 70 |
| **Kalium** (in mg) | 290 | 280 | 250 | 210 | 240 | 820 |
| **Magnesium** (in mg) | 20 | 23 | 18 | 16 | 16 | 72 |
| **Phosphor** (in mg) | 150 | 160 | 155 | 140 | 145 | 395 |
| **Eisen** (in mg) | 2,3 | 1,8 | 1,8 | 1,4 | 1,6 | 6,7 |
| **Kilojoule** | 850 | 1200 | 800 | 550 | 750 | 1450 |
| **Kalorien** | 200 | 285 | 190 | 130 | 180 | 345 |

## Kalbsragout Feinschmeckerart

Bocconcini di vitelle buongustaio
(Abbildung unten)

*750 g Kalbsschlegel*
*500 g reife Tomaten*
*500 g Zucchini*
*2 weiße Zwiebeln*
*1 Knoblauchzehe*
*Meersalz*
*1 getrocknete Pfefferschote*
*Etwas Mehl*
*60 g Butter*
*3 EL Olivenöl*
*200 ml Weißwein*
*Weißer Pfeffer*
*1/2 Bund feingehackte glatte Petersilie*

Kalbfleisch in nicht zu kleine Würfel schneiden. Tomaten überbrühen, schälen, entkernen und in Würfel schneiden. Zucchini waschen und in 1 Zentimeter dicke Scheiben schneiden. Zwiebeln fein würfeln. Knoblauch mit etwas Salz und der Pfefferschote im Mörser zu einer Paste zerdrücken. Die Fleischwürfel leicht einmehlen. 2 EL Olivenöl und 50 g Butter in einem breiten Schmortopf erhitzen und die Fleischwürfel portionsweise anbraten und aus dem Topf nehmen. Darin anschließend die Zwiebeln glasig dünsten, dann die Knoblauchpaste zufügen und mit Weißwein ablöschen. Nach 2 Minuten Fleisch- und Tomatenwürfel zugeben und zugedeckt 45 Minuten schmoren lassen. Zucchini im restlichen Fett anbraten und zum Fleisch geben. Mit Salz und Pfeffer abschmecken, die Petersilie unterheben und sofort servieren. Dazu paßt körnig gekochter Vollkornreis.

Kalbsragout Feinschmeckerart

**Schnelle Waldbewohner**

# Schweine

Schweine stammen aus dem Wald. Ihr eigentliches Zuhause liegt im Schatten der Bäume. Zuviel Sonne bekommt ihrer dünnbehaarten Haut nicht. Unter den schützenden Laubdächern ernähren sie sich von Grünzeug, sowie von Eicheln, Kastanien, Bucheckern und anderen Waldfrüchten, graben Wurzeln aus der Erde und durchwühlen den Boden nach eiweißhaltigen Leckerbissen wie Würmern, Larven und anderen kleineren oder größeren Lebewesen. Um ihren Appetit zu befriedigen – immerhin sind sie die Hälfte des Tages mit Fressen und Wühlen beschäftigt –, ist ihnen kein Weg zu weit. Dabei bewegen sie sich gemächlich, doch wenn Gefahr droht, bringen sie es auf erstaunliche Schnelligkeit und Ausdauer, wobei sie zum Beispiel Rinder bei weitem übertreffen. Dieser Hang zur Bewegung ist bei Ferkeln, die zu säugen aufhören, besonders ausgeprägt, weshalb man sie Läufer nennt.

Schweine besitzen eine außergewöhnlich gut isolierte Haut. Ohne weiteres können sie kalte Temperaturen vertragen. Dagegen geraten sie in Nöte, wenn es heiß wird. Dies ist der Grund, warum sie sich suhlen. Denn Feuchtigkeit hilft, die überschüssige Wärme aus dem Körper gelangen zu lassen. Schweine leben in freier Natur in Rudeln, die bis zu 30 oder 40 Tiere umfassen können. Darin schließen sich miteinander verwandte Sauen und ihre Nachkommenschaft zusammen. Angeführt werden sie von einer Sau. Männliche Tiere sondern sich im geschlechtsreifen Alter ab und fristen ein Einzelgängerdasein. Wenn aber die Sauen rauschen, stellen sie sich selbstverständlich ein.

Obwohl Schweine vermutlich seit mehr als 10 000 Jahren als Haustiere gehalten werden, haben sie wenig von ihrem natürlichen Verhalten eingebüßt, sieht man von den abartigen und verkrüppelten Züchtungen ab. Daß ihr Fleisch so in Verruf gekommen ist, liegt an nicht tiergemäßer Haltung, falschen Zuchtzielen, übertriebener Mast und am bisweilen grausamen Umgang mit den sehr sensiblen Tieren. Auf ökologischen Höfen dagegen, in artgerechter Haltung, liefern Schweine auch wieder hochwertiges, schmackhaftes Fleisch.

Diese prächtige Angler-Sattel-Sau suhlt sich hingebungsvoll, um der sommerlichen Hitze entgegenzuwirken und ihre Körpertemperatur zu senken. Die dabei zugelegte Matschschicht hilft als zusätzliche Isolation.

**Mit Vergnügen**

# Schwein sein

Sich suhlenden Sauen zuzuschauen, macht Spaß. Man nimmt an dem Vergnügen teil, das sie offensichtlich bei dieser Abkühlung empfinden. Da Schweine sehr ausgeprägte Verhaltensmuster haben, werden an eine artgerechte Haltung hohe Anforderungen gestellt. Bewegungsfreiheit ist für sie eine Unerläßlichkeit. Während eine Kuh – bei genügend Auslauf und in einem kleinen Stall – es sich nicht ungern gefallen läßt, angebunden zu werden, ist dies für Schweine die Hölle. Mehr noch, sie möchten sich frei entscheiden können, ob sie sich drinnen oder draußen aufhalten. Alle artgerechten Ställe tragen dem Rechnung. Hier stellen Besucher mit Erstaunen fest: Schweine stinken nicht. Der bekannte ätzende Stallgestank ist nur das Ergebnis übler Lebensbedingungen. Schweine sind im Grunde supersauber.

Am angemessensten wäre sicher eine echte Weidehaltung, die dem ursprünglichen Waldleben entgegenkäme. Nur dürften dem die augenblicklich

Von Natur aus brauchen Schweine viel Bewegungsfreiheit, wie diese herumtollenden Ferkel demonstrieren.

in Nord- und Mitteleuropa gehaltenen Tiere nicht ohne weiteres gewachsen sein. Im Gegensatz dazu findet die Weidehaltung in Spanien und Portugal mit dem teils unverfälschten, teils nur wenig eingekreuzten schwarzen *Cerdo ibérico* noch immer statt. Weiter nördlich gefällt den Tieren die sogenannte Weidehüttenhaltung, die Ökohöfe oft wenigstens zur wärmeren Jahreszeit praktizieren. Dabei finden die Tiere auf umzäunten Weiden Auslauf, auf denen ihnen Hütten Schutz bieten.

Das Gruppenleben spielt eine entscheidende Rolle für das Wohlbefinden der Tiere, vorausgesetzt sie haben genügend Platz, um den Streit über ihre Rangordnung ungehindert ausleben zu können. Ihre lustigen Ringelschwänze sind ein eindeutiges Kennzeichen, daß es ihnen gutgeht. Die werden nämlich in der Massenhaltung kupiert, weil die gestreßten Tiere sie sich gegenseitig abbeißen würden. In ökologischer Landwirtschaft ist Kupieren ebenso untersagt wie das Anlegen von Rüsselklammern oder das Abkneifen der Zähne bei Ferkeln.

Nur zum Ferkeln kommen Mutterschweine in separate Buchten, die ihnen aber bequeme Liegemöglichkeiten garantieren. Ob Ferkel, Läufer oder Mastschweine, sie erhalten reichlich Stroh, in dem sie sich mit Vorliebe vergraben. In den luftigen und hellen Ställen verwandeln sie ihn in Tretmist. Über das Jahr bildet sich so eine dichte Schicht Festmist. Bei biodynamischer Wirtschaftsweise sorgen Kompostpräparate dafür, daß bereits während der Zeit im Stall die Rotte in Gang kommt. Einmal jährlich wird komplett ausgemistet und der Mist in Mieten aufgesetzt. Erneute natürliche Präparatgaben fördern die Bildung des Komposts. Nach einem Jahr Reifezeit wird dieser

In vorbildlichen Stallanlagen können die Tiere sich sowohl drinnen wie draußen aufhalten.

Fühlen sich Schweine im Stall wohl, dann knabbern sie nicht gegenseitig an ihren Ringelschwänzen.

als Dünger auf Gemüsebeeten und Feldern verstreut und in den Boden eingearbeitet, wo er Bodenleben und Fruchtbarkeit fördert.
Schweine als Allesfresser brauchen vielseitiges Futter. Für die Eiweißversorgung sind Süßlupinen, Erbsen und Saubohnen geeignet. Ferkel genießen gern Pflanzenkompost, der sie sehr früh zu fester Nahrung bringt und sie lebenswichtige Spurenelemente, insbesondere Eisen aufnehmen läßt. Bei der im ökologischen Anbau durchgeführten Mischwirtschaft fallen oft Leckerbissen fürs Schweinevolk ab, ob es sich nun um nicht marktfähige Kartoffeln und Karotten oder um Gemüse und Salate handelt. Und wer sich die Mühe machen will, läßt Schweine auf abgeernteten Äckern und Feldern weiden, wo sie unerwünschte Kartoffelkäfer mitverspeisen. Wachstumsförderer, Antibiotika, Medikamente, Tier- und Fischmehle haben in artgerechter Aufzucht nichts verloren. So erreichen die Tiere auf langsame und natürliche Weise nach gut einem Jahr – und nicht nach sechs Monaten – ihr Schlachtgewicht und liefern dann

Schweine haben ausgeprägte Verhaltensmuster. Gesund sind sie nur, wenn sie sie ausleben können.

hervorragendes Fleisch. Dazu trägt die Betreuung auf ihrem letzten Weg bei. Statt zu 20 oder 30 zusammengepfercht zu werden, erwartet sie bei gewissenhaften Bio-Bauern eine mit Stroh eingestreute Ladefläche für nur sechs oder sieben Tiere. Alles wird vermieden, was den Tieren Angst oder Streß bereiten könnte, Faktoren, die bei Massenhaltung die Fleischqualität zusätzlich entschieden mindern.

## Schweinerassen

Früher liefen Schweine als Haustiere frei herum oder wurden auf Weiden gehalten. Mit der im 19. Jahrhundert einsetzenden Stallmast begann eine immer krasser auf Produktivität ausgerichtete Züchtung. Die Massenhaltung führte schließlich zu Modellen mit bis zu 16 Rippen, aber verkrümmten Vorderbeinen und geringer Lebenserwartung: Ob man nun dabei vom in Europa am meisten verbreiteten Large White ausging, das ursprünglich aus dem englischen Yorkshire stammte, oder von der Belgischen oder der Deutschen Landrasse. Man kreuzte nach Bedarf, um möglichst hohe und magere Fleischausbeute zu erhalten. Pietrain, eine erst ab 1960 verbreitete belgische Rasse, brachte diese Qualitäten. Das Resultat nur ökonomisch geprägter Zuchtziele ist dramatisch: Kurzlebigkeit, Unfruchtbarkeit, geringe Ferkelzahl und Geburtsprobleme, Lahmheit, hohe Streßanfälligkeit usw., zu schweigen von minderwertigem Fleisch.
In artgerechter Tierhaltung wendet man sich deshalb bewußt älteren Rassen zu wie dem
- Schwäbisch-Hällischen Schwein,
- Angler-Sattler-schwein,
- Hampshire Schwein.

Auch jeder ökologische Schweinehalter bemüht sich, durch Kreuzungen robuste Tiere zu erhalten, deren Fleischqualität bei seiner Kundschaft auf Zuspruch stößt.

# Haus-schlachtung

Bio-Höfe mit eigener Schlachtung sind keine Seltenheit mehr, denn es liegt nur nahe, die ökologische Tierhaltung durch ökologische Tierverarbeitung zu komplettieren.
Meist kommt ein Metzger auf den Hof, um ein Tier zu töten und fachgerecht zu zerlegen. Die nötigen Töpfe und Kessel sowie Zutaten und Gewürze müssen bereit stehen, da bei der Schlachtung nicht nur Fleisch zum Frischverzehr oder zum Einfrieren anfällt, sondern viele Teile sofort zu den verschiedensten Arten von Würsten verarbeitet werden müssen. Mit rohem Fleisch stopft man die Därme für Salami und Mettwurst, die getrocknet oder/und geräuchert werden. Bei Brühwürsten wie Fleisch- oder Knoblauchwurst wird das fein zerkleinerte Fleisch in den Därmen anschließend gebrüht. Die Zutaten der Kochwürste wie Leber- und Blutwurst sind meist schon gegart, ehe man die Därme füllt, die dann noch einmal zum Garen ins siedende Wasser kommen.

**Fleischstücke bei der Hausschlachtung**
(Abbildung unten)

**1 Kotelett oder Rippenspeer mit Filet**
Zum Grillen, Braten oder Schmoren, ob in Scheiben oder im Ganzen, das gilt auch für das Filet

**2 Dicke Rippe**
Fortsetzung der Kotelett-Rippenknochen, zum Braten oder Grillen

**3 Nacken oder Kamm**
Als Ganzes oder als Nackenkoteletts gebraten

**4 Bauch**
Recht fettreiches Stück, das gekocht wird

**5 Flomen**
Das Bauchfett, das als Schmalz ausgelassen zum Anbraten dient

**6, 8 Eisbein hinten und vorne**
Wird als Ganzes gegrillt, gebraten, gekocht oder geschmort

**7, 9 Pfote hinten und vorne**
Für Eintöpfe oder Sülzen

**10, 11, 13, 14 Schinken**
Als Ganzes eingesalzen, getrocknet oder geräuchert, auch gekocht oder gebacken

**12 Schulter oder Bug**
Wird als Braten zubereitet oder für Ragouts verwendet

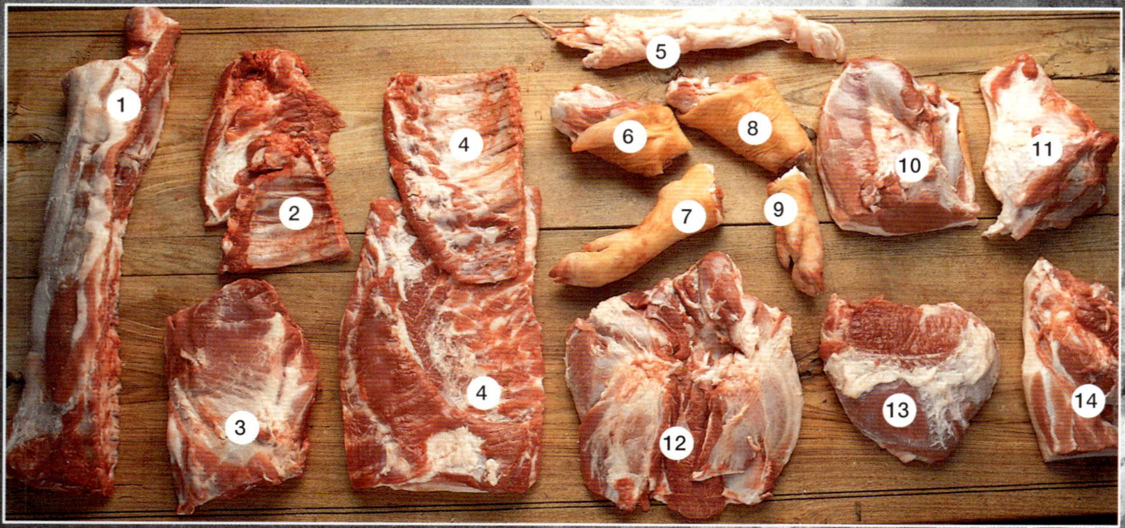

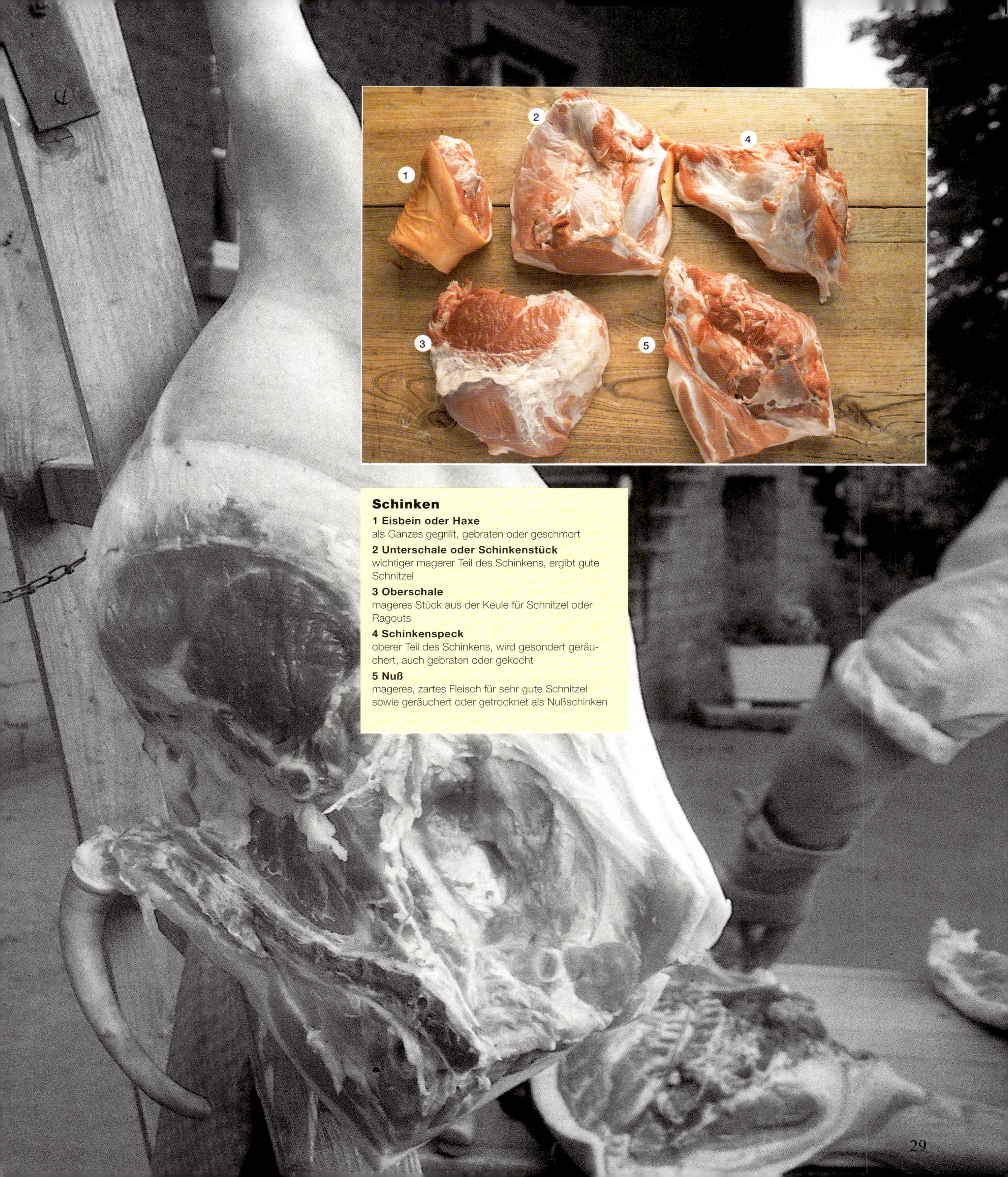


**Schinken**

**1 Eisbein oder Haxe**
als Ganzes gegrillt, gebraten oder geschmort

**2 Unterschale oder Schinkenstück**
wichtiger magerer Teil des Schinkens, ergibt gute Schnitzel

**3 Oberschale**
mageres Stück aus der Keule für Schnitzel oder Ragouts

**4 Schinkenspeck**
oberer Teil des Schinkens, wird gesondert geräuchert, auch gebraten oder gekocht

**5 Nuß**
mageres, zartes Fleisch für sehr gute Schnitzel sowie geräuchert oder getrocknet als Nußschinken

Diese frischgekochten, hausgemachten Leberwürste verdanken ihren Geschmack dem guten Fleisch und den ausgewählten feinen Gewürzen.

# Gesunde Wurst

Die Skepsis gegen industrielle Würste wächst. Das liegt an Tierseuchen, Massentierhaltung und nicht immer einwandfreien Arbeitsweisen der Schlachthöfe. Schließlich sieht der Verbraucher nicht, was alles in die Salami oder Lyoner kommt. Und tatsächlich verschwindet darin allerhand, was er nicht zu sehen bekommen soll. Erst einmal alle Teile der Tiere, die er nicht im Stück oder als Scheiben für die eigene Zubereitung kauft; dann eine Menge von Hilfsmitteln, von deklassierten Eiern bis zu Gelatine und Blutplasma; schließlich außer Zucker, Salz und Gewürzen eine Fülle an Zusatzstoffen, ob Umröter wie Pökelsalz oder Salpeter, Konservierungs- und Weichhaltemittel, Geschmacksverstärker und Phosphate. Zudem machen die wenigsten Metzger die von ihnen angebotenen Würste noch selbst.

Bei Biowürsten besteht der Vorteil darin, daß das Fleisch von artgerecht gehaltenen, gesunden Tieren kommt, die mit biologisch angebautem Futter ernährt und weder mit Antibiotika noch Hormonen oder anderen Medikamenten traktiert wurden. Ein weiterer Vorteil ist, daß in echten Biowürsten kein Pökelsalz und keine anderen chemischen Farb-, Konservierungs- und sonstigen Zusatzstoffe enthalten sind, und das betrifft Würste aller Kategorien:

- Rohwürste wie Mettwurst oder Salami aus rohem Fleisch, die durch Trocknung oder Räucherung haltbar werden; außer den schnittfesten gehören dazu auch streichfähige Mett- oder Teewürste;
- Brühwürste, die nach dem Stopfen in kochendem Wasser gebrüht werden und sich nur kurz halten, wie Fleischwurst, Fleischkäse, Lyoner, aber auch Bockwürste, Frankfurter, Wiener, Straßburger oder Bratwürste, und ebenso Schinkenpastete und Mortadella etc.;
- Kochwürste wie Leber- und Blutwürste, die aus bereits gekochtem Fleisch bestehen und anschließend erneut erhitzt oder eingekocht werden; auch Sülzen und Corned Beef zählen dazu. Was aber Fleischerzeugnisse aus biologischen Betrieben auszeichnet, ist die handwerkliche Herstellung. Auf vielen Höfen werden Wurstwaren und Schinken selbst gemacht, wobei man meist mit einem gelernten Metzger zusammenarbeitet. Oder man überläßt anerkannten Biometzgern ganze Tiere, die dann die nicht als Frischfleisch veräußerten Stücke verwursten. Die Rezepturen sind dabei denkbar simpel: man nimmt Fleisch, Speck, Meersalz, Kräuter, Gewürze und Naturdarm. Je nach Region wird luftgetrocknet oder mit unbehandeltem Holz kaltgeräuchert. So kann Wurst ein gesunder Genuß sein.

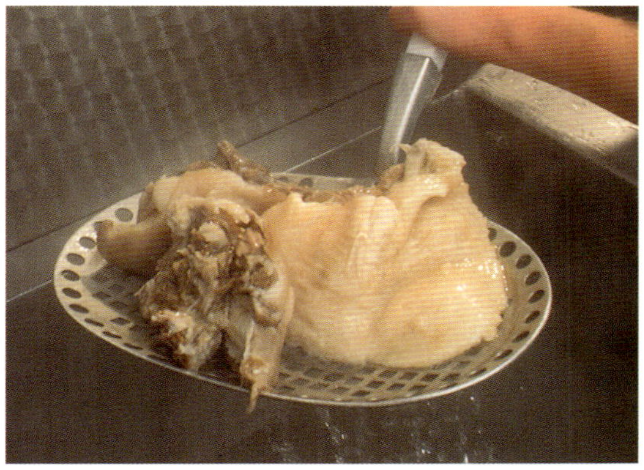

Zur Leberwurst gehören Innereien sowie fettes Bauch- und mageres Schweinefleisch, das zuerst in Stücke geschnitten wird.

Fleisch, Knoblauch und Zwiebeln gibt man durch die mittlere Scheibe des Fleischwolfs und vermischt sie gut miteinander.

Erst dann fügt man die gemahlenen Gewürze und die feingerebelten Kräuter hinzu und arbeitet sie gut in den Fleischteig ein.

Die Masse wird in Naturdarm gefüllt, abgebunden und zum Haltbarmachen in siedendem Wasser gebrüht.

## Warum Pökelsalz schädlich ist

In Würsten ist nach den Richtlinien der biologischen Anbauverbände die Verwendung von Pökelsalz untersagt. Das hat seinen guten Grund. Denn Salpeter oder Nitrit-Pökelsalz kann sich mit Aminosäuren zu krebserregenden Nitrosaminen verbinden. Daß eine Vergiftung mit Pökelsalz zu einer Gefäßerweiterung und damit zu einer dramatischen Senkung des Blutdrucks und zum Kollaps führt, weiß man schon seit langem. »Außerdem«, so sagt der Brockhaus bereits 1960, »verwandelt es den roten Blutfarbstoff Hämoglobin in Hämiglobin, das die Erstickung der inneren Organe verursacht.« Deshalb darf der Nitritgehalt im Salz nach Gesetz auch 0,5 % nicht übersteigen. Konventionell wird Pökelsalz als Konservierungsstoff eingesetzt, da es Wurst gegen gewisse Bakterien und Pilzbefall schützt. Andererseits wirkt es als Umröter, indem es im Fleisch das rote Stickoxydmyoglobin bildet, das Würsten die anziehende und anhaltende Farbe verleiht. Da Biowürste ohne Pökelsalz etwas grau aussehen und das Auge weniger ansprechen, wird mancher wurstmachende Biobauer schwach und greift – angeblich der Kundschaft zuliebe – zum Nitrit-Pökelsalz. Als Biokunde hat man es leicht: dort, wo die Biowurst genauso strahlend rot leuchtet wie im Supermarkt, kann man sicher sein, daß der Erzeuger noch nicht ganz auf der Höhe seiner Richtlinien arbeitet, zum Schaden unserer Gesundheit.

## Hausmacher Mettwurst

| *Auf je* |
| --- |
| *500 g eher mageres als fettes Schweinefleisch* |
| *12 g Meersalz* |
| *1,5 g Pfeffer* |
| *1,5 g Traubenzucker zur Umrötung (wenn erwünscht)* |
| *0,25 g getrockneter Knoblauch* |
| *1/4 TL Senfsaat* |

Alle Zutaten gut vermengen und durch eine 4,5 mm-Scheibe drehen. Die Masse 5 Minuten kneten. Dann die Wurstmasse in Naturdünndarm, Naturin- oder Seidendarm abfüllen.
Dünne Würste brauchen 7, die dickeren 14 Tage verschlagene Raumtemperatur zur Trocknung, wobei in den ersten 3 Tagen eine warme Raumtemperatur die Fermentation fördert. Danach wird 2–3mal geräuchert oder die Wurst auch als »luftgetrocknet« ohne Rauch gegessen.

**Bauernmettwurst**
geräucherter Klassiker aus rohem, nicht allzu fettem Fleisch

**Gekochte Blutwurst**
rohe Zutaten kommen in den Naturdarm, dann wird sie gekocht

**Geräucherte Blutwurst**
aus gewürfeltem Speck, Zwiebeln, frischem Schweineblut, Gewürzen

**Grobe Blutwurst**
mit größeren Fleisch- und Speckstücken, Blut und Gewürzen

**Weiße Blutwurst**
wird durch Eier gebunden

**Dörrfleisch**
trocken gesalzen und luftgetrocknet

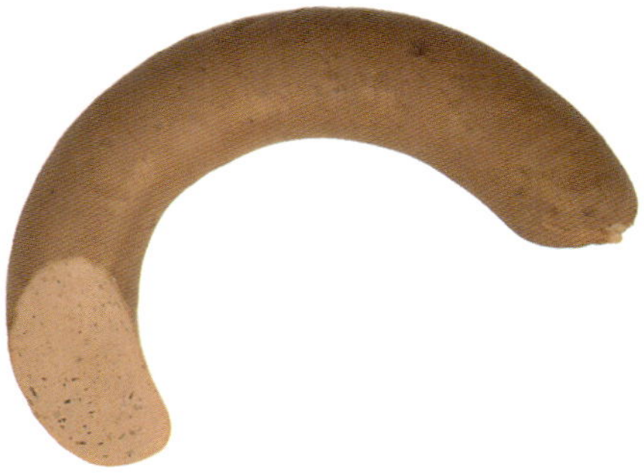

**Fleischwurst**
Brühwurst von Rind- und Schweinefleisch

**Feine Herzwurst**
die feinere Variante der deftigen süddeutschen Spezialität

**Grobe Herzwurst**
grobgeschnittene Innereien und Fleisch

**Knacker (Rauchenden)**
stark geräucherte Rohwürste aus mittelgrobem Schweinefleisch

**Knacker**
aus Schweinefleisch und Speck, getrocknet und geräuchert

**Knoblauchwurst**
Brühwurst, aus fein zerkleinertem, mit Knoblauch gewürztem Fleisch

**Kochschinken**
aus der Keule, gesalzen, gepreßt und dann pochiert

**Lachsschinken**
kurz geräuchertes, trocken gesalzenes Schweinenierenstück

**Leberkäse**
gebacken aus Leber, Fleisch, Speck, Eiern und Gewürzen

**Leberwurst**
Leber und Kochfleisch durch den Wolf gedreht und gekocht

**Gebratene Leberwurst**
statt wie üblich gekocht, wird sie im Ofen gebraten

**Grobe Leberwurst**
aus gröberen Zutaten und deftigeren Gewürzen, leicht geräuchert

**Mettwurst**
damit sie gut streichbar wird, wird das Fleisch stark zerkleinert

**Geräucherte Mettwurst**
aus rohem Fleisch und Speck, getrocknet und geräuchert

**Preßkopf**
großformatige Sülzwurst vom Schwein mit Blutzusatz

**Presswurst**
bayerische Spezialität, aus gekochtem Fleisch

**Rinderbrühwurst**
fein zerkleinertes Fleisch im Darm gebrüht, dann geräuchert

**Rinderrohwurst**
aus gröberem Fleisch und Fett

**Rinderschinken**
ein edles Stück aus der Keule, mild gesalzen und geräuchert

**Rindersalami**
im Darm getrocknet und gereift, rohes mittelfeines Fleisch und Fett

**Schafssalami**
luftgetrocknet, aus fettem und magerem zerkleinertem Fleisch

**Schinkenspeck**
besonders mageres unc kalt geräuchertes Stück Speck

**Roher Schinken**
nur gesalzener und dann kalt geräucherter, entbeinter Schinken

**Schweinebraten**
dünn geschnitten, wird er kalt, oft mit Senf und Essiggürkchen gegessen

**Durchwachsener Speck**
trocken gesalzenes, geräuchertes Speckstück, mager durchzogen

**Iberischer Maßstab**

# Schinken

Um zu erleben, wie Schinken schmecken kann, sollte man sich beim nächsten Spanien- oder Portugalaufenthalt etwas Jamón ibérico, am besten Bellota, oder ein paar Scheiben Schinken vom Porco Preto leisten. In beiden Ländern hat sich eine besondere Rasse erhalten, das Cerdo ibérico. Dieses hochbeinige schwarze Schwein lebt in der dehesa, einem lichten, mediterranen Wald aus Stein- und Korkeichen. Es hat sich großartig an die schwierigen Umweltbedingungen angepaßt. So übersteht es die heiße, trockene Sommerperiode, indem es seine Bedürfnisse extrem herunterschraubt. Im Herbst stürzt es sich dann aber mit Heißhunger auf die Eicheln, die bellotas, und frißt sich eine dicke Speckschicht an. Da es dabei viel in Bewegung bleibt, durchdringt das Fett das Muskelfleisch. Das führt zu der Marmorierung, die den Schinken so unvergleichlich saftig macht, während ihm die Eichelmast ein höchst delikates Nußaroma verleiht.

Die Weidescheinhaltung, bei der optimale natürliche Ernährung sowie ein Schlachtalter von 14 bis 18 Monaten zusammenwirken, ist Voraussetzung für Spitzenqualität. Daß sie dann tatsächlich zustande kommt, liegt an der traditionellen Herstellungsweise. Sie beginnt mit dem Einsalzen, wozu die Schinken mit grobem Meersalz eingerieben werden; nur einen bis maximal eineinhalb Tage je Kilo Gewicht verbringen sie darin. Hier zeigt sich die Handwerkskunst, die zwischen notwendiger Konservierung und nur sanft gesalzenem Geschmack abwägt. Und hier zeigt sich beim Probieren, wie versalzen industrielle Schinken üblicherweise sind.

Nach einer ersten Trocknung während des Sommers, wobei die Schinken ein Drittel ihres Gewichts durch Schwitzen verlieren, schließt sich in kühlen Kellern ein langer Fermentations- und Reifeprozeß an. Dabei wirkt derselbe Edelschimmelpilz wie beim Käse, das *Penicillium roqueforti*, um dem Schinken seinen Reichtum an Aroma zu verleihen. Nach 18 bis 20, manchmal auch 24 Monaten kommen diese Meisterwerke in den Handel. Nur hauchdünn geschnitten entfalten sie ihren vollen Geschmack.

Diese Schinken setzen einen Qualitäts-Maßstab, an dem sich die Erzeugnisse der Massenhaltung messen lassen müssen.

Die meisten mittel- und nordeuropäischen Betriebe nämlich betreiben ein beschleunigtes Verfahren. Nach dem Einreiben mit Salz oder

Natürliche Eichelmast verleiht dem Schinken des cerdo iberico seine feine Fettmarmorierung.

dem Einlegen in Salzlake, das nicht selten um drei Wochen dauert, schließt sich oft eine Räucherung an. Die geeignetste ist die Kalträucherung, deren Temperatur 28 Grad Celsius nicht übersteigen sollte. Die Räucherzeiten variieren heute zwischen zwölf Stunden und ein paar Tagen. Räuchern ist in Verruf geraten, weil dabei das krebserregende Benzypren entstehen kann. Diese Kohlenwasserstoffverbindung bildet sich vor allem bei hohen Temperaturen, so auch beim Grillen über Holzkohle. Schonend geräucherte biologische Schinken bleiben unter dem offiziellen Höchstwert von 1 Millionstel Gramm pro Kilo. Als Holz kommen nur Späne unbehandelter Buchen, Eichen oder anderer Laubbäume in Frage, die zum Teil durch Kräuterzweige ergänzt werden. Bereits nach einem Monat oder sechs Wochen werden die meisten Schinken als fertig angesehen.

Die Qualität des Schinkens hängt zuerst von der Qualität der Tierhaltung ab, weshalb Biohöfe die besseren Schinken bieten.

Pilze, Pistazien und Cognac geben der Winzerterrine feinen Pfiff.

Zuerst werden nur Rückenspeck und Leber durch den Wolf gedreht.

Schalotten und Pilze dünstet man an, bevor man sie darunter mischt.

## Winzerterrine

***Für 12 bis 15 Portionen***

*300 g geräucherter Rückenspeck*
*400 g gesäuberte Schweineleber*
*4 feingewürfelte Schalotten*
*30 g Butter*
*400 g Schweinekamm*
*200 g gemischte Pilze*
*300 g Schweinerücken*
*50 g geschälte Pistazien*
*Weißer Pfeffer*
*25 g Meersalz*
*Je 1 EL Noilly Prat, Cognac und Kirschwasser*

Für diese Winzerterrine braucht man eine Form von 1,5 Liter Volumen. Rückenspeck von der Schwarte befreien und wie die Schweineleber in Streifen schneiden, dann durch den Fleischwolf mit grober Scheibe geben. Schalottenwürfel in der Hälfte der Butter glasig dünsten, dann mit dem kleingeschnittenen Kammfleisch durch den Wolf mit feiner Scheibe drehen. Pilze – zum Beispiel Champignons, Pfifferlinge und Herbsttrompeten – vierteln und in der restlichen Butter kurz anbraten, dann mit dem in kleine Würfel geschnittenen Rückenfleisch und den Pistazien unter die Masse geben. Pfeffer und Salz sowie die Spirituosen hinzufügen. Den Fleischteig gut durcharbeiten.
Nun die Terrinenform mit Klarsichtfolie auskleiden, die Masse einfüllen und die Terrine zugedecken. Die Form ins Wasserbad stellen und im Backofen auf 140 °C etwa 1 Stunde lang garen. Anschließend die Terrine mindestens 8 Stunden in der Form im Kühlschrank durchkühlen lassen. Sie läßt sich , in nicht zu dünne Scheiben geschnitten, gut auf Blattsalaten anrichten.

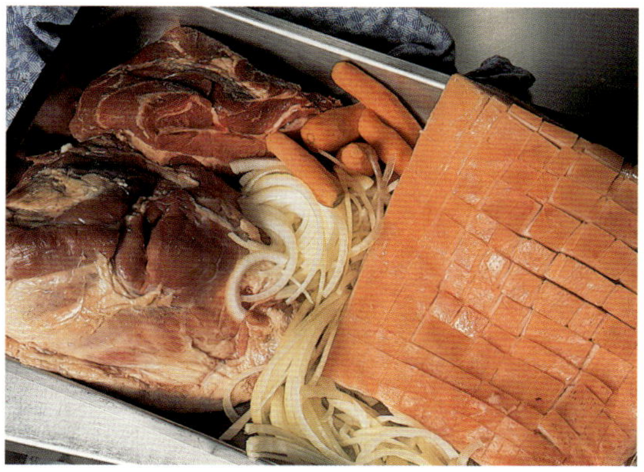

Mit Zwiebeln wird beim Schweinebraten nicht gespart, aber auch Kümmel gehört unbedingt dazu.

Das gut angebratene Fleischstück schiebt man in den Ofen. Während der Garzeit wird der Braten mehrmals gewendet.

Ein Schweinebraten von einem Kilogramm Gewicht benötigt etwa 100 Minuten Garzeit, bis er außen kroß und innen saftig ist.

## Zubereitungen mit Schweinefleisch

(Abbildungen links)

### Schweinebraten

*1 kg Schweinebraten aus der Keule*
*1 EL Meersalz*
*1 TL Kümmel*
*Schwarzer Pfeffer*
*1 EL Schweineschmalz*
*4 Zwiebeln*
*2 Möhren*
*Stärkemehl*

Die Schwarte mit einem scharfen Messer gitterartig einschneiden. Den Braten mit Salz, Kümmel und schwarzem Pfeffer einreiben. Das Schweineschmalz in einem großen Bräter erhitzen. Darin zuerst die Schwarte gut anbräunen, dann den Braten von allen anderen Seiten anbraten. Die Zwiebeln schälen und achteln, die Möhren putzen und in große Stücke schneiden. Gemüse in den Topf geben und anbraten. Den Braten auf die Schwarte drehen und mit 250 ml heißem Wasser ablöschen. Nun den Bräter zudecken und den Braten in den auf 180 °C vorgeheizten Ofen schieben. Nach 30 Minuten den Braten wenden. Von nun an ohne Deckel weiterbraten, aber wiederholt mit Bratensaft übergießen und jeweils etwas Wasser ergänzen. Nach 90 bis 100 Minuten den Braten herausheben, auf ein Blech mit der Schwarte nach oben setzen, diese mit kaltem Wasser bepinseln und den Braten zurück in den heißen Ofen schieben. Das Fett abgießen, den Bratensaft durch ein Sieb passieren, abschmecken und die Sauce wenn nötig mit etwas Stärkemehl binden. Dazu passen am besten Kartoffelknödel.

### Kartoffelknödel

*1 kg Kartoffeln*
*100 g Vollweizenmehl*
*1 Ei*
*1 Prise Muskatnuß*
*Weißer Pfeffer, Meersalz*
*2 alte Semmeln*
*1 EL Schmalz*
*Mehl zum Formen*

Am Tag zuvor Pellkartoffeln kochen, abschrecken, abpellen, durch die Kartoffelpresse geben und in den Kühlschrank stellen. Am nächsten Tag zu den Kartoffeln das Weizenmehl sieben, das Ei geben, mit je einer Prise frischgemahlener Muskatnuß und weißem Pfeffer sowie etwas feinem Meersalz würzen und gründlich durchkneten. Die Hände einmehlen und auf der Arbeitsfläche aus dem Teig eine Wurst rollen, die man in etwa 3 Zentimeter breite Stücke teilt. Das Schmalz heiß werden lassen und die in kleine Würfel geschnittenen Semmeln darin anrösten, mit wenig Salz würzen. In die Mitte jedes Teigstücks 2 oder 3 Semmelbröckchen geben und den Teig dann mit bemehlten Händen zu Klößen formen. Salzwasser zum Kochen bringen, die Knödel hineingeben und in gut 20 Minuten bei leichtem Wallen garziehen lassen.

### Schlachtplatte auf Sauerkraut

**Für 6 bis 8 Personen**

*2 Zwiebeln*
*1 EL Schweineschmalz*
*1 kg Sauerkraut*
*10 Wacholderbeeren*
*3 Lorbeerblätter*
*1 Prise Kümmel*
*1 Glas Frankenwein*
*Meersalz, Pfeffer*
*500 g Bauchfleisch*
*500 g Wellfleisch*
*1 große Leberwurst*
*6–8 Paar Nürnberger Bratwürste*

Zwiebeln schälen, kleinwürfeln und in heißem Schmalz anbraten. Dann Sauerkraut, Wacholderbeeren, Lorbeerblätter und Kümmel zufügen. Mit dem Frankenwein ablöschen, mit Salz und Pfeffer abschmecken. Bauch- und Wellfleisch zufügen, zudecken und auf niedriger Hitze 1 Stunde lang schmoren lassen. Dann die Leberwurst hineinlegen, wieder verschließen und weitere gut 30 Minuten garen. Kurz vor dem Servieren die Nürnberger Bratwürste grillen. Das Fleisch appetitlich auf dem Sauerkraut anrichten und die Bratwürste dazulegen.

**Bedrohte Schafe**

# Skudden

Weite Flächen Europas werden von Schafen beweidet und sauber gehalten. Sind in den mediterranen Ländern umherziehende Schafherden immer noch ein gewohnter Anblick, mutet der Beruf des Wanderschäfers in nördlichen Breiten eher anachronistisch an. Dabei mehren sich gerade in den nördlicheren und industrialisierteren Ländern landschaftliche Flächen und städtische Anlagen, die mit Hilfe von Schafen gepflegt werden können. Schafe sind fast so anspruchslos wie Ziegen. Dennoch halten sie mehr von Gras und saftigen Pflanzen als von Sträuchern und Bäumen und bevorzugen ebeneres Gelände. In jeder Region paßten sich über Jahrhunderte die Rassen der Flora und den klimatischen Bedingungen an. Dann aber traten Veränderungen auf, durch die einige Rassen vom Aussterben bedroht wurden. Entscheidend dafür ist der Niedergang des Wollmarktes einerseits und andererseits eine langsam steigende Nachfrage nach Schaffleisch von nur wenigen Standardsorten.

Die fast ausgestorbenen Skudden liefern für diesen Vorgang ein beredtes Beispiel. Bei ihnen handelt es sich um eine alte Landschafrasse, die in Ostpreußen und im Baltikum verbreitet war. Ihr Lebensraum erstreckte sich am Rand der Ostsee von Westlitauen bis zur Weichsel. In diesem klimatisch rauhen Gebiet sind die Böden oft nur spärlich bewachsen. Dennoch kamen die Tiere damit zurecht und konnten das ganze Jahr über draußen gehalten werden. Das einzige, was sie brauchten, war ein Dach, das in den kältesten Monaten Schutz vor Nässe und Wind bot.

Die Skudden gehören zu den kleinsten Schafen überhaupt. Ihr Widerrist, der höchste Teil des Rückens, ist nur 50 bis 60 Zentimeter hoch. Sie wiegen ausgewachsen im Durchschnitt nur um 35 Kilo. Sie haben einen keilförmigen Kopf mit breiter Stirn, feinem Nasenbein und auffallend kleinen Ohren. Die Böcke tragen ein imposantes Schneckengehörn. Meist haben die Skudden ein weißes bis grauweißes Vlies. Selten kommen schwarze, braune oder graue vor. Zu den positiven Eigenschaften der Tiere gehören Vitalität, Robustheit, Anspruchslosigkeit, Fruchtbarkeit, Standorttreue und die Wollqualität. Dabei handelt es sich um eine sogenannte Mischwolle, die aus Unterhaar, feinen Wollfasern und Langhaar besteht und sich gut spinnen läßt. Daraus wurden früher edle Wollstoffe gewebt, die Händler aus England, Frankreich und vom Rhein zu den Tuchmärkten Ostdeutschlands zogen und seinen Schafen auf der Weltausstellung in Paris 1867 hohe Ehren eintrugen. Als industriell besser zu verarbeitende Wolle verlangt wurde, folgten Einkreuzungen mit Merinoschafen, die aber wenig erbrachten. Ebensowenig ließen sich Skudden mit schwereren Rassen mischen, um interessantere Schlachtgewichte zu erzielen. Der Markt hatte für sie keinen Bedarf mehr. Dank der Initiative einiger Idealisten gibt es heute noch gut 1000 Skudden in West- und Mitteldeutschland und 200 Tiere in Österreich und der Schweiz.

Abgesehen von den Regionen, in denen Schafe in karger, nicht mit Unkrautvernichtern und Pestiziden belasteter Landschaft weiden und die daher meist biologischen Anforderungen genügen, sind sie auf ökologischen Höfen aufgrund ihrer Genügsamkeit und Robustheit beliebt. Mit ihnen können auch weniger gute Weideflächen genutzt werden. Außerdem wächst inzwischen auch in nördlicheren Ländern das Interesse an ihrem geschmackvollen Fleisch von Jahr zu Jahr.

Auch im Osten gibt es jetzt wieder erste Herden der fast ausgestorbenen Skudden, einer niedrigen Landrasse, die einst bis zum Baltikum verbreitet war.

## Lammkoteletts
Côtelettes d'agneau
(Abbildung unten)

***Für 2 Personen***

| |
|---|
| *6–8 Milchlammkoteletts* |
| *3 zerdrückte Knoblauchzehen* |
| *Meersalz* |
| *Schwarzer Pfeffer* |
| *2 EL Olivenöl* |
| *1 TL feingerebeltes Bohnenkraut* |

Den Grill heiß werden lassen. Die Koteletts abspülen und trockentupfen. Mit Knoblauch einreiben und mit Olivenöl bepinseln, auf beiden Seiten salzen und pfeffern.
1–1 1/2 Minuten grillen, dann wenden. Die gegrillte Seite mit Bohnenkraut bestreuen und die andere Seite ebenfalls so lange grillen. Auf vorgewärmten Tellern mit Ratatouille (siehe Rezept Band I, S.159) servieren.

## Lamm auf Jägerart
Agnello alla cacciatore

| |
|---|
| *800 g Lammschulter ohne Knochen* |
| *500 g reife Tomaten* |
| *500 g Kartoffeln* |
| *2 Zwiebeln* |
| *250 g frische Steinpilze* |
| *4 Knoblauchzehen* |
| *1 getrocknete Pfefferschote* |
| *1 TL getrockneter Oregano* |
| *Meersalz* |
| *4 EL Olivenöl* |
| *200 ml Rotwein* |

Lammschulter von allem Fett befreien und in Würfel schneiden. Tomaten überbrühen, abziehen und vierteln. Kartoffeln und Zwiebeln schälen und vierteln. Steinpilze säubern und in Scheiben schneiden. Knoblauchzehen schälen und mit der Pfefferschote zerdrücken. Backofen auf 170 °C erhitzen. Fleisch und Gemüse in eine feuerfeste Form geben, Gewürze und Kräuter zufügen, gut vermischen, mit dem Olivenöl überträufeln und dem Rotwein übergießen. Zudecken und etwa 2 Stunden garschmoren lassen.

## Lammgulasch mit gebratenen Nudeln

| |
|---|
| *500 g ausgelöste Lammschulter* |
| *3 EL Olivenöl* |
| *Meersalz* |
| *Schwarzer Pfeffer* |
| *3 feingehackte Zwiebeln* |
| *1 Knoblauchzehe* |
| *1/2 TL Kreuzkümmel* |
| *1/2 TL Paprika edelsüß* |
| *1 TL Tomatenmark* |
| *40 ml Rotwein* |
| *1/4 l Lammfond* |
| *1/4 l Geflügelfond* |
| *300 g Dinkeltagliatelle* |

Lammfleisch in Würfel schneiden. 2 EL Olivenöl erhitzen, das Fleisch darin anbraten, salzen und pfeffern. Zwiebeln und Knoblauch zugeben und leicht anbräunen. Dann Kreuzkümmel und Paprika darüberstreuen und das Tomatenmark unterrühren. Mit Rotwein ablöschen und ihn einkochen lassen. Dann Lamm- und Geflügelfond angießen. Den Topf zudecken und im Backofen auf 180 °C 40 Minuten lang schmoren lassen.
Die Nudeln al dente kochen, abgießen und gründlich abtropfen lassen. Das restliche Olivenöl erhitzen, die Nudeln darin anbraten und auf Portionstellern anrichten. Das Lammgulasch noch einmal abschmecken, dann darüber verteilen und auftragen.

Lammkoteletts

Salat von Milchlammnieren mit gebratenem Chicoree

## Lammfrikassee mit Artischockenherzen

Agnello in fricassea con carciofi

| |
|---|
| 800 g Lammfleisch ohne Knochen |
| 4 EL Olivenöl |
| 2 feingehackte Knoblauchzehen |
| 300 ml trockener Weißwein |
| 1 Glas Artischockenherzen |
| 3 EL feingehackte Petersilie |
| 3 Eigelbe |
| Saft von 1 Zitrone |
| Pfeffer, Meersalz |

Lammfleisch in nicht zu kleine Würfel schneiden. Das Öl in einem Schmortopf erhitzen, den Knoblauch darin 1 Minute andünsten, dann das Fleisch hinzufügen und rundherum kräftig anbraten. Mit einem Drittel des Weißweins ablöschen und bei hoher Hitze verkochen lassen. Den restlichen Wein zufügen, zudecken und auf kleiner Flamme 60 Minuten schmoren. Ab und zu überprüfen, ob genügend Flüssigkeit vorhanden ist und eventuell etwas Wasser angießen. Die Artischocken abspülen, gut abtropfen lassen, dann vierteln, zum Fleisch geben und 5 Minuten mitschmoren lassen. Die Petersilie dazustreuen und unterrühren. Eigelb mit Zitronensaft verrühren, in den Topf geben und unter Rühren stocken lassen. Das Frikassee heiß im Schmortopf servieren und helles Vollweizenbrot und frischen Gartensalat dazu reichen.

## Salat von Milchlammnieren und gebratenem Chicoree

(Abbildung oben)

| |
|---|
| 6 Milchlammnieren im eigenen Fettmantel |
| Meersalz |
| Schwarzer Pfeffer |
| 1 EL Olivenöl |
| 1 EL Butter |
| 30 Blätter Chicoree |
| 1 EL Sonnenblumenöl |
| 1/2 TL Honig |
| 1/2 Kopf Endiviensalat |
| 60 g Gartenkresse |
| 1 TL Walnußöl |

**Balsamico-Vinaigrette**

| |
|---|
| 3 EL halbierte Macadamianüsse |
| 1 TL Butter |
| 40 ml Geflügelbrühe |
| 40 ml Lammjus |
| 20 ml Sonnenblumenöl |
| 20 ml Walnußöl |
| 1 Prise Meersalz |
| Viel schwarzer Pfeffer |
| 20 ml Aceto-Balsamico (Balsamessig) |
| 10 ml Haselnußöl |
| 1 Lorbeerblatt |
| 1 kleines Stück Zimt |

Die Nieren mit Salz und Pfeffer würzen, in Olivenöl rundherum scharf anbraten, so daß das Fett schon leicht rostbraun wird. Vom Herd nehmen und 5 Minuten ruhen lassen. Dann in den auf 180 °C vorgeheizten Backofen schieben und darin 6 Minuten lang rosa garen lassen. Anschließend erneut 5 Minuten ruhen lassen.
In dieser Zeit die Chicoreeblätter in Sonnenblumenöl und Butter anbraten und mit Salz und Pfeffer würzen. Mit dem halben TL Honig überspinnen, leicht glasieren lassen und sofort auf den Tellern anrichten.
Für die Vinaigrette die Macadamianüsse in Butter anrösten. Dann sämtliche Zutaten miteinander gut verrühren und die Vinaigrette warm stellen.
Endiviensalat waschen und in mundgerechte Stücke zupfen, die Kresse kurz waschen, trockenschleudern und vermischen. Mit einem Hauch Walnußöl, Salz und Pfeffer leicht aromatisieren. Den Salat in der Tellermitte anrichten. Die Lammnieren halbieren, an den Salat legen und mit lauwarmer Vinaigrette überträufeln.

# Zicklein

Zicklein sind eine Spezialität, die eng mit dem Osterfest verbunden ist. Geschätzt wird das zarte aromatische Fleisch vor allem von Griechen und Italienern, Spaniern und Franzosen. Der Ziegenbestand ist im Vergleich zu anderen Nutztieren gering. Sie werden in erster Linie wegen ihrer Milch gehalten. Da bei ökologischer Ziegenhaltung die Direktvermarktung des Käses überwiegt, werden auch die Zicklein an Privatkunden verkauft und gelangen praktisch nicht in den Handel.
Das arbeitsaufwendige Rezept, das wir vorstellen, trägt der Seltenheit dieses festlichen Bratens Rechnung.

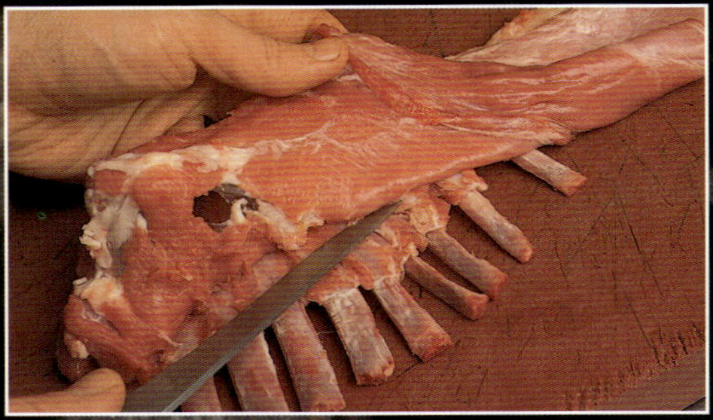

Die Vorbereitung beginnt mit dem Ablösen des Rückenstrangs und des Filets vom Knochen.

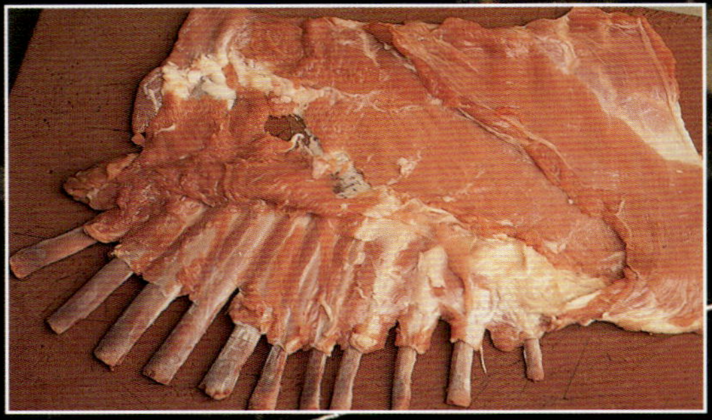

Die Bauchlappen werden von den Rippenknochen gelöst und für eine breitere Füllfläche umgeschlagen.

## Festbraten: Zicklein

(Abbildungen rechts)

***Für 6–8 Personen***

***Vorbereiten der Fleischteile***

***Rücken***

Fleischstrang und Filet vom Knochen lösen, alle überflüssigen Stückchen und Fetzen abschneiden, Sehnenhaut und Fett entfernen, so daß nur schiere Fleischstücke übrigbleiben.

***Keule und Schulter***

Sie werden im Ganzen benutzt.

***Bauchlappen und Rippen***

Mit einem scharfen Messer die dünne Fleischschicht von den Rippenknochen lösen, ohne sie zum Ende hin jedoch ganz abzutrennen. Umschlagen, so daß sich eine breitere Füllfläche ergibt.
- Dann Bauchlappen mit der Füllung so bestreichen, daß die Knochen freibleiben.
- Nun Rückenstrang und Filet zur Rippenseite hin der Länge nach auflegen.
- Die bestrichenen Bauchlappen über die Fleischteile klappen.
- Wie einen Rollbraten mit Fleischgarn binden.

*1/2 Zicklein von 3 bis 3,5 kg*
*4 EL Olivenöl*
*Meersalz*
*Schwarzer Pfeffer*
*1 kleiner Blumenkohl*
*6 Möhren*
*1 kleine Sellerieknolle*
*12 Schalotten*
*1 kg kleine festkochende Kartoffeln*
*20 g Butter in Flöckchen*

**Füllung**

*1/2 alte Semmel*
*200 g Zickleinfleisch von Hals und Wade*
*50 g frischer Schweinespeck*
*60 g Zwiebelwürfel*
*1 EL Olivenöl*
*Schwarzer Pfeffer*
*Meersalz*
*Einige Tropfen Peperoniöl*

Für die Füllung gibt man Hals- und Wadenfleisch, Speck, Semmel und Zwiebelwürfel durch den Wolf.

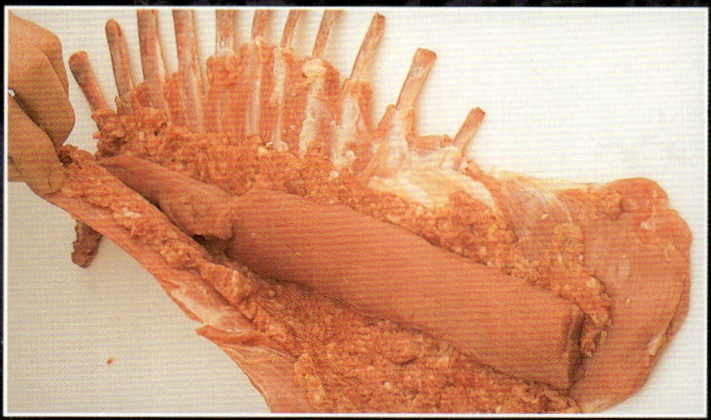

Die Bauchlappen werden so mit der Füllung bestrichen, daß die Knochen freibleiben.

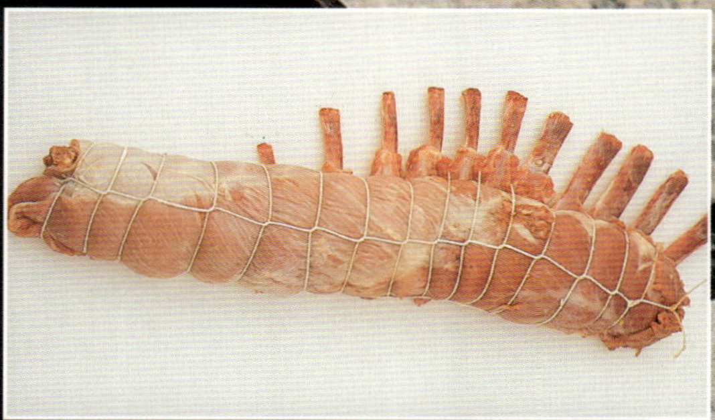

Rückenstrang und Filet werden zur Rippenseite hin hochgeklappt, der Bauchlappen darübergelegt und das Ganze zusammengebunden.

Der gefüllte Zickleinbraten wird in heißem Olivenöl scharf angebraten.

Das kleingeschnittene Gemüse gibt man zum vorgegarten Fleisch und schmort beides zusammen gar.

### *Füllung*

Die Semmel in Wasser einweichen und ausdrücken. Zickleinhals auslösen, mit dem Speck in feine Würfel schneiden und mit der Semmel durch die feine Scheibe des Fleischwolfs drehen. Die Zwiebelwürfel in dem Öl andünsten, zur Fleischmasse geben und gut miteinander verkneten. Mit Pfeffer, Meersalz und dem Peperoniöl abschmecken.

### *Jus*

- *Rücken- und Halsknochen des Zickleins*
- *1 EL Olivenöl*
- *2 Möhren*
- *1/4 Sellerieknollen*
- *2 Zwiebeln*
- *2 Knoblauchzehen*
- *1 EL Tomatenmark*
- *1 Lorbeerblatt*
- *10 Pfefferkörner*
- *100 ml Rotwein*
- *1 TL getrocknete Provence-Kräuter*
- *Meersalz*

### *Jus*

Rücken- und Halsknochen kleinhacken und in einem Bräter mit dem Öl rundherum braun anrösten. Möhren und Sellerie schälen, die Schalen aufbewahren und in Würfel schneiden. Zwiebeln und 1 Knoblauchzehe kleinhacken. Gemüse den Knochen zufügen und mitrösten. Dann Zutaten in ein Sieb schütten und das Fett abgießen. Knochen und Gemüse zurück in den Bräter schütten, Tomatenmark unterrühren und glasieren. Das Lorbeerblatt und die zerdrückten Pfefferkörner zufügen, mit dem Rotwein ablöschen und einkochen. Mit Wasser auffüllen, so daß die Zutaten gut bedeckt sind und 45 Minuten köcheln lassen. Dabei wiederholt abschäumen. Anschließend noch 30 Minuten unter dem Siedepunkt ziehen lassen, dann durch ein Tuch passieren und zurück in den Topf geben. Getrocknete Provencekräuter, die zweite Knoblauchzehe und die Gemüseschalen zufügen. Durch langsames Einköcheln unter wiederholtem Abschäumen auf ein Fünftel der Flüssigkeitsmenge reduzieren, die Gemüseschalen entfernen und mit Meersalz abschmecken.

Auf die gleiche Weise wird auch Jus für Lammgerichte hergestellt.

### *Zubereitung*

Den mit dem Rücken und Filet gefüllten Bauchlappen, die Keule und Schulter in 2 EL heißem Olivenöl in einem großen Bräter anbraten, dann mit Alufolie bedecken und bei 180 °C für 25 Minuten in den vorgeheizten Backofen schieben.
Gemüse putzen, den Blumenkohl in große Rosetten, Möhren und Sellerie in dicke Stifte schneiden. Schalotten und Kartoffeln schälen. Das Gemüse in dem restlichen Olivenöl schwenken, salzen und pfeffern. Dann das Gemüse zum Fleisch geben, den Bräter erneut mit Alufolie abdecken und weitere 55 Minuten schmoren.
Aus dem Ofen nehmen und abgedeckt auf 45 °C noch 40 Minuten ruhen lassen. Dann mit Butterflöckchen überstreuen, unter den Grill schieben und überkrusten.
Aufschneiden, mit den Gemüsen anrichten und mit Jus servieren.

1

2

3

4

5

6

7

8

**Geflügelübersicht**
**Seltene Tafelfreuden**

# Geflügel

**1 Ente**
Seit Jahrtausenden bewähren sich Enten als Haustiere. Sie benötigen unbedingt Wasser für ihr Wohlbefinden. Außer ihrem Fleisch sind die Eier geschätzt. Für die Mast werden oft Flug-Enten vorgezogen, die weniger verfetten und hervorragend schmecken. Auf der Weide sind Enten wählerisch und verlangen mehr Zufütterung mit Getreide. Wegen des aufwendigeren Rupfens sind sie in artgerechter Haltung weniger verbreitet.

**2 Gans**
Die von der Graugans abstammende Hausgans eignet sich ausgezeichnet für ökologische Landwirtschaft. Zwar brauchen Gänse viel Platz – etwa 60 benötigen einen Hektar –, aber sie sind gute Weidetiere, robust, wenig kälteempfindlich und können auch in nördlicheren Regionen draußen leben. Je nach Weidegüte wird zugefüttert, sie mögen gern Gemüse, auch Abfälle, ein Vorteil für viele Bio-Betriebe. Und sie sind heißbegehrt als Festtagsbraten.

**3 Legehenne**
Wegen der Nachfrage nach Eiern sind Legehennen die Nummer 1 unter dem ökologischen Geflügel. Da sich ihre Haltung erst in höheren Stückzahlen auszahlt, stellt ein artgerechter Umgang einige Probleme. Die degenerierte Hybridenrasse dominiert. Nach ihrem Legeleben wandern die Hennen als Suppenhühner in den Kochtopf.

**4 Masthuhn**
Vor allem in Frankreich ziehen biologische Höfe Masthähnchen oder Poularden auch in größerem Stil, wobei man oft auf lokal bewährte Rassen zurückgreift. Artgerechte Haltung garantiert den Hühnern ein gutes Leben und der Kundschaft hervorragende Qualität.

**5 Perlhuhn**
Wild in den Savannengebieten Afrikas zu Hause, wurden Perlhühner im alten Ägypten als heiliges Tier verehrt und von den Römern als Delikatesse geschätzt. Das aromatische, an Wildgeflügel erinnernde Fleisch gefällt insbesondere Franzosen, Italienern und Spaniern, aber auch in England und Belgien ist es auf dem Vormarsch. In artgerechter Tierhaltung sind Perlhühner noch eine Seltenheit.

**6 Pute**
Wild lebten Truthühner in Nordamerika. Puten brüten mit Leidenschaft, auch die Eier anderen Geflügels, was man früher in der Hühnerzucht nutzte. Sie lieben die Freiheit (zur Freude der Füchse) und lassen sich, vor allem die Bronzeputen, gut auf Weiden halten. Da sie aber anfälliger als Gänse sind, interessieren sich ökologische Höfe recht selten für sie, trotz des fettarmen und reichlichen Fleisches.

**7 Taube**
In Frankreich und Italien gelten Tauben als große kulinarische Delikatesse. Am höchsten schätzt man die aus der Bresse und die Meleta-Tauben aus der Toskana, aber auch in Südwestfrankreich werden sie oft gehalten. Sehr vereinzelt züchten ökologische Höfe Tauben, doch sind auch diese dann meist der Gastronomie vorbehalten.

**8 Wachtel**
Die kleinen, am Boden lebenden Feldhühner werden in Mast- und Legewachteln unterschieden, auch ihre Eier gelten als Spezialität. Wegen ihres weißen, sehr wohlschmeckenden Fleisches schätzen Genießer in Frankreich, Belgien und Italien, wo man sie züchtete, sie sehr. Auch sie sind in ökologischer Haltung eine rare Spezialität.

**Ein fürstlicher Genuß**

# Bresse-Geflügel

Wenn das die deutschen Kaiser wüßten! Wo einst das Land bestellt wurde, um sie und ihren Troß in der nahen Ingelheimer Kaiserpfalz zu versorgen, trägt das Mastgeflügel französische Nationalfarben. Junghühner und -hähne stolzieren auf blauen Füssen daher, haben strahlendweißes Gefieder und tragen feuerrote Kämme: unverkennbare Kennzeichen für Frankreichs leckerstes Hühnervolk aus der Bresse. Der Staatsdomäne Mechtildshausen, einem der größten biologisch bewirtschafteten Höfe Europas, gelang es, Zuchtpaare aus dem Geflügelparadies vor Lyons Toren zu erwerben.

Bei den Prestigehühnern aus der fröhlich satten Bauernlandschaft zwischen Burgund und Jura handelt es sich um eine alte, besonders widerstandsfähige Rasse. Da man auf den saftigen Weiden vorwiegend Milchwirtschaft betrieb, kümmerten sich die Bäuerinnen, sozusagen nebenbei, ums Federvieh. Dabei hatten sie vor allem die großen Familienfeste zum Jahresende im Auge. Nichts war ihnen zu gut oder zu aufwendig, um Hühner und Hähne aufzupäppeln. So überragend gedieh das Bresse-Geflügel, daß ihm das französische Parlament bereits 1957 als bislang einzigem Federvieh die Appellation d'Origine Controlée verlieh, die sonst nur Weinen, Käsen und nur denkbar wenig anderen Köstlichkeiten vorbehalten ist.

Damit wurden jedem einzelnen Huhn verbriefte 10 Quadratmeter eingeräumt, die Anzahl auf 500 pro Gehege begrenzt und ihnen eine Lebensspanne von mindestens vier Monaten zugestanden. Ganz nach dem üblichen Brauch werden sie nun garantiert mit in Milch eingeweichtem Mais gefüttert und dürfen nach spätestens 35 Tagen auf Wiesen scharren. Vor ihrem großen Auftritt als Festtagsbraten werden der Auslauf gestrichen und Sonderrationen anberaumt, damit sie auch die richtige Fettschicht in den Ofen mitbringen.

Daß diese exquisiten Hühner außerhalb der angestammten Region, noch dazu auf einem Biohof aufgezogen werden, ist eine kleine Revolution. Die positiven Eigenschaften einer Rasse werden hier bewußt mit den hohen Maßstäben artgerechter Tierhaltung verknüpft, ohne sich ausschließlich von der Optik des Feinschmeckers leiten zu lassen. Nun picken und scharren die kerngesunden und robusten Vögel fröhlich unter hessischen Obstbäumen oder machen ein Nickerchen im Schatten der Beerensträucher. Sie genießen fürstliche Lebensumstände. Eine Obstanlage von 10 Hektar Größe steht den jährlich 3 000 Tieren als umzäunter Freilauf zur Verfügung. Darin können sie sich ungehindert bewegen. Ihr Zuhause sind zehn lustige Wohnwagen, die bei Obstbäumen oder auch am Feldrand aufgestellt werden. So sehr sind sie an ihre fahrbaren Hütten gewöhnt, daß sie sich nie weiter als 100 Meter davon entfernen. Dem Betrieb schaffen diese Unterkünfte viel Arbeit, sowohl beim gelegentlichen Versetzen wie auch beim Reinigen und täglichen Füttern. Die selbstgesuchte Pickkost wird durch biologischen Mais und Weizen sowie etwas Milch und Milchpulver ergänzt.

Nach etwa fünfzehn Wochen, wenn Junghähne ein Gewicht von mindestens 1,5 Kilogramm auf die Waage bringen, geht es ihnen in der gutseigenen Schlachtstelle an den Kragen. Von dort sind es nur ein paar Meter bis in den Hofladen, wo ökologisch bewußte Familien und Feinschmecker sie mit Begeisterung empfangen. Schließlich handelt es sich um das erlesenste Geflügel aus deutschen Landen. Besseres könnte man auch Kaisern nicht servieren.

So gesunde und widerstandsfähige Hühner wie die aus der Bresse stammenden sind eine Seltenheit.

Fünfzehn Wochen lang genießt das Geflügel Gemeinschaft, freien Auslauf und erstklassiges Futter.

Rechte Seite: An den französischen Nationalfarben Rot, Weiß und Blau erkennt man diesen stolzen Bressehahn.

## Bressehuhn aus dem Ofen
(Abbildung unten)

***Für 4 Personen***

| |
|---|
| *1 Bressehuhn von 1,8 kg* |
| *Meersalz, Pfeffer* |
| *1 kleiner Zweig Rosmarin* |
| *1 Frühlingszwiebel* |
| *1 Zitrone* |
| *3 Knoblauchzehen* |
| *1 EL Butter* |
| *100 ml trockener Weißwein* |

Das fertig ausgenommene Huhn zunächst innen salzen und pfeffern, dann Rosmarin, die halbierte Zwiebel, die halbierte Zitrone und die Knoblauchzehen hineinstopfen. Das Huhn von außen salzen und pfeffern, die Butter als Flöckchen rundherum daraufgeben und es in den Bräter setzen. Den Backofen auf 240 °C vorheizen. Das Huhn hineinschieben und zunächst von allen Seiten anbraten, dann 70 Minuten auf 220 °C braten, dabei wiederholt mit dem eigenen Saft übergießen. Dann den Bräter herausnehmen und das Huhn auf einer Platte zurück in den ausgestellten Ofen schieben.
Das Fett vorsichtig aus dem Bräter abschöpfen, den Weißwein zugießen und auf dem Herd reduzieren. Das Huhn am Tisch tranchieren und die Sauce dazureichen. Mit Gemüse der Saison servieren und mit Kartoffeln, die man auch im Bräter mitgaren kann.

## Bressehuhn in Sahne
Poulet de Bresse à la crème

***Für 4 Personen***

| |
|---|
| *1 Bressehuhn von gut 1,5 kg* |
| *Meersalz, weißer Pfeffer* |
| *75 g Butter* |
| *3 Schalotten* |
| *2 Knoblauchzehen* |
| *1 Bouquet garni* |
| *0,3 l trockener Weißwein* |
| *500 g Crème fraîche* |

Das Huhn in acht Stücke teilen, salzen und pfeffern. Butter erhitzen, Hühnerstücke hineingeben. Die halbierten Schalotten, die ungeschälten, zerdrückten Knoblauchzehen und das Bouquet garni zufügen. Die Hühnerstücke von beiden Seiten anbraten und leicht bräunen. Mit dem Weißwein ablöschen und ihn reduzieren. Dann die Crème fraîche zufügen und etwa 30 Minuten lang köcheln.
Die Hühnerstücke herausnehmen und auf vorgewärmte Teller geben. Die Sauce durch ein Sieb passieren, abschmecken und über die Fleischstücke geben. Mit Naturreis servieren.

Bressehuhn aus dem Ofen

## Bresse-Poularde mit Steinpilzsauce

***Für 4 Personen***

| |
|---|
| *4 schöne Poulardenbrüste à 180 g* |
| *Meersalz, weißer Pfeffer* |
| *2 EL Erdnußöl* |
| *2 EL Butter* |
| *200 g Steinpilze* |
| *200 ml Geflügelvelouté* |
| *50 g geschlagene Sahne* |
| *Petersilie zum Garnieren* |

Poulardenbrüste salzen, pfeffern und in heißem Öl von beiden Seiten anbraten, dann vom Herd nehmen. Butter in eine feuerfeste Form geben, Poulardenbrüste zufügen und im warmen Ofen nachgaren und warm halten. Steinpilze putzen, würfeln und in dieselbe Pfanne geben, kurz anschwitzen und herausnehmen. Mit der Velouté ablöschen, den Bratensatz loskochen, dann passieren. Die Steinpilze wieder zufügen, abschmecken und mit der Schlagsahne verrühren. Die Poulardenbrüste aufschneiden und auf je einem Teller anrichten, Steinpilzsauce angießen und mit Petersilie garnieren.

## Klassischer Gänsebraten

***Für 6 bis 8 Personen***

| |
|---|
| *2 Boskoop* |
| *4 Zwiebeln* |
| *1 Gans von etwa 4 kg* |
| *Meersalz* |
| *Schwarzer Pfeffer* |
| *3 Salbeiblätter* |
| *Saft von 2 Orangen* |

Die Äpfel schälen, entkernen und in Achtel schneiden. Zwiebeln schälen und vierteln. Die Gans innen gut salzen und pfeffern, dann mit Äpfeln, Zwiebeln und Salbei füllen. Mit Küchengarn zubinden. In einen großen Bräter etwa 3 Zentimeter hoch Wasser einfüllen und die Gans hineinsetzen. Im Ofen bei 200 °C etwa 2–2 $1/2$ Stunden braten. Während des Bratens immer wieder etwas von dem austretenden Fett abschöpfen, das man gut zum Zubereiten von Rotkohl benutzen kann. Damit die Gans eine schöne knusprige Haut erhält, alle 15 Minuten mit dem Bratensaft übergießen.
Nach der Garzeit die Gans aus dem Bräter nehmen und das Fett abgießen. Den Bratenfond mit dem Orangensaft ablöschen und etwas reduzieren.
Die Gans wird am Tisch tranchiert, dazu werden traditionelle Beilagen wie Rotkohl, Maronen, Knödel und Backapfel serviert.

## Bressehuhn in Rotwein geschmort

***Für 4 bis 6 Personen***

| |
|---|
| *1 Bressehuhn von etwa 1,8 kg* |
| *Meersalz* |
| *Schwarzer Pfeffer* |
| *200 g geräucherter Speck* |
| *300 g Champignons* |
| *50 g Butter* |
| *200 g kleine Schalotten* |
| *1 Flasche roter Burgunder* |
| *0,5 l Geflügelbrühe* |
| *1 kleine Karotte* |
| *$1/4$ Sellerie* |
| *1 kleine Stange Lauch* |
| *1 EL Mehl* |
| *1 EL Butter* |

Das Huhn zerlegen, die Keulen abtrennen und im Gelenk durchschneiden. Die Brüste mit den Flügeln abtrennen und in zwei Stücke teilen. Das Fleisch mit Salz und Pfeffer würzen. Den Speck in Streifen schneiden. Die Pilze putzen und vierteln. Die Butter in einem Bräter erhitzen, die Geflügelteile darin von beiden Seiten bräunen. Zwiebeln, Pilze und Speck zufügen und alles anbraten. Mit Rotwein und Geflügelbrühe ablöschen und etwa 15 Minuten köcheln lassen, bis das Brustfleisch gar ist, das man herausnimmt. Gemüse in kleine Würfel schneiden. Nach weiteren 10 Minuten die Gemüsewürfel zufügen und etwa 10 Minuten später die garen Keulen herausheben. Nun die Sauce durch ein Sieb geben und um etwa die Hälfte reduzieren. Mehl und weiche Butter miteinander verkneten, die Mehlbutter so weit zufügen, um die Sauce unter Kochen abzubinden. Fleischstücke kurz in der Sauce erhitzen, dann das Fleisch auf Tellern anrichten und die Sauce darübergeben. Dazu werden hausgemachte Spätzle oder Naturreis gereicht.

# Schlanke Enten

Die Stockente, die wild in Europa, Asien und Nordamerika vorkommt, ist die Ahnherrin der üblichen Hausentenrassen. Domestiziert wurde sie sehr früh in China und im alten Ägypten. Auf ihrem bräunlichen Gefieder befindet sich ein charakteristischer blauer Flügelfleck. Zur Paarungszeit imponiert der Erpel mit seinem grün leuchtenden Kopf.

Heute ist in Europa die Peking-Ente weit verbreitet. In England steht die Aylesbury Duck gastronomisch hoch im Kurs. Doch als Eßgeflügel beginnen sich Flugenten durchzusetzen, deren Urmütter brasilianische Baumenten waren, die von den spanischen Eroberern in Europa eingeführt wurden. Wohl deshalb können sie Kälte schlecht vertragen. Wegen der rötlichen Warzen am Schnabelansatz und bei den Augen heißen sie eigentlich Warzenenten. Bei artgerechter Haltung von Haus- und Flugenten kommt es – neben viel Auslauf – vor allem auf den freien Zugang zum Wasser an, zu Teichen oder Flußläufen. Denn ohne tägliche Bäder und ausgiebige Pflege des Federkleids leiden diese Wassertiere.

Im Gegensatz zu Stockenten bieten Flugenten mehr und fettärmeres Fleisch, das sehr saftig und aromatisch ist. Die berühmte Barbarie-Rasse kam durch eine Kreuzung von Hausente mit einem schlankeren Wildenterich zustande und vereint beider Vorzüge. Vor allem aber besitzen Enten einen weiteren kulinarischen Trumpf, der sie zahlenmäßig ihre Verwandten, die Gänse, inzwischen hat überflügeln lassen: Sie sind kleiner.
Sie stiften ein feines Gericht für vier bis sechs Personen, also eine Menge, mit der jeder Haushalt mühelos umzugehen vermag. Auch mehr Biobauern dürften sie in Zukunft überzeugen.

Wenn man eine Ente gekauft hat, …

… sind Leber, Herz und Magen schon separiert. Will man sie nicht als Ganzes braten, …

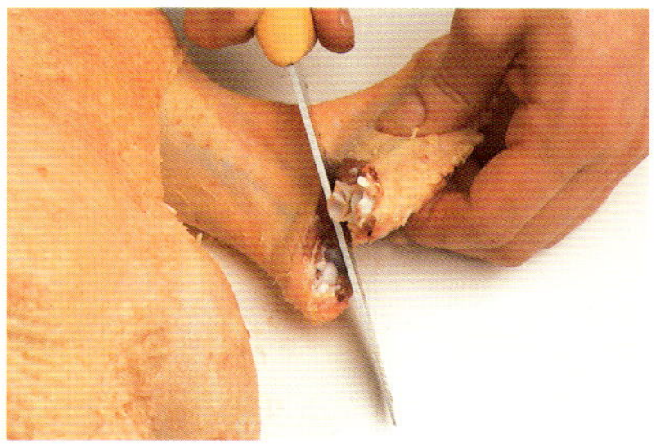

… durchtrennt man zunächst das untere Geflügelgelenk, …

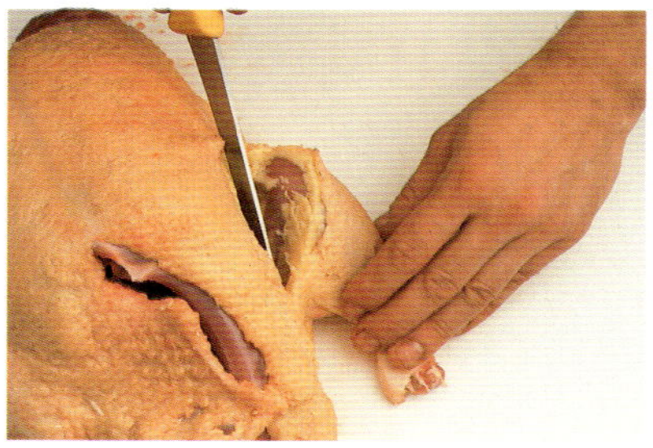

… danach das obere Gelenk …

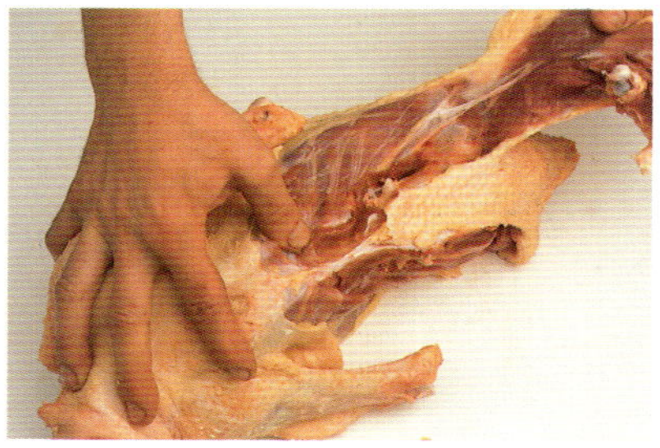

… und reißt es ab.

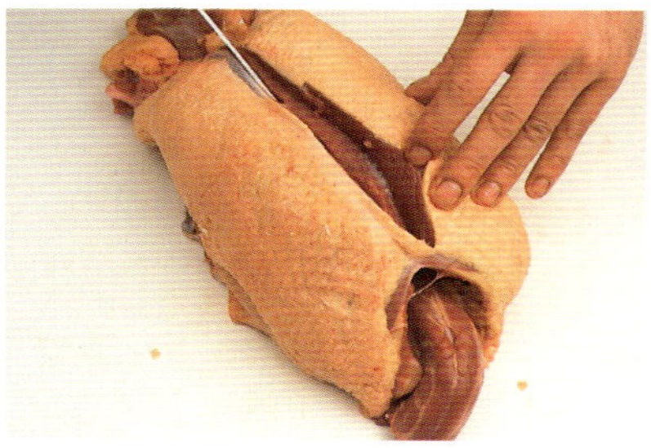

Anschließend schneidet man den Rumpf längs an …,

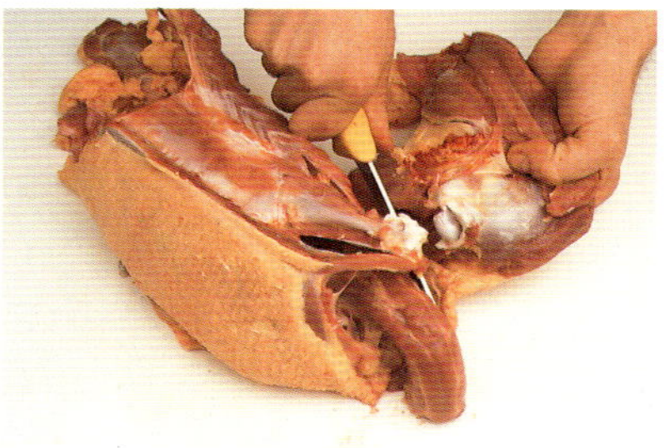

… und schneidet die Brust tief ein, …

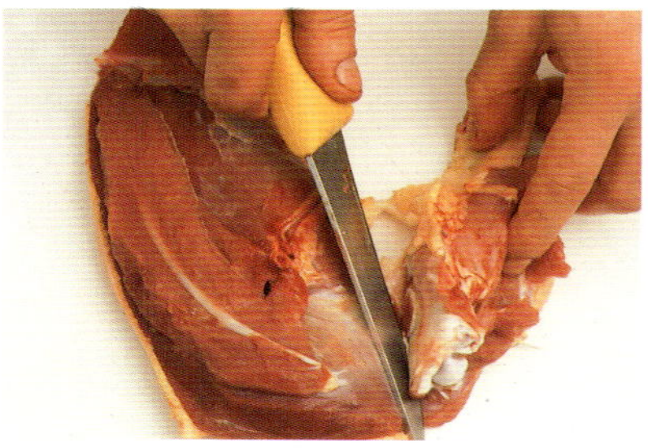

… um den Keulenansatz zu durchtrennen, …

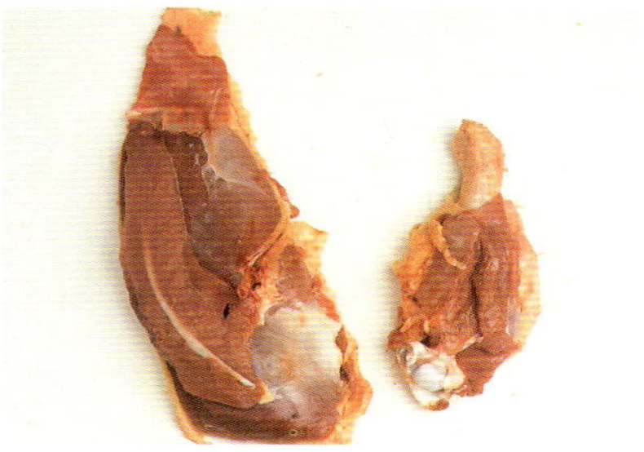

… so daß man Brust und Keule separieren kann.

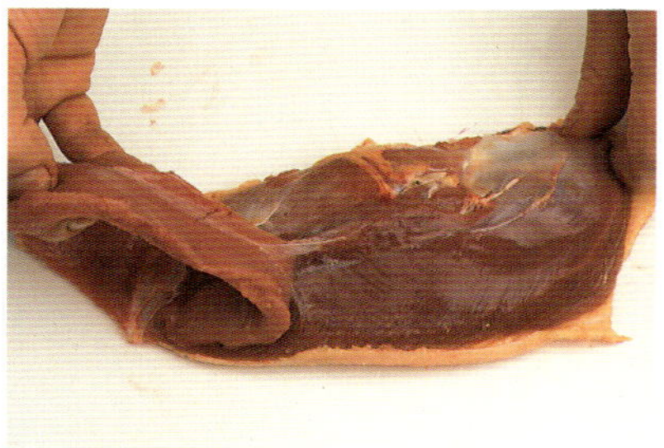

Nachdem man das Filet von der Brust ausgelöst hat, …

… stehen für die folgenden Rezepte Filet, Brust, das erstes Flügelgelenk und die Keule zur Verfügung.

## Das Beste von der Ente

(Abbildung unten links)

- *5 mittelgroße, frische Feigen*
- *150 g schwarze Johannisbeeren*
- *100 ml guter Rotwein*
- *100 g Vollrohrzucker*
- *10 cl Crème de Cassis*
- *4 kleine Entenbrüste à je 180 g*
- *2 EL Öl*
- *Meersalz, schwarzer Pfeffer*
- *150 ml Geflügeljus*

Die Feigen von der Haut befreien und in eine kleine Schüssel legen. Beeren, Rotwein und Zucker gemeinsam aufkochen und pürieren, über die Feigen gießen, die Crème de Cassis zufügen und im Kühlschrank zwei Tage lang marinieren lassen. Die Entenbrüste auf der Hautseite über Kreuz einschneiden, weil sie sich sonst beim Braten wölben würden. Das Öl in der Pfanne erhitzen, zuerst die Entenbrüste mit der Fettseite nach unten hineingeben, anbraten, dann wenden. Nun noch einmal mit der Fettseite nach unten braten, bis sie eine schöne goldbraune Farbe haben. Im Ofen warm halten. Den Bratenfond mit dem Jus ablöschen, 2 EL Feigenmarinade zufügen und abschmecken. Die Feigen in der übrigen Marinade heiß machen. Die Entenbrust auf Portionstellern anrichten, mit dem Jus übergießen und mit je einer Feige garnieren.

## Entenkeulen im Salatreigen mit Pilzen

(Abbildung unten rechts)

- *4 mittelgroße Entenkeulen*
- *Meersalz, schwarzer Pfeffer*
- *1 kg Gänse- oder Entenschmalz*
- *1 kleine Karotte*
- *1/4 Sellerie*
- *1 Zwiebel*
- *1 Bouquet garni aus Rosmarin, Thymian, Petersilie*
- *1 TL schwarze Pfefferkörner*
- *1/2 TL Wacholderbeeren*
- *2–3 Lorbeerblätter*
- *2 ungeschälte zerdrückte Knoblauchzehen*
- *300 g Austernpilze und Champignons*
- *2 EL Butter*
- *2 kleingehackte Schalotten*
- *Blätter verschiedener Salate zur Garnierung*

Die Entenkeulen, die etwa 150 g pro Stück wiegen sollten, salzen und pfeffern. In einem Bräter etwas Schmalz erhitzen und die Entenkeulen darin von beiden Seiten anbraten. Karotte, Sellerie und Zwiebel in kleine Würfel schneiden. Die Gemüsewürfel, Bouquet garni, Gewürze und Knoblauchzehen sowie das restliche Schmalz in den Topf geben und zugedeckt auf niedriger Flamme in etwa einer Stunde garen. Dann ohne Deckel so lange köcheln, bis der ausgetretene Saft verdunstet und nur das Schmalz übrig geblieben ist. Die Keulen z. B. in einen Steinguttopf legen und mit dem passierten Schmalz übergießen.

So halten sie sich zugedeckt an einem kühlen Ort oder im Kühlschrank mehrere Wochen lang und gewinnen an Geschmack.

Zum Anrichten zunächst die Pilze putzen und in Scheiben schneiden, die Butter erhitzen, die Schalotten darin glasig werden lassen und die geputzten Pilze anbraten, salzen und pfeffern. Die Keulen in etwas Schmalz wärmen. Auf vier Teller verschiedene frische, gezupfte Salatblätter wie Batavia, Eichenblatt, Lollo Rosso verteilen, je eine Keule in die Mitte geben, mit Pilzen umkränzen und die Butter aus der Pfanne über den Salat träufeln.

Die Fettschicht der Entenbrust schneidet man vor der Zubereitung kreuzweise ein.

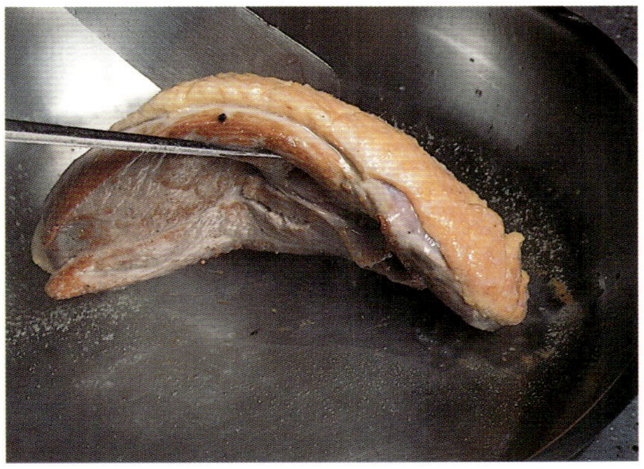

Die Fettseite wird scharf angebraten. Anschließend wird das Fleisch gewendet und von der anderen Seite ebenfalls angebraten.

Nachdem die Entenbrust etwa 3 Minuten von jeder Seite gebraten wurde, ist sie außen knusprig braun und innen noch rosa.

Das Beste von der Ente

Entenkeulen im Salatreigen mit Pilzen

# Hühner-haltung

Eier haben es uns Menschen schon immer angetan. Sowohl als Genuß wie als Symbol für das Leben schlechthin oder die Fruchtbarkeit und Vollkommenheit. Aus einem Ei soll einst das Universum entstanden sein, verzeichnet die hinduistische Schöpfungsgeschichte. Und im Christentum gilt das Ei als Symbol der Auferstehung Christi. Die in asiatischen Steppen lebenden Hühner der Bankivarasse, die Vorfahren der Haushühner, dürften zuerst in China, auf den malaiischen Inseln und in Indien als Haustiere gehalten worden sein. Von dort aus gelangten sie über Babylonien nach Ägypten und weiter nach Europa. Heute halten die meisten westeuropäischen Länder etwa halb so viele Legehennen wie sie Einwohner zählen, einige mehr. Nicht selten kommt der jährliche Pro-Kopf-Konsum mit bis zu 250 Stück an die jährliche Legeleistung der modernen Hybridhühner heran, die in industrieller Haltung bei bis zu 280 Eiern pro Jahr liegt.

Von Hause aus lieben Hühner Laufen und Flattern, frische Luft und frisches Grünzeug, Sand und Sonne, Körner und Würmer, Äste und Nester, vor allem aber ihr soziales Gefüge, in dem der Hahn für Ordnung sorgt und an die zehn Hennen beglückt. Ihr Tagesablauf gehorcht einem Ritual, das feste Rhythmen kennt. Wie bedeutend dabei das Sonnenlicht ist, verkünden Hähne unverdrossen jeden Morgen. Nach erster Sättigung kümmert man sich ums Nest, fügt es mit Einsatz des Schnabels und des ganzen Körpers zusammen oder richtet es her, bevor man sich darin niederläßt und – vielleicht – ein Ei legt. Es folgt die Mittagszeit mit Sonnen- und Sandbädern. Dann geht es erneut auf Futtersuche und man widmet sich den Artgenossen, ehe man sich auf hohen Sitzstangen zur Nacht zurückzieht. Diese sollte mindestens acht Stunden Dunkelheit bieten.

Sieht das tägliche Leben von Hühnern in etwa so aus, dann ist es artgerecht. Dieses natürliche Verhaltensmuster dient ökologischen Höfen als Orientierung.

Frei auf dem Hof und im Stall umherstolzierende Hühner – eine Idylle, die sich in einer fast vergessenen Fleischqualität niederschlägt.

## Großer Aufwand, schwache Leistung

Es scheint, daß Hühner von allen Nutztierarten am schwierigsten ökologisch und artgerecht zu halten sind. Dies liegt einfach daran, daß sich Hühnerhaltung für den Landwirt nur dann rentiert, wenn er mindestens Hunderte, wenn nicht gar Tausende von Legehennen hält. Hat er denen dann Auslauf geschaffen, läuft das liebe Federvieh zwar frei herum, kratzt und scharrt nach Belieben. »Aber durch den ständigen Kontakt mit Erde und eigenem Kot werden bei der biologischen Haltung viel leichter Krankheitskeime aufgenommen«, konstatiert ein erfahrener Hühnerzüchter. »Die biologisch gehaltenen Hühner sind zwar widerstandsfähiger, aber dies kann den höheren Krankheitsdruck nicht ausgleichen.«

Da muß der Biobauer auf andere Weise einschreiten. Oberstes Gebot ist strengste Hygiene im Stall, der vor jeder Neubelegung gründlichst gereinigt und anschließend gekalkt werden muß. Beim Auslauf läßt sich dies erreichen, wenn den Hühnern öfter ein anderes Stück Wiese zur Verfügung gestellt wird. Der Stall muß den Hühnern nicht nur zum Eier legen und Schlafen Raum geben, sondern auch zum Laufen, Flattern und Scharren. Man hat inzwischen – insbesondere in der Schweiz – Volieren entwickelt, die den Hennen auf mehreren Etagen Bewegungsfreiheit lassen und die Möglichkeit zum Aufbaumen geben. Es hilft ein gutes Stallklima, das trocken, hell, warm und zugfrei ist, damit sich die Hühner nach einem – womöglich naßkalten – Tag im Freien erholen können.

Wenn Küken auf dem Hof ausschlüpfen, ist die Hühnerwelt wirklich in Ordnung.

In Volieren geht es mit 10 bis 15 Tieren pro Quadratmeter (im konventionellen Bereich 25 Hennen) vergleichsweise eng zu. Bei einfacher Bodenhaltung wird von einer Obergrenze von sechs Hennen ausgegangen, aber im Grunde braucht jedes Huhn mindestens 0,4 Quadratmeter Stall sowie eine minimale Auslauffläche von zehn Quadratmetern. Auslauf aber bedeutet nicht ein Stück blanke Erde, sondern ein vielseitig bewachsenes Stück Natur, möglichst mit einigen Büschen und Bäumen bestanden. Dadurch, daß Hühner intensiv scharren, benötigt man etwa die dreifache Fläche im Auslauf, die in mehrere Bereiche zum Wechseln unterteilt sein muß. Die Fläche summiert sich so bei 1 000 Legehennen auf enorme drei Hektar.

Das Federvieh benötigt große Wiesen, um seine Lauflust ganz und gar ausleben zu können.

Geschmack der Eier und Farbe des Dotters werden entscheidend durch das Futter beeinflußt.

Was Hühner aber draußen picken, das ist für den Landwirt schwer zu überschauen. Jedenfalls sollte er seinem Geflügel attraktives Futter bieten. Um eine gute Legeleistung zu erzielen, muß er darauf achten, daß es genügend Vitamine und Mineralstoffe enthält. Auch auf Proteine kommt es an. Hühner sind anspruchsvolle Fresser und eher schlechte Futterverwerter. Getreide steht natürlich an erster Stelle auf ihrem Speiseplan. Allerdings sagen Hafer und Roggen ihnen wenig zu. Bei anderen Getreide- und Gemüsearten gibt es, wie bei den Menschen, von Huhn zu Huhn unterschiedliche Vorlieben. Die Futtermischung wirkt sich entscheidend auf den Geschmack der Eier und die Farbe des Dotters aus. Deshalb sind Eier aus biologischem Anbau so voller Geschmack, während die aus Batterien oft fade, im schlimmsten Fall gar nach verfüttertem Fischmehl schmecken.
Bei all diesem Aufwand muß der Biobauer noch eine andere Tatsache hinnehmen. Wenn Hühner sich ihres Lebens freuen, wirkt sich das nicht gerade positiv auf ihre Legeleistung aus. Zwangsläufiges Resultat: Bio-Eier kosten erheblich mehr. Bewußte Verbraucher scheinen das einzusehen, denn Eier sind auf jedem Biohof ein zugkräftiger Schlager.

Natürliches Licht und Dunkelheit, Sauberkeit und genügend Platz machen einen guten Hühnerstall aus.

## Legebatterien

Hühnerhaltung ist ein brisantes Thema. In den allerorts gängigen Legebatterien werden jeweils vier bis fünf Hennen in 50 mal 50 Zentimeter großen Metallkäfigen gehalten, tausende in einem Hangar. Die Vögel bekommen keinerlei Gelegenheit, ihre natürlichen Bedürfnisse auszuleben, und können sich kaum bewegen. Statt dessen verkrüppeln viele von ihnen während ihres nur etwa 500 Tage dauernden Lebens in ihren Gefängnissen, körperlich wie psychisch. Die Konsequenzen sind häufige Verletzungen und erhöhte Anfälligkeit für Erkrankungen. Denen weiß aber die moderne Massenhaltung mit Psychopharmaka und prophylaktischer Verabreichung von Medikamenten, vor allem Antibiotika, vorzubeugen. Gefüttert werden dazu allumfassende Mischungen, die oft Schadstoffe, Rückstände von chemikalischem Pflanzenschutz, bis zu 30 % Fisch- oder Tiermehl und teilweise auch synthetische Zusatzstoffe enthalten. Daß davon nichts in unsere Nahrung gelangt, wie die Hersteller versichern, erscheint unwahrscheinlich.
Über 90 % der gehandelten Eier stammen aus solcher Käfighaltung, die übrigens in der Schweiz seit 1992 gesetzlich verboten ist.

# Das gesunde Ei

Wie Milch, falls nicht anders bezeichnet, immer Kuhmilch meint, so steht Ei immer für Hühnerei. Die perfekte Form wird nach außen von einer dünnen, dabei sehr luftdurchlässigen Kalkschale geschützt. Im Innern schwebt der Dotter, von zwei sogenannten Hagelschnüren gehalten, in der Mitte, rundherum von Eiweiß umgeben. Eine dünne Hülle, die Dottermembrane, zieht sich um das Eigelb, in dem aus Keimscheibe und Keimbläschen das Küken wächst. Der Dotter selbst stellt seinen Startproviant dar. Deshalb ist es eine geballte Reserve an den Vitaminen A, D, E, K, B1, B2, B6 und B12. Auch der Fettgehalt ist hoch, mit vielen ungesättigten Fettsäuren und Lezithin und enorm viel Cholesterin. An Energie birgt er fast siebenmal soviel wie das Eiklar, das es auch an Proteinen übertrifft. Unter den Mineralstoffen fallen hohe Mengen an Phosphor, Calcium und Eisen auf. Die Proteine des Eies gelten als Maßstab für biologische Wertigkeit, da ihre essentiellen Aminosäuren dem Mengenverhältnis der menschlichen Proteine weitgehend entsprechen.
Als ganzes ist Ei nicht nur wegen der essentiellen Aminosäuren ein hochwertiges Lebensmittel, sondern auch wegen seines Reichtums an Vitaminen und Mineralien. Aufgrund ihres Cholesterins sollten Eier allerdings in Maßen genossen werden. Man kann sich mit den lebensnotwendigen Eiweißstoffen leicht aus Getreide, Hülsenfrüchten und Sprossen versorgen.

## Buhmann Cholesterin

Als Bestandteil von Butter wurde Cholesterin für Arteriosklerose verantwortlich gemacht, was vor allem Margarinefabrikanten werbemäßig ausschlachteten. Cholesterin ist zuallererst ein in Fett lösliches Sterin, das während des Stoffwechsels in Tier und Mensch entsteht und einen wichtigen Baustein im Körper darstellt. Es kommt zum Beispiel in Blut, Muskeln und Gehirn vor und ist u.a. an der Bildung von Vitamin D, verschiedenen Hormonen und Gallensäuren beteiligt. Bei Erwachsenen befinden sich um 140 g Cholesterin im Organismus. Wenn es Schwierigkeiten beim Abbau des mit der Nahrung aufgenommenen Cholesterins in der Leber gibt, entweder durch erbliche Stoffwechselprobleme oder als Folge von ernährungsbedingten Krankheiten, dann führen aus Cholesterin gebildete Proteinstrukturen zu einer Erhöhung des Blutcholesterinspiegels, der wesentlich für Arterienverkalkung und damit für Herzinfarkte verantwortlich ist. Die Aufnahme von Cholesterin, von dem im Ei etwa doppelt soviel enthalten ist wie in einem gleichschweren Stück Butter, ist also selbst nicht die Ursache für Arteriosklerose. Gleichwohl ist von einem zu hohen Konsum von cholesterinhaltigen Lebensmitteln wie Eiern, tierischen Fetten und Fleisch abzuraten. Ein großes Ei allein enthält die als unbedenklich angesehene Menge Cholesterin.

### Frischetest

Abgesehen von Haltung und Ernährung der Hühner ist die Frische ein entscheidender Faktor für die Güte eines Eies. Am besten erwirbt man deshalb Eier der Klasse A – Extra(frisch), bei denen das Legedatum angegeben ist, denn vor der Verpackung können mehrere Tage vergehen. Frische läßt sich wie folgt überprüfen:

- aufgeschlagen wölbt sich der Dotter halbkugelförmig, ist fest und wird von einem dickflüssigen Eiweißring umgeben; bei alten Eiern ist der Dotter flach, seine Membrane platzt leicht und das Eiweiß breitet sich dünnflüssig aus.
- gegen eine Lampe gehalten, erkennt man bei frischen Eiern die kleine Luftkammer und den zentral sitzenden Dotter; bei alten Eiern ist die Luftkammer groß und der Dotter verschoben; verdorbene Eier weisen dunkle Flecken auf.
- in Salzwasser (1:10) gelegt, bleiben frische Eier auf dem Boden liegen; alte Eier schwimmen.

**Œufs cocottes**
Diese französische Garweise wird oft mit Ragouts verbunden; die Eier werden in der Form im Wasserbad 5 Minuten im Ofen gestockt, wobei nur das Eiweiß am Rand fest werden sollte.

**Gekochtes Ei**
Weichgekochte (Drei-Minuten-) Eier sind am bekömmlichsten; dann sind die Proteine bereits geronnen und werden am besten verdaut, während hartgekochte Eier schwerer im Magen liegen.

**Pochierte Eier**
Auch Verlorene Eier genannt. Man schlägt sie auf und läßt sie in kochendes Essigwasser gleiten, nach etwa 3 Minuten ist das Weiße gestockt, der Dotter aber noch flüssig; dann herausschöpfen.

## Güteklassen

**Klasse A – frische Eier**
Folgende Merkmale müssen für den Endverbraucher bestimmte Eier aufweisen:
- unverletzte, nicht gewaschene oder gereinigte Schale
- Luftkammer nicht größer als 6 Millimeter
- durchsichtiges, gallertartiges Eiweiß
- zentral liegender Dotter
- keine fremden Einlagerungen
- keine Bebrütung
- keine untypische Form

Die »Extra«-Markierung muß am siebten Tag nach der Abpackung entfernt werden.

**Klasse B – haltbar gemachte Eier**
Überwiegend an handwerkliche Betriebe geliefert, meist durch Kühlung haltbar gemacht, muß folgende Merkmale aufweisen:
- roten Stempel
- unverletzte Schale
- Luftkammer nicht über 9 Millimeter
- keine fremden Einlagerungen
- keine Bebrütung
- keine untypische Form

**Klasse C – aussortiert**
Nur für industrielle Verarbeitung bestimmte Eier

## Gewichtsklassen

| | | |
|---|---|---|
| **Klasse 1** | 70 | 70 g und darüber |
| **Klasse 2** | 65/70 | 65 g bis unter 70 g |
| **Klasse 3** | 60/65 | 60 g bis unter 65 g |
| **Klasse 4** | 55/60 | 55 g bis unter 60 g |
| **Klasse 5** | 50/55 | 50 g bis unter 55 g |
| **Klasse 6** | 45/50 | 45 g bis unter 50 g |
| **Klasse 7** | 45 | unter 45 g |

**Rührei**
Eier mit Schneebesen schlagen, dann in eine Pfanne mit erhitzter Butter geben und mit einem Holzlöffel rühren, bis sie binden, nun für lockere Konsistenz Milch unterrühren, salzen und pfeffern.

**Spiegelei**
Bei perfekt in heißer Butter gebratenen Spiegeleiern wird nur das Eiweiß gesalzen, der Dotter ist noch flüssig; braune Ränder sind verpönt, da sie schwer bekömmlich sind.

**Austerneier**
Einfach roh, nur mit einer Prise Pfeffer und Meersalz sollte man Eier nur dann genießen, wenn man ihre Herkunft und ihr Legedatum genau kennt; trotzdem bleiben sie schwer verdaulich.

## Eierverwendung

**Ganzes Ei:**
als Bindemittel für
- Brot- und Kuchenteige aller Art, wobei es zugleich lockernde Wirkung hat
- Nudeln, Pasta, Klöße
- Hackfleisch

**Eiweiß:**
als Klärmittel von
- Brühen
- Gelees
- bei der Weinbereitung

**Eischnee:**
als Lockerungsmittel für
- Desserts und Cremes
- Kuchen- und Gebäckteige
- Gemüse-, Fisch- oder Fleischmassen

**Eigelb:**
als Legiermittel für
- Suppen und Saucen
- Cremes und Mayonnaisen

als glänzender Oberflächenabschluß und Klebemittel mit Kernen, Körnern und Gewürzen bei
- Broten
- Kuchen und Gebäck
- Teigtaschen

# Fisch

Der Verzehr von geangeltem Fisch ist im Hinblick auf die Fangmethode am unbedenklichsten.

Vorherige Doppelseite: Fische aus biologisch bewirtschafteten Teichen sind eine besondere Delikatesse, da sie noch Seltenheitswert haben.

Fisch fasziniert durch seinen Artenreichtum. Während das Fleischangebot lediglich aus Rind, Kalb, Schwein, Lamm, etwas Geflügel und wenig Wild besteht, gelangen an die vierzig Fischarten in den Handel, die durch verschiedene Schalen- und Krustentiere noch ergänzt werden. Nicht nur, daß Fisch eines der wertvollsten Nahrungsmittel überhaupt ist, seine geschmacklichen Unterschiede eröffnen ein weitaus größeres Spektrum als die von Fleisch. Es liegen Welten – um nur einige Beispiele zu nennen – zwischen Thunfisch und Hering, Steinbutt und Makrele, Rotbarbe und Karpfen, Kalmar und Miesmuschel. Aber die paradiesischen Zeiten, als Flußanrainer und Küstenbewohner aus sauberen Gewässern hochwertige Fische fingen, gehören bedauerlicherweise der Vergangenheit an – ebenso wie der ursprüngliche Fischreichtum. Fisch ist vor allem in Ländern der Dritten Welt eine oft lebensnotwendige Eiweißquelle, die durch den großen Appetit der westlichen Länder auf die delikate Meeresfauna immer mehr versiegt. Mittlerweile kreuzen vor vielen Küsten von Entwicklungsländern industrielle Fabrikschiffe. Ein Blick auf die Etiketten der konventionellen Fischkonserven und Tiefkühlprodukte verrät, woher zum Beispiel die geschätzten Krabben und Langusten stammen und wem sie regelrecht vor dem Mund weggefischt wurden. Die höchst bedenklichen Fangmethoden sind dafür verantwortlich, daß die reichen Meere inzwischen weitgehend leergefischt sind.

Gesunde Süßwasserfische, die ein artgerechtes Dasein führen konnten, stammen aus den wenigen biologisch bewirtschafteten Teichen. Der Naturkosthandel bietet daher größtenteils nur Wildfische an, die in der Regel vor Grönland und im Nordatlantik, ohne den Einsatz von Treibnetzen, auf schonende Weise gefangen werden. Ein Teil dieses Fangs wird mit Zutaten und Speiseölen aus kontrolliertem Anbau in Dosen konserviert. Einige qualitätsbewußte Fischer haben sich darauf spezialisiert, Salzwasserfische ausschließlich zu angeln. In jeder Hinsicht einwandfreie Fische sind zu einer seltenen Köstlichkeit geworden, der man mit aller kulinarischen Achtung begegnen sollte.

# Karpfen im Grünen

Die biologische Teichwirtschaft überträgt die Prinzipien der artgerechten Tierhaltung (s. S. 15f) auf Fische und berücksichtigt ebenso deren Herkunft und Verhaltensweisen. Im Donaudelta beispielsweise, wo Karpfen wild leben, gab es regelmäßig Hochwasser, so daß die Fische auf den angrenzenden Wiesen laichten. Wenn das Wasser abfloß, fand der Nachwuchs – in seiner Größe an Bindfäden erinnernd – den Weg in den Fluß zurück.

Diese Bedingungen werden künstlich geschaffen, indem man um die Teiche Wiese ansät und sie überstaut. Der Teichwirt achtet darauf, robuste Grasmischungen auszusäen, die beim Überstauen nicht faulen. Wenn Witterung und Luftdruck stimmen, möglichst ein Gewitter im Anzug ist, paaren sich die Karpfen und das Weibchen legt seine Eier.

Nachdem die Brut in die Teiche gefunden hat und sich gut entwickelt, wird sie abgefischt. Mutter und Vater kehren in »ihren« Teich zurück, während die Kleinen in Abwachsteiche kommen. Diese Teiche werden zum Teil im Frühjahr mit Hafer angesät. Hafer fault zwar schnell, läßt aber zugleich tierisches Eiweiß entstehen, das als kleinformatiges Plankton den winzigen Karpfen als Nahrung dient. Größeres, räuberisches Plankton wird durch Siebe abgehalten, denn es würde die kleinen Fische vertilgen. Sind die Fische herangewachsen, werden sie mit Heuballen von Kräuterwiesen gefüttert, denn auch Heu entwickelt im Wasser viel Plankton. Getreideausputz dient bisweilen als »Kraftfutter«.

Biologische Teichwirte achten auf einen geschlossenen Betriebskreislauf. Ähnlich wie in der Schweinezucht und -mast halten sie Muttertiere, ohne neue Fische zuzukaufen. Die Karpfen erreichen ein Gewicht von 20 bis 25 Pfund und ein Alter von über 15 Jahren, wobei die dreijährigen Karpfen am besten schmecken.

Da die biologischen Züchter wenig von Monokultur halten, leben in den Teichen auch andere Fische – zum Beispiel der Waller oder Wels. Der extrem hungrige Raubfisch wird erst zugesellt, wenn die Karpfen eine unangreifbare Größe erreicht haben. Aber auch unter Naturschutz stehende Teichmuscheln vermehren sich in gesunden Teichen und bezeugen die gute Wasserqualität.

Der ursprünglich aus Asien stammende Karpfen wurde seit dem 13. bis ins 15. Jahrhundert in Europa als wichtigster Teichfisch eingeführt.

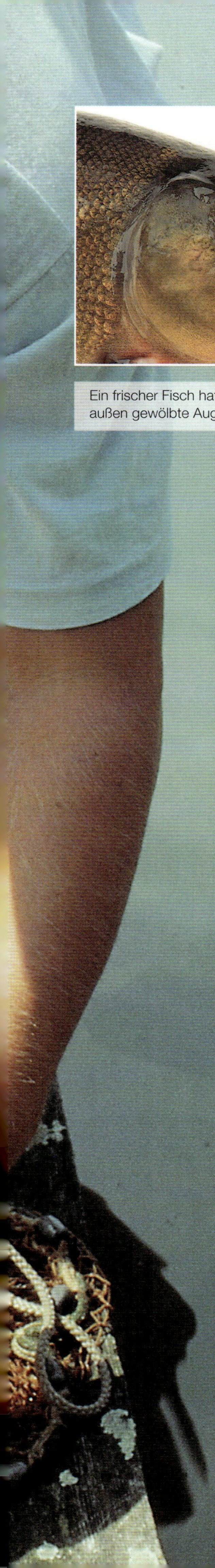

Ein frischer Fisch hat klare, glänzende und nach außen gewölbte Augen.

Bei der Prüfung per Fingerdruck dürfen keine Druckstellen entstehen.

Die Kiemen sind bei einem frischen Fisch hellrot und liegen fest an.

## Der Frischetest

Die Frische der Fische – gleich, ob es sich um Süßwasser- oder Meeresfische handelt – hängt davon ab, wie lange sie gelagert wurden und kann an den unten genannten fünf Merkmalen deutlich erkannt werden. Das Fleisch von geangelten Fischen, die über Wasser sterben, ist generell fester.

- **Die Augen**
müssen klar und prall sein und glänzen; liegt der Fisch zu lange auf Eis werden sie trüb und stumpf.

- **Die Kiemen**
müssen hellrot sein und fest anliegen; bei zu lange gelagerten Fischen werden sie blaß und wirken verklebt.

- **Der Druckpunkt**
ist bei frischen Fischen, wenn man sie per Fingerdruck prüft, nur ganz kurz zu sehen; bleibt der Druckpunkt längere Zeit sichtbar, ist der Fisch nicht mehr frisch und das Fleisch nicht mehr fest.

- **Die Eingeweide**
weisen bei frischen Fischen scharfe Konturen auf und können klar auseinander gehalten werden; je länger der Fisch tot ist, umso undeutlicher sind die Umrisse zu erkennen.

- **Die Schleimschicht**
ist auf der Haut der Süßwasserfische ein Zeichen von Frische; wirkt ihre Haut stumpf, sind sie zu alt; Fische mit Schuppen haben keinen Schleim.

## Industrielle Fischzucht

Wie bei Kühen, Schweinen und Hühnern gibt es auch bei Fischen Massentierhaltung. In den Becken und Bassins, in denen Lachse, Forellen, Karpfen, Aale und andere Fische in Massen gezüchtet werden, herrschen dieselben abnormen Bedingungen wie in den Ställen, wo die Tiere nur mit Einsatz von Antibiotika und anderen Medikamenten am Leben gehalten werden können. Auch die Fische leiden unter dem Platzmangel. Sie erhalten Kraftfutter, das unter anderem aus Innereien, Schlachtabfällen, Fisch- oder Knochenmehl besteht, und erreichen dadurch bereits in unnatürlich kurzer Zeit Schlachtgewicht. Zusätzlich hilft man auch mit Hormonen nach und ist dabei, durch Genmanipulationen das Wachstum weiter zu beschleunigen.
Bei Lachsen, an denen der Verbraucher das appetitliche rote Fleisch schätzt, helfen Züchter mit dem Farbstoff Canthaxanthin als Futterzusatz nach, auch wenn bekannt ist, daß er bei Menschen Sehstörungen hervorrufen kann. Es spricht für sich, daß norwegische Lachszüchter mehr Medikamente verbrauchen als die gesamte norwegische Bevölkerung.

## Süßwasserfische

**Bachsaibling**
Forellenähnlicher Fisch mit grünlichem Rücken; stellt hohe Ansprüche an die Wasserqualität; zartes, aromatisches Fleisch.

**Rotauge**, **Plötze**
Flacher, hochrückiger Körper; große rote Augen; zahlreiche dünne Gräten; mittlere Fleischqualität.

**Schleie**
Kräftiger Körper, kleine Augen und schleimige Haut; gut zu züchten; schmackhaftes, leicht fettes Fleisch.

**Wels, Waller**
Schuppenloser Raubfisch mit typischen Bartfäden; kann bis zu 3 m lang und 150 kg schwer werden; fast grätenloses, festes, sehr aromatisches und fettes Fleisch.

**Schuppenkarpfen, Wildkarpfen**
Mit regelmäßigem Schuppenkleid; die Stammform des Karpfen lebt in Teichen; wohlschmeckendes Fleisch.

**Rotfeder**
Verdankt ihren Namen den rötlichen Bauchflossen; lebt in stehenden oder langsam fließenden Gewässern; grätenreiches, delikates Fleisch.

**Spiegelkarpfen**
Besonders hochrückiger Zuchtkarpfen mit wenigen Schuppen; fettes, schmackhaftes Fleisch.

**Flußaal**
Lebt in Flüssen und Seen, bevor er zum Laichen in das Sargassomeer zieht; sehr fettes und schwerverdauliches Fleisch.

**Wildlachs**
Im Gegensatz zu dem bedenklichen Angebot aus Fischfarmen ist der in Flüssen geangelte Wildlachs eine gesunde Köstlichkeit.

**Blaufelchen, Große Schwebrenke**
Blausilbriger, schuppenbedeckter Körper; tief eingeschnittene Schwanzflosse; lebt in Seen; etwas trockenes, wohlschmeckendes Fleisch.

**Flußbarsch, Egli**
Hohe und stachelstrahlige Rückenflosse; lebt in Flüssen und Seen; hervorragendes, festes, fettarmes Fleisch.

**Regenbogenforelle**
1880 aus Nordamerika eingeführte Gattung; Kopf, Körper und Flossen mit kleinen schwarzen Punkten übersät; leicht zu züchten; angenehmes, saftiges Fleisch.

**Blei, Brachsen**
Mit dem Karpfen verwandter, hochrückiger Fisch; lebt in Seen und langsam fließenden Gewässern; sehr grätenreiches, schmackhaftes Fleisch.

**Bachforelle**
Standorttreue Zwergform der Seeforelle; lebt in kühlen und sauerstoffreichen Bächen; sehr aromatisches, feines Fleisch.

## Zubereitungen mit Süßwasserfisch

### Waller auf roten Beten in Ingwersauce

(Abbildung unten)

*300 g rote Bete*
*1 Prise Kümmel*
*Meersalz, Pfeffer*
*100 ml Gemüsebrühe*
*20 g Butterflöckchen*
*1 Möhre*
*1 kleines Stück Sellerie*
*150 ml Fischfond*
*1 TL Korianderkörner*
*400 g Wallerfilet (Wels) mit Haut*

***Ingwersauce***

*40 ml trockener Weißwein*
*20 ml trockener Sherry*
*400 ml Fischfond*
*1 kleine Möhre*
*1 kleines Stück Sellerie*
*1 kleingehackte Schalotte*
*10 g Ingwer*
*30 g kalte Butter*
*Meersalz*

Zuerst die Sauce zubereiten, indem Weißwein und Sherry stark reduziert werden. Den Fischfond zugießen. Die Möhre und die Sellerie in Stücke schneiden und mit der Schalotte zufügen. Den Ingwer in dünne Scheiben schneiden und zugeben. Die Sauce auf ein knappes Drittel reduzieren und abseihen. Die kleingeschnittene Butter unter die Sauce schlagen. Mit Meersalz abschmecken.
Die rote Bete gründlich putzen, in Scheiben schneiden, mit Kümmel, Meersalz, Pfeffer und Gemüsebrühe in eine feuerfeste Form geben, Butterflöckchen darüberstreuen. Mit aufgelegtem Deckel im auf 180 °C vorgeheizten Backofen in 10 Minuten bißfest schmoren.
Die Möhre und die Sellerie in Stücke schneiden, zusammen mit dem Fischfond in eine feuerfeste Form geben, erhitzen, die Hälfte der Korianderkörner zerstoßen und zugeben. Das Wallerfilet in 4 Stücke schneiden. Mit der Haut nach oben in die Form legen, abdecken, in den heißen Backofen schieben und 7 Minuten garen. Herausnehmen und zugedeckt 3 Minuten nachziehen lassen. Mit einer Gabel vorsichtig die Fischhaut abziehen.
Auf 4 Tellern je ein Viertel der Roten Bete anrichten, ein Fischfilet darauflegen, mit den frisch zerstoßenen Korianderkörnern bestreuen und mit der Ingwersauce übergießen.

In Paprikapaste gebratener Saibling

### Gebackene Schleie mit Mangosalat und Meerrettichmayonnaise

(Abbildung rechts)

***Für 2 Personen***

*½ Mango*
*1 daumennagelgroßes Stück Ingwer*
*1 kleingehackte Knoblauchzehe*
*2 EL gehackte Kräutermischung aus Minze, Basilikum und Koriander*
*½ TL Korianderkörner*
*2 TL gehackte Blätter und abgeriebene Schale der Kaffernlimette*
*6 Tropfen Peperoniöl*
*2 Schleien*
*85 g Stärkemehl*
*85 g feines Vollweizenmehl*
*10 g Weinsteinbackpulver*
*Meersalz, Pfeffer*
*3 Safranfäden*
*Erdnußöl zum Fritieren*

***Mayonnaise***

*1 Eigelb*
*100 ml Sonnenblumenöl*
*Saft von 1 Limette*
*1 Msp Senf*
*1 TL frisch geriebener Meerrettich*
*1 Prise Meersalz*
*¼ TL Honig*
*40 ml süße Sahne*

Waller auf roten Beten in Ingwersauce

Gebackene Schleie mit Mangosalat und Meerrettichmayonnaise

Zuerst die Mayonnaise zubereiten, indem man das Eigelb mit einem Mixer aufschlägt und das Öl – zunächst in sehr dünnem, dann stärkerem Strahl – unter ständigem Rühren zugibt. Anschließend die übrigen Zutaten nacheinander untermischen.
Die halbe Mango schälen und kleine Würfel schneiden. Den Ingwer fein hacken, mit Knoblauch, Kräutern, frisch zerstoßenen Korianderkörnern, Kaffernlimettenblättern und -schale (sie haben einen sehr intensiven Limettengeschmack) zu der Mango geben, dann die Tropfen Peperoniöl zufügen und alles gut vermischen.
Die Schleien ausnehmen, abspülen und trockentupfen. Stärkemehl, Mehl, Backpulver, Salz, Pfeffer und Safranfäden miteinander vermischen, einen Viertel Liter lauwarmes Wasser zugießen und zu einem sehr lockeren Teig verarbeiten. Die Fische in dem Teig wenden, so daß sie rundherum gut eingehüllt sind. Das Erdnußöl in einem breiten und hohen Topf stark – auf 190 °C – erhitzen. Die Fische hineingeben, so daß sie im Öl schwimmen und 3 Minuten fritieren.
Jeweils eine Schleie mit der Hälfte des Mangosalats und der Hälfte der Mayonnaise anrichten und sofort servieren.

## In Paprikapaste gebratener Saibling

(Abbildung links oben)

| |
|---|
| *2 große Möhren* |
| *1 große Wurzelpetersilie* |
| *2 EL Olivenöl* |
| *12 Lauchzwiebeln* |
| *1 EL Butter* |
| *Meersalz* |
| *4 Saiblinge* |
| *Mehl zum Bestäuben* |
| *40 ml Sonnenblumenöl* |

***Paste***

| |
|---|
| *1 rote Paprikaschote* |
| *4 EL Paprikawürzpaste* |
| *3 EL feingehackter Ingwer* |
| *3 EL feingehackte Knoblauchzehen* |
| *1 TL Honig* |
| *1/2 TL Peperoniöl* |
| *1/4 TL Meersalz* |
| *80 ml Sonnenblumenöl* |
| *20 ml Sesamöl* |

Für die Paprikapaste, die drei Tage im voraus zubereitet wird, die Paprikaschote im Ofen backen, bis sich ihre Haut schwarz färbt. Herausnehmen, die Haut abziehen, die Kerne entfernen und kleinschneiden. Die Paprika mit der Paprikawürzpaste und allen anderen Zutaten in einen Mixer geben und pürieren. Drei Tage stehenlassen.
Möhren und Wurzelpetersilie dünn schälen und der Länge nach in dünne Scheiben schneiden. Olivenöl erhitzen und die Gemüse kurz braten, so daß sie noch bißfest sind.
Die Lauchzwiebeln putzen und in heißer Butter garen. Alle Gemüse nur wenig salzen.
Die Fische ausnehmen, abspülen und trockentupfen. Dann gleichmäßig mit der Paprikapaste bestreichen und mit Mehl bestäuben. Das Sonnenblumenöl in einer großen Pfanne erhitzen und die Fische von beiden Seiten knusprig braten. Herausnehmen, etwas abtropfen lassen, dann mit dem Gemüse anrichten.

### Abwechslungsreiche Kost

# Nahrungs-mittel Fisch

Die zahlreichen Fischarten können nach zwei Kriterien unterschieden werden: aufgrund ihrer Herkunft in Süßwasser-, zu denen auch die wandernden Aale und Lachse zählen, und Meeresfische oder in Fett- und Magerfische. Bei Fettfischen, wie Lachs, Hering, Makrele oder Thunfisch, durchzieht das Fett das Fleisch und wird mitgegessen. Bei Magerfischen, wie Seelachs, Kabeljau oder Schellfisch, hingegen befindet sich der Fettvorrat in der Bauchhöhle und wird vor dem Verzehr entfernt. In der Gastronomie spricht man auch gern von Edelfischen, zu denen Seezunge, Steinbutt oder Lachs zählen, und Konsumfischen wie Hering, Kabeljau oder Seelachs, wobei nicht nur die Qualität des Fleisches Merkmal ist, sondern auch der Preis. Die leergefischten Meere lassen diese Klassifizierung immer weniger zu. Außerdem kann der aus Massenzuchten stammende Lachs wohl kaum noch als edel bezeichnet werden.

Als Nahrungsmittel bietet Fisch

- hochwertiges, leichtverdauliches Eiweiß mit einem hohen Anteil an essentiellen Aminosäuren (s. I/S. 19),
- mehrere wasserlösliche Vitamine des B-Komplexes und hohe Werte an den fettlöslichen Vitaminen A und D,
- Mineralstoffe, insbesondere Calcium und Kalium,
- wichtige Spurenelemente, darunter vor allem einen hohen Gehalt des seltenen Jods, aber auch Eisen, Fluor und andere,
- einfach und mehrfach ungesättigte Fettsäuren, vor allem Omega-3-Fettsäuren, die eng mit der in Pflanzen vorkommenden Linolensäure verwandt sind und vermutlich – in Maßen und nicht hochkonzentriert – Arteriosklerose entgegenwirken.

Fangfrischer Fisch wird aber zu einer immer größeren Rarität. Nur Stunden nach dem Fang zubereitet, ist jeder Fisch eine besondere Delikatesse. Wann immer sich die Gelegenheit bietet, Fisch direkt vom Schiff oder vom Fischer zu erwerben, sollte man sie nutzen. Als Frischfisch bezeichnet man Fisch, der weder durch Tiefgefrieren noch durch andere Methoden konserviert wurde. Auf Eis gekühlt und unbehandelt gelangt er in den Fischhandel. Bei Meeresfischen gelten dieselben Frischekriterien wie bei Süßwasserfischen. Der einfachste Test ist der Geruch: Frischer Fisch riecht nie unangenehm oder aufdringlich fischig, sondern nur nach Meer und Wasser. Fisch ist schnell verderblich und sollte noch am Tag des Kaufes verzehrt werden. Wenn er verdirbt, entstehen durch mikrobiellen Abbau giftige Konzentrationen biogener Amine, wie Hispamin und Tryptamin.

### Wie unbedenklich sind Meeresfische?

Es kann als Zeichen unserer Zeit gewertet werden, daß sich die Industrienationen auf Kosten der Natur entwickelt haben. Flüsse und Meere, vor allem die Küstenregionen, sind durch Abwässer mit Schadstoffen belastet. Diese Schadstoffe, darunter in erster Linie Quecksilber, nehmen die Fische durch den Verzehr von Plankton, Algen und Kleinstlebewesen auf, und so gelangen sie in die Nahrungskette, an deren Ende der Mensch steht.
Quecksilber ist hochgiftig. Eine Vergiftung führt bei Embryos zu schwersten Mißbildungen und bei Kindern zu gravierenden Wachstumsstörungen. Bei einer akuten Quecksilbervergiftung werden immer Nieren, Gehirn und Nerven schwer geschädigt. In unserer Ernährung ist Fisch am stärksten mit Quecksilber belastet. Besonders gefährdet sind Fische, die in verschmutzten Flüssen und in deren Mündungsgebieten leben. Die Quecksilberkonzentration steigt aber auch bei Raubfischen, wie zum Beispiel Hecht, Thunfisch oder Heilbutt, bei Fischen, die besonders alt werden, und bei Muscheln. Indem Tiere mit Fischmehl gefüttert werden und sich das Schwermetall in Eiern, Milch und Fleisch ablagert, gelangt es ebenfalls in den Nahrungskreislauf.
Ein weiterer Gefahrenfaktor sind die schwer abbaubaren chlorierten Kohlenwasserstoffe der Pestizide, die mittlerweile im Meerwasser enthalten sind. Fettreiche Fische, wie unter anderem Aal, Thunfisch, Lachs, Hering oder Makrele, sind in der Regel von Schad- und Giftstoffen besonders schwer betroffen.
Am unbedenklichsten in Hinsicht auf den Schadstoffgehalt ist der Verzehr von Hochseefischen, wie Seelachs, Steinbutt, Scholle, Kabeljau oder Seehecht, da diese Fische an der Spitze der Nahrungskette stehen. Andererseits ist der heute weitverbreitete Hochseefang mit Treibnetzen schärfstens zu verurteilen. In den bis zu 60 Kilometer langen Netzen verfangen sich – neben den Fischen, auf die Jagd gemacht wird – alle größeren, im Meer lebenden Tiere wie Delphine, Schildkröten oder Wale, die sich aus eigener Kraft nicht mehr befreien können und grausam verenden müssen. Bei dieser Fangmethode wird außerdem ein großer Teil der Fische so stark beschädigt, das er nur fabrikmäßig verarbeitet und nicht mehr als Frischfisch angeboten werden kann. Fische mit guter Qualität werden nur von kleineren Schiffen gefangen – am besten sind Fische, die geangelt wurden.

### Meeresfische und Krustentiere

**Kaisergranat**
Besser bekannt unter *langoustine* oder *scampi*; lebt unter anderem im Mittelmeer, ist aber unbedenklicher aus norwegischen Fängen.

**Garnele**
Größer als Krabben; selten lebend angeboten, da meist an Bord gekocht; die besten stammen aus Grönland.

**Steinbutt**
Scheibenförmiger Körper, ohne Schuppen; begehrtester und wertvollster Speisefisch des Atlantiks.

**Kalmar**
In allen Ozeanen noch reichlich verbreitete Gattung der Weichtiere; eignet sich für mediterrane Rezepte

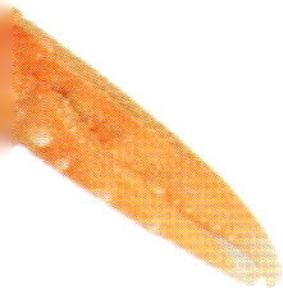

**Rotbarbe**
Sehr aromatischer kleiner Speisefisch; lebt nur im Mittelmeer.

**Kleiner Kalmar**
Geschätzter Leckerbissen vor allem in Italien und Spanien.

**Seebarsch**
Hervorragend schmeckender, oft über 1 m langer Fisch; am besten vor Irland geangelt.

**Makrele**
Fettreicher, schmackhafter Fisch; weltweit verbreitet, wird viel im Nordatlantik gefangen.

**Goldbrasse**
Wird inzwischen in mediterranen Fischfarmen gezüchtet; die besten Exemplare stammen aus dem Atlantik.

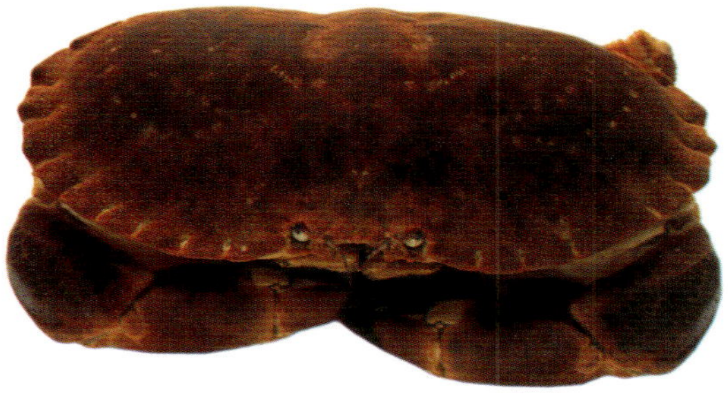

**Taschenkrebs**
Meeresbodenbewohner der Atlantikküsten; der Panzer erreicht über 20 cm Durchmesser; sehr schmackhaft.

**Seezunge**
Hat beide Augen auf einer Seite; ist besonders köstlich und rein aus der Biskaya.

**Thunfisch**
Wird of bis zu 3 m lang; hervorragendes Fleisch; sollte nicht aus Treibnetzen stammen, sondern geangelt sein.

**Ein wahres Schmuckstück**

# Die Goldbrasse

Die durch das namengebende Goldband zwischen den Augen gekennzeichnete Brasse ist die Königin in ihrer artenreichen Familie. Ihre Heimat ist nicht nur das Mittelmeer, sondern auch der Atlantik und ihr Verbreitungsgebiet erstreckt sich von den Azoren bis vor die Bretagne. Goldbrassen lieben klares Wasser und leben in bis zu 30 Meter Tiefe über dem Meeresboden. Sie lassen sich auch in wärmeren Meerwasserbecken züchten. Aufgrund ihrer Beliebtheit kommen mehr und mehr Goldbrassen oder Doraden aus Massentierhaltung in den Handel. Eine Gewähr für frei lebende Fische gibt es nur, wenn man sie direkt vom Schiff kauft, verläßliche Zulieferer hat oder die seltenen großen Exemplare erwirbt.

Die oft als Portionsfisch angebotene Dorade hat ausgewachsen eine Körperlänge von 50 bis 70 Zentimetern und dann ein Gewicht zwischen fünf und sieben Kilogramm. Aber schon Goldbrassen von nur gut einem Kilo haben im Handel eher Seltenheitswert. Das weiße, grätenarme Fleisch ist sehr schmackhaft und am besten von Juli bis Oktober. Goldbrassen werden gern im Ofen mit Tomaten und mediterranen Kräutern gegart. Besonders köstlich schmecken sie in einer Salzkruste gebacken – eine Zubereitungsform von der andalusischen Küste.

## Eine Brasse ausnehmen und filetieren

**Schuppen**
Die Flossen mit einer Schere abschneiden, dann den Fisch – am besten mit einem geriffelten Buttermesser – schuppen.

**Bauchschnitt**
Den Bauch der Länge nach vorsichtig aufschneiden, ohne die Eingeweide zu verletzen.

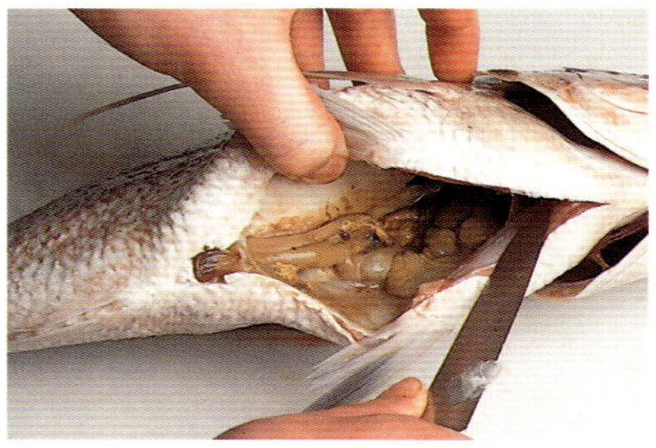

**Ausnehmen**
Die Bauchseiten etwas auseinanderdrücken, mit den Fingern die Innereien lösen und herausnehmen.

**Kopfschnitt**
Vor dem Filetieren hinter der Kiemenöffnung schräg zum Kopf einen Schnitt ziehen.

**Filetieren**
Das Messer unter der starken Mittelgräte ansetzen.

**Rückenschnitt**
Das Messer von unten nach oben an der Mittelgräte entlangziehen.

**Abtrennen**
Das Filet hochklappen und abtrennen, vorhandene Gräten herausziehen.

**Das Filet**
Für das zweite Filet den Vorgang auf der anderen Seite des Fischs wiederholen.

## Gegrillte Rotbrasse

| |
|---|
| *1 Rotbrasse (Dorade) von 1,5 kg* |
| *$^1/_4$ Sellerieknolle* |
| *1 kleine Lauchstange* |
| *2 feingehackte Schalotten* |
| *2 Lorbeerblätter* |
| *10 weiße Pfefferkörner* |
| *150 ml trockener Weißwein* |
| *Meersalz* |
| *$^1/_2$ Paprikaschote* |
| *1 große Tomate* |
| *1 EL feingehackter Majoran* |
| *Schwarzer Pfeffer* |
| *100 ml Olivenöl* |
| *1 TL Limettensaft* |
| *1 Zweig Majoran* |

Die Rotbrasse filetieren und jedes Filet halbieren. Die Sellerie und den Lauch putzen, kleinschneiden, mit den Schalotten, Lorbeerblättern und Pfefferkörnern in einen Topf geben. Die Fischabfälle – ohne Innereien – zufügen. Den Weißwein angießen und mit 600 ml Wasser auffüllen. 30 Minuten kochen, dann durch ein Tuch passieren. Den Fond auf gut ein Fünftel reduzieren und mit Salz abschmecken.

Die halbe Paprikaschote entkernen und mit einem Sparschäler dünn schälen. Die Tomate überbrühen, die Haut abziehen und die Kerne entfernen. Tomate und Paprika zu einer Brunoise verarbeiten, mit dem Majoran vermischen und beiseite stellen.

Die Hautseite der Filets salzen und pfeffern. Den Fisch mit der Haut nach unten auf den heißen Grillrost legen, ohne daß sie vorher mit Fett in Berührung kam. Auf die Oberseite Olivenöl geben. Nach einem Drittel der Garzeit die Filets vorsichtig auf dem Rost verschieben, damit sich auf der Haut eine dekorative Zeichnung bildet. Wenn die Unterseite kross gegrillt ist, den Fisch wenden und kurz von der anderen Seite garen.

In der Zwischenzeit das restliche Olivenöl unter den reduzierten Fond schlagen, binden, aber nicht mehr kochen lassen, mit Limettensaft, Salz und Pfeffer abschmecken, dann die Brunoise unterrühren.

Die Brassenfilets auf vorgewärmten Tellern anrichten, mit der Sauce und kleingezupftem Majoran garnieren.

Rechte Seite: Vor dem Grillen darf die Haut der Brasse nicht mit Fett in Berührung kommen, da sie sonst nicht mehr knusprig wird.

Der vorzügliche Geschmack einer Brasse wird durch Paprika, Tomate und exquisites Olivenöl noch unterstrichen.

Gegrillter Seehecht auf breiten Bohnen

Rochenflügel auf Rettich in Currybutter

## Zubereitungen mit Meeresfisch

### Gegrillter Seehecht auf breiten Bohnen

300 g breite Bohnen
1 mittlere mehligkochende Kartoffel
1 feingehackte Schalotte
1/2 TL feingehacktes Bohnenkraut
50 g durchwachsener Speck
50 g Zwiebeln
1 TL Butter
Meersalz, Pfeffer
1 Prise Muskatnuß
4 Seehechtfilets à 120 g
50 ml Olivenöl

Die Bohnen putzen und in feine Streifen schneiden. In kochendem Wasser kurz blanchieren und in Eiswasser abschrecken. Die Kartoffel schälen, in Streifen schneiden, in den Bohnenfond geben, Schalotte und Bohnenkraut zufügen und 15 Minuten kochen lassen. Dann im Mixer zu einer sämigen Masse pürieren und passieren.
Speck und Zwiebeln fein würfeln und nacheinander in der Butter anschwitzen, die blanchierten Bohnen zufügen und mit dem Kartoffel-Bohnen-Fond aufgießen. Mit Salz, Pfeffer und etwas Muskat abschmecken.
Die Fischfilets salzen, pfeffern und kurz von beiden Seiten grillen. Die Bohnen mit dem erstklassigen Olivenöl verfeinern, auf große Tellern geben und die Seehechtfilets darauf anrichten.

### Rochenflügel auf Rettich in Currybutter

**5-Gewürze-Pulver**
1 kleines Stück Kasie oder Zimt
Einige Fenchelsamen
1 Sternanis
Einige Körner Szechuan-Pfeffer
Einige Nelken

**Rochen**
350 g Rochenflügelfilet
Meersalz, weißer Pfeffer
1/2 TL 5-Gewürze-Pulver
150 ml Sahne
2 große Möhren
Erdnußöl zum Fritieren
1 TL Sonnenblumenöl

**Rettichsauce**
200 g Rettich
100 ml Geflügelbrühe
100 ml Sahne
20 ml Weißwein
Meersalz, weißer Pfeffer
1 Prise 5-Gewürze-Pulver
1 TL Crème fraîche
Etwas Limettensaft
1/2 TL Sesamöl

**Curry Butter**
40 ml Weißwein
20 ml Madeira
400 ml Fischfond
1 Möhre
1/4 Sellerieknolle
1 kleingeschnittene Schalotte
1 TL feingehackter Ingwer
2 EL kalte Butter
1/2 TL Currypulver
Meersalz

Für das 5-Gewürze-Pulver die Gewürze trocken anrösten und dann in der elektrischen Kaffeemühle mahlen. Am besten stellt man gleich eine etwas größere Menge her, die sich in einem Schraubglas einen Monat lang hält.
Das Rochenfilet in 4 gleich große Stücke teilen, in eine Schüssel geben, salzen und pfeffern, das 5-Gewürze-Pulver und die Sahne darübergeben, gut 1 Stunde lang marinieren lassen.
Für die Rettichsauce den Rettich waschen, schälen und in kleine Streifen schneiden. Den Rettichabfall mit Geflügelbrühe, Sahne und Weißwein aufkochen, vom Herd

Salat mit Rotbarbe und kaltem Ratatouille

nehmen und 1 Stunde ziehen lassen. Dann durch ein Sieb passieren, wieder erhitzen und so lange einkochen lassen, bis eine sämige Konsistenz entsteht. Mit Salz und weißem Pfeffer abschmecken, eine Prise 5-Gewürze-Pulver, Crème fraîche, Limettensaft und Sesamöl untermischen. Dann den als Julienne geschnittenen Rettich zugeben, aufkochen lassen und anrichten.
Für die Currybutter Weißwein und Madeira stark reduzieren, dann den Fischfond angießen. Möhre und Sellerie putzen, kleinschneiden, mit Schalotte und Ingwer in den Topf geben und auf ein Drittel reduzieren. Durch ein Tuch passieren, dann die in Stückchen geschnittene kalte Butter unterschlagen. Mit Curry würzen und mit Salz abschmecken.
Wenn Rettichsauce und Currybutter zubereitet sind, den Fisch aus der Marinade nehmen und abtropfen lassen. Die Möhren dünn schälen, in sehr feine Streifen schneiden und in Erdnußöl fritieren.
In einer Pfanne das Sonnenblumenöl heiß werden lassen und den Rochen von beiden Seiten kurz anbraten. Jeweils ein Fischfilet auf die vorgewärmten Teller geben, mit heißer Currybutter übergießen, den Rettich dazufügen und mit den fritierten Möhrenstreifen garnieren.

## Salat mit Rotbarbe und kaltem Ratatouille

*1 Eigelb*
*30 ml Aceto Balsamico (Balsamessig)*
*100 ml Olivenöl*
*100 ml Gemüsesaft von Tomaten, Paprika, Gurke*
*Meersalz, schwarzer Pfeffer*
*Einige Tropfen Peperoniöl*
*$1/4$ Honigmelone*
*$1/2$ Aubergine*
*Je $1/4$ rote, grüne und gelbe Paprikaschote*
*2 Lauchzwiebeln*
*1 Knoblauchzehe*
*1 EL feingehackter Ingwer*
*2 Rotbarben à 300 bis 400 g*
*1 TL Butter*
*1 TL Olivenöl*
*1 TL feingehackter Thymian*
*etwas Rucola*

Eigelb mit Essig und Olivenöl zu einer Mayonnaise verschlagen, dann den Gemüsesaft unterrühren. Mit Salz, Pfeffer und Peperoniöl abschmecken.
Honigmelone, Aubergine und Paprikaschoten waschen, entkernen, schälen und in winzige Würfel schneiden. Lauchzwiebeln und Knoblauch feinhacken. Alle Gemüse und den Ingwer mit der Salatsauce gründlich vermischen, noch einmal abschmecken und 30 Minuten kalt stellen.
Die Rotbarben filetieren. Butter und Olivenöl erhitzen, die Filets hineingeben und mit dem Thymian kurz von beiden Seiten anbraten.
Auf das auf 4 Portionstellern angerichtete Ratatouille jeweils ein Filet geben und mit etwas Rucola garnieren.

# Milch und Milchprodukte

Biologisch erzeugte Milch ist der Grundstoff für eine Vielzahl von Käsesorten, die schmackhafte Eiweißlieferanten darstellen.

Vorherige Doppelseite: Frischgemolkene Milch glücklicher Kühe ist ein unvergleichliches Geschmackserlebnis.

In Mittel- und Nordeuropa spielt Milch eine weitaus wichtigere Rolle in der Ernährung als auf den anderen Kontinenten. So mangelt es ganzen Völkern in Afrika, Asien und Südamerika an dem milchzuckerspaltenden Enzym Lactase, ohne das Milch unverdaubar ist. Aus diesem Grund, zugleich aber auch wegen klimatischer und umweltbezogener Ursachen blieb Milchtierhaltung in jenen Ländern begrenzt. Aber selbst in Europa, wo bereits die Römer Käse herstellten und im Mittelalter die Klöster die Kunst der Käse- und Butterherstellung praktizierten und verbreiteten, waren Milch und Milchprodukte verhältnismäßig rar. Erst die Verfahren des Pasteurisierens und Sterilisierens sowie eine moderne Kühltechnik eröffneten neue Möglichkeiten und Märkte. Die rapide steigende Nachfrage bedingte eine landwirtschaftliche Entwicklung, die immer stärker industrielle Formen annahm und Landwirte in ein strikt reguliertes System zwang. Während kleinere Molkereien weitgehend nicht mehr konkurrenzfähig waren, steigerte die Milchindustrie ihren Absatz standardisierter Produkte zu nie gekannten Rekordhöhen. Den Geschmack von roher Milch kannte allerdings fast niemand mehr.

Dank Bio-Bauern, die auf ihren Höfen Rohmilch verkaufen oder direkt abgefüllte Vorzugsmilch an den Handel liefern, kann man ihn wieder erfahren – genauso wie den von biologischer Butter. Entgegen der landläufigen Meinung ist der Verzehr von Butter bedenkenlos möglich. Denn Cholesterin ist an sich und alleingenommen nicht schädlich. Schädlich sind vielmehr denaturierte Produkte, wie zum Beispiel H-Milch. Bei ihrer Verarbeitung wird aus Cholesterin Oxycholesterin, das tatsächlich arteriosklerotische Wirkung hat.

Hält man sich an möglichst wenig manipulierte Milchprodukte aus guter Milch, kommt man in den Genuß der gerühmten Vitamine und Mineralstoffe, aber auch des Milchfetts, das einen hohen Anteil ungesättigter Fettsäuren enthält, die man am Olivenöl so schätzt. Es ist das einzige Fett, das die Körperzellen ohne Umwandlungsprozeß in der Leber aufnehmen können. Grund genug, Butter nicht zu verschmähen und Milch, Joghurt, Quark sowie andere Milchprodukte mit natürlichem Fettgehalt vorzuziehen.

**Vorzugsweise roh**

# Milch von Bio-Höfen

Verheißt die Werbung dem Verbraucher Milch von glücklichen Kühen, ist es mit diesem Glück in konventionellen Betrieben nicht weit her. Milchkühe erhalten nur selten Auslauf. Statt dessen fristen sie ihr Dasein angekettet in Ställen auf Spaltböden und Gitterrosten. Oft sorgt aus Dritte-Welt-Ländern importiertes Kraftfutter, das ökologisch wie sozial höchst bedenklich ist, für eine möglichst hohe Milchleistung, die man durch gentechnologische Eingriffe noch weiter steigern möchte.

In der ökologischen Landwirtschaft erfahren Kühe von vornherein Respekt und Zuneigung. Im Hofkreislauf sind sie ein wichtiges, für viele Bio-Bauern unersetzliches Glied. Deshalb leben sie in artgerechter Tierhaltung, die viel Auslauf auf der Weide beinhaltet. Natürlich gepflegtes Grünland bietet einen Teil der Ernährung, die durch anderes Futter wie Heu und Rüben vervollständigt wird. Jeder Betrieb hat das Ziel, das benötigte Futter möglichst selbst zu erzeugen. Sollte es nicht ausreichen, wird von anderen Bio-Höfen zugekauft. Die Verwendung von biologischem Kraftfutter ist auf ein Minimum begrenzt.

Chemikalien, die künstlich die Milchleistung steigern, sind selbstverständlich ebenso untersagt wie die prophylaktische Verabreichung von Antibiotika. Krankheiten begegnet man mit homöopathischen oder anderen natürlichen Heilmethoden, mit denen gute Erfolge erzielt wurden und die keine Rückstände in der Milch hinterlassen.

Bevor die Milch den Euter verläßt, ist sie bei gesunden Kühen keimfrei. Aber bereits beim Melken – auch mit Maschinen – kommt sie mit Bakterien in Berührung. Nicht selten wird in Bio-Betrieben per Hand gemolken. Aus gutem Grund, wie Untersuchungen bestätigten. Während in Melkmaschinen Keime auf die Milch übertragen werden, die auf Fett und Eiweiß ausgerichtet sind, versorgt die natürliche Stallatmosphäre die Milch mit Milchsäurebakterien. Diese spalten zwar die Lactose und führen zum raschen Sauerwerden der Milch, verhindern aber zugleich die Entwicklung schädlicher Keime. Einer der wesentlichsten Vorzüge von Bio-Milch ist ihre natürliche Keimflora, denn diese stärkt generell die Abwehrkräfte, insbesondere bei Kindern.

Durch artgerechte Tierhaltung und biologische Bearbeitung der Weiden und Futterflächen werden gute Voraussetzungen für das Lebensmittel Milch geschaffen. Wenn man auch heute leider davon ausgehen muß, daß Schadstoffe ubiquitär, überall verbreitet, sind, so schlagen sie sich, wenn überhaupt, nur auf minimalste Weise in biologischer Milch nieder. Damit diese ihre hohe Qualität bewahrt, darf sie allerdings nur so wenig wie möglich manipuliert werden. Deshalb wird sie nur gekühlt, gefiltert und abgefüllt. Sie ist gekühlt drei bis fünf Tage haltbar, besitzt ihren natürlichen Fettgehalt, ist nicht homogenisiert und nicht erhitzt. Bei ihr setzt sich Rahm an der Oberfläche ab, und sie wird sauer, d.h. auf natürliche Weise zu köstlicher Dickmilch. Sie wird als Rohmilch und als Vorzugsmilch, mit jeweils unterschiedlichen gesetzlichen Anforderungen, angeboten.

- Die unbehandelte Rohmilch wird nur gekühlt und gefiltert und darf ausschließlich direkt vom Erzeuger auf seinem Hof an den Verbraucher abgegeben werden. Der Betrieb muß verschiedenste Sonderauflagen erfüllen, welche die Gesundheit der Tiere und des Melkpersonals, die Hygiene im Milchraum und die Qualität der Milch selbst betreffen. Die Milch muß frei von Salmonellen, Streptokokken und Antibiotika sein. Vor ihrem Verzehr muß sie abgekocht werden.
- Vorzugsmilch ist die einzige Milchsorte, die als unbehandelte Rohmilch in den Handel gelangt. Über die für Rohmilch gültigen Vorschriften hinaus gelten zusätzliche strenge Auflagen: Milch und Kühe müssen monatlich untersucht werden. Für die Kühlung und die Abfüllung auf dem Hof sind strikte Richtlinien einzuhalten, und auf dem Etikett müssen genaue Angaben über Fettgehalt, Haltbarkeit, Menge und Erzeugerbetrieb gemacht sein.
- Darüber hinaus wird im Naturkosthandel die nicht homogenisierte Bio-Milch angeboten. Sie wurde lediglich mit Hilfe eines schonenden Verfahrens pasteurisiert, bei dem kaum Vitamine verlorengehen.

Auch den Kälbern schmeckt die Milch ausgesprochen gut.

**Ist Milch gesund?**

Als erste Nahrung für Mensch und Tier, von der eigenen Mutter stammend, ist Milch im wahrsten Sinne des Wortes vollwertig. In ihr sind alle Stoffe enthalten, die das neue Lebewesen braucht, um die erste kritische Zeit seiner Existenz gesund zu überstehen, schnell zu wachsen und an Widerstandskraft zu gewinnen.

So wie die Bedürfnisse jeder Säugetierart verschieden sind, so unterschiedlich ist der Nährstoffgehalt ihrer Milch. Die jeweils enthaltenen Kohlenhydrate, Eiweiß- und Mineralstoffe, Fette, Vitalstoffe, Hormone, Enzyme und Keime kann der entsprechende Säugling bestens assimilieren. Später, mit zunehmender Unabhängigkeit von der Mutter, dürfen die zur Verarbeitung des Milcheiweißes notwendigen Enzyme dem heranwachsenden Lebewesen nicht vorenthalten werden.

Nicht alle Menschen vertragen Milch von anderen Säugetieren mit artfremdem Eiweiß. Milchunverträglichkeit kann zu einer Fülle von Allergien und Erkrankungen wie Neurodermitis führen. Heute finden sich in konventioneller Milch zunehmend Schadstoffe, und die hochtechnisierten Verarbeitungsverfahren zerstören einen Großteil der positiven Inhaltsstoffe. Rohmilch bildet eine vorzügliche und sehr gesunde Alternative. Ihr Milcheiweiß ist leicht verdaulich, reich an lebenswichtigen essentiellen Aminosäuren und rangiert in seiner biologischen Wertigkeit direkt hinter dem Hühnereiweiß. Das Fett der Kuhmilch besteht fast zur Hälfte aus einfach ungesättigten, sehr positiv wirkenden Fettsäuren, enthält nur wenig Cholesterin und ist leicht verdaulich. Milch besteht außerdem aus Milchzucker, zahlreichen Mineralstoffen – insbesondere Phosphor, Calcium, Kalium und Magnesium –, diversen Spurenelementen und vor allem Vitaminen – A, D, E, K sowie B1, B2, B3, B5 und B12. Milch und Milchprodukte ergänzen hervorragend eine sonst vegetarische Ernährung.

Die unbehandelte Rohmilch darf nur direkt vom Bio-Bauern auf seinem Hof an den Verbraucher verkauft werden. Vorzugsmilch ist die einzige Milchsorte, die als unbehandelte Rohmilch in den Handel gelangt.

Sanftmütige – und neugierige – Partnerin auf vielen Bio-Höfen: die Kuh.

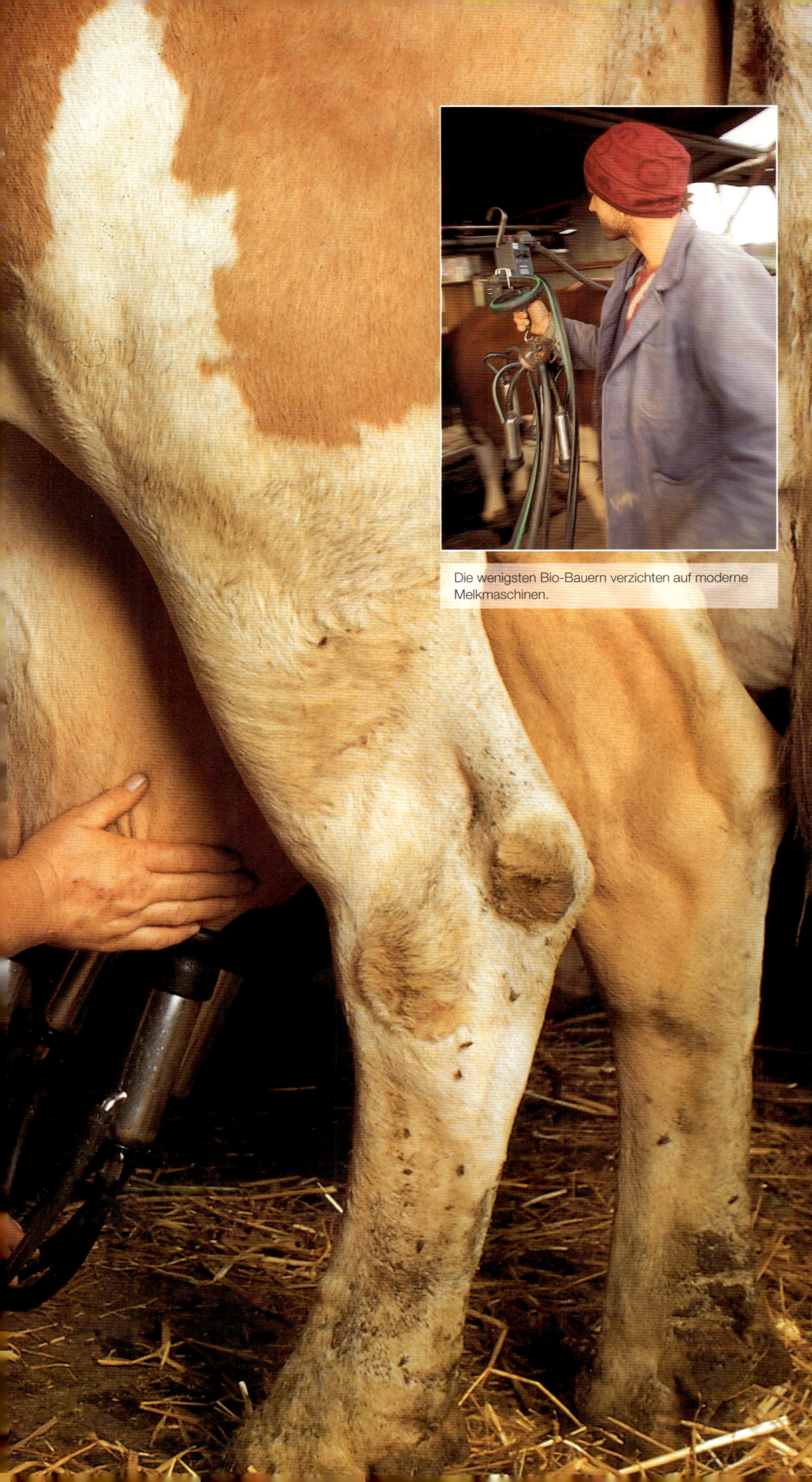

Die wenigsten Bio-Bauern verzichten auf moderne Melkmaschinen.

## Der Leidensweg der (Trink)milch

Zunächst wird die frischgemolkene Milch noch auf dem Hof filtriert, um grobe Verunreinigungen, zum Beispiel aus dem Stall, zu entfernen, und gekühlt, um die Aktivität der Milchsäurebakterien zu hemmen.

In der Molkerei separiert eine Zentrifuge das Milchfett bei 40 Grad Celsius, damit es den Fettstufen entsprechend wieder zugefügt werden kann: 3,5 Prozent für Vollmilch, 1,5 bis 1,8 Prozent für fettarme Milch, 0,1 bis maximal 0,3 Prozent für Magermilch. Je weniger Fett eine Milch enthält, desto stärker sinkt ihr Gehalt an den fettlöslichen Vitaminen A, D, E und K. Dementsprechend weist Magermilch lediglich ein wenig übriggebliebenes Vitamin E auf, fettarme Milch hat etwa 60 Prozent der Vitamine eingebüßt.

In der Regel folgt nun die Homogenisierung der Milch. Sie verhindert, daß sich Rahm oben auf der Milch oder an den Wänden der Verpackungen absetzt. Unter hohem Druck wird die Milch durch Düsen auf eine Stahlscheibe gespritzt. Dabei werden die natürlichen Fettkügelchen erheblich verkleinert und gleichmäßiger in der Flüssigkeit verteilt.

Um die Haltbarkeit der Milch zu verlängern, werden verschiedene Erhitzungsverfahren angewandt.

- Pasteurisierung: Kurzzeiterhitzung für 15 (bis 30) Sekunden auf 72 bis 75 Grad Celsius, Dauererhitzung für 30 Minuten auf 62 bis 65 Grad Celsius und Hocherhitzung für über 4 Sekunden auf 85 Grad Celsius; mit Verlusten an wasserlöslichen Vitaminen von bis zu 10 Prozent; ergibt Trinkmilch: 3 bis 4 Tage gekühlt haltbar.
- Ultrahocherhitzung: 2 bis 6 Sekunden auf 135 bis 150 Grad Celsius; mit Vitaminverlusten von 5 bis 20 Prozent; ergibt H-Milch: mindestens 6 Wochen haltbar.
- Sterilisierung: 20 Minuten auf etwa 120 Grad Celsius; mit hohen Vitaminverlusten von bis zu 99 Prozent; ergibt Sterilmilch: mehrere Monate haltbar.

Bei der Milchverarbeitung werden bestimmte Bestandteile wie Eiweiß oder Milchzucker zum Teil stark verändert und andere wie Vitamine, Keime oder Enzyme abgetötet. Je höher die Temperatur und je länger die Einwirkungszeit sind, desto stärker werden die Milchbestandteile denaturiert bzw. zerstört. Neben den Qualitätsverlusten leidet der natürliche Geschmack der Milch erheblich – wie rohe Milch schmeckt, ist heute weitgehend unbekannt.

Für die Bio-Höfe erweist sich eine getrennte Vermarktung der biologischen Milch häufig noch als sehr schwierig.

Die Arbeit mit solch einem traditionellen Butterfaß ist zwar energiesparend, jedoch sehr anstrengend.

**Nur Rahm und Rotieren**

# Gute Butter

Früher wurde Butter nur im Sommer gemacht, wenn die Kühe besonders viel Milch gaben. So konnte man den Milchüberschuß weiterverarbeiten und sich für die kommenden mageren Jahreszeiten einen Fettvorrat anlegen.

Die Herstellung von Butter ist eine mühsame und teure Angelegenheit. Für ein Kilo Butter werden 22 bis 25 Liter Rohmilch benötigt. Außerdem fordert der Gesetzgeber bei der Erzeugung von Milch und Milchprodukten die Erfüllung kostspieliger Auflagen. Dies alles erklärt die mehr als doppelt so hohen Preise der Butter von ökologischen Höfen gegenüber konventioneller Markenbutter. Ihr einmaliger Geschmack rechtfertigt den Preis aber allemal.

Die Butterherstellung beginnt im Idealfall mit frischgemolkener, noch kuhwarmer Rohmilch. Zur Entrahmung wird sie in eine Zentrifuge gegeben, die Sahne und Magermilch trennt. Produziert der Hof gleichzeitig auch Quark, für den man die Milch in Wannen aufstellt, kommt auch noch die althergebrachte Methode zum Einsatz: Bei einer Ruhezeit von 12 bis 18 Stunden setzt sich der Rahm an der Oberfläche ab und kann abgeschöpft werden. Dabei muß die Bäuerin oder der Bauer die Milch mit Wasser kühl halten, um zu verhindern, daß sie säuert, denn saure Milch rahmt nicht mehr auf. Die anfallende Magermilch wird zu Käse weiterverarbeitet. Hofkäsereien verwenden oft teilentrahmte Milch für ihre Hartkäse und können dann auch Butter anbieten.

Der gewonnene Rahm, der einen ungefähren Fettgehalt von 20 Prozent aufweist, wird sofort gekühlt und dunkel aufbewahrt. Licht ließe das Milchfett schneller verderben. Aus dem Rahm kann nun Süßrahm- oder Sauerrahmbutter hergestellt werden. Für letztere erhält die Sahne einen Zusatz von Buttermilch oder einer anderen natürlichen Säurekultur und dickt in mehreren Stunden ein. Durch die Säuerung entwickelt sie ein ausgeprägteres Aroma und eine längere Haltbarkeit. Die aus Molkereien stammende mild gesäuerte Butter entsteht durch eine künstliche Säuerung, die biologische Betriebe ablehnen.

Für Süßrahmbutter gießt man die Sahne in ein Butterfaß, so daß es etwa zur Hälfte gefüllt ist. Für die spätere Qualität der Butter spielt jetzt die Temperatur eine entscheidende Rolle. Sie bewegt sich zwischen 9 und 13 Grad Celsius – die kühleren Grade sind im Sommer notwendig. Die Temperatur steht in einer direkten Beziehung zur – sich durch die Fütterung verändernden – Struktur des Milchfetts. Zu starke Temperaturen führen zu einem hohen Butterölanteil und damit zu schmieriger Butter, zu niedrige lassen die Butter bröckelig werden.

Beim traditionellen Butterfaß setzt man nun den installierten hölzernen Quirl durch kräftiges Kurbeln in Gang. Moderne Maschinen unterschiedlicher Größe haben freilich längst diese Aufgabe übernommen. Immer kommt es aber darauf an, daß der Rahm sich schnell dreht. Zuerst bildet sich Schaum, in dem sich die Fettkügelchen dicht beieinander befinden. Durch das ständige Schlagen werden ihre Hüllen zerbrochen. Das Butterfett wird frei und klebt mehr und mehr zusammen, so daß sich immer größere Klümpchen formen. »Das Butterkorn entsteht«, beschreiben Fachleute diesen Vorgang. Hat es die Größe einer Erbse überschritten, ist es Zeit, die fast fettfreie Buttermilch, die sich abgesondert hat, abzulassen. Dazu dient unten am Faß eine verkorkte Öffnung oder ein Hahn.

Anschließend wird kaltes Wasser in das Butterfaß gegeben, um die Buttermilchreste zwischen den Butterkörnern herauszuwaschen. Bleibt davon etwas zurück, erhält man Butter mit einem anfangs frischen und angenehm buttermilchigen Aroma, das aber Gefahr läuft, schnell käsig zu riechen und zu schmecken. Deshalb wird meist so lange ausgewaschen, bis das Wasser nicht mehr milchtrüb ist – in der Regel drei- bis viermal. Häufig wird das gewaschene Butterkorn dann erneut gekühlt.

Um einen Teil des Wassers zu entfernen und den Rest – Butter darf bis zu 16 Prozent Wasser enthalten – gleichmäßig zu verteilen, muß gründlich geknetet werden. Per Hand ist dies eine anstrengende Arbeit, die eine Teigknetmaschine oder – in größeren Betrieben – Walzen übernehmen kann. Während das handwerkliche Kneten die Milchsäurebakterien erhält, die für zusätzliches Aroma sorgen, führt eine forcierte Bearbeitung zu längerer Haltbarkeit.

Rohmilchbutter hat abschließend eine schöne Form verdient. Sie kann einfach gerollt oder in traditionelle, vorher gut gewässerte (sonst löst sie sich schlecht heraus) hölzerne Formen gepreßt werden. Wie sie auch daherkommt, sie ist ein vielsagender Bote für eine natur- und tiergerechte Landwirtschaft. Der Unterschied spricht für sich.

Durch das Schlagen des Rahms wird das Butterfett frei und beginnt immer stärker zusammenzukleben.

Der abgeschöpfte Rahm wird in das geöffnete Butterfaß gegossen.

Das Butterfaß wird etwa bis zur Hälfte gefüllt – bis knapp unter den Quirl, der heutzutage aus Edelstahl ist.

Nachdem sich das Butterkorn gebildet hat, wird die Buttermilch aus dem Faß abgelassen.

Das Wasser, mit dem die Buttermilchreste entfernt wurden, muß durch kräftiges Kneten reduziert werden.

**Beliebtester Frischkäse**

# Speisequark

Speisequark ist ein Käse, obwohl er in Ladenregalen meist in ganz anderer Nachbarschaft steht, nämlich neben Milch, Sahne oder Joghurt. Genauer gesagt ist er ein Frischkäse, der – wie der Name bereits verrät – im Vergleich zur großen Palette aller anderen Käse nicht oder nur wenig gereift ist. Quark steht am Eintritt ins Käsereich. In Nordeuropa, wo man Butter höher als alle anderen Milchprodukte schätzte, wurde Quark früher immer nur aus mehr oder weniger entrahmter Milch bereitet. Da seine Herstellung sehr einfach ist, machte man ihn in milchreichen Regionen bis zur Zeit vor dem Zweiten Weltkrieg zu Hause selbst und verarbeitete ihn oft weiter zu Sauermilch- oder Kochkäsen. In südlicheren Ländern wurde er immer aus nichtentrahmter Vollmilch hergestellt. Übrigens läßt sich Speisequark ebenso gut aus Schaf- oder Ziegenmilch wie aus Kuhmilch bereiten. Unter allen Käsesorten darf er den höchsten Wasseranteil enthalten, nämlich über 73 Prozent in der fettfreien Trockenmasse.

Frischkäse muß pasteurisiert werden. Dieser Vorgang erfolgt in den Bio-Hofkäsereien mit der nötigen Behutsamkeit. Neben dem hygienischen Nutzen liegt der Vorteil des Erhitzens darin, daß dabei die hochwertigen Molkenproteine Albumin und Globulin gerinnen. Sie gehen ganz in den Quark über, während sie bei der Verwendung von roher Milch unausgefällt mit der Molke abfließen. Nach der Erhitzung wird die Milch auf etwa 30 Grad Celsius gekühlt.

Wird entrahmte Milch verwendet, genügt es, ihr einen Säurewecker wie Buttermilch oder Joghurt zuzufügen, denn die Milchsäurebakterien vollbringen das Werk allein. Ist die Milch aber vollfett, dann geben die Käsemacher gern ein paar Tropfen Lab hinzu, das aus Kalbsmagen – oder durch Bakterien – gewonnene, eiweißspaltende Enzym. Die Dosierung beruht auf Erfahrung. Viele natürliche Faktoren wirken auf die Dicklegung der Milch ein. Denn sie ist je nach Tierrasse, Weide, Zufutter und Jahreszeit anders beschaffen, so wie die Bakterien in jeder Gegend und selbst von Hof zu Hof unterschiedlich sind.

Die Dicklegung benötigt Zeit. Bei Zimmertemperatur kann leicht ein ganzer Tag vergehen. Wird die Starttemperatur von 30 Grad Celsius gehalten, vollzieht sie sich in fünf bis zehn Stunden. Hat sich die Dickete oder Gallerte gebildet, wird sie kreuz und quer mit dem Messer in zwei bis drei Zentimeter große Würfel geschnitten. Sie muß so fest sein, daß die Schnitte sichtbar bleiben und nicht ineinander verfließen. Während einer zusätzlichen Standzeit kann die Molke gut abfließen.

Traditionell wird die Dickete nun sehr behutsam in ein feuchtes Tuch gegeben und abgeseiht. Oft schöpft man sie heute in spezielle, kleingelochte Plastikformen. Der Molkenabfluß dauert, je nach Temperatur, Konsistenz der Dickete und erstrebtem Ergebnis, zwischen sechs und acht Stunden. Für festeren und haltbareren Speisequark preßt man den Tuchinhalt etwas aus. Sonst verrührt man ihn, damit er eine cremige Konsistenz erhält und füllt ihn ab.

Behutsam pasteurisierte Milch wird in den Quarktopf gegossen.

Einige Tropfen Lab werden der vollfetten Milch zugefügt.

Nach der Dicklegung wird die Gallerte in Würfel zerteilt.

Die Gallertestücke werden in ein feuchtes Tuch gegeben.

Der Molkenabfluß dauert sechs bis acht Stunden.

Der Tuchinhalt wird zurück in die Schüssel gegeben und verrührt.

Der Speisequark hat die gewünschte cremige Konsistenz erhalten.

In Gläsern abgefüllt kommt er in den Handel.

# Die weiße Kraft

Ganze Generationen schworen darauf, Saucen mit Butter aufzumontieren und reichlich Sahne beim Kochen zu verwenden. Über Kalorien machte sich damals niemand Gedanken. Inzwischen gelten andere Vorstellungen. Gerade in der Naturkost ist es wenig erwünscht, durch einen unbedachten Griff in Butter- oder Sahnetopf Gerichte mit einem Übermaß an Energien zu befrachten. Freilich können Butter und Sahne Zubereitungen verfeinern und manche köstlichen Rezepte ohne sie nicht auskommen. So lassen mit Oliven, Knoblauch, Kräutern oder Pilzen aromatisierte Buttermischungen einfache Pellkartoffeln oder schonend gegarte Gemüse zum überraschenden Genuß werden. Quark und andere Frischkäse können aber Butter hervorragend ersetzen. Sie lassen sich bestens mit frischen, rohen und deshalb besonders gesunden Zutaten verbinden. Und deren Menge kann – im Gegensatz zu Fertigprodukten – nach Geschmack selbst bestimmt werden. So gesellen sich zur vitaminreichen Kost leichtverdauliche Eiweißstoffe, und der Fettkonsum hält sich in Grenzen. Joghurt, Quark und Frischkäse eignen sich nicht nur vorzüglich als Basis für Saucen, Dips oder Cremes, sondern auch als Füllungen von Gemüsen oder Teigen und verleihen jedem Gericht einen ganz besonderen Akzent von Frische und Leichtigkeit.

## Frischkäse-Terrine mit roter und grüner Paprika

| |
|---|
| *200 g Frischkäse* |
| *50 g saure Sahne* |
| *1/2 kleine rote Paprikaschote* |
| *1/2 kleine grüne Paprikaschote* |
| *1 kleines feingehacktes Bund glatte Petersilie* |
| *1 EL Schabzigerklee* |
| *1/2 TL Meersalz* |
| *1/4 TL edelsüßes Paprikapulver* |
| *1 Msp Cayennepfeffer* |

Frischkäse und saure Sahne mit dem Mixer verrühren. Die Paprikaschoten in sehr kleine Würfel schneiden und zusammen mit der Petersilie und den Gewürzen zu dem Käse geben. Gut vermengen und pikant abschmecken. Eine kleine Form mit Frischhaltefolie auslegen, die Käsemasse hineinfüllen, gut in die Form drücken und mindestens 1 Stunde kalt stellen. Auf einen Teller stürzen und mit Petersilie, Paprika oder Gewürzen garnieren.

## Tzatzíki

| |
|---|
| *150 g Quark* |
| *150 g Joghurt* |
| *100 ml Sahne* |
| *1/2 Salatgurke* |
| *2 Knoblauchzehen* |
| *1 gehacktes Bund Petersilie* |
| *1 EL Olivenöl* |
| *1 EL Zitronensaft* |
| *Weißer Pfeffer* |
| *1/2 TL Meersalz* |

Quark, Joghurt und Sahne in eine Schüssel geben und cremig rühren. Die Gurke schälen, halbieren, entkernen, fein raspeln und zu der Quarkmischung geben. Mit zerdrücktem Knoblauch, feingehackter Petersilie, Olivenöl und Zitronensaft gut verrühren, mit Pfeffer und Salz abschmecken. Gut gekühlt servieren.

## Spanische Olivenbutter

| |
|---|
| *100 g Butter* |
| *1 EL Magerquark* |
| *1 TL Kräutersalz* |
| *2 TL Tomatenmark* |
| *2 TL Zitronensaft* |
| *1/4 TL schwarzer Pfeffer* |
| *1 TL feingehackter Thymian* |
| *1 zerdrückte Knoblauchzehe* |
| *10 schwarze Oliven* |

Alle Zutaten – bis auf die Oliven – mit dem Quirl vermengen. Die Oliven entsteinen, sehr klein schneiden und unter die Butter rühren.
Die Olivenbutter eignet sich besonders gut als Kanapeeaufstrich und schmeckt zu getoasteter Vollkornbaguette.

Eine erfrischende Variation – Frischkäsebällchen mit Kräutern

## Piroggen mit Kräuter-Kürbiskern-Füllung

| *Teig* |
|---|
| *250 g feines Vollweizenmehl* |
| *2 Eier* |
| *1/2 TL Meersalz* |
| *Mehl zum Ausrollen* |

| *Füllung* |
|---|
| *100 g Quark* |
| *50 g saure Sahne* |
| *2 Eier* |
| *1/2 TL Kräutersalz* |
| *1 Prise Pfeffer* |
| *2 EL feingehackte Kürbiskerne* |
| *1 kleines Bund Kerbel* |
| *1 kleines Bund Petersilie* |
| *1 kleines Bund Dill* |
| *1 kleines Bund Pimpinelle* |
| *Butter zum Einfetten* |

Alle Teigzutaten zu einem festen, geschmeidigen Teig verkneten. Den Teig etwa 30 Minuten zugedeckt ruhenlassen.
Quark, saure Sahne, 1 Ei sowie Salz und Pfeffer zu einer Creme verrühren. Die Kürbiskerne zufügen. Die Kräuter fein hacken und sorgfältig untermischen. Die Füllung abschmecken.
Den Teig dünn ausrollen. Kreise von 8 bis 10 Zentimeter Durchmesser ausstechen. Jeweils 1/2 EL Quarkfüllung auf die Mitte jedes Kreises geben. Die Teigränder anfeuchten, übereinanderklappen und mit einer Gabel fest zusammendrücken. Die Piroggen auf ein gefettetes Backblech setzen und mit dem verquirlten zweiten Ei bestreichen. In dem auf 170 °C vorgeheizten Ofen 15 bis 20 Minuten backen.

**Weitere Milchprodukte**

# Leckeres aus Milch

**Buttermilch**
Entsteht bei der Butterherstellung, wenn die Flüssigkeit nach der Fetttrennung abgelassen wird; hat kaum, nämlich nur um 0,5 Prozent Fett, ist aber reich an Lezithin und Mineralstoffen. Neben reiner Buttermilch sind auch andere Formen erhältlich, denen höchstens 10 Prozent Wasser oder höchstens 15 Prozent Magermilch zugesetzt werden darf. Buttermilch ist ein gesundes und sehr erfrischendes Getränk.

**Butterschmalz**
Das durch Ausschmelzen von Butter gewonnene reine Butterfett enthält keine anderen Inhaltsstoffe als Eiweiß und Wasser. Es ist dem indischen *ghee* vergleichbar, lange haltbar, sehr bekömmlich und verträgt höhere Temperaturen als normale Butter.

**Crème fraîche**
Das Sauermilcherzeugnis hat einen höheren Fettgehalt als Schlagsahne und saure Sahne. Es findet als Aromazutat mit dezenter Säuerung Verwendung, verliert aber beim Aufkochen das feine Aroma.

**Dickmilch**
Entsteht auf natürliche Weise, wenn man Rohmilch, Vorzugsmilch oder schonend pasteurisierte Landmilch bei Zimmertemperatur stehenläßt. Sie wird heute durch Säurewecker erzeugt, ist stichfest und hat einen Fettgehalt von 3,5 Prozent. Es gibt auch fettarme Dickmilch, die auf bei der Butterherstellung anfallender Magermilch basiert.

**Hüttenkäse**
Auch als Cottage Cheese bekannt. Besitzt eine typisch körnige Struktur, für die in Magermilch eine reine Säureausfällung des Eiweißes vollzogen wird. Zu dem entstandenen Käsebruch fügt man Rahm hinzu, der von den Bruchkörnern aufgesogen wird und diese auch umhüllt. Nur gesalzen oder auch mit Kräutern im Handel erhältlich.

**Joghurt**
Besondere Milchsäurebakterien geben dem ursprünglich aus dem Balkan und Vorderen Orient stammenden Joghurt Geschmack und Konsistenz. Am bekanntesten ist der *lactobacillus bulgaricus,* der säuerliche Frische verleiht. Immer befindet sich im Joghurt eine Mischung aus rechts- und linksdrehenden Milchsäuren. Bei Biohurt werden verstärkt Stämme wie *streptococcus thermophilus* eingesetzt, welche die bekömmlichere rechtsdrehende Milchsäure erzeugen.
• Selbstgemachter Joghurt: Milch fast zum Kochen bringen, dann auf 45 °C abkühlen lassen. Pro Liter 4 EL fertigen (nicht wärmebehandelten) Joghurt untermischen, in Gläser füllen, abdecken und möglichst warm halten. Nach einigen Stunden ist der Joghurt fest geworden.

**Kefir**
Ursprünglich im Kaukasus und Orient beheimatetes Sauermilchgetränk, das durch den Zusatz von Kefirknöllchen, eine Symbiose von Milchsäurebakterien und Hefepilzen, hergestellt wird. Neben der Milchsäuregärung findet gleichzeitig eine leichte alkoholische Gärung statt. Es entsteht ein geringer Alkoholgehalt zwischen 0,2 und 0,8 Prozent, ferner etwas Kohlensäure, die Kefir seinen prickelnden Geschmack verleiht. Seine überwiegend rechtsdrehende Milchsäure macht ihn gut verträglich.

### Geduldiger Grundstoff: Frischkäse

Der mengenmäßig bedeutendste Vertreter dieser durch Milchsäurebakterien und eventuell einen geringfügigen Labzusatz dickgelegten Käsegruppe ist nach wie vor der Speisequark. Er ist in verschiedenen Fettstufen erhältlich, wobei der Fettgehalt durch Zusatz von Sahne erhöht wird. Unterschiedliche Quarkzubereitungen mit Kräutern und Gewürzen, die bis zu 15 Prozent ausmachen dürfen, oder mit Früchten, deren Anteil bis zu 30 Prozent des Gesamtgewichts erreichen darf, werden angeboten. Kunterbunt und noch abwechslungsreicher wird es bei den als Frischkäse deklarierten Zubereitungen. Auch im Naturkostangebot mit Zutaten aus biologischem Anbau stellt sich die Qual der Wahl bei immer neuen Kreationen. Kräuter, Gewürze, Lauchgewächse, Gemüse, Nüsse und andere Ingredienzen dienen als Aromaträger. Unterschiedliche Konsistenzen werden durch intensiveres Pressen erreicht – der minimale Wassergehalt von 73 Prozent setzt die Grenze. Eine seltene Spezialität von Hofkäsereien ist Schichtkäse geworden. Er besteht aus Frischkäseschichten mit unterschiedlichem Fettgehalt, die per Hand geschöpft werden.

**Sahne**
Wird von der Milch durch Abschöpfen oder Zentrifugieren getrennt. Schlagsahne hat einen Fettgehalt von mindestens 30 Prozent. Durch Erhitzung gerinnen die Eiweißstoffe, die beim Schlagen im wesentlichen den Schaum bilden. Danach reift sie gekühlt mindestens zwei Tage, wobei das Butteröl in den Fettkügelchen kristallisiert. Dadurch wird verhindert, daß Sahne beim Schlagen zu schnell zu Butter wird. Nur gekühlt läßt sie sich gut aufschlagen.
Sahne oder Rahm mit einem Mindestfettgehalt von 10 Prozent wird als Kaffeesahne bezeichnet und läßt sich nicht steif schlagen.

**Sauermilch**
Die durch Milchsäurebakterien oder andere Bakterien, sogenannte Säurewecker, gesäuerte Milch bildet die Basis einer Fülle von Sauermilchprodukten, wie saure Sahne, Dickmilch, Crème fraîche und andere.
Zwei Formen der Milchsäure lassen sich unterscheiden – die rechtsdrehende, mild schmeckende, leichtverdauliche L(+)- und die linksdrehende, saurer schmeckende, nur langsam verdauliche D(–)-Milchsäure. Immer häufiger werden sie auf den Etiketten der Milchprodukte ausgewiesen.
Trinksauermilch enthält 3,5 Prozent Fett und besitzt eine sämige Konsistenz. Sahne- oder Rahmsauermilch hat einen Fettgehalt von 10 Prozent.

**Saure Sahne**
Auch Sauerrahm genannt. Unterscheidet sich von Sauermilch nur durch den höheren Fettgehalt von über 10 Prozent und die etwas dickflüssigere Konsistenz.

**Schwedenmilch**
In Skandinavien werden die verwandten Gefäße mit dem weitverbreiteten Fettkraut *pinguicula vulgaris* ausgerieben, damit sich bestimmte Milchsäurebakterien entfalten können. Sie sondern Schleim ab und sind für die Konsistenz der Sauermilch verantwortlich. Zugleich sorgen sie für natürliche Haltbarkeit von bis zu 10 Monaten.

Zupfkuchen

## Süße Gerichte mit Milchprodukten

### Milchreis mit Mandeln und Zimt

(Abbildungen unten)

| |
|---|
| *0,5 l Milch* |
| *200 g Milchreis* |
| *1/2 TL abgeriebene Zitronenschale* |
| *1 Prise Meersalz* |
| *1 Msp gemahlene Vanille* |
| *2 EL Honig* |
| *3 EL grobgeriebene Mandeln* |
| *100 ml Sahne* |
| *1 EL gemahlener Zimt* |

Milch mit Milchreis, Zitronenschale, Salz und Vanille zum Kochen bringen. Den Reis bei schwacher Hitze etwa 40 Minuten quellen lassen. Honig und Mandeln einrühren. Sahne steif schlagen und unter den warmen Reis ziehen. Mit Zimt bestreut portionsweise anrichten.

### Zupfkuchen

(Abbildung oben)

| ***Teig*** |
|---|
| *200 g Butter* |
| *3 EL Honig* |
| *1 Ei* |
| *40 g Kakao* |
| *1 Päckchen Weinsteinbackpulver* |
| *350 g feines Dinkelmehl* |

| ***Füllung*** |
|---|
| *125 g Butter* |
| *500 g Speisequark* |
| *100 ml Sahne* |
| *3 EL Honig* |
| *2 Eier* |
| *1 Msp gemahlene Vanille* |
| *2 EL Dinkelmehl* |
| *2 TL Pfeilwurzelmehl* |

Alle Teigzutaten miteinander verkneten und 30 Minuten kühl stellen.

Für die Füllung die Butter schaumig rühren, Quark, Sahne und Honig zugeben und verrühren. Die Eier trennen. Das Eigelb zur Mischung geben, das Eiklar steif schlagen. Vanille, Dinkel- und Pfeilwurzelmehl miteinander vermischen und unter die Quarkmasse rühren.

Den Eischnee unterheben.

Eine Springform von 28 cm Durchmesser ausfetten.

Zwei Drittel des Kakaoteigs zu Krümeln zupfen und die Form damit auslegen. Die Füllung darübergeben. Das restliche Drittel Teig ebenfalls zu Krümeln zupfen und über der Füllung verteilen.

Im vorgeheizten Backofen bei 180 °C etwa 60 Minuten backen.

Milchreis herzustellen ist ein Kinderspiel. Zunächst bringt man die Milch mit dem Reis und den Gewürzen zum Kochen.

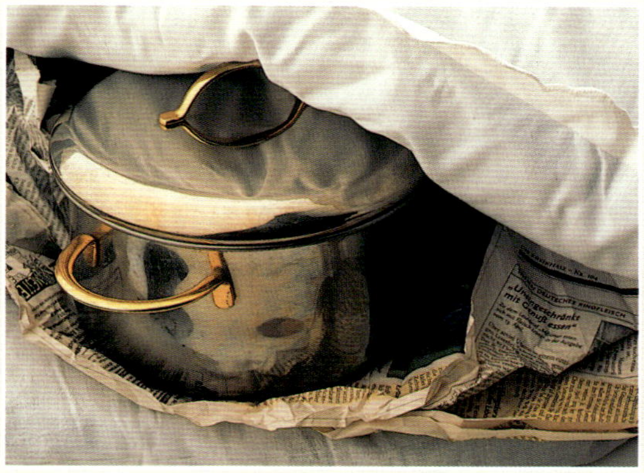

Danach läßt man den Reis zugedeckt bei schwacher Hitze – der Topf wird am besten in eine Decke gehüllt – 40 Minuten quellen.

Erst kurz vor dem Servieren werden Mandeln und Honig eingerührt und steif geschlagene Sahne untergezogen. Der Reis wird mit Zimt bestreut angerichtet.

## Panna cotta mit Erdbeeren

| |
|---|
| *0,5 l Sahne* |
| *1/2 TL gemahlene Vanille* |
| *2 1/2 EL Honig* |
| *1 1/2 TL biologisches Geliermittel auf Pektin-Basis* |
| *400 g Erdbeeren* |

Die Sahne mit der Vanille und 2 EL Honig aufkochen. Das Geliermittel mit wenig Wasser verrühren und zur Sahne geben. Kräftig mit dem Schneebesen verrühren und unter Köcheln so lange immer wieder aufschlagen, bis das Geliermittel sich aufgelöst hat. Die Masse in kleine Förmchen gießen und mindestens 6 Stunden kalt stellen.
Die Erdbeeren kurz waschen. Einige zum Verzieren beiseite legen, die übrigen zusammen mit dem restlichen Honig Fruchtsaft ziehen lassen, dann pürieren.
Vor dem Servieren die Panna cotta aus den Förmchen auf Teller stürzen und mit dem Erdbeerpüree dekorativ anrichten. Mit den ganzen Erdbeeren garnieren.

## Mascarponetorte mit Beerenfrüchten

| ***Biskuitteig*** |
|---|
| *5 Eier* |
| *5 EL heißes Wasser* |
| *1 EL Honig* |
| *1 Prise Meersalz* |
| *70 g feines Dinkelmehl* |
| *30 g Maisstärke* |
| *20 g feingeriebene Mandeln* |
| *Abgeriebene Schale von 1/2 unbehandelten Zitrone* |
| *1 Msp gemahlene Vanille* |
| *Butter zum Ausfetten* |

| ***Creme*** |
|---|
| *250 g Mascarpone* |
| *200 ml Sahne* |
| *1 EL Honig* |
| *1 Msp gemahlene Vanille* |
| *300 g verschiedene Beeren* |
| *3 EL geraspelte Zartbitterschokolade* |

Für den Teig die Eier trennen. Das Eigelb schaumig rühren, dabei nach und nach 5 EL heißes Wasser zugeben. Den Honig zufügen und weiterrühren, bis eine schaumige Creme entsteht. Eiklar mit etwas Salz steif schlagen. Mehl, Stärke, Mandeln, Zitronenschale und Vanille miteinander vermengen. Abwechselnd Mehlgemisch und Eischnee sorgfältig unter die Eicreme heben. Den Teig in eine ausgefettete Springform von 28 cm Durchmesser geben und im vorgeheizten Ofen bei 180 °C 15 bis 20 Minuten backen. Auskühlen lassen.
Für die Creme Mascarpone, Sahne, Honig und Vanille sehr gut miteinander verschlagen. Die Beeren – zum Beispiel Himbeeren, Johannisbeeren, Brombeeren und Erdbeeren – und die Hälfte der Schokolade vorsichtig unterheben. Die Fruchtcreme kuppelförmig auf den Biskuit streichen und mit den restlichen Schokoladenraspeln bestreuen.

## Joghurtpudding mit marinierten Kiwis

| |
|---|
| *250 g Joghurt* |
| *1 1/2 TL biologisches Geliermittel auf Pektin-Basis* |
| *100 ml Sahne* |
| *Saft und abgeriebene Schale von* |
| *1 unbehandelten Zitrone* |
| *1 Prise Meersalz* |
| *1/2 TL gemahlene Vanille* |
| *1 1/2 EL Honig* |
| *3 Kiwis* |
| *2 EL Orangenlikör* |
| *6 Zitronenmelisseblättchen* |

Den Joghurt mit dem Schneebesen zu einer gleichmäßigen Creme verrühren. Das Geliermittel in 1 EL Wasser auflösen, mit 3 EL Wasser und 1 EL Sahne unter Rühren aufkochen. Zitronensaft und -schale mit Salz, Vanille und Honig unter den Joghurt rühren. Zunächst nur etwas Joghurtmischung mit dem Geliermittel verrühren. Dann den restlichen Joghurt gut untermengen. Die Sahne steif schlagen und unter die Joghurtmasse ziehen. Den Pudding in kleine Förmchen füllen und etwa 6 Stunden kalt stellen.
Die Kiwis schälen, in Scheiben schneiden und mit Orangenlikör – oder ersatzweise 1 EL Honig – beträufeln. Die Melisse dazugeben.
Vor dem Servieren den Joghurtpudding auf Teller stürzen. Mit den Kiwis und einer Zitronenscheibe anrichten.

Die Qual der Wahl

# Käsevielfalt

Kaum hatten unsere Ahnen vor etwa 5 000 Jahren Milch als Lebensmittel entdeckt, stießen sie auch auf den ersten Käse. Es genügte, ein Gefäß mit Milch kurze Zeit stehenzulassen, um das Phänomen ihrer Gerinnung zu erleben. Nachdem die sich absondernde Molke abgetropft war, kam der Urkäse zum Vorschein – der Grundstoff jeder Käsesorte. Die folgende Handhabung und Meisterung des Dicklegens, des Bruchs und der Reifung im Einklang mit Tierrassen, Futter bzw. Vegetation, Klima, Milchart und Räumlichkeiten ließen unüberschaubar viele Käsevariationen entstehen.

Sechs Käsefamilien werden unterschieden. Die erste, der Frischkäse, wurde bereits vorgestellt. Außerdem gibt es Sauermilchkäse, Weichkäse, halbfeste und feste Schnittkäse sowie Hartkäse (s. S. 95). Jede Käsesorte läßt sich zwar einer dieser Kategorien zuordnen, besitzt aber auch ganz charakteristische Eigen- und Besonderheiten, die sie von anderen Exemplaren derselben Familie mehr oder weniger deutlich unterscheidet.

Dank der ökologischen Landwirtschaft sind neue qualitativ anspruchsvolle Käsesorten entstanden und weitere werden sicherlich noch entstehen, da die Bio-Hofkäsereien zunehmen. Dort, wo Käse hergestellt wird, zeichnet sich bald das Einwirken natürlicher Einflüsse ab. Der Käse erhält seinen bestimmten Charakter. Die biologische Milch mit ihrer natürlichen Keimflora und die äußeren Bedingungen, die Pilze und Bakterien fördern, sind für die Eigenschaften eines Käses verantwortlich. Bekannteste Beispiele, bei denen Mikroorganismen während der Reifung auf den Käse einwirken, sind der südfranzösische Roquefort, wo sich in den Höhlen des Berges Combalou der Schimmelpilz *penicillium roqueforti* entwickelte, der Emmentaler, bei dem Propionsäurebakterien für die Lochbildung sorgen, der belgische Herve, in dessen Region Rotschimmelflora die Luft bevölkert, oder der Camembert, an dessen Oberfläche sich – bedingt durch die Umgebung – Weißschimmel ansiedelt.

Auch wenn man heute entsprechende Bakterien- oder Pilzstämme gezielt impfen kann, trägt jedes Gebiet, jeder Reifekeller zu dem typischen Akzent eines Käses bei. Erweisen sich diese Faktoren als günstig, gewinnt der Käse eigenen Ausdruck.

Inzwischen bieten praktisch alle Länder biologische Käse an. Meist sind die bekanntesten Herkünfte auch in Bio-Qualität zu erhalten. Käsetheken gut geführter Naturkostläden stellen manches Delikatesgeschäft in den Schatten.

Nicht alle Käse stammen von Hofkäsereien, sondern aus Genossenschaften. Der große Aufwand bei der Käseherstellung läßt viele Bio-Bauern lieber den Weg zu einer großen Kooperative suchen, von denen manche die Verarbeitung von biologischer Milch eingeführt haben und für getrennte Reifung sorgen. Es haben sich auch Betriebe entwickelt, die den Bio-Bauern die nicht selten sehr aufwendige Reifung abnehmen. Diese Betriebe können dann spezielle Sorten in größerer Stückzahl liefern. Deshalb sind Gouda und Tilsiter, Emmentaler und Comté, Camembert und Brie, Roquefort und Manchego, Pecorino und Pencarreg im Naturkosthandel präsent. Viele Bio-Hofkäsereien erzeugen nur kleine Mengen an Käse, der oft nur im Direktverkauf oder in regionalen Läden erhältlich ist. Zum Glück wächst die Zahl der Käsekenner mit der richtigen Nase für gute Adressen.

Hintergrund: Solch ein prächtiges Hartkäserad mit seiner schönen Rinde macht Appetit – auch auf die anderen unzähligen Käsevariationen.

**Generelle Fettstufen für alle Käsesorten nach Fettgehalt in der Trockenmasse in Prozent**

| Fettstufe | Fett i. Tr. | | |
|---|---|---|---|
| Mager | 0 | – | 9,9 % |
| Viertelfett | 10 | – | 19,9 % |
| Halbfett | 20 | – | 29,9 % |
| Dreiviertelfett | 30 | – | 39,9 % |
| Fett | 40 | – | 44,9 % |
| Vollfett | 45 | – | 49,9 % |
| Rahm | 50 | – | 59 % |
| Doppelrahm | 60 | – | 85 % |

Anmerkung: Nach Abzug des Wasseranteils vom Gesamtgewicht eines Käses erhält man die Trockenmasse.

**Wo Schnittkäse entsteht**

# In der Bio-Hofkäserei

Die ökologische Herstellung von Käse nimmt den kürzesten Weg. Die frischgemolkene Milch kommt in die eigene Hofkäserei. Für Frisch- oder Sauermilchkäse verläßt man sich auf das natürliche Dickwerden der Milch oder fügt selbstgezogene Milchsäurebakterien zu. Bei Weich-, halbfestem oder festem Schnitt- und Hartkäse wird für die Dicklegung hauptsächlich Lab eingesetzt.

Lab stammt aus Kälbermägen und enthält das Enzym Chymosin, das Milcheiweiß spaltet. Heute greift man häufig zu mikrobiellem Lab, dessen gerinnungs- und eiweißabbauende Enzyme im Labor gezüchtet werden. In einigen Ländern verwendet man bereits Lab, das von gentechnisch veränderten Bakterien stammt. Bio-Käsereien lehnen dessen Gebrauch entschieden ab.

Die Hofkäsereien legen Wert darauf, die Keimflora der Rohmilch zu erhalten. Deshalb wird die Milch nicht auf die sonst üblichen vier Grad Celsius gekühlt – eine Temperatur, die Milchsäurebakterien noch intensiver als andere Arten hemmt – und nicht pasteurisiert. Für die Labzugabe erwärmt man die Rohmilch auf etwa 32 Grad Celsius. Das äußerst wirksame Enzym – nur wenige Tropfen reichen für Dutzende von Litern Milch aus – vollbringt seine Aufgabe in kurzer Zeit. Bereits nach 30 bis 60 Minuten ist die Milch dickgelegt.

Daß dieser Vorgang so einfach funktioniert, liegt am Caseingehalt der Milch. Ihr Eiweiß besteht – im Fall von Kuhmilch – zu vier Fünfteln aus Caseinen und zu einem Fünftel aus Molkenproteinen. Durch die Wirkung des Labs (und/oder der Milchsäurebakterien) gerinnt das Casein und fällt aus. Es bildet sich der gallertartige Käsebruch, während die Molkenproteine Albumin und Globulin in der Molke bleiben.

Die Gallerte, auch Dickete genannt, wird von der Molke getrennt, indem sie in Würfel geschnitten wird. Dieser Vorgang entscheidet über die Käseart, die man erhält:

- Je größer die zerteilten Stücke sind, desto mehr Molke verbleibt im Käseteig und desto weicher ist die Beschaffenheit des Käses.
- Je kleiner man die Würfel schneidet, desto mehr Molke läuft ab und desto härter wird der Käse.
- Je gleichmäßiger die Gallerte zerteilt wird, desto gleichmäßiger gelingt der Käseteig.

Bei festem Schnitt- und bei Hartkäse sind die Würfel nur 0,5 bis 1 Zentimeter groß und werden mit der Käseharfe zerteilt. In Hofkäsereien wird dieser Vorgang per Hand durchgeführt.

Der Bruch benötigt Zeit sich abzusetzen, die Molke um abzulaufen. Bei nicht erhitztem Schnittkäse geht man oft stufenweise vor: Die Gallerte wird zunächst in größere Stücke geschnitten, anschließend beschwert und stehengelassen, damit sich die erste Molke trennt. Danach wird der Bruch in kleinere Stücke geteilt, eventuell schon jetzt gesalzen und mit einem Tuch aus dem Kessel gehoben. Traditionell wird ein Tuch unter dem Käsebruch durchgezogen und über ihm zusammengehalten. Beim Hochheben des Tuchs samt Bruch läuft die Molke optimal ab.

Der Käseteig wird in eine Form gedrückt, anschließend – etwa 24 oder 48 Stunden – gepreßt und während dieser Zeit mehrmals gewendet. Meist erfolgt erst jetzt das Salzen, wobei feste Schnitt- und Hartkäse zur Härtung ihrer äußersten Schicht in ein Salzbad gelegt werden. Salz ist nicht nur für die Konservierung wichtig – zu wenig gesalzener Käse entwickelt keinen Geschmack.

Während der Reifung, die Wochen und Monate dauern kann, werden die Käse regelmäßig gewendet und mit Salz abgerieben, damit sich ihre Rinde ausbildet und der Teig gleichmäßig reift. Die Atmosphäre – Temperatur und Luftfeuchtigkeit – in den Reifekellern beeinflußt die weitere Entwicklung des Käses. Mit zunehmendem Alter wird sein Farbton dunkler, verstärken sich seine Aromen, wird sein Eiweißgehalt immer besser verdaulich – der Gipfel seiner Qualität ist erreicht.

Für Schnittkäse wurde die Rohmilch auf 32 Grad Celsius erwärmt und ihr einige Tropfen Lab zugegeben. Das Ferment läßt die Milch innerhalb kurzer Zeit gerinnen.

Die Gallerte wurde in kleine Stücke zerteilt, so daß der größte Teil der Molke abfließen konnte. Jetzt wird ein Tuch dreieckförmig gefaltet und an drei Seiten gehalten.

Nachdem die Käsemeisterin das Tuch über die Oberfläche des Bruchs gebreitet hat, zieht sie geschickt die Enden unter der Käsemasse hindurch.

Der Bruch kann nun aus dem Kessel gehoben und mit Hilfe des Tuchs kräftig ausgepreßt werden, damit möglichst viel der verbliebenen Molke abfließt.

Der verhältnismäßig trockene Käseteig wird gut in eine hölzerne Form hineingedrückt und seine Oberfläche geglättet.

Die gespannte Form kommt für ein bis zwei Tage in eine Presse und wird während dieser Zeit mehrmals gewendet. Danach wird die Rinde mit Salz abgebürstet (rechts).

# Weichkäse-geburt

Der Camembert ist der berühmteste Vertreter der Weichkäse. Als seine »Erfinderin« gilt die Bäuerin Marie Harel aus dem Dorf Camembert in der Normandie. Während der Französischen Revolution versteckte sie auf ihrem Hof einen Priester aus dem Brie-Gebiet, der ihr seine Kenntnisse der Käseherstellung verriet. Madame Harel formte halbpfundschwere Taler, denen sie drei Wochen Zeit ließ, um sich in den feuchten Kellern mit der natürlichen weißen Schimmelflora überziehen zu lassen. Es entstand ein besonders delikater Käse mit sattgelbem Teig und prägnantem Aroma.

Die Camembert-Herstellung hat inzwischen europaweit Schule gemacht, natürlich auch in ökologischen Käsereien. Die Reifezeit von drei Wochen, die ein sehr intensives Aroma bewirkt, wird allerdings nur noch in Ausnahmefällen eingehalten. Statt dessen wird er – etwas jünger – mit blütenweißem Flaum und in Talern von 80 bis 400 Gramm Gewicht angeboten.

Wie ein Camembert entsteht:

5.30 Uhr Die frische und nur gefilterte Milch wird auf 34 Grad Celsius erwärmt – die ideale Temperatur, um ihr eine Dosis Käsereikultur, den Säurewecker, zuzufügen. Dieser von jeder Hofkäserei gehegte und gepflegte eigene Stamm von Milchsäure-Bakterien kann mit dem Sauerteigansatz beim Brot verglichen werden. Er regt einen Säuerungsprozeß an, der sich kontinuierlich und kräftig während der gesamten Käseherstellung fortsetzt. Ohne den resultierenden sauren Zustand des Teigs könnte es zu Fehlern bei der Reifung kommen.

6.15 Uhr Kälberlab wird zugefügt. Zugleich wird eine für Camembert spezifische Schimmelkultur in die Milch gegeben. Sie sorgt dafür, daß sich später auf dem Käse der erwünschte Weißschimmel und kein ungewollter Konkurrent breitmacht.

7.00 Uhr Die Milch ist geronnen und hat eine halbfeste Struktur angenommen. Mit der Käseharfe wird die Gallerte in gleichmäßig große Stücke zerteilt, die nicht größer als Walnüsse und nicht kleiner als Haselnüsse sein dürfen. Sofort beginnt Molke, aus dem Bruch auszutreten. Um ihre Absonderung zu fördern, wird der Bruch mehrmals umgerührt.

8.00 Uhr Der Bruch hat sich im Kessel gut gefestigt und – da er schwerer ist – in dessen unterem Teil abgesetzt. Auf ihm steht die Molke, die, so weit möglich, abgeschöpft wird. Dann rührt man Bruch und restliche Molke durch.

9.00 Uhr Der Bruch wird mit einer portionsgerechten Kelle aus dem Kessel geschöpft und in kleine durchlöcherte Formen gefüllt. Während nach und nach immer mehr Molke abtropft, gewinnt der Käseteig zunehmend an Festigkeit.

Mit Möhrensaft gefärbte halbfeste Schnittkäse – oft Möhrenlaibchen genannt – sind unter den Bio-Käsen zu einer gefragten Spezialität geworden.

Vom feinen Camembert bis zum festen Hartkäserad – das Sortiment einer ausgezeichnet arbeitenden Bio-Hofkäserei.

Um das Abtropfen zu unterstützen, werden die Formen bis zum Nachmittag fünf- bis sechsmal gewendet.

17.00 Uhr Die Käse werden in ein Salzbad gelegt, das aus einer 17prozentigen Salzlösung besteht. Das Salz hat – neben der Geschmacksbildung – einen konservierenden Einfluß. Wie die Säuerung hält der Salzgehalt die weitere Entwicklung des Käses unter Kontrolle, so daß er nicht verdirbt, sondern statt dessen die eigentlichen Reifungsprozesse einsetzen. In ihrem Verlauf stellen sich sämtliche angestrebten Eigenschaften des Käses ein.

18.30 Uhr Die Käse werden aus dem Salzbad herausgenommen und ruhen über Nacht.

Am nächsten Morgen gelangen sie in den Reifungsraum, dessen Temperatur 16 bis 17 Grad Celsius und dessen Luftfeuchtigkeit 85 Prozent betragen. Täglich werden sie gewendet. Nach vier bis fünf Tagen hat sich der Camembert-Schimmel entfaltet und die kleinen Laibe mit einem feinen, weißen Flaum überzogen, dem man weitere ein bis zwei Tage gewährt, sich zu festigen. Nachdem die Käse eingepackt wurden, ziehen sie für etwa eine Woche in einen kühleren Keller um. Dort setzt sich die Reifung der Käselaibe fort, die bei Weichkäse von außen nach innen erfolgt. Nach knapp 14 Tagen hat der Camembert die gewünschte Konsistenz und den angestrebten Geschmack erlangt und kommt in den Handel.

## Käsefamilien auf einen Blick

**Frischkäse**
Dicklegung: nach Pasteurisierung Säuerung durch Sauer- oder Buttermilch, eventuell wenig Lab
Reifung: keine
Reifezeit: keine
Fett i.Tr..: alle Fettstufen
Wassergehalt in der fettfreien Käsemasse: mehr als 73 %
Sorten: Speisequark, Schichtkäse, Rahmfrischkäse, Mascarpone

**Weichkäse**
Dicklegung: wenig Säurewecker und Lab
Reifung: Entwicklung von Weißschimmel oder Rotschmiere durch spezielle Pilzkulturen
Reifezeit: 1–4 Wochen
Fett i.Tr.: 38–52 %
Wassergehalt in der fettfreien Käsemasse: mehr als 67 %
Sorten: Camembert, Brie, Saint-Marcellin, Munster, Herve, Romadur, verschiedene Ziegen- und Schafmilchkäse und andere

**Sauermilchkäse**
Dicklegung: Säurewecker und Lab, nur Magermilch
Reifung: durch verschiedene Schimmelkulturen, aber Gelbschmierebakterien überwiegen
Reifezeit: 1–3 Wochen
Fett i.Tr.: weniger als 15 %
Wassergehalt in der fettfreien Käsemasse: 60–73 %
Sorten: Harzer-Käse, Bauern-Handkäse und andere

**Halbfester Schnittkäse**
Dicklegung: nur durch Lab oder auch mit Säurewecker
Reifung: entweder natürliche Rindenbildung oder durch unterschiedlichste Schimmelkulturen, auch Blauschimmel wie *penicillium roqueforti*
Reifezeit: sehr unterschiedlich, wenige Wochen, oft 3–4 Monate, aber auch bis zu 2 Jahren
Fett i.Tr..: etwa 45–55 %
Wassergehalt in der fettfreien Käsemasse: 61–69 %
Sorten: Caciotta, Reblochon, Saint-Nectaire, Roquefort und andere Edelschimmelkäse, Butterkäse und andere

**Fester Schnittkäse**
Dicklegung: nur durch Lab oder auch mit Säurewecker
Reifung: natürliche Rindenbildung
Reifezeit: von 4 Wochen bis über 1 Jahr
Fett i.Tr..: etwa 48–60 %
Wassergehalt in der fettfreien Käsemasse: 54–63 %
Sorten: Edamer, Gouda, Tilsiter, Havarti, Tomme de Savoie, Brebis und andere

**Hartkäse**
Dicklegung: nur durch Lab oder auch mit Säurewecker
Reifung: zunächst Erhitzen des Bruchs auf 52 °C, dann nach Pressung natürliche Rindenbildung
Reifezeit: 3 Monate bis zu 2 Jahren
Fett i.Tr..: um 60 %
Wassergehalt in der fettfreien Käsemasse: bis 56 %
Sorten: Bergkäse, Emmentaler, Greyerzer, Comté, Cheddar, Manchego, Pecorino, Parmigiano-Reggiano

Anmerkung: Die Angaben beziehen sich auf ökologisch hergestellte Käse. Es wurden nur die wesentlichsten Käsearten vorgestellt und Spezialkäse wie Feta, Filata oder Ricotta nicht berücksichtigt. In einigen Ländern werden beispielsweise Edelschimmel- oder Extrahartkäsen eigene Kategorien gegeben.

# Stutenmilch und Kumyß

Bereits in der Antike berichteten Homer, Hesiod und Herodot von Volksstämmen, die Stutenmilch genossen. Sie erzählten von den Skythen, einem über die Steppen Südrußlands ziehenden Reitervolk. Spätere Reitervölker wie Mongolen, Tartaren und Kirgisen verstanden sich ebenfalls darauf, Stuten zu melken und sich mit der Milch oder daraus gewonnenen Produkten wie einer trockenen Paste oder dem gegorenen Kumyß zu stärken. Die immer wieder bewiesene übermenschliche Ausdauer und Widerstandskraft jener Völker wurde auf dieses einzigartige Lebensmittel zurückgeführt. Ihm wurden zugleich verschiedene Heilwirkungen zugeschrieben, die Ärzte im Rußland des 19. Jahrhunderts gezielt anwandten. Am bemerkenswertesten waren die Erfolge bei einfacher Tuberkulose.

Obwohl es heute in Europa zahlreiche Pferdegestüte gibt, haben sich nur sehr wenige auf Stutenmilch spezialisiert. Zu den Rassen, die sich für die Milchproduktion eignen, gehören die Haflinger. Ihre Heimat liegt in den Sarntaler Alpen in Südtirol, wo sich die kleinen Tiere nur mit hoher Widerstandskraft, Genügsamkeit und Ausdauer behaupten konnten. Die fuchsfarbenen Gebirgspferde lassen sich gut melken, und die Zeit der Laktation kann im Vergleich zu anderen Rassen lange ausgedehnt werden. Sie werden im Freien gehalten und sind so robust und gesund, daß sie ihre Fohlen ohne Hilfe zur Welt bringen. Gefüttert werden sie mit biologisch angebauter Luzerne, einem Grundfutter aus Gras, Kleegras und Heu und etwas Hafer als Kraftfutter.

Nachts, wenn die Fohlen unter sich sind und getrennt von den Muttertieren schlafen, werden die Stuten gemolken. Der Melkvorgang erfordert hohes Geschick und einen einfühlsamen Umgang mit den Tieren. Die Stuten werden in den Melkstand geführt, der vom übrigen Stall getrennt ist. Nachdem ihre Euter mit Zellstoff gereinigt wurden, schließt man die Melkgeräte an. Das Euter liegt bei Stuten wesentlich geschützter und höher als bei Kühen. Deshalb kommt es sehr viel seltener zu Infektionen. Überdies ist die Melkperiode entschieden kürzer.

Der Umgang mit der Stutenmilch, die heute als Naturheilmittel eingesetzt wird, verlangt größte Sorgfalt und Hygiene. In der Milchkammer, die vom Stall völlig abgesondert ist, kommt die frische Stutenmilch ohne Filtrieren in ein Abfüllgerät. Aus dem Abfüllgerät fließt

Das Melkgeschirr ist speziell auf seine Verwendung bei Stuten abgestimmt.

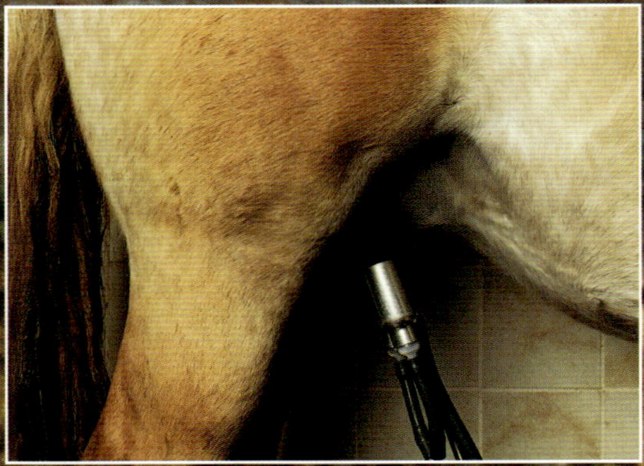

Nachts werden die Stuten in den Melkstand geführt und bei großer Stille gemolken.

Die frischgemolkene Milch wird sofort und ohne weitere Bearbeitung in das Abfüllgerät gegeben.

In diese verschweißten Spezialtüten abgefüllt ist das Naturheilmittel für den Sofortverzehr bestimmt

sie naturbelassen und genauestens abgemessen in Viertelliterbeutel aus Aluminiumfolie, die sofort verschweißt werden. Ist die Milch zum Sofortverzehr innerhalb von zwei Tagen bestimmt, wird sie auf etwa vier Grad Celsius gekühlt. Um sie länger haltbar zu machen, gibt es drei unterschiedliche Methoden: Beim Sprühtrocknungsverfahren ist eine Eingangstemperatur von 110 Grad Celsius notwendig, die das Milcheiweiß zwangsläufig denaturieren läßt. Beim Schockgefrieren auf –22 Grad Celsius und bei der Gefriertrocknung wird das Milcheiweiß nicht denaturiert. Die qualitativen Ergebnisse des Gefrierens sind der Trocknung leicht überlegen. Das getrocknete Granulat läßt sich aber leichter aufbewahren und transportieren. Bei beiden Verfahren bleiben die wichtigen Inhaltsstoffe weitgehend erhalten.

Die Zusammensetzung der Stutenmilch ähnelt am stärksten der Muttermilch (s. S. 78). Der geringe Fettgehalt der Stutenmilch enthält sechsmal mehr essentielle mehrfach ungesättigte Fettsäuren als Kuhmilch. Das Eiweiß der Kuhmilch besteht überwiegend aus Caseinen, das der Stutenmilch dagegen aus fast so vielen wertvollen Molkenproteinen wie Frauenmilch. Der Anteil des besonders gut aufzunehmenden Milchzuckers (Lactose) ist bei der Muttermilch am höchsten. An der zweiten Stelle folgt – vor allen anderen Milchsorten – die Stutenmilch. Außerdem enthält sie viele Mineralstoffe, Spurenelemente, wichtige Fermente und wasserlösliche Vitamine, darunter vor allem reichlich Vitamin C.

Die ungewöhnlich stärkende, nährende und die Durchblutung fördernde Wirkung der Stutenmilch nützt – bei hoher Verträglichkeit – vor allem Kranken, deren Organismus besonders geschwächt ist. Die Milch verhilft dem menschlichen Körper nach schweren Erkrankungen oder Operationen, bei Erschöpfung oder Infektionen zu neuer Kraft. Sogar dem Kräfteverfall und der Abmagerung bei Krebs kann sie entgegenwirken. Eine Stutenmilchkur kann heilend und aufbauend wirken.

Ein Produkt der Stutenmilch ist Kumyß. Ähnlich wie bei der Herstellung von Kefir (s. S. 87) verwandeln Milchsäurebakterien und Hefen Stutenmilch in ein prickelndes, schäumendes und erfrischendes Getränk mit 0,5 bis 3 Prozent Alkohol. Bei der Gärung entstehen weitere Vitamine und Enzyme, die den Stoffwechsel positiv anregen. So lindert Kumyß, auch wegen seiner natürlichen antibiotischen Wirkung, Beschwerden im Magen-Darm-Bereich und fördert eine gesunde Darmflora.

Je nach Säure- und Alkoholgrad wird er als schwacher, mittlerer und starker Kumyß angeboten und hält sich verschlossen und gekühlt sechs Wochen.

**Umgang mit Unbändigen**

# Ziegen-haltung

Eigenschaften wie Unbändigkeit, Eigensinn und Wildheit charakterisieren Ziegen, die historisch gesehen als die ersten Haustiere gelten – nur auf den ersten Blick ein Widerspruch. Selbst die ärmsten Familien konnten die genügsamen Ziegen halten, denn die Paarhufer brauchten kein aufwendiges Futter, keine saftigen Weiden. Heimisch und wohl fühlen sie sich vielmehr in unwegsamen, bergigen und trockenen Regionen, in einer Natur, in der die Nahrung nicht vor den eigenen Hufen wächst.

Auch die domestizierte Hausziege hat sich die Kletterlust der Wildziegen und Steinböcke bewahrt, und ihr sind Blätter von Sträuchern oder Bäumen und Kräuter lieber als Gras von der angesäten Wiese. Wo die Umgebung ihren natürlichen Vorlieben entgegenkommt, fühlen sich Ziegen besonders wohl.

Artgerechte Ziegenhaltung ist überall dort möglich, wo die Tiere in der Natur frei herumlaufen können. Sie sollten Möglichkeiten zum Klettern haben und steinigen Boden finden, auf dem sich ihre harten Hufe abwetzen. Wenn sie dann nach eigener Lust Wildgräser und Kräuter, Blüten, Blätter und Rinde zupfen können, bleiben sie kerngesund und ihre Milch und der daraus hergestellte Käse gewinnen an köstlicher Würze. Ihre Milch ist besonders bekömmlich für Kinder und Allergiker.

Das erste Haustier des Menschen, dem trokkene Kälte nichts ausmacht und das nur unter Nässe leidet, zieht noch immer die wilde Natur vor. Zwar findet sich so gut wie keine unberührte Natur mehr, aber weite Regionen, insbesondere Südeuropas – ob in Südfrankreich, Spanien, Portugal, den Balkanländern oder Griechenland – sind aus Ziegenperspektive unverändert ideal. In den nördlicheren Ländern bieten vor allem bergige Landschaften den Ziegen beste Lebensräume. Sind die äußeren Bedingungen für die Ziegenhaltung nicht so optimal, muß entsprechend nachgeholfen und für ausreichend Bewegung gesorgt werden.

Da Ziegen kein hochwertiges Bauernland brauchen und weniger Platz als Kühe einnehmen, ermöglichten sie vielen Seiteneinsteigern in die ökologische Landwirtschaft die Milchtierhaltung. Die Bio-Bauern brachten dem Charakter der Tiere oft mehr Verständnis entgegen. Deshalb gibt es wieder vermehrt Ziegen mit Hörnern. Wenn der Stall groß genug ist und die Freß- von den Liegeplätzen getrennt sind, bringen die Hörner und die damit verbundene Verletzungsgefahr keine Probleme mit sich. Offensichtlich fühlen sich Ziegen mit ihrem natürlichen Kopfschmuck sogar wohler, und statt Zwitter zu gebären, ist der Nachwuchs fruchtbar und gesünder.

In den kargen Landschaften Südeuropas – wie hier im Bergland Andalusiens – sind Ziegen Relikte eines traditionellen naturbezogenen Hirtendaseins.

**Milch und Käse von der Ziege**

# Ziegenkäse

Nachdem die Ziege geworfen hat, erzeugt sie in den ersten fünf bis sechs Tagen die Kolostrum genannte Erstmilch, die Immunstoffe für den Nachwuchs enthält und sich nicht für den menschlichen Genuß eignet. Danach steigt die Milchproduktion steil an, um nach einem Monat ihren Höhepunkt zu erreichen. Von da an nimmt die Milchmenge kontinuierlich ab. Nach neun Monaten, bevor die Ziegen erneut gedeckt werden, endet die Melkperiode.

Der Fettgehalt der Milch ist während dieser neun Monate relativ konstant. Im Frühjahr, von April bis Anfang Juli, wenn das Gras besonders reichhaltig ist, erhöht er sich leicht. Nur im letzten Monat steigt er deutlich an. Ziegenmilch enthält durchschnittlich zwischen 3,5 und 4,5 Prozent Fett. Somit ist ihr Fettgehalt etwas höher als der von Kuhmilch. Schafmilch ist mit über sechs Prozent Fett am reichhaltigsten.

Die wichtigste Voraussetzung für einen hohen Milchfettgehalt ist gesundes Futter, wie Ziegen es in der freien Natur auf Wiesen, Weiden, Berghängen oder in der Wildheide finden. Zugleich überträgt sich die aromatische Vielfalt der gefressenen Pflanzen auf die Milch und verleiht auch dem Ziegenkäse einen ausgeprägten Geschmack.

Der für die Käseherstellung entscheidende Bestandteil der Milch ist der Trockenextrakt, der nur zehn bis zwölf Prozent ausmacht, denn knapp 90 Prozent ist Wasser. Ein Liter Ziegenmilch enthält durchschnittlich 40 bis 50 Gramm Milchzucker, 28 bis 35 Gramm Casein, 35 bis 45 Gramm Fett sowie 7 bis 9 Gramm Mineralsalze, darunter auch Vitamine, Enzyme und Spurenelemente. Im Durchschnitt ergeben 100 Liter Milch 11 Kilogramm Ziegenkäse.

Die Qualität der Milch ist die Grundlage für die des Käses. Der von Bio-Hofkäsereien stammende Ziegenkäse wird aus frischgemolkener, weder pasteurisierter noch anderweitig manipulierter oder länger gelagerter Rohmilch gewonnen. Die Herstellung von Ziegenkäse in französischem Stil beginnt mit dem Filtrieren der Milch, indem sie durch ein Musselintuch gegossen wird. Um sie zum Gerinnen zu bringen, vertraut man zum größeren Teil auf die natürlichen Bakterien, die sich in der Luft befinden. Sie verwandeln den Milchzucker in Milchsäure.

Um den Gerinnungsprozeß zu beschleunigen, wird Lab hinzugefügt, und zwar im Verhältnis von 10 Milliliter auf 100 Liter. Gibt man es zu frischgemolkener Milch, muß man im Sommer nur darauf warten, daß sie auf etwa 20 Grad Celsius abkühlt.

Damit der sogenannte Käsebruch die richtige Konsistenz erhält, läßt man ihn 24 Stunden stehen. Der Bruch wird nun aus dem Kessel mit einer Kelle in Formen mit durchlöchertem Boden geschöpft, damit die Molke abtropfen kann. 15 bis 36 Stunden trocknet die Käsemasse in den Formen. Dieser Vorgang kann beschleunigt werden, indem man die Formen einmal oder mehrere Male wendet.

Danach wird der Käse aus der Form genommen, gesalzen und für ein bis drei Tage an der Luft getrocknet. Anschließend folgt die Affinage, die Reifung des Käses, in einem kühlen und feuchten Keller. Ziegenkäse reift selten länger als zehn Tage. Von der Reifedauer hängt das Aussehen des Käses und die Intensität seines Geschmacks ab. Je länger er reift, desto härter, trockener und schärfer wird er.

Ziegenkäse ist häufig in Form von Talern erhältlich. Er kommt aber auch als Pyramide, Rolle oder Zylinder daher. Einige Sorten sind mit gepulverter Holzkohle überzogen, andere mit Kräutern oder Gewürzen. Wieder andere werden mit Weinblättern umhüllt.

Nachdem Säurebakterien und etwas Lab die Milch zum Gerinnen gebracht haben, wird die Gallerte mit der Käseharfe zerteilt.

Der Bruch setzt sich unten im Kessel ab. Die darüber stehende Molke wird mit einem Schlauch durch ein Sieb abgesogen.

Mit Hilfe der Schufe wird der Bruch gedreht, gewendet und aus dem Kessel geschöpft.

Der Käsebruch wird nun in den Fülltrichter gegeben, aus dem er in die Formen gelangt.

Auf diese Weise erhält jede Form eine gleichmäßig große Portion Bruch für Käse von 125 Gramm Gewicht.

Mit Hilfe von Wendeblechen werden die Formen acht- bis zehnmal gedreht, um den Molkeaustritt zu fördern.

Um Käseblöcke zu erhalten, die für Feta in Lake eingelegt werden, gibt man den Bruch in eine ausgekleidete Form.

Die Wendebleche helfen auch dabei, die Molke abtropfen zu lassen. Der Käse erhält seine Festigkeit und Struktur.

Leckere naturbelassene oder speziell gewürzte Ziegenkäse. Im Uhrzeigersinn von rechts oben: Walnußkäse, mit Heuhalmen parfümierter Käse, roter Paprika- und Pfefferkäse, ein ganz frischer und ein gereifter »nature«; in der Mitte ein mit Asche bestäubter »cendré«.

## Zubereitungen mit Ziegenkäse

### Forellen-Ziegenkäse-Pastete
(Abbildung unten)

- *3 feingehackte Schalotten*
- *3 EL Olivenöl*
- *250 g geräuchertes Forellenfilet*
- *250 g Ziegenfrischkäse*
- *125 g sahniger Frischkäse*
- *80 g Butter*
- *1 TL Zitronensaft*
- *Einige Spritzer Tabasco*
- *2 EL gehackte Petersilie*
- *Einige Blättchen von glatter Petersilie*
- *Hauchdünne Zitronenscheiben*
- *Vollkorntoast*

Die Schalotten in dem Olivenöl dünsten, bis sie glasig sind. 2 EL Wasser zugeben, aufkochen und abkühlen lassen. Alle Zutaten bis auf Petersilienblättchen, Zitronenscheiben und Vollkorntoast in einen Mixer geben und auf mittlerer Stufe zu einer homogenen Creme aufschlagen. Die Forellen-Käse-Masse in eine mit Öl eingefettete Form geben und 2 Stunden kalt stellen.
Die Pastete stürzen und mit Petersilienblättchen sowie Zitronenscheiben garnieren. Dazu paßt leicht gebräunter Vollkorntoast.

### Marinierter Ziegenkäse
(Abbildung unten)

- *4 Knoblauchzehen*
- *8 kleine feste Ziegenkäse*
- *4 Lorbeerblätter*
- *200 ml Weißwein*
- *200 ml Olivenöl*
- *1 TL Senf*
- *2 getrocknete Pfefferschoten*

Die Knoblauchzehen schälen und vierteln, mit dem Ziegenkäse und den halbierten Lorbeerblättern in ein Glas schichten. Weißwein, Olivenöl, Senf und gehackte Pfefferschoten mit dem Mixer aufschlagen. Die Marinade über den Käse gießen, so daß der Käse vollständig bedeckt ist. Mindestens 1 Woche an einem kühlen und dunklen Ort ziehen lassen.
Im Kühlschrank, wo er nur sehr langsam nachreift, hält sich der Käse bis zu 6 Wochen.
Der Käse schmeckt vorzüglich mit einer Scheibe Bauernbrot. Er kann auch kurz gegrillt und mit einem gemischten, mit Weinessig und Olivenöl angemachten Blattsalat serviert werden.

Marinierter Ziegenkäse

Forellen-Ziegenkäse-Pastete

Marinierter Ziegenkäse gegrillt auf Vollkorntoast

## Paprikastreifen mit Ziegenkäsecreme

*Je 1 rote, grüne und gelbe Paprikaschote*
*250 g Ziegenfrischkäse*
*100 g Roquefort*
*3–4 EL süße Sahne*
*Schwarzer Pfeffer*

Die Paprikaschoten waschen, entkernen und in feine Längsstreifen schneiden.
Ziegenkäse und Roquefort mit so viel Sahne verrühren, bis eine homogene Creme entsteht. Dann mit grobgemahlenem Pfeffer abschmecken.
Die Käsecreme auf die Mitte eines großen Tellers geben und mit den Paprikastreifen anrichten.

## Herzhafte Ziegenkäsekugeln

*250 g Ziegenfrischkäse*
*Meersalz, schwarzer Pfeffer*
*1 TL edelsüßer Paprika*
*1 TL Mohn*
*1 TL Sesamsamen*
*2 EL feingehackter Dill*
*2 EL feingehackter Schnittlauch*
*2 EL feingehackter Rucola*
*2 EL feingehackte Petersilie*

Den Ziegenkäse mit Salz und Pfeffer abschmecken und zu kleinen Kügelchen formen. Dann in den verschiedenen Gewürzen und/oder Kräutern wälzen.
Mit Zahnstochern zum Aperitif reichen.

## Grüner Ziegenkäse

*10 Sellerieherzblätter*
*1 Bund glatte Petersilie*
*1 Bund Basilikum*
*4 Knoblauchzehen*
*4 EL Olivenöl*
*500 g Ziegenfrischkäse*
*1 EL Zitronensaft*
*Meersalz*
*Weißer Pfeffer*
*Staudensellerie mit Grün*

Sellerieblätter, Petersilie, Basilikum und Knoblauch sehr fein hacken. Die gehackten Kräuter und das Olivenöl mit dem Ziegenfrischkäse verrühren. Mit Zitronensaft, Salz und Pfeffer abschmecken.
Den Käse in eine mit Öl eingefettete Form geben und gut 1 Stunde kalt stellen. Die Käsemischung stürzen und mit Sellerieblättchen garnieren.
Dazu Staudensellerie zum Dippen reichen.

## Gegrillter Ziegenkäse

(Abbildung unten links)

*1 Scheibe helles Brot*
*2 gehackte Knoblauchzehen*
*7 EL Olivenöl*
*1 Kopf Salat*
*2 EL Rotweinessig*
*Meersalz*
*Schwarzer Pfeffer*
*4 junge feste kleine Ziegenkäse*

Das Brot in kleine Würfel schneiden und mit dem Knoblauch in 1 EL Olivenöl anrösten.
Den Salat waschen, abtropfen lassen, kleinzupfen und auf vier Tellern verteilen. Aus dem restlichen Öl, Essig, Salz und grobgemahlenem Pfeffer eine Vinaigrette rühren.
Die Ziegenkäse in eine feuerfeste Form geben und so lange grillen, bis sie auf der Oberfläche leicht zu bräunen beginnen. Vorsichtig aus der Form heben und auf den Salat setzen.
Mit den Brotkrumen bestreuen und mit der Vinaigrette übergießen. Sofort servieren.

Gegrillter Ziegenkäse

# Schafskäse

Einige der köstlichsten Käse werden aus Schafmilch hergestellt, wie zum Beispiel der französische Roquefort, der italienische Pecorino oder der griechische Feta. Die sahnige Schafmilch – sie enthält bis zu doppelt so viel Fett wie Kuhmilch – eignet sich besonders gut zum Käsemachen. Auch an Eiweiß ist sie entschieden reicher als Kuhmilch. Das sehr leicht verträgliche Eiweiß besteht zum allergrößten Teil aus Caseinen. Es flockt schnell aus und gibt einen verhältnismäßig hohen Ertrag.

An den drei genannten und international bekannten Käsebeispielen fällt einerseits auf, daß alle drei aus heißen und trockenen Regionen stammen, andererseits jeder Käse einer anderen Käsekategorie angehört: Der Roquefort ist ein halbfester Edelschimmelkäse, der Pecorino, dessen Bruch gekocht wird, gehört zur Hartkäsegruppe und beim Feta handelt es sich um einen Frischkäse, der gepreßt und in Salzlake eingelegt wird.

Auch viele andere Käsespezialitäten basieren auf Schafmilch. Eine Sonderrolle nimmt darunter der aus Molke gewonnene Ricotta ein. Durch langes Kochen sondern sich die Molkenproteine ab. Es entsteht – nach der äußeren Konsistenz – eine Art Frischkäse mit leicht säuerlichem Milchgeschmack. Während er im Norden Italiens aus Kuhmolke hergestellt wird, gewinnt man ihn im Süden, auf Sizilien und auf Sardinien, woher auch die berühmten Pecorini stammen, aus Schafmolke.

Die großen Milchschafregionen finden sich insbesondere in kargen und trockenen Gegenden – dort, wo die Futterverhältnisse für eine Kuhhaltung nicht ausreichen. Häufig ziehen Hirten mit ihren genügsamen Schafherden auf traditionelle Weise umher oder sie treiben die Tiere im Sommer auf die Almen der Hochgebirgslagen. Zahlreiche der besten, von Hirten oder in kleinen Käsereien hergestellten Schafskäse sind deshalb von vornherein biologisch, und der Schritt zur ökologischen Anerkennung ist oft nur gering.

Nicht immer liegen die Weiden in unmittelbarer Nähe zum Hof. Bereitwillig folgen die Milchschafe dem Schäfer zum Melken zurück in den Stall.

## Schafskäse

| Sorten | Art | Charakter |
|---|---|---|
| **Agrino, Robiola, Niolo, Broccio, Brousse und andere Frischkäse** | Frischkäse; bei der Herstellung dominieren Milchsäurebakterien. | Cremig, leicht säuerlich, mit wenig Eigengeschmack, deshalb z.T. mit Pfeffer, Kräutern, Knoblauch gewürzt. |
| **Feta** | Frischkäse, dessen Bruch, meist gepreßt, zu Blöcken geformt wird. | Aufbewahrt in Molke mit Salzlauge; völlig weiß, fest, bröckelig, salzig, doch kaum säuerlich. |
| **Camembert-Stil, Pérail und andere Weichkäse** | Süßmilchkäse, dessen flaumige Außenschicht durch Weißschimmelkulturen entsteht. | Nach 3 Wochen Reife innen cremig mit zerlaufender Konsistenz; schmeckt nußig und nach Champignon; intensiver Geruch. |
| **Roquefort und andere Edelschimmelkäse** | Durch Lab geronnener, nicht gepreßter halbfester Käse in Zylinderform, mit Blauschimmel geimpft. | Leicht poröse, nur eben halbfeste Konsistenz, sehr heller Ton, vom Schimmel marmoriert; würziger pikanter Geschmack. |
| **Tom(m)e, Ossau-Iraty, Ardi gasna, Fiore sardo und andere halbfeste oder feste Schnittkäse** | Der Bruch wird gepreßt, aber nicht gekocht; natürliche Rinde durch Abreiben und 2–3 Monate Alterung. | Jüngerer Schnittkäse mit mildem, nussigem Aroma und nicht zu fester Rinde; wird durch weitere Alterung härter und trockener. |
| **Hartkäse wie Pecorino, Manchego, Kefalotiri, Kaskaval** | Der Bruch wird erneut erwärmt, dann (in Tuch gehüllt) gepreßt, gesalzen und über Monate unter Abreiben gealtert und gereift. | Feste Schnittkäse, die mit voranschreitender Alterung an ausgeprägten würzigen und zunehmend pikanten Aromen gewinnen. |

Dieser selbstkonstruierte Melkstand erweist sich als praktisch und hygienisch.

Frischkäse aus Schafmilch im Stil des Tessiner Agrino und des italienischen Robiola.

## Orotsäure

Dieser vitaminähnliche Stoff – früher Vitamin B13 genannt – hilft beim Aufbau des Eiweißes des Zellkerns und fördert somit das Zellwachstum. Orotsäure spielt auch im Eiweiß-Stoffwechsel eine Rolle, vor allem im Gehirn, und bewirkt eine Steigerung des Denk- und Erinnerungsvermögens. Da sie von den Leberzellen direkt aufgenommen werden kann, schützt und regeneriert sie diese.
Bei Säuglingen und Kleinkindern unterstützt sie den Aufbau einer gesunden Darmflora. Ihr Gehalt ist in Stuten- und Schafmilch entschieden höher als in Kuhmilch.

## Edelschimmelkäse

Zwei Faktoren prägen den südfranzösischen Roquefort: die würzige Schafmilch des Aveyrons, die mit ihrem hohen Fettgehalt dem Käse einen unvergleichlichen Schmelz gibt, und die Höhlen des Combalou-Gebirges, in denen sich der Schimmelpilz *penicillium roqueforti*, der für das pikante Aroma sorgt, bestens entfalten kann.
Aber auch anderswo treffen geeignete Bedingungen zusammen, wenn Schafmilch, Pilz und ein guter Keller vorhanden sind. Die Pilzkultur entsteht auf ganz natürliche Weise, wenn Roggenbrot schimmelt.
Die Milch wird meist gleich zu Beginn der Herstellung mit winzigen Pilzmengen geimpft. Nachdem die Milch durch Einlaben geronnen ist und der Bruch zerkleinert wurde, läßt man die Molke abtropfen, ohne den Bruch erneut zu erhitzen und zu pressen. Bevor die Käsemasse in die Formen gefüllt wird, erhält sie etwas Salz und – wenn nicht schon vorher geschehen, dann spätestens jetzt – eine Dosis des *penicillium roqueforti*.
Damit sich der Schimmelpilz im Käse ausbreiten kann, bedarf es einer besonderen Behandlung.
Ist der Käse nach einigen Tagen so fest geworden, daß man ihn aus der Form nehmen kann, wird jeder Laib mit Stahlnägeln mehrmals angestochen. Dadurch bilden sich Kanäle, durch die schimmelfördernder Sauerstoff in den Käse eindringen kann. Da die Käse oft außerdem eine nicht zu feste, leicht poröse Struktur aufweisen, findet der Schimmel viele Wege, den Käse zu durchsetzen und ihm sein feines Aroma zu verleihen. Allerdings müssen Käserei und Genießer Geduld aufbringen, nämlich drei bis vier Monate.

## Käseübersicht

### Weichkäse

**Rahmbrie**
Der hohe Fettgehalt von über 55 % i.Tr. sorgt für den cremig-milden Geschmack.

**Pfefferbrie**
Ganze Pfefferkörner verleihen dem Brie eine pikante Schärfe und ein markantes Aroma.

**Camembert**
Der berühmte normannische Klassiker mit dem weißen Edelschimmel ist am besten im Sommer und Herbst.

**Münsterkäse**
Der ursprünglich aus dem Elsaß stammende Käse erhält seine typische rötliche Flora durch häufiges Abreiben.

**Tortenbrie**
Der französische Weichkäse wird in flachen Torten mit weißem Flaum und gelblichem Teig angeboten.

**Limburger**
Der pikante Rotschmierekäse wird immer in viereckiger Form angeboten.

### Frischkäse

**Frischkäse mit Kräutern**
Feingehackte Kräuter sorgen für Aroma und Würze.

### Hartkäse

**Allgäuzeller**
Der halbfeste Käse mit nussigem Aroma wird nach Art des berühmten Appenzellers hergestellt.

**Pecorino**
Der aus Italien stammende gekochte Schafskäse eignet sich gut zum Reiben.

**Bergkäse**
Der typische Hartkäse wird in Alpentradition aus erhitztem Bruch hergestellt und dann gepreßt.

**Greyerzer**
Der Schweizer Klassiker hat einen sehr fruchtigen, gut gereiften Geschmack.

### Feta

**Schafskäse**
In Salzlauge eingelegter Blockkäse nach griechischer Art.

## Halbfester und fester Schnittkäse

**Bochshornkäse**
Das feine Kümmelaroma des Bockshornklees charakterisiert diesen schnittfesten Käse.

**Argentaler**
Der sanft schmeckende halbfeste Käse hat einen elastischen Teig und eine leicht rötliche Rinde.

**Schafsgouda**
Der aus Schafmilch gewonnene Holländer schmeckt mild und sehr dezent nach Haselnuß.

**Tomme d'Auvergne**
Der aus teilentrahmter und nicht erhitzter Milch hergestellte Käse stammt aus Frankreichs Vulkanregion.

**Junger Gouda mit Möhre**
Möhrensaft verleiht dem erhitzten und gepreßten Gouda den süßlichen Geschmack und die hellorange Farbe.

**Golosella piccola**
Dieser köstliche halbfeste Käse ist – wie der italienische Name besagt – etwas für die *goloso* genannten Schleckermäulchen.

**Ziegengouda**
Der helle und milde Gouda wird aus Ziegenmilch gewonnen und in eine kleine Form gepreßt.

**Tommette d'Yonne**
Der kleine, nicht erhitzte, aber gepreßte Kuhkäse stammt aus Nordburgund.

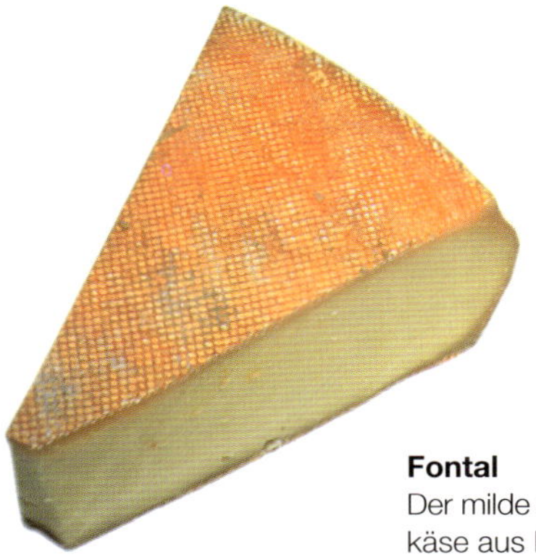

**Fontal**
Der milde norditalienische Schnittkäse aus Kuhmilch zeichnet sich durch seine gleichmäßige Schmelzfähigkeit aus.

**La Prima**
Der milde bis leicht pikante halbfeste Schafskäse stammt aus Italien.

## Blauschimmelkäse

Halbfester Käse im Roquefortstil mit dem pikanten Aroma des berühmten Edelschimmelpilzes.

**Danbø**
Der dänische Schnittkäse schmeckt buttrig und sehr mild.

## Käsegerichte

Das ebenso gesellige wie nahrhafte Käsefondue stammt aus der Schweiz. Man braucht dazu ein Caquelon, einen feuerfesten Stieltopf, und ein Rechaud, auf dem das vorbereitete Fondue sehr leise Blasen werfen kann.
Jeder Teilnehmer erhält kleingeschnittenes helles Brot. Mit Hilfe einer langstieligen Gabel taucht man einen Brotwürfel in den Käse und zieht ihn unter Drehen heraus, damit der Käse nicht tropft. Haben sich Knoblauchfreunde zusammengefunden, werden gerne mehrere ganze Zehen in den Topf gegeben, die im Käse lecker garen.
Nach einer Schweizer Sitte muß derjenige, dem ein Brotbröckchen in den Käse fällt, eine Runde Kirschwasser ausgeben. Der Schnaps hilft zugleich der Verdauung, denn ein Käsefondue ist ein nicht eben leichtes Essen. Es empfiehlt sich übrigens, heißen schwarzen Tee dazu zu trinken. Möglich, wenn auch nicht ganz so verträglich, ist auch ein trockener Weißwein. Ein ganz besonderer Leckerbissen kommt erst zum Schluß zum Vorschein: die auf dem Topfboden angesetzte köstliche Käsekruste.
Zum Überbacken von Speisen eignen sich besonders gut Hartkäse wie Emmentaler. Extrahartkäse wie Parmigiano oder Pecorino dienen als feine Würze – gerieben über Pasta und gehobelt über Salaten und Fleisch, insbesondere über Carpaccio. Blauschimmelkäse ergänzen ausgezeichnet Sahnesaucen.
Während das Käsefondue in die kältere Jahreszeit gehört, zeigen die anderen Rezepte, wie sommerlich, wie leicht und heiter Käsegerichte sein können.

Den Weißwein in das Caquelon geben. Die Knoblauchzehen zerdrücken und zufügen.

Milder Emmentaler und pikanter Greyerzer ergänzen sich ausgezeichnet.

Den Käse in möglichst feine Streifen schneiden und in den Topf geben. Langsam zum Kochen bringen.

In der Zwischenzeit die Stärke mit dem Kirschwasser verrühren.

Die angerührte Stärke unter ständigem Rühren nach und nach in die köchelnde Käsemischung geben.

Das Fondue zum Schluß mit Zitronensaft, Salz und Pfeffer abschmecken.

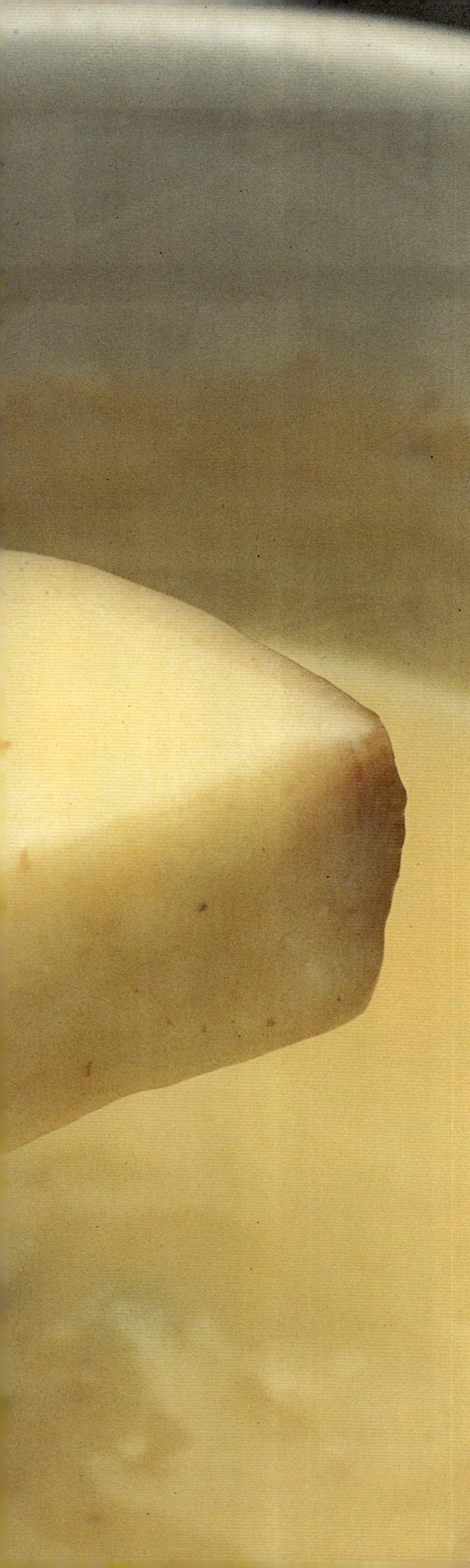

## Schweizer Käsefondue

*1 helles grobporiges Vollkornbrot*
*3 Knoblauchzehen*
*300 ml herber Weißwein*
*300 g Emmentaler*
*300 g Greyerzer*
*2 TL Speisestärke*
*50 ml Kirschwasser*
*Zitronensaft*
*Meersalz, weißer Pfeffer*

Das Brot in große, aber mundgerechte Würfel schneiden. Den Fonduetopf mit 1 Knoblauchzehe ausreiben. Den Weißwein, am besten einen Fendant aus ökologischem Anbau, in den Topf geben. Die restlichen Knoblauchzehen zerdrücken und zum Wein geben. Die beiden Käsesorten in dünne Scheiben schneiden und in den Topf geben. Wein und Käse unter Rühren langsam zum Kochen bringen. Die Stärke mit dem Kirschwasser anrühren und unter Rühren in den Topf geben. Mit Zitronensaft, Salz und Pfeffer abschmecken. Wenn die Käsemasse cremig-glatt ist und kleine Bläschen wirft, den Topf auf ein Rechaud setzen und auf den Tisch stellen.

## Griechischer Bauernsalat

*3 Fleischtomaten*
*1 Salatgurke*
*Je 1 grüne und gelbe Paprikaschote*
*1 große rote Zwiebel*
*1 EL feingehackter Oregano*
*200 g gewürfelter Feta*
*6 EL Olivenöl*
*2 EL Rotweinessig*
*Schwarzer Pfeffer*
*Meersalz nach Geschmack*
*100 g große violette Oliven*
*50 g milde Peperoni*

Die Gemüse waschen und abtrocknen. Die Tomaten achteln, die Salatgurke ungeschält in Würfel schneiden, die Paprikaschoten entkernen und in schmale Streifen schneiden, die Zwiebel schälen und in Ringe schneiden. Die Gemüse in eine Salatschüssel geben. Oregano und die Hälfte des Feta zufügen und untermischen.
Öl und Essig mit Pfeffer und wenig Salz sorgfältig verrühren. Über den Salat gießen, alles vorsichtig vermengen. Mit dem restlichen Feta bestreuen. Etwas schwarzen Pfeffer darübermahlen. Mit Oliven und Peperoni garnieren.

## Roquefort-Pastete

*1 Schalotte*
*2 Zweige Thymian*
*200 g Roquefort*
*200 g Crème fraîche*
*200 g Frischkäse*
*2 reife Williamsbirnen*
*Etwas Zitronensaft*
*3 EL Olivenöl*
*1 EL Aceto balsamico (Balsamessig)*
*Schwarzer Pfeffer, Meersalz*
*Einige Salatblätter*
*4 TL Preiselbeeren*

Die Schalotte und den Thymian fein hacken, den Roquefort mit einer Gabel zerdrücken und alles mit der Crème fraîche und dem Frischkäse vermischen. Die Käsemasse in 4 mit Öl eingefettete Förmchen füllen und mindestens 2 Stunden kalt stellen.
Die Birnen halbieren, das Kerngehäuse entfernen und fächerförmig aufschneiden. Sofort mit etwas Zitronensaft beträufeln. Aus Öl, Essig, Pfeffer und Salz eine Marinade herstellen und die Salatblätter – zum Beispiel Lollo Rosso – durch sie ziehen.
Den Salat auf Portionstellern anrichten. An den Rand jeweils einen Birnenfächer geben und die Preiselbeeren als Stiel dekorieren. Den Käse vorsichtig aus der Form gleiten lassen und in die Tellermitte setzen. Mit Vollkornbaguette servieren.

## Rucolasalat mit Mango und Mozzarella

*4 Mozzarella (à 150 g)*
*Je 1 rote und grüne Pfefferschote*
*7 EL Olivenöl*
*2 EL Aceto balsamico (Balsamessig)*
*150 g Rucola*
*1 reife Mango*
*1 Msp Senf*
*50 ml Gemüsebrühe*

Den Mozzarella jeweils in 4 Scheiben schneiden. Die Pfefferschoten entkernen und in Ringe schneiden. 4 EL Olivenöl mit 1 EL Essig mischen, zu den Pfefferschotenringen geben und über den Mozzarella gießen. Mindestens 30 Minuten ziehen lassen.
Die Stiele vom Rucola abschneiden, die Blätter waschen und trockenschleudern. Die Mango schälen und das Fruchtfleisch in dünnen Scheiben vom Stein schneiden. Aus dem restlichen Öl und Balsamico, dem Senf und der Gemüsebrühe eine Salatsauce schlagen, den Rucola darin kurz marinieren. Den Salat in einem Sieb abtropfen lassen und auf Portionstellern verteilen. Die Mangospalten auf dem Rucola anrichten. Jeweils 4 Scheiben Mozzarella darauf verteilen und mit der Marinade beträufeln.

## Mit Robiola gefüllte Paprikaschoten

*Je 100 g geputzte rote, grüne, gelbe Paprikaschoten*
*100 g Möhren*
*Schale von 1 kleinen Zucchini*
*1 zerdrückte Knoblauchzehe*
*1 EL feingehackte Petersilie*
*1 EL feingehackter Schnittlauch*
*400 g Robiola (ersatzweise Ziegenfrischkäse)*
*Je 1 rote und gelbe Paprikaschote*
*4 EL Olivenöl*
*1 TL Senf*
*Saft von 1 Zitrone*
*Schwarzer Pfeffer, Meersalz*
*200 g gemischter Salat*

Die geputzten Paprika, die Möhren und die Zucchinischale in sehr kleine Würfel schneiden. Karotten- und Zucchiniwürfel in kochendem Salzwasser 2 Minuten blanchieren, abschrecken und trockentupfen. Gemüse, Knoblauch und Kräuter mit dem Robiola mischen. Paprikaschoten waschen, halbieren, entkernen und trockentupfen. Die Käsemasse auf die 4 Paprikahälften verteilen.
Aus Öl, Senf, Zitronensaft, Pfeffer und Salz eine glatte Sauce rühren und unter den Salat mischen. Den Salat auf 4 Tellern verteilen und jeweils eine gefüllte Paprikahälfte in der Mitte anrichten.

Das Leben eines Ziegenkäses beginnt mit einem Liter Milch, die durch Säurebakterien und Lab gerinnt. Nachdem die Molke abgeflossen ist, kommt der Bruch in Förmchen.

Wird der Käse noch im Förmchen verkauft, gleicht seine Konsistenz Speisequark. Nach kurzer Trocknungszeit kann der blütenweiße und cremige Käse herausgenommen werden.

Der Geschmack von sehr frischem Ziegenkäse ist ausgesprochen mild. Der Käse zergeht förmlich auf der Zunge.

Die Veränderungen des Käses vollziehen sich kontinuierlich und schnell. Bereits nach zwei bis drei Tagen beginnt seine Farbe hellgelb zu werden.

Seine Außenschicht trocknet ein und wird, wie auch der Käseteig, etwas fester. Der noch milde Geschmack gewinnt an Aroma.

Nach vier bis fünf Tagen ist der Käse um fast ein Drittel geschrumpft. Nun hat er eine festere, aber noch saftige Konsistenz und ein ausgeprägteres Aroma.

Nach etwa einer Woche zeigt sich der in der Luft vorhandene natürliche Schimmel auf dem Käse und verleiht ihm – noch dezent – mehr aromatische Komplexität.

Nach zehn Tagen ist der Käse noch trockener geworden. Der inzwischen bläuliche Schimmel prägt seinen pikanteren Charakter.

Nach zwei Wochen hat der Schimmel eine Hülle gewoben. Im Inneren beginnt der trockene Käseteig zu reißen und Schärfe den Geschmack zu dominieren.

# Käse lagern

Käse ist ein natürliches Produkt, das mit Beginn seiner Herstellung bis zum Verzehr – Frischkäse ausgenommen – verschiedene Reifestadien durchläuft. Die Reifung gelingt nur optimal in Räumen oder Kellern, in denen die Temperatur und Luftfeuchtigkeit stimmen. Käse lagert man im allgemeinen an einem kühlen und dunklen Ort, wie im Gemüsefach des Kühlschranks. In der kälteren Jahreszeit, vorausgesetzt die Temperatur sinkt nicht zu stark ab, hält er sich ausgezeichnet im Freien unter einer Käseglocke oder besser noch in einem Fliegenschrank, zum Beispiel auf dem Balkon. Bei nicht zu kühler Lagerung reift Käse nach – je höher die Temperatur, desto schneller.

• Eine beschleunigte Reifung findet bei 15 bis 18 Grad Celsius statt.

• Die normale Reifung vollzieht sich bei 12 bis 15 Grad Celsius.

• Im Zeitlupentempo geht sie bei unter 12 Grad Celsius vonstatten. Die Temperatur sollte aber nie unter 4 Grad Celsius absinken, da sonst die Teigstruktur und die guten Käsebakterien beeinträchtigt würden.

• Die relative Luftfeuchtigkeit liegt zwischen idealen 85 und 95 Prozent.

Die Käse verhalten sich entsprechend ihrer Familien verschieden und benötigen unterschiedliche Pflege.

• Weichkäse werden meist in ihrem ersten Reifestadium angeboten, da es dem auf Milde und relative Festigkeit eingestellten Allgemeingeschmack entspricht. Außerdem gewährt es dem Handel eine gewisse Verkaufszeit. Weichkäse sollten in ihrer Originalverpackung gelagert werden. Mit etwas Übung kann man per Fingerdruck auf die Mitte den Reifegrad eines Weichkäses prüfen. Gibt der Käse nach, ist er reif, denn Weichkäse reift von außen nach innen. Die beste Reifung erfolgt bei 14 bis 15 Grad Celsius, bei 6 bis 8 Grad kann man den Weichkäse noch einige Tage lagern.

• Halbfeste Schnittkäse lassen sich in verschiedene Sorten unterteilen, die unterschiedliche Behandlung verdienen:

Den Charme der Butterkäse macht ihre fetthaltige Frische aus, sie sind nicht auf Reifung angelegt. Sie werden nur als kleine Stücke gekauft, die man in Pergamentpapier oder Frischhaltefolie gewickelt im Kühlschrank bei 10 bis 12 Grad Celsius lagert.

Rotschimmelkäse wie Reblochon muß man im Ganzen, entweder im Originalpapier oder in ein feuchtes sauberes Tuch gehüllt, am besten offen und luftig in einem feuchten Raum bei 12 bis 15 Grad Celsius nachreifen lassen.

Soll Blauschimmelkäse ohne Rinde nachreifen, lagert man ihn am besten im Ganzen und in der Originalverpackung oder große Stücke ganz in Alufolie eingeschlagen bei 12 Grad Celsius. Besser altern Käse mit Rindenansatz wie die Fourme d'Ambert.

Dank des Zuzugs von jungen Leuten aus dem Norden hat sich die Herstellung von biologischem Ziegenkäse in den französischen Pyrenäen etabliert.

Halbfeste Schnittkäse mit Rinde wie Saint-Nectaire reifen im Ganzen offen im feuchten Keller oder in ein Tuch eingeschlagen bei 12 bis 15 Grad Celsius mehrere Wochen gut nach. Sie müssen dabei regelmäßig gewendet werden. Stücke werden in einem feuchten Tuch aufbewahrt.

• Fester Schnittkäse in paraffinierter oder geölter Rinde ist im Ganzen bei bis zu 15 Grad Celsius einige Wochen haltbar, wobei er zunehmend trokkener wird. Käse mit natürlicher Rinde reifen als ganzer Laib offen oder in ein feuchtes Tuch eingeschlagen im Keller lange nach, müssen dabei regelmäßig mit Salzwasser abgebürstet und gewendet werden. In ein feuchtes Tuch eingeschlagene Stücke halten sich ebenfalls gut.

• Hartkäsestücke werden wie feste Schnittkäse gelagert. Extrahartkäse sollten in Frischhalte- oder Alufolie im Kühlschrank aufbewahrt werden.

Bei angeschnittenem Käse müssen die Schnittflächen mit Frischhaltefolie gegen Austrocknung geschützt werden. Käse sollten immer einzeln eingewickelt werden, verwendet man Tücher, müssen sie regelmäßig ausgewaschen werden.

Wenn sich der eigene Schimmel eines Käses ausbreitet, ist das ein gutes Zeichen und er kann getrost mitgegessen werden. Fremder schwärzlicher Schimmel hingegen ist gesundheitsgefährdend und muß beseitigt werden. Bläulicher Schimmel, der sich auf der Rinde von Schnitt- oder Hartkäse festgesetzt hat, wäscht man mit Salzwasser ab. Tritt er an den Schnittflächen auf, schneidet man ihn großzügig ab.

Die Feinschmecker streiten darüber, ob man die natürliche, mit Weiß-, Rot- oder Blauschimmel besetzte Rinde mitißt. Die einen halten sie für einen Hochgenuß, die anderen schneiden sie dünn ab. Wie dem auch sei, alle Käse müssen mindestens 30 Minuten vor dem Verzehr aus dem kühlen Keller oder dem Kühlschrank genommen werden, damit sie ihr volles Aroma entfalten können.

# Getränke

JF
LANDMASCHINEN
Josef Fischer

Hopfen ist eine der anfälligsten Kulturen und sein biologischer Anbau eine wahre Kunst.

Vorherige Doppelseite: Weinlese in der Pfalz - ein kleiner Hänger sorgt für heile Trauben und raschen Transport.

Der ursprünglichste aller Durstlöscher ist das Wasser, viele meinen: auch der gesündeste. Je nach der Quelle, der es entstammt, ergänzt und stützt Wasser den Mineralhaushalt des Organismus, und gerade im Rahmen der Naturkost weiß man seine wertvollen Qualitäten zu schätzen. Ein Lebensstil wie unserer, für den Gesundheit Ziel Nummer Eins geworden ist, verlangt nach einem natürlichen, reinen Getränk.

Allerdings müssen immer mehr Menschen zu hergestellten Mineralwässern greifen, weil das eigentliche Trinkwasser vielerorts kaum mehr trinkbar ist – eine Folge der Grundwasserbelastung durch Industrie und chemiegestützte Landwirtschaft. Ein Grundlebensmittel wird allmählich zu einem kostbaren, sogar teuren Gut.

Doch geht es bei Wasser und Saft, Bier und Wein, Kaffee und Tee nicht nur darum, den Durst zu stillen. Weit mehr als Essen ist Trinken mit einer ganzen Kultur des Genießens, der Geselligkeit und Besinnlichkeit verbunden. Tee gilt seit Jahrtausenden im Fernen Osten als Getränk der Weisen. Wiener, Berliner und Prager Kaffeehäuser wurden durch die literarischen Zirkel berühmt, die dort florierten. Und Wein prägte schon immer nicht allein die Landschaften, in denen er wächst, sondern auch die Lebensart, die Geschichte und die Mythen vieler Völker.

A propos Wein:

Er ist nicht nur ein erlesenes Rauschgetränk, sondern nebenher, in Maßen genossen, auch noch gesund. Die Wissenschaft belegt, daß seine Phenole anti-oxidativ und damit gegen Herz- und Kreislauferkrankungen und vermutlich gar gegen Krebs wirken. Gut und schön. Aber wie jedes andere Getränk auch, kann Wein nur so gesund sein wie die Rohstoffe sind, aus denen er gemacht wird.

Wo also sich immer mehr Spitzenwinzer in den renommiertesten (aber auch den bescheideneren) Anbaugebieten darauf besinnen, ihre köstlichen Tropfen wieder in Einklang mit der Natur zu erzeugen, kann man sich auch wieder ganz einfach nur dem Vergnügen überlassen, das dieses magische Getränk gewährt.

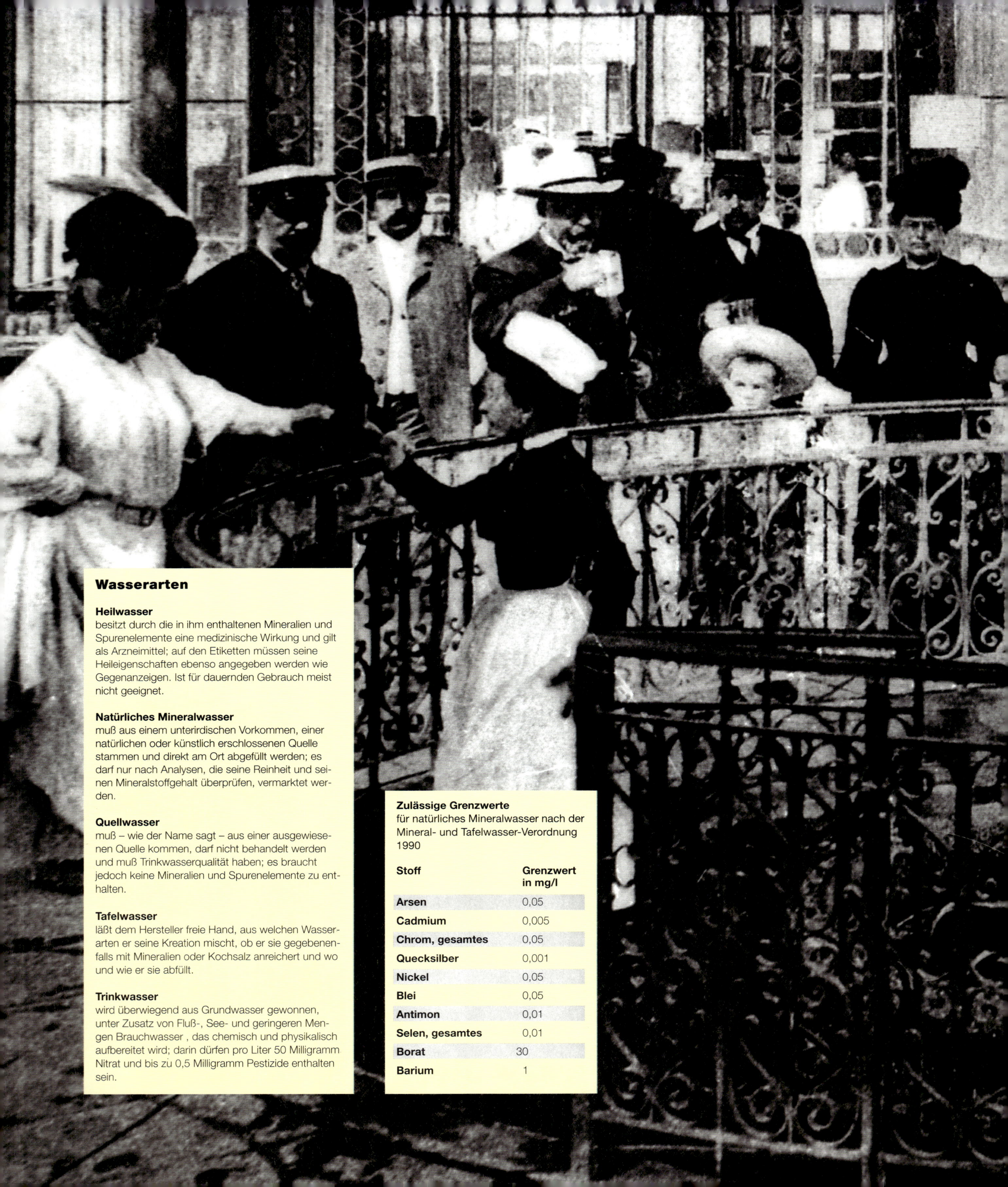

## Wasserarten

**Heilwasser**
besitzt durch die in ihm enthaltenen Mineralien und Spurenelemente eine medizinische Wirkung und gilt als Arzneimittel; auf den Etiketten müssen seine Heileigenschaften ebenso angegeben werden wie Gegenanzeigen. Ist für dauernden Gebrauch meist nicht geeignet.

**Natürliches Mineralwasser**
muß aus einem unterirdischen Vorkommen, einer natürlichen oder künstlich erschlossenen Quelle stammen und direkt am Ort abgefüllt werden; es darf nur nach Analysen, die seine Reinheit und seinen Mineralstoffgehalt überprüfen, vermarktet werden.

**Quellwasser**
muß – wie der Name sagt – aus einer ausgewiesenen Quelle kommen, darf nicht behandelt werden und muß Trinkwasserqualität haben; es braucht jedoch keine Mineralien und Spurenelemente zu enthalten.

**Tafelwasser**
läßt dem Hersteller freie Hand, aus welchen Wasserarten er seine Kreation mischt, ob er sie gegebenenfalls mit Mineralien oder Kochsalz anreichert und wo und wie er sie abfüllt.

**Trinkwasser**
wird überwiegend aus Grundwasser gewonnen, unter Zusatz von Fluß-, See- und geringeren Mengen Brauchwasser , das chemisch und physikalisch aufbereitet wird; darin dürfen pro Liter 50 Milligramm Nitrat und bis zu 0,5 Milligramm Pestizide enthalten sein.

**Zulässige Grenzwerte**
für natürliches Mineralwasser nach der Mineral- und Tafelwasser-Verordnung 1990

| Stoff | Grenzwert in mg/l |
|---|---|
| Arsen | 0,05 |
| Cadmium | 0,005 |
| Chrom, gesamtes | 0,05 |
| Quecksilber | 0,001 |
| Nickel | 0,05 |
| Blei | 0,05 |
| Antimon | 0,01 |
| Selen, gesamtes | 0,01 |
| Borat | 30 |
| Barium | 1 |

**Unerläßliches Naß**

# Mineral-wasser

Wir Menschen bestehen zu etwa 60 Prozent aus Wasser. Bei Kleinkindern liegt der Prozentsatz noch höher, bei älteren Erwachsenen nimmt er ab. Ohne Wasser würde der Stoffwechsel nicht funktionieren. Es transportiert wichtige Stoffe in den Körper und schwemmt Abfall- und Giftstoffe aus.

Der Organismus ist so angelegt, daß er je nach Situation mehr oder weniger Wasser zum einwandfreien Funktionieren benötigt. Denn einen Vorrat besitzt er nicht. Insbesondere durch Hitze, Anstrengung, zu viel Salzgenuß, aber auch durch Krankheiten kann dieser Bedarf stark ansteigen. Unter normalen Umständen sollte die mit flüssiger und fester Nahrung aufgenommene Wassermenge bei Erwachsenen pro Tag etwa 2,5 Liter erreichen, da dies der durchschnittlich ausgeschiedenen Menge entspricht. Ein völliges Ausbleiben der Wasseraufnahme führt innerhalb weniger Tage zum Tod. Wasser ist also unser wesentlichstes Lebensmittel.

Daraus erklärt sich die Bedeutung des Trinkwassers. Früher in Europa und heute noch immer in Ländern der Dritten Welt werden Seuchen durch Trinkwasser übertragen. Durch Behandlung mit Chlor und Ozon ist man dieser Gefahr Herr geworden. Inzwischen haben die Verunreinigungen andere Ursachen. Durch Industrie, Abgase und Landwirtschaft gelangen Stoffe ins Grundwasser, die für die Gesundheit gefährlich werden können. Das sind vor allem:

- Nitrat und Nitrit, die im Körper zur Entstehung krebserregender Nitrosamine führen können, und
- Pestizide, worunter die verschiedenen hochgiftigen Pflanzenschutzmittel zu verstehen sind.

Zwar legten strikte Richtlinien fest, was Trinkwasser maximal an bestimmten, die Gesundheit gefährdenden Stoffen enthalten darf, doch werden diese Werte in der Realität häufig überschritten. So kommt es, daß Trinkwasser in den Haushalten nur zu zwei bis drei Prozent zum Trinken oder für die Essenszubereitung genutzt wird. Mehr und mehr Verbraucher gehen dazu über, ihren Durst mit abgefülltem Wasser zu löschen, das sogar immer häufiger zum Aufbrühen von Tees und Kaffee verwendet wird.

## Gesundheit aus der Flasche – Mineralwasser

In Europa steigt Jahr um Jahr der Verbrauch an Mineralwasser. Dieser Boom geht zum einen auf Berichte über Verseuchungen von Grundwasser, Flüssen und Seen zurück. Zum anderen wird mancherorts das Wasser so stark gechlort, daß es nur noch bedingt genießbar ist. Bei natürlichem Mineralwasser handelt es sich um Tiefenwasser, das aus unterirdischen Vorkommen stammt. In Dutzenden von Jahren filterten die darüberliegenden Erd- und Gesteinsschichten das niedergehende Regenwasser aus und reicherten es mit Mineralien und Spurenelementen an. Sein gesundheitlicher Wert liegt in ihrem Reichtum und ist von Wasser zu Wasser verschieden.

Natürliche Mineralwasser müssen direkt an der Quelle abgefüllt werden. Aufgrund staatlicher Verordnungen ist es nicht erlaubt, sie an einen anderen Abfüllort zu transportieren. Jegliche Verfälschungen sind untersagt, außer:

- wenn ein zu hoher Gehalt an Eisen oder Schwefel vorliegt, der den Geschmack trübt, darf dieser durch Filtern oder Oxidation gesenkt werden;
- und auch der Gehalt an Kohlensäure darf verändert werden; hier wird zwischen folgenden Versionen unterschieden:
- Natürliches kohlensäurehaltiges Mineralwasser enthält auch in der Flasche ebensoviel Quellkohlensäure wie in der Quelle.
- Natürliches Mineralwasser, mit eigener Quellkohlensäure versetzt, weist oft auf einen höheren Kohlensäuregehalt als den ursprünglichen hin.
- Natürliches Mineralwasser, mit Kohlensäure versetzt, bezeichnet den Zusatz fremder Kohlensäure.
- Stilles Wasser – ein natürliches Mineralwasser, das weniger als fünf Gramm Kohlensäure pro Liter enthält.
- Plattes Wasser ist ein natürliches Mineralwasser, das weniger als ein Gramm Kohlensäure pro Liter aufweist.

Obwohl Mineralwässer von der Natur hervorragend gefiltert werden, ist dies dennoch keine absolute Garantie dafür, daß sie völlig frei von Schadstoffen sind. Das bezeugen erhöhte Nitrat- und Nitritkonzentrationen bei einigen Quellen. Wer sicher gehen möchte, daß sein Mineralwasser möglichst wenig ungesunde Zusätze enthält, sollte sich an eines halten, das »für Säuglingsernährung geeignet« ist.

Hintergrund: Der Mineralbrunnen von Contréxville um die Jahrhundertwende, als die feine Gesellschaft regelmäßig zu Kuren in die Heilbäder reiste.

Obst- und Gemüsesäfte

# Flüssige Vitamine

Um es vorwegzunehmen: die besten Säfte werden zu Hause aus frischem Obst oder frischem Gemüse selbst gepreßt und dann gleich getrunken, ehe durch Oxidation oder Wärme ihr Reichtum an Vitalstoffen zu schwinden beginnt. Frische Säfte bieten den Vorteil, in konzentrierter Form wesentlich höhere Mengen an Mineralstoffen, Enzymen, ätherischen Ölen und Vitaminen zu enthalten als feste Nahrung. Man braucht nur die Orangen zu zählen, aus denen man ein großes Glas frischen Saftes gewinnt.

Im Vergleich dazu büßt jeder hergestellte Saft durch Pasteurisierung und Lagerung notgedrungen vieles an wichtigen Inhaltsstoffen ein. Wenn aus biologisch angebautem Obst und Gemüse erzeugte Säfte dennoch eine große Bedeutung in der Naturkost haben, dann schlicht wegen der Bequemlichkeit. Nicht jedesmal, wenn man Durst oder Lust auf einen Saft hat, möchte man gleich die Presse in Gang setzen und anschließend aufwendig reinigen.

Oft haben Verbraucher auch gar keine ausreichenden Möglichkeiten, an die Rohstoffe zu kommen, die zu Säften verarbeitet werden, oder sie besitzen nicht die Geräte, die dafür geeignet wären. Man denke an Johannisbeeren oder Schlehen, Hagebutten oder Sanddorn. Und selbst beim Apfelsaft, der zumindest in allen nördlicheren Ländern unangefochten der Star unter den Biosäften ist, kann man zu Hause nicht das gleiche Ergebnis erzielen wie ein Obsthof, der meist diverse Sorten miteinander komponiert, um einen ausgewogenen Geschmack zu erreichen. Auch beim Kauf von Bio-Säften ist es erforderlich, genau auf das Etikett zu schauen.

Es verrät,

- ob der Saft wirklich zu 100 Prozent aus Obst und Gemüse besteht und nicht nachgezuckert wurde;
- ob Fruchtnektare 50 oder nur 25 Prozent Fruchtanteil besitzen, und mit wieviel weißem Zucker sie gesüßt sind;
- ob bei Fruchttrunk oder Fruchttrank die starke natürliche Säure mit Obstdicksäften, Honig oder Ahornsirup ausgeglichen wurde.

Hintergrund: Ein Obstbauer füllt den Saft seines Streuobstes auf dem eigenen Hof ab.

## Zum Beispiel: Biologischer Apfelsaft

Die gesammelten Äpfel werden auf Mängel und Faulstellen kontrolliert, verlesen und mit Wasser gewaschen. Anschließend kommen sie in eine Mühle, die sie zerkleinert. Das zermahlene Obst wird auf den Tisch der Packpresse etwa sechs Zentimeter dick aufgeschichtet und dann mit einem Tuch abgedeckt. Insgesamt faßt die Presse sechs bis sieben solcher Lagen Apfelmaische. Durch Hubkraft wird der Tisch nach oben gedrückt. Wenn der Saft nur noch tropfenweise austritt, wird die Kelterung beendet.

Der frischgepreßte Saft verbringt im Anschluß daran sechs bis zehn Tage im Kühlraum. Danach kann er vorgeklärt abgezogen werden. Um den Saft zu stabilisieren, wird er direkt vor der Abfüllung einer Kurzzeit-Erhitzung unterzogen. Ein Wasserbad und zusätzliches Abspritzen sorgen für schnelle Abkühlung und Säuberung der Flaschen, die man nach Bedarf etikettiert.

Apfelsaft ist unter Biosäften die Nummer Eins.

Fruchtiger Saft aus Äpfeln und roten Johannisbeeren.

Pflaumensaft aus Südwest-Frankreich.

Rote-Bete-Most, ein äußerst gesunder Trank.

Aprikosensaft, ein dickflüssiger süßer Genuß.

Birnensaft, mit frischer englischer Fruchtigkeit.

Gemüsemost mit zahlreichen Vitalstoffen.

Möhrensaft aus spanischen süßen Wurzeln.

Orangensaft, direkt aus reifen Früchten gepreßt.

Roter Traubenmost, ein fruchtbetontes Getränk.

Sauerkrautsaft, sehr gesund durch Milchsäurebakterien.

Schwarzer Johannisbeersaft mit viel Vitamin C.

Tomatensaft aus sonnengereiftem Gemüse.

Heller Traubensaft, voll natürlicher Süße.

# Cidre

Cidre, Cider, Sidra oder Apfelwein ist ein leicht alkoholisches Getränk, das noch immer auf vielen Bauernhöfen Frankreichs, Englands, Spaniens, Deutschlands und anderer Länder erzeugt wird. Obwohl schäumender oder stiller, süßer oder trockener Apfelwein längst überwiegend aus industrieller Herstellung stammt, hat sich diese Tradition überraschenderweise dennoch erhalten. In England, wo Weinmachen ein verbreitetes Hobby ist, gären Obstgartenbesitzer gern auch ihren eigenen Cider oder Crab apple wine.
Auch biologische Bauern pflegen diese Tradition. Sie gibt eine zusätzliche Möglichkeit, Mostäpfel und aussortierte Tafeläpfel für ein erfrischendes Getränk zu verwenden.
Jede Region bewahrt dabei ihre Eigenheiten. Sie beginnen mit den verschiedenen, meist lokalen Sorten der Holz- und Mostäpfel. In Gegenden wie der Normandie, die seit Jahrhunderten für ihren Cidre bekannt ist, unterteilt man die Sorten in süße, bittere und saure. Alle drei sind notwendig, um dem spritzigen Apfelwein typischen Charakter und ausgewogenen Geschmack zu verleihen. Die Faustregel lautet, jeweils zu zwei süßen und zwei bitteren einen sauren Apfel zu geben. An anderen Orten – und insbesondere bei häuslicher Herstellung – fügt man Äpfeln gern auch weiteres Obst wie Birnen oder Trauben hinzu.
Zwar schüttelt man überall die Äpfel vom Baum und sammelt sie vom Boden, aber der weitere Werdegang ist regional sehr unterschiedlich geprägt. In Hessen, wo der Ebbelwoi für Stimmung sorgt, verarbeitet man die Äpfel sofort nach der Ernte, so daß frischer Apfelwein bereits im Dezember ausgeschenkt werden kann. Je weiter das Jahr voranschreitet, desto mehr büßt der herbsaure Wein von seiner Kohlensäure ein. Im Baskenland und in Asturien, den Hochburgen der Sidra in Spanien, beginnt man die Herstellung erst Ende November, wenn kühle Temperaturen für eine erste langsame, sich bis zu zwei Monaten erstreckende Gärung sorgen.
Bevor der Most völlig durchgegoren ist, wird er abgezogen und in Holzfässer umgefüllt. Während sich der restliche Zucker in Alkohol umsetzt, bleibt viel der dabei entstehenden Kohlensäure erhalten. Ab Mai kann die neue Sidra angestochen werden. Auch beim englischen Cider schätzt man Moussieren und füllt ihn mit viel Kohlensäure in entsprechend stabile Flaschen.
Am meisten Zeit läßt man sich jedoch in der Normandie. Zwar reifen die frühesten Äpfel schon im September und werden dann eingesammelt, aber man wartet geduldig ab, bis auch die späteste Sorte im November vom Baum ist und sich der erste Frost eingestellt hat. Erst dann werden die Früchte gewaschen, die faulen aussortiert und das Obst gepreßt. In den Fudern vollzieht sich die Gärung wegen der Kälte nun in Zeitlupe. Ungefiltert füllen die Cidrebauern den Most mit mehr oder weniger Restzucker in dickwandige Flaschen und befestigen die Korken, wie beim Champagner, mit Draht am Flaschenhals. Denn in der Flasche setzt sich die Gärung fort, setzt den Fruchtzucker ganz oder nur teilweise um und entwickelt mehr oder weniger Kohlensäure. So erhält Cidre, der nur 3 bis 4,5 Prozent Alkohol aufweist, seine Mousse. Echter *cidre fermier* wird nicht degorgiert und behält deshalb einen Rückstand an natürlicher, vitalstoffreicher Hefe.

Die Herstellung des Cidre beginnt nach dem ersten Frost mit dem Zermahlen der Früchte.

In der handbetriebenen Kelter werden die gemahlenen Äpfel hydraulisch gepreßt.

Unter dem zunehmenden Druck zerquetschen die Äpfel, der Most beginnt, zu fließen.

Eric Bordelets Cidre ist ein hochwertiges Naturprodukt in edler Ausstattung.

**Das Geheimnis des Apfelweins**

Zum Keltern kommen in erster Linie Holz- und Mostäpfel, wobei jede Region ihre eigenen Sorten besitzt. Dazu nimmt man beschädigte, unausgereifte oder zu kleine Eßäpfel. Beim hausgemachten Apfelwein wird diese Mischung oft noch durch Zugabe von Birnen oder Weintrauben ergänzt, die den Geschmack mildern, den Alkoholgehalt erhöhen und dadurch die Haltbarkeit verlängern.
Zunächst werden die Äpfel in einer Tonne oder einer Bütte gewaschen, um sie von Erde und grobem Schmutz zu befreien. Anschließend muß man sie zerkleinern, wozu sich ein Schredder eignet. Apfelstücke oder -streifen werden dann in die Kelter geschichtet, deren Fassungsvermögen je nach Größe sehr variiert. Kleinere handbetriebene Keltern nehmen etwa zwei Zentner auf. Die Ausbeute beträgt dann nur 50 bis 60 Liter, während hydraulische Pressen 75 bis 80 Liter herausquetschen. Der frischgepreßte, unvergorene, süß schmeckende Most wird nun in das Gärgefäß gefüllt. Dies kann ein Faß sein, doch für den Hausgebrauch empfehlen sich – leichter zu reinigende – Glasballons.
Die Gefäße stellt man draußen an einem schattigen Platz, in einem Schuppen oder im Keller auf. Jedes erhält einen Gärspund, der das Eindringen von Luft, Staub, Insekten und Mikroben verhindert. Nun kann man Gärhefe zusetzen, wodurch man eine gleichbleibende Qualität erhält. Biologischer ist es, den Gärprozeß dem Zufall zu überlassen. Je nachdem welche Naturhefe die Oberhand gewinnt, erhält der Apfelwein seinen eigenen unverwechselbaren Geschmack.
Nach einigen Wochen ist die – mehr oder weniger starke – Gärung zu Ende. Es lohnt sich die Mühe, den jungen Wein von der am Boden sitzenden Hefe zu trennen, indem man ihn in andere Glasballons umfüllt.
Nach ein paar Tagen der Beruhigung steht das neue »Stöffche« zur Verfügung. Im kühlen Keller hält sich Apfelwein bis zu eineinhalb Jahren, verliert allerdings nach einem Jahr an Geschmack, aber dann ist ja der nächste Jahrgang bereits vollendet.

Horst Nagel

Folgende Seite: Wenn nach Stunden die Äpfel zu einem Kuchen gepreßt sind, wird die Kelter geöffnet.

Die Flaschengärung sorgt für die Mousse des ungefiltert abgefüllten Natur-Cidre.

**Biologische Kletterpartie**

# Hopfen

Eines der berühmtesten, wenn auch kleinsten europäischen Anbaugebiete für Aromahopfen befindet sich in der Nähe der süddeutschen Kleinstadt Tettnang, wo der nahe Bodensee das Klima beeinflußt.

Hopfen ist eine mit dem Hanf verwandte Kletterstaude und gehört zur botanischen Familie der Cannabinazeen. Vom zweihäusigen Hopfen werden nur die weiblichen Pflanzen kultiviert. Denn in ihren Dolden befinden sich Lupulindrüsen, die das »grüne Gold«, das Hopfenmehl bilden, ein grüngelbes klebriges Pulver. Sein Wirkstoff verleiht Bier – vor allem dem Pils – den würzig-bitteren Geschmack. Darüber hinaus trägt er entscheidend zu dessen Haltbarkeit bei, denn er hilft, die Eiweißstoffe auszufällen, die die Konservierung, auch des Schaums, beeinträchtigen. Hopfen, der seit dem 8. Jahrhundert in Deutschland angebaut wird, wird nur äußerst sparsam verwendet, 200 Gramm reichen aus, um 100 Liter Bier zu würzen.

Hopfenanbau drückt jeder Landschaft einen unverkennbaren Stempel auf. Denn die rechtswindende Schlingpflanze braucht gewaltige Gerüste, die acht Meter hoch aufragen. Hopfen bringt es fertig, in sechs Wochen acht Meter zu wachsen. Deshalb besteht die Hauptarbeit darin, diesen himmelschießenden Drang in die richtigen Wege zu leiten. Zwischen den Pfosten sind Laufdrähte gespannt, an denen jedes Jahr aufs neue Steigdrähte befestigt werden müssen. Sie dienen den Reben als Halt, die sich zwar mit den Klimmhaaren ihrer Stengel daran anklammern, aber dennoch mehrfach angebunden werden müssen.

Für dieses immense Wachstum benötigt Hopfen warme Lehm- oder Mergelböden und viel Kraft. Während konventionelle Bauern mit chemischem Stickstoff nachhelfen, wird im biologisch-dynamischen Anbau mit kompostiertem Mist, Naturpräparaten und Gründünger für ausreichend Humus gesorgt. Nur über gesundes Bodenleben gelingt es, der sonst für Pilzkrankheiten und Schädlinge extrem anfälligen Pflanze eine gute Widerstandsfähigkeit zu verleihen. Im herkömmlichen Anbau gehört Hopfen zu den Kulturen, die den höchsten Pestizideinsatz verlangen.

Haben die Dolden ausgeprägtes Aroma entwickelt, fährt der Traktor mit der Erntemaschine zwischen die grünen Steilwände der Anlagen. Sie schneidet die Steigdrähte mit den darumgewundenen Reben ab und lädt sie auf den Hänger, um sie zum Hof zu fahren. Dort steht die festinstallierte Pflückmaschine. Draht um Draht wird in sie eingespannt, damit sie die nicht bestäubten weiblichen Fruchtstände, Dolde um Dolde, abzupfen kann. Auch eine Trockenanlage braucht der Hopfenbauer, denn die Dolden müssen sofort bei gut 30 Grad Celsius gedarrt werden. Nur so bewahren sie ihre intensive Würze.

Hintergrund: Hopfen ist ein außerordentlich intensiver Aromaspender; eine winzige Dosis genügt, um dem Pils seine erfrischende Herbheit zu schenken.

## Braugerste

Im Gegensatz zur inzwischen verbreiteteren Wintergerste bringt die Sommergerste, die zum Brauen verwendet wird, niedrigere Erträge. Allerdings nimmt sie auch mit anspruchsloseren Lagen Vorlieb. Während Sommergerste sonst als Futtergetreide verwendet wird, stellen die Brauereien an sie hohe Anforderungen, was ihren ökologischen Anbau erschwert. Das wesentlichste Kriterium dafür ist der niedrige Eiweißgehalt. Zu viel Eiweiß macht das Bier schneller verderblich. Da Öko-Brauereien keine Stabilisatoren verwenden, müssen sie ihn unter Kontrolle halten. Der Eiweißgehalt kann bei Gerste bis zu 16 % erreichen. Für Bier sind 9,5 bis 10,5 % ideal, mehr als 11,5 % werden nicht akzeptiert. Da bei gutem Ertrag meist auch die Eiweißwerte ansteigen, verzichten die Landwirte im biologischen Anbau nicht nur auf Pflanzenschutzmittel, sondern meist auch auf organische Düngung. Allerdings mag Braugerste Felder, die im vorangegangenen Winter etwas Stallmist erhielten. Sie läßt sich gut in praktisch jede Fruchtfolge eingliedern und ist auch mit sich selbst gut verträglich, weshalb sie gerne gesät wird.

Zu den anderen an sie gestellten Anforderungen zählt die Reinheit. Sie darf nur sehr geringe Anteile an anderem Getreide und Unkrautsamen aufweisen. Außerdem werden für das Mälzen volle Keimfähigkeit und große bauchige Körner verlangt.

Der rasante Wuchs des Hopfens wird mit acht Meter hohen Gerüsten reguliert.

**Reinheitsgebot übertroffen**

# Bier, lecker ökologisch

Über die Reinheit des Bieres wurde in der Europäischen Gemeinschaft heftig gestritten. Die internationalen Getränkegiganten wollten ihren Bieren Zutritt auch zum deutschen Markt verschaffen, wo der Pro-Kopf-Verbrauch an die 140 Liter pro Jahr beträgt. Doch in Deutschland gilt für Bier ein Reinheitsgebot, das Herzog Wilhelm IV. 1516 für Bayern erließ. Es bestimmte, daß Bier nur aus Gerste, Hopfen und Wasser gemacht werden durfte. Hefe als der vierte unerläßliche Bestandteil war damals noch unbekannt. Sie kam aber hinzu, als 1872 aus dem bayerischen das in allen deutschen Ländern geltende Reinheitsgebot wurde. Eine derartige Einschränkung ließ der Europäische Gerichtshof jedoch nicht zu, und seit 1987 dürfen auch in Deutschland Biere angeboten werden, die ihr nicht entsprechen. Die Industrie anderer Länder war auch bei Bier längst dazu übergegangen, durch Zugabe von Chemikalien und die Verwendung von billigerem Getreide wie Mais, Hirse oder Reis haltbarere und profitablere Massenprodukte zu erzeugen.

Aber auch das deutsche Bier war ohnehin längst nicht mehr ganz so rein. Bei obergärigen Bieren war es gestattet, andere Getreidesorten wie Weizen und Dinkel, aber auch Zuckercouleur und Stärke zu verwenden. Auch dem so praktischen Einsatz von Eiweißstabilisatoren und aufbereiteten Hopfenprodukten wollte nicht jeder Brauer widerstehen. Dennoch gibt es sowohl in Deutschland wie in anderen Ländern weiterhin traditionelle Brauhäuser, die ihre Biere nach dem Reinheitsgebot erzeugen.

Bei ökologischen Bieren kommt hinzu:

- Getreide und Hopfen stammen aus biologischem Anbau.
- Das Getreide wird beim Lagern nicht mit Gasen konserviert.
- Hopfen kommt als Dolden zum Bier und nicht als Extrakt.
- Das Wasser ist Brunnen- oder Quellwasser.
- Die Hefen sind natürliche Reinzucht-Stämme und nicht genmanipuliert.
- Es werden keine Geschmacks-, Farb- und Konservierungsstoffe verwendet.
- Öko-Bier wird nicht pasteurisiert.
- Filtrierung wird nur schonend durchgeführt oder ganz unterlassen.
- Die Verpackung gehorcht ökologischen Forderungen: Abfüllung in Pfandflaschen und Lieferung in Pfandkästen.

Aus gedarrter Gerste gewonnenes Malz wird in den Kessel gefüllt.

Mit heißem Wasser vermischt, entsteht daraus die Maische.

Die Maische wird bis zu zwei Stunden gerührt, dabei werden Proben genommen.

Mit einem Thermometer kontrolliert der Braumeister, ob die Temperatur stimmt.

Zur abgezogenen, in die Sudpfanne gefüllten Würze wird Hopfen gegeben.

Die Würze brodelt dann zwei bis vier Stunden lang.

Das Bullauge der Sudpfanne erlaubt eine optische Kontrolle des Gärprozesses.

Vor der Abfüllung werden die Steinkrüge mit Wasser ausgespült.

1 2 3 4 5 6 7 8 9 10 11 12

## Bierbrauen

Das Brauen beginnt mit dem Mälzen. Dazu wird Wasser zu Gerste, Weizen oder Dinkel gegeben, wodurch der Keimvorgang ausgelöst wird. Hierbei entsteht das Ferment Diastase, das die Stärke in Malzzucker (Maltose) umwandelt. Grünmalz nennt man die gekeimte, sehr empfindliche Gerste. Um sie haltbar zu machen, wird sie gedarrt (getrocknet). Das Darrmalz wird geschrotet und in einem Kessel mit 50 bis 75 °C heißem Wasser vermischt, wodurch die Maische entsteht; sie wird mechanisch – oft gut zwei Stunden lang – verrührt. Nun gibt man ihr Zeit, bis sich die Trübstoffe abgesetzt haben und die Würze abgezogen werden kann. Sie wird in Sudpfannen gefüllt und mit Hopfen vermischt. Je nach Erfahrung und gewünschter Konzentration des Extrakts läßt der Braumeister die Würze etwa zwei bis vier Stunden brodeln. Stammwürze nennt man den Extraktgehalt, der Charakter und Alkoholgehalt des Bieres bestimmen wird. Sie beträgt zum Beispiel beim leichten Schankbier 7 bis 8 Grad und beim Vollbier 11 bis 14 Grad, die später 2 bis 2,7 % beziehungsweise 3,2 bis 4,7 % Alkohol aufweisen. Dann muß die Würze abkühlen, bevor Hefe zugesetzt werden kann, die die Gärung in Gang setzt. Außer dem Sonderfall der spontanen Gärung bei Brüsseler Bier und dem des Sennetals, unterscheidet man zwei Gärweisen, für die jeweils eine andere Hefeart benutzt wird:

- Untergärig sind Biere, die aus gemälzter Gerste, Hopfen, einer Hefe der Art *Saccharomyces cerisbergensis* und Wasser auf einer Temperatur zwischen 10 und 5 °C vergoren wurden. Nach der meist sieben bis neun Tage dauernden Gärung setzen sich die Hefen auf dem Boden des Gärgefäßes ab. Bekannteste untergärige Biere sind Pils, Export und Lager.
- Obergärige Biere werden aus gemälzter Gerste bzw. gemälztem Weizen oder Dinkel, Hopfen, einer Hefe der Art *Saccharomyces cerevisaie* und Wasser bei einer Temperatur von 20 bis 15 °C vergoren. Bei der in der Regel drei bis sechs Tage dauernden stürmischeren Gärung werden die Hefen nach oben gewirbelt und können von der Oberfläche abgeschöpft werden. Bekannteste obergärige Biere sind Weizenbier, Weiße, Alt und Trappistenbiere.

Auch die Nachgärung vollzieht sich unterschiedlich. Untergärige Biere brauchen dafür in gekühlten Lagertanks zwischen vier Wochen und vier Monaten Zeit, bevor sie abgefüllt werden. Obergärige Biere sind schneller trinkreif, es sei denn, sie werden, nicht völlig durchgegoren, mit Hefe auf Flaschen gezogen und vollziehen darin eine zusätzliche Flaschengärung wie Weiße, Weizen oder Trappistenbier.

**1** Herzogen Bure Weißbier
**2** Herzogen Bure Bier natur
**3** Pinkus Hefe Weizen
**4** Pinkus Alt
**5** Neumarkter Lammsbräu
**6** Zwickl Bier
**7** Speltar Bier D'Epautre
**8** Jade
**9** Moinette
**10** Kikbier
**11** Herzogen Natur
**12** Eko Bier

Beim Rühren der Maische entsteht oft soviel Schaum, daß ihn der Braumeister abschöpfen muß.

**Essenz aus Boden und Klima**

# Bio-Wein

Wein nimmt eine Sonderstellung unter den Getränken ein. Weder Wasser noch Saft, weder Bier noch Spirituosen bieten einen dermaßen breiten Horizont an Gerüchen und Geschmacksnoten. Schon im Altertum erkannten Weinliebhaber die Unterschiede und schätzten Weine bestimmter Regionen höher als die anderer. Jede Region hatte nicht nur ein besonderes Klima und besondere Böden, sondern auch eigene Rebsorten. Aus diesen Faktoren entwickelte sich die Reputation der jeweiligen Lage, aber auch die Wein-Nachfrage und der Preis. Über Jahrhunderte bestätigte sich der Ruf einzelner Lagen. Inzwischen haben die europäischen Weinbaunationen die traditionellen Anbaugebiete genauestens erfaßt, ihre Eigenheiten definiert und festgelegt und wachen akribisch über die Produktion.

Aber Wein war und ist ein heikles Produkt. Je weiter sich die Rebpflanzungen ausweiteten, um so heftiger schlugen Pilzkrankheiten zu und konnten in früheren Zeiten die erhofften Ernten drastisch reduzieren oder völlig vernichten. Denn alle in Europa verbreiteten Reben besitzen keine oder nur geringe Resistenz gegen die beiden verheerenden Mehltauarten. Zudem schafft befallenes Lesegut erhebliche Probleme bei der Weinbereitung.

Man wußte ohnehin lange nicht, was im Keller wirklich geschah. Aufgrund ihrer Erfahrung gelangen manchen Winzern und Kellermeistern dennoch herausragende Kreszenzen. Das Gros aber blieb derb und war oft fehlerhaft. Eine wirkliche Revolution fand erst in den letzten zwei Jahrzehnten statt. Mit hohen Investitionen wurden moderne Hygienemaßnahmen getroffen sowie Kälte- und Wärmetechnik in den Weinkellern installiert, womit Gärprozesse kontrolliert werden können.

Im Weinberg glaubte man, große Fortschritte erzielt zu haben, als man mit der chemischen Keule Krankheiten im Zaum halten, Unkraut vernichten, Insekten ausmerzen und Erträge mittels Nitratdünger in die Höhe schrauben konnte. Mühselige Arbeiten wie Pflügen und Hacken wurden damit überflüssig. Nur rechnete man nicht mit den Folgen: Verseuchung von Grundwasser und Umwelt, Schädigung von Flora und Fauna, Abtötung und Erosion der Böden. Diese Entwicklungen wirken zwangsläufig auf den Wein zurück.

Dank progressiver Kellertechnik werden indes mehr und mehr Weine sauber vinifiziert und abgefüllt. Zugleich gibt es eine ungeheure Flut völlig banaler Tropfen. Dem steht eine in allen Regionen zunehmende Zahl mit Sorgfalt und gemäßigtem Ertrag erzeugter Weine gegenüber, die – zumindest in guten Jahrgängen – ausgeprägte Frucht und ordentliche Konzentration aufweisen. Was ihnen allerdings oft abhanden gekommen ist, ist der spezifische Ausdruck ihrer Lage, worauf ihr Ruf und die Kriterien ihrer Herkunftsbezeichnung fußen sollten. Wie können Reben auch die einmaligen Charakteristika ihres Standorts zum Ausdruck bringen, wenn sie auf toten Böden stehen, ihre Wurzeln nur Oberflächenschichten durchkreuzen und sie mit chemischen Mineraldüngern ernährt werden?

Darum haben schon seit mehreren Jahren einige der berühmtesten Weingüter der Welt umzudenken begonnen. Die Anstösse dazu kommen aus dem biologischen Anbau. Mit eben dem Respekt vor Natur und Leben und den gleichen Maßnahmen wie in der ökologischen Landwirtschaft können Weinberge ein vielfältiges Bodenleben und ein lebendiges Umfeld wiedergewinnen. Dann können die Reben erneut ihre Wurzeln mehrere Meter tief in den Boden stoßen und dank dessen mineralischer Struktur ihren Trauben geheimnisvolle Geschmacksstoffe mit auf den Weg geben. Im Zusammenklang mit den anderen Bedingungen, die ihren Standort prägen, und mit der Gewissenhaftigkeit und Ambition der Winzer, entstehen so Weine, die eine echte Essenz ihrer Lage darstellen. Weine, die faszinieren.

Hintergrund: Wenn die Trauben so schön entwickelt sind wie dieser Riesling, ist der Zeitpunkt der Lese nicht mehr weit.

**Wo die Unterschiede liegen**

# Im Weinberg

Wie jede biologische Wirtschaftsweise verzichtet auch der ökologische Weinbau auf die Verwendung von chemisch-synthetischen Düngern, Unkrautvernichtern, Insektiziden, Fungiziden und Akariziden. Doch geht es im ökologisch-biologischen Weinbau um einen weitaus umfassenderen Ansatz: um die Erhaltung von Böden und reinem Grundwasser, um Artenschutz und Landschaftspflege, um die Ver- und Entsorgung des gesamten Betriebes auf ökologische Weise.

Die Basis ist das Bodenleben im Weinberg. Um es zu aktivieren, zu fördern und zu ernähren, setzen auch Winzer organisches Material ein. Dem Kompost kommt hier die Hauptrolle zu. Er wird aus Trester, Mist, Häckselgut, Stroh und Gemüseabfällen erzeugt. Oft müssen dabei Weingüter Rohmaterial von außen hinzuziehen, da nur die wenigsten Betriebe einen geschlossenen Hofkreislauf aufzubauen vermögen. Es gibt aber auch Beispiele, wo Domänen eigens eine artgerechte Tierhaltung einrichteten, um selbst über wertvollen Mist zu verfügen.

Besondere Bedeutung kommt im ökologischen Weinbau der Begrünung zu, die an die Stelle der Fruchtfolge der biologischen Landwirtschaft tritt. Die dadurch erreichte dichte Durchwurzelung des Bodens wirkt sich dauerhaft positiv auf den Reichtum an Mikroorganismen aus. Die verwandten vielseitigen Mischungen von Leguminosen, Kleesorten, Getreiden, Gräsern und Kräutern, die zwei- bis dreimal gemäht und gemulcht werden, dienen zugleich als ausgezeichnete grüne Düngung und sorgen für Humusbildung. Die Blüten bringen Insekten zurück in die Weinberge, die als Nützlinge die Populationen von Roter Spinne und Traubenwickler gering halten. Begrünung verhindert die Erosion der Weinberge und wirkt außerdem als Ausgleichsfaktor für ihren Wasserhaushalt. Sie muß allerdings genau auf die Bedingungen der jeweiligen Lage abgestimmt sein. Nicht überall eignet sich eine vollständige Dauerbegrünung, eine Teilzeitbegrünung kann manchmal nützlicher sein.

Generell liegt der Unterschied zu konventionellen Betrieben in einem grundsätzlich anderen Ansatz, einer völlig anderen Zielrichtung. Dies betrifft nicht nur die Bodenpflege, sondern gleichermaßen den Umgang mit den Reben und ihren Schutz gegen Krankheiten. Europäischer Weinbau ist mit der allgegenwärtigen Präsenz von Echtem Mehltau *(Oidium)* und Falschem Mehltau *(Peronospera)* konfrontiert. Während sich herkömmliche Betriebe von vornherein auf chemische Mittel verlassen, geht es dem Ökowinzer darum, die Infektionsrisiken zu mindern. Jeder einzelne Faktor muß unter diesem Gesichtspunkt geprüft und berücksichtigt werden. Es beginnt mit der Wahl

- des geeigneten Standortes,
- der passenden Rebsorte,
- des richtigen Zeilen- und Reihenabstands,
- der besten Erziehungsform

und setzt sich fort mit

- der begrenzten Anzahl von Trieben, die beim Anschnitt im Winter gelassen werden,
- der sorgfältigen Laubarbeit, die während der Vegetationsperiode für eine gute Belüftung zu sorgen hat,
- dem Ausbrechen im Frühjahr, womit man die Anzahl der Triebe pro Stock auf eine optimale Anzahl reduziert,
- eventuellem Ausdünnen oder Entblättern der Trauben.

Diese Maßnahmen müssen genau aufeinander abgestimmt sein und rechtzeitig ausgeführt werden, damit dieses biologische System erfolgreich funktioniert.

Sie alle finden im konventionellen Weinbau meist nicht statt, außer auf Gütern, die auf Spitzenqualität ausgerichtet sind und teilweise ökologisch arbeiten. Für Ökowinzer ist es notwendig, sich von heiklen Standorten oder besonders anfälligen Rebsorten zu trennen. Um die Reben zu stärken, kommen auch Pflanzenbrühen, pflanzliche Präparate, Gesteinsmehle etc. zum Einsatz.

Der Biowinzer muß im Vergleich zu seinem konventionellen Kollegen wesentlich sorgfältiger und überlegter arbeiten. Die Erfolge zeigen sich in geringeren Ertrags- und Qualitätsschwankungen, häufig auch in höheren Mostgewichten selbst bei ungünstigen Jahrgängen. Das führt dazu, daß ökologische Weingüter ganz natürlicherweise auf einem niedrigeren Ertragsniveau liegen, in dem sich sonst nur qualitativ hochwertige konventionelle Betriebe ansiedeln.

Was aber die Weinqualität betrifft, so sind sich alle Winzer längst darüber einig: sie wird im Weinberg gemacht.

Hintergrund: Auf dem steilen Hang der Coulée de Serrant über der Loire häufelt Nicolas Joly mit dem Pferd die Erde am Fuß der Rebstöcke an.

### Biodynamik und Appellation

Wenn man von kontrollierter Herkunftsbezeichnung spricht, muß man sich darüber im Klaren sein, daß der Boden nur das letzte Glied in einer Kette ist und zugleich die Schaltstation einer subtileren, nicht so leicht zugänglichen Sphäre, die über der Erdoberfläche angesiedelt ist. Diese hält Verbindung mit allem, was uns umgibt, in erster Linie mit der Atmosphäre, die aus Luft, Licht und Wärme besteht. Man sollte bedenken, daß die Wirksamkeit der Erde nicht an ihrer Oberfläche endet, auf der wir uns bewegen. Sie reicht einige 100 Kilometer über uns hinaus bis zu jenem wasserstoffgesättigten Wärmegürtel, den wir Heliosphäre nennen. Und diese Sphäre oberhalb unserer Erde wirkt als Schaltstation einer subtileren kosmischen Ordnung, die eindeutig von der Sonne dominiert wird.

Über Jahrtausende verehrte der ackerbautreibende Mensch die Sonne, weil er spürte, daß deren Kräfte bis tief in den Boden hinein wirksam sind. Nach neuesten wissenschaftlichen Erkenntnissen findet sich im Boden eine außergewöhnliche Anordnung von Leben, einzigartig zusammengesetzt nicht allein entsprechend der geologischen Beschaffenheit, sondern vor allem entsprechend dem charakteristischen Kleinklima im weitesten Sinne, das für die Eigenart des Bodens maßgeblich ist.

Dies zu begreifen, heißt, den tiefen Sinn der kontrollierten Ursprungsbezeichnungen neu zu entdecken. Mit anderen Worten, je nach den unterschiedlichen Kriterien wie vorherrschende Windströmungen, Temperaturschwankungen, Dauer der Jahreszeiten, Ausrichtung der Hanglagen, umgebende Vegetationsformen usw. variiert die Gattung der Mikroorganismen. Wenn man sich vergegenwärtigt, daß die Wurzeln eines Weinstocks nur mit Hilfe dieser Mikroorganismen eine enge Verbindung mit dem Boden eingehen können, hat man auch begriffen, wie die kontrollierten Ursprungsbezeichnungen (Appellation d'Origine Controlée – AOC) zustande kamen.

Unsere sogenannte fortschrittliche Landwirtschaft hat den Boden als funktionierenden Organismus zerstört. Dieser ist deshalb kaum mehr in der Lage, Wachstum zu fördern. Infolgedessen ist er von chemischen Düngemitteln abhängig geworden, die der Weinstock zwangsläufig absorbiert. Aber diese Wachstumsstimulantien sind für unsere Weinlagen so fremdartig wie ihr Gebrauch von den Weingärten Südamerikas bis hin zu denen Europas geläufig ist. Früher reicherte man den Boden an, heute ernährt man unmittelbar den Weinstock. Dies erklärt hinreichend die bereits weitgehende und stets noch zunehmende Gleichförmigkeit der im Handel angebotenen Weine.

Das Einzigartige der biologisch-dynamischen Wirtschaftsweise besteht nicht allein darin, das unendlich verschiedenartige Leben im Boden durch Gaben von tierisch-pflanzlichem Kompost zu kräftigen, sondern auch in der Anwendung verschiedener Präparate, die geeignet sind, es der Pflanzenwelt zu ermöglichen, sich mit Licht und Wärme zu versorgen, kurz, die Photosynthese zu intensivieren. Beim Betrachten einer Blüte oder einer Frucht wird uns unweigerlich klar, daß sie ihre Anmut, ihre Farbe, ihren Duft, ihre Aromenvielfalt und Form der Sonne verdanken. Und eben diese Ausdruckskraft, die sich in immer neuen Variationen manifestiert, muß im Wein – und in jedem Lebensmittel – von neuem intensiviert werden.

Nicolas Joly, Clos de la Coulée de Serrant

**Weinstöcke und Mikroben**

# Geschmack aus dem Boden

Merkwürdigerweise hat sich die Menschheit am wenigsten darum gekümmert, das Nächstliegende zu erforschen: den Boden. Erstaunliche Erkenntnisse ergaben erst die Arbeiten des im Burgund lebenden Mikrobiologen Claude Bourguignon. Ende der achtziger Jahre rüttelte er die Aufmerksamkeit einiger Winzer dieses Anbaugebiets hochklassiger Weine wach, indem er sie darauf aufmerksam machte, daß die Sahara mehr Bodenleben aufweise als ihre Weinberge. Er gab ihnen zu bedenken, daß nur durch Oberflächenwurzeln ernährte Rebstöcke nicht in der Lage seien, das Terroir (s. rechts) auszudrücken, auf dem sie wachsen. Und Bourguignon war fähig, zu erklären, wieso es überhaupt zum Ausdruck eines Bodens kommen kann und was Voraussetzung dafür ist.

Vereinfacht dargestellt, gibt es im Boden drei Familien von Mikroorganismen. Es gibt diejenigen, die von der organischen Materie an der Oberfläche leben. Sie sind sehr aktiv, denn sie haben ein enormes Arbeitspensum zu bewältigen. Sie müssen das gesamte organische Material, das auf die Oberfläche fällt, umsetzen und erneut nutzbar machen. Andere existieren ausschließlich im mineralen Bereich, greifen Steine und Felsschichten an, zersetzen sie und fabrizieren Böden. Die dritte Gruppe lebt entlang der Wurzeln, nährt sich von der Pflanze und abgestorbenen Wurzeln, aber liefert ihr im Austausch mineralische Elemente, die sie allein nicht aufnehmen könnte.

»Der Boden kann nur dann funktionieren, wenn er atmet«, erklärt Claude Bourguignon weiter. »Die Mikroben fabrizieren Oxide, um die Pflanzen zu ernähren: Nitrate, Sulfate, Phosphate. Denn Wurzeln geben keinen Sauerstoff ab, sondern konsumieren ihn. Die einzige Möglichkeit für Sauerstoff, in den Boden zu dringen, ist aus der Atmosphäre. Damit er dahinkommen kann, bedarf es einer sehr großen Porosität an der Oberfläche des Bodens. Wer macht diese Porosität? Die Fauna. Und damit die Fauna existiert, darf sie zum einen nicht durch Pestizide getötet werden, und zum anderen braucht sie etwas zum Essen. Wovon ernährt sie sich? Von organischer Materie, die auf den Boden fällt.« Am besten von Kompost.

Tief im Boden ernährt sich eine andere Familie der Mikroorganismen von abgestorbenen Wurzeln. Auch das schafft Porosität. »Das erzeugt, so könnte man sagen, einen Luftzug, der es dem Sauerstoff erlaubt, im Boden zu zirkulieren. Je luftiger die Oberfläche ist, um so tiefer dringt die Pflanze in den Boden vor.« Dies sind die Bedingungen, die ein Rebstock braucht, wenn er die Eigenschaften seines Standorts, sein Terroir, optimal zum Ausdruck bringen soll.

### Terroir

Terroir ist im Zusammenhang mit Wein ein Zauberwort. Wird die Qualität eines Weins auch von anderen Faktoren wie Rebsorte, Kellerarbeit sowie Einstellung und Engagement des Winzers mitbestimmt, so wurde in allen traditionellen Anbaugebieten das Terroir als Basis für das System der Herkunftsbezeichnungen genommen. Dabei benennt dieses französische Wort eben nicht nur Boden oder Land, wie das Wörterbuch angibt, sondern die Gesamtheit der Faktoren, die an einem Ort auf die Rebe einwirken und den Ausdruck des Weins bestimmen. Darunter ist die mineralische Zusammensetzung des Bodens nur ein Faktor. Höhenlage, Neigung und Sonnenausrichtung der Lage spielen ebenso mit wie die natürliche Feuchtigkeit, zum Beispiel durch die Nähe eines Flusses, und die Regenfälle. Das Mikroklima mit seinen Temperaturen und Trockenheiten, der stärkeren oder schwächeren Markierung seiner Jahreszeiten nimmt ebenso prägenden Einfluß wie die Häufigkeit und Richtung der Winde. Alle diese Faktoren zusammengenommen bestimmen das Terroir und damit sein Aromenspektrum, den goût du terroir, den Terroirgeschmack. Doch diesen kann die Rebe nur dann an den Wein vermitteln, wenn sie selbst gesund ist und in einem lebendigen Boden wurzelt. Der Boden aber verändert sich und erhält eine besonders intensive Austauschkraft, wenn er über lange Zeiten auf natürliche Weise gepflegt wird. Nicht von ungefähr sind die berühmtesten Terroirs solche Lagen, die schon zu Zeiten der Römer oder im Mittelalter von Mönchen bearbeitet wurden.

Der Boden eines mit Unkrautvernichter behandelten Weinbergs ist hart und leblos und zeigt die von Chemie verbrannten , verdorrten Beikräuter.

Dieser biologisch gepflegte Weinberg wurde trotz seiner Steinigkeit gelockert, wodurch Bodenleben und Rebstock mehr Sauerstoff und Feuchtigkeit erhalten.

Laurent Combier ist einer der erfahrensten Biowinzer Frankreichs; selbst in schwierigen Jahrgängen besitzt sein Crozes-Hermitage beste Konzentration.

Während der Wein blüht und seine Knospen bildet, entscheidet sich bereits ein Teil der Ernte.

Der in Südfrankreich weit verbreitete Carignan ergibt bei niedrigen Erträgen charaktervolle Rotweine.

Junge Syrah-Rebe im Languedoc-Roussillon, dem größten französischen Anbaugebiet für Bio-Weine.

Wo die Weinstöcke am Drahtrahmen erzogen werden, muß man die Ruten sorgfältig hochbinden.

Die karge Natur, das trockene, windige Wetter kommen in Südfrankreich dem naturgemäßen Weinbau entgegen.

Weinberg des Château de Caraguilhes in den Corbières bei Narbonne.

Biologisch bearbeiteter Weinberg im nördlichen Rhônetal

**Höhepunkt und Entscheidung**

# Die Lese

Für jeden Winzer ist die Lese der entscheidendste Augenblick im Jahr. Erst wenn die Trauben eingebracht sind, zeigt sich mit Sicherheit, welche Qualität sie besitzen. Wie groß dann der Jahrgang in der Flasche wird, ist noch eine andere Frage. Dennoch gibt die Lese dem Winzer Anlaß zu Zufriedenheit oder Sorge.

Schon vor dem Vegetationsbeginn nimmt die Witterung Einfluß auf die späteren Trauben. Ein nasser oder trockener Winter stellt erste Weichen. Eine besonders heikle Phase ist die Blüte, die bei ungünstigen Umständen verrieseln kann. Je nach Wetter aber treten auch die latenten Pilzkrankheiten oder Insektenbefall wenig oder verstärkt auf. Regen oder Trockenheit forcieren oder bremsen die Entwicklung ebenso wie Kälte und Hitze. Je extremer die Bedingungen, desto stärker die Prägung. Gewiß hat dabei die biologische Bewirtschaftung der Weinberge mäßigenden Einfluß. Ein begrünter Weinberg besitzt zwangsläufig einen völlig anderen Wasserhaushalt als ein mit Unkrautvernichtern behandelter.

Rieslingtraube mit Edelfäule, die den natürlichen Zuckergehalt konzentriert und die Aromen verstärkt.

Je weiter sich die Trauben der Reife nähern, desto mehr spitzt sich die Situation zu. Die letzten Wochen haben am meisten Einfluß auf die endgültige Qualität. Das Ziel ist es, die Trauben mit optimaler Reife einzubringen. Doch was man darunter versteht, hängt davon ab, um welche Rebsorte es sich handelt und welche Art Wein der Winzer machen möchte. Je höher die Qualität ist, die er anstrebt, um so größer sind die Erwartungen an die Natur, und um so erheblicher ist das Risiko, das der Winzer eingehen muß. Da das Wetter launisch ist und je nach Region häufiger oder seltener günstige Bedingungen für große Jahrgänge schafft, zahlen sich jetzt die geleisteten Vorarbeiten aus. Ein tief in lebendigem Boden wurzelnder Rebstock ist ungefährdeter gegen plötzliche Unbilden. Wenn er nur eine angemessene Zahl Trauben trägt, wird er unter schwierigeren Verhältnissen besser zur Reife kommen als ein überladener, nur mit Kunstdünger genährter Stock von totem Boden. Die richtige Laubarbeit hilft ebenfalls.

Bei der Reife nimmt der Zuckergehalt in den Trauben progressiv zu, die Säure aber entsprechend ab. Dabei gibt es für jede Sorte und jeden Standort ein ideales Gleichgewicht, aus dem später ausgewogene und aromatisch intensive Weine entstehen. Weder ist zu hohe und aggressive Säure erwünscht, noch will man Moste, die ein über-

Unten: Was wäre die Weinlese, wenn man dabei nicht ein Glas auf die Güte des neuen Jahrgangs heben könnte?

Zur Weinlese finden sich auf vielen biologischen Gütern fast jedes Jahr dieselben Helfer zusammen.

mäßiges Alkoholpotential besitzen, aber nur minimale Säurewerte. Auch der Extrakt spielt mit hinein, bei Rotweinen nehmen die Tannine Einfluß. Einige weiße Sorten werden auch von Edelfäule befallen, die ihnen Wasser entzieht und Zucker und Aromastoffe konzentriert. Zwar wird der Winzer diese Werte analysieren und sich daran orientieren, aber immer kommt es auf seine Zielsetzung und letztlich auf seine Intuition an, bis er schließlich das Startzeichen für die Lese geben kann.

Hat er Glück, findet sie bei trockenem Wetter statt. Wenn ein Weingut sich um aktives Bodenleben kümmert, die Reben während der Wachstumsperiode mit Anbinden, Entblättern oder Auslichten pflegt, und es darauf abgesehen hat, einen möglichst hochwertigen Wein zu erzeugen, wird es seine Lese per Hand vornehmen.

Das ist eine anstrengende Arbeit, die viele und möglichst erfahrene Leute erfordert. Die Handlese ermöglicht es, bei diesem letzten und so überaus wichtigen Schritt selektiv vorzugehen. Unreife Trauben können hängen gelassen, faule oder von Grauschimmel befallene Trauben weggeworfen, nicht optimale von gesunden, vollreifen Trauben getrennt werden. Entsprechend werden die Trauben ganz und unbeschädigt in Eimern gesammelt und in nur kleinen Behältnissen, in denen sie nicht zerquetschen und nicht oxidieren, zum Keller befördert. Sind die Ansprüche an den späteren Wein besonders hoch, wird das Lesegut vor oder in der Kellerei auf Sortiertische geschüttet. Dort führt ein Team – auf größeren Gütern nicht selten acht oder zehn Leute – eine zusätzliche, noch striktere Auslese durch und trennt die besten von den weniger guten Trauben.

Behutsam und aufmerksam muß die Schere angesetzt werden – aus Rücksicht auf den Wein wie die Finger.

In vielen Weinregionen werden inzwischen Lesemaschinen eingesetzt, sogenannte Vollernter. Es ist wahr, daß sie die Trauben wesentlich schneller einbringen und daß dies ein praktischer und vor allem ökonomischer Vorteil sein kann. Aber Vollernter können nicht die gleiche sensible Selektion durchführen wie Lesehelfer. Und sie gehen keineswegs sanft mit den Reben um. Ein mit der Maschine gelesener Weinberg sieht anschließend buchstäblich verprügelt aus. Deshalb bleiben qualitätsbewußte und insbesondere ökologische Winzer bei der umständlichen, aber sanften manuellen Methode. Sie erfordert mehr Zeit und mehr Personal und verteuert die Produktion. Aber sie garantiert auch einen reinen, ungetrübten Weingenuß.

**Ökologische Umkehr**

# Aufbruch in Burgund

Die Grundlage für den burgundischen Weinbau wurde im Mittelalter von Zisterziensermönchen geschaffen. Sie entdeckten, daß die für Weinbau bestens geeigneten Hänge zwischen Dijon und Chalon eine verblüffende Fülle sich auf Schritt und Tritt ändernder Böden besaßen – eine Folge der Auffaltung der Alpen, deren Rand einstürzte und durch verschiedenartigste Einflüsse wie Erosion und Eisschmelze verändert wurde. Indem die Mönche weitere Faktoren wie Höhenlagen und Mikroklimata berücksichtigten, erstellten sie eine einmalige Klassifizierung: Jeder Zipfel Hang, der dem dort wachsenden Wein seine unterschiedlichen Aromen verlieh, wurde für sich abgegrenzt, benannt, und seine Trauben wurden gesondert gekeltert. Diese Klassifizierung wurde bis heute weitergereicht. Die darauf basierenden Weine faszinieren Weinliebhaber der ganzen Welt, zumal ihr großes aromatisches Spektrum nur mit je einer einzigen roten und weißen Rebsorte erreicht wird, dem Pinot noir und dem Chardonnay.

Aber auch die Winzer Burgunds folgten in den vergangenen Jahrzehnten dem Fortschritt, spritzten Pestizide, hörten auf, ihre Weinberge zu pflügen, und verteilten reichlich Kunstdünger. Gleichzeitig eroberte der Chardonnay, in geringerem Maße auch der Pinot Noir die Weinregionen der Welt. Spätestens jedoch, als ihre großen und teuren Gewächse immer öfter in Vergleichsverkostungen unterlagen, begannen die Winzer im Burgund, aufzumerken. Und dank lebendiger Erinnerungen an traditionelle Methoden, dank noch existierender alter Jahrgänge, dank biologischer Pionierwinzer wie Jean-Claude Rateau, Alain Verdet und Emmanuel Giboulot und dank der Erkenntnisse von Bodenwissenschaftlern wie Claude Bourguignon und Yves Hérody begann ein erstaunliches Umdenken. Mehr und mehr Winzer begriffen den Zusammenhang zwischen Bodenleben und Terroirgeschmack; sie bemühen sich seither, ihre Böden schonend und umsichtig wieder zu verbessern.

Zu den ersten Weingütern, die biologische Methoden anzuwenden begannen, zählt die Domaine de la Romanée-Conti, die den berühmtesten roten Burgunder überhaupt erzeugt. Aufsehen erregte 1988 die Umstellung des Starguts Domaine Leroy in Vosne-Romanée auf biodynamischen Anbau; zeitgleich machten auch die umfangreichen Experimente der nicht weniger anerkannten Domaine Leflaive mit der gleichen Methode in Puligny-Montrachet von sich reden.

Und nachdem sich schließlich so hervorragende Güter wie der Clos des Epeneaux in Pommard und die Domaine des Comtes de Lafon in Meursault ebenfalls für Maßnahmen zur Belebung des Bodenlebens durch Kompost engagierten, konstituierte sich 1995 für dessen Herstellung und Ausbringung ein Zusammenschluß von mehr als 80 der berühmtesten Domänen. Die hier genannten stehen beispielhaft für eine Trendwende im Weinbau der Bourgogne. Die Zukunft der großen Weine Burgunds, diese Einsicht hat sich durchgesetzt, gedeiht in biologisch bestellten Weinbergen.

Das Château der Comtes Lafon mit dem Weingarten Clos de la Barre ist das berühmteste Gut von Meursault.

Dem Clos des Epeneaux in Pommard gelang der steile Aufstieg nicht zuletzt dank biologischer Methoden.

Anne-Claude Leflaive, Domaine Leflaive, Puligny-Montrachet, macht seit Jahren erfolgreiche Versuche mit Biodynamik.

Dominique Lafon, Domaines des Comtes Lafon, Meursault, steigerte die Weine des Gutes zu überragender Qualität.

Pascal Marchand, Direktor des Clos des Epeneaux, gebürtiger Kanadier, schuf mit biologischem Anbau Spitzenweine.

Jean-Claude Rateau, Beaune, gibt als Pionier biodynamischen Anbaus in Burgund ein ermutigendes Beispiel.

Aubert de Villaine, der Leiter der weltberühmten Domaine de la Romanée-Conti, arbeitet bereits seit zehn Jahren biologisch.

Clos des Mariages, Beaune, in biodynamischer Kultur

Begrünung eines Weinbergs in den Hautes-Côtes.

Weinberge bei Vosne-Romanée

Die Weinberglage La Tâche in Vosne-Romanée, einer der berühmtesten Weinberge der Welt mit biologischem Anbau

**Geheimnisvolle Verwandlung**

# Im Weinkeller

Je schneller die frisch gelesenen Trauben zum Keller kommen, um so besser. Jetzt geht es darum, ihre aromatische Qualität unvermindert zu bewahren. Der größte Feind heißt Sauerstoff. Er beginnt bei aufgeplatzten Beeren sofort, auf den Saft einzuwirken und ihn zu oxidieren. Hohe Temperaturen beschleunigen diesen Prozeß. Gute Winzer oder Kellermeister tun alles, um ihn zu vermeiden. Dabei arbeiten auf Qualität ausgerichtete Betriebe, ob konventionell oder ökologisch, sehr ähnlich. Die Unterschiede im Keller sind viel geringer als die in der Außenwirtschaft.

Weiße Trauben werden in der Regel sofort entrappt, worunter man das Separieren von Stengeln und Strünken versteht, gemahlen und in die Presse gefüllt. Dann tropft bereits der weitaus größte Teil des Mostes, ohne zusätzlichen Druck, nur durch das Eigengewicht der Beeren ab. Dieser sogenannte Vorlauf ist am hochwertigsten, weshalb er gesondert in Tanks gefüllt wird. Beim anschließenden Pressen gelangen in den Most derbere Aromastoffe aus dem Fruchtfleisch und den Schalen, die für feine Weißweine wenig geeignet sind.

Beim Wein öffnen sich die meisten Aromen während der Gärung. Deshalb hat der Winzer ein großes Interesse daran, daß der Most so sauber und reintönig wie möglich ist. Ein Eingriff im Most-Stadium ist immer dem im Weinstadium vorzuziehen; denn bilden sich während der Gärung Fehltöne, ist eine Korrektur oft nicht mehr durchzuführen. Viele Winzer widmen deshalb ihr volles Augenmerk dem Most, was schnelle Entscheidungen und schnelles Handeln verlangt. Vor allem bedeutet das, daß sie den Most von dem Augenblick an, in dem er von der Kelter läuft, sensorisch bis zur Gärung begleiten müssen. Das heißt: immer wieder riechen und probieren, immer wieder aufgrund der Erfahrung aus vorangegangenen Jahren überprüfen, ob die Aromen sauber, klar, frei von Fehltönen sind.

Als erster Schritt nach der Pressung folgt die Vorklärung. Sie kann durch einfaches Absetzenlassen geschehen, indem man den Most über Nacht stehenläßt und am Morgen abzieht. Durch Kälte wird das Absetzen der Trübstoffe auf dem Tankboden gefördert, weshalb sich gerade auf Weißwein spezialisierte Winzer oft mit entsprechender Technik ausrüsten. Eine andere, auch von Ökowinzern angewandte Methode zur weiteren Klärung besteht in der sogenannten Flugschönung, bei der geringe Mengen von Gelatine zum Most gegeben werden; sie bindet die gröberen Partikel und sinkt dann zu Boden. Um einen stark von geschmacksprägender *Botrytis* (Edelfäule) charakterisierten Most zu mildern, wird Kohle als Granulat verwendet.

Viele Winzer starten die Gärung dann mit Reinzuchthefen. Wie manche konventionellen Spitzenbetriebe, so ziehen auch viele Ökowinzer die natürlichen, sich auf der Beerenschale befindenden Hefen vor und lassen eine sogenannte Spontangärung zu. Voraussetzung dafür ist aber ein sehr gesundes Lesegut; ist es dagegen von viel Fäulnis befallen, die eine scharfe Vorklärung notwendig macht, mindern Reinzuchthefen das Risiko, daß die Gärung falsch verläuft.

Heute sind die meisten Betriebe in der Lage, die Gär-Temperatur zu kontrollieren und auf dem gewünschten Wert zu halten. Durch Temperaturen, die sich bei Weißwein meist zwischen 18 und 22 Grad Celsius bewegen, gelingt es, eine längere Gärdauer zu erreichen, die für die spätere Weinqualität große Bedeutung besitzt. Je langsamer eine Gärung verläuft, um so mehr Aromen bilden sich und um so komplexer wird der Wein. Drei Wochen ist eine gute Gärdauer. Danach bleiben die Jungweine noch einige Zeit auf der Hefe. Hier wirkt sich die sorgfältige Vorklärung ein weiteres Mal positiv aus, denn nun kann man dem Wein eine längere Hefelagerung gewähren, die ihm geschmacklich zugute kommt. Dabei muß der Winzer ihn erneut sensorisch begleiten, wozu er das wichtigste Werkzeug einsetzt, das er im Keller hat: das Probierglas.

Wurden die Weine nicht in kleinen Eichenfässern von 225 Litern Fassungsvermögen, den Barriques, vergoren oder sollen sie nicht noch anderweitig ausgebaut werden, zieht man sie im November oder Dezember von der Feinhefe ab und filtriert sie. Dann sind sie in den meisten Fällen füllfertig. Auf Klär- und Schönungsmittel verzichten Ökowinzer. Ganz ohne Schwefel aber kommen auch sie während der Weinbereitung nicht aus. Denn der schützt den Wein in den kritischsten Phasen. Allerdings sind für Ökoweine erheblich geringere Mengen erlaubt als für konventionelle. Nach der Abfüllung, die sie streßt, genießen Weine eine gewisse Ruhephase, damit sie sich gut verkosten lassen, wenn sie in den Verkauf kommen.

Dennoch zeigen sich oft gerade die hochwertigsten Weine anfangs eher verschlossen. Dafür besitzen sie Struktur und Kraft, um mehrere Jahre zu reifen und sich zu verbessern.

Im frischgepreßten Most sieht man deutlich die Trübschichten.

Nach der Vorklärung sind die feinen Partikel gleichmäßig verteilt.

## Rotwein

Die Vinifikation blauer Trauben unterscheidet sich von der Weißweinbereitung durch die Maischegärung. Im Keller werden die Trauben ganz oder teilweise entrappt und gemahlen. Die Maische pumpt man in Bottiche oder Tanks, in denen die Gärung – durch Reinzuchthefen gestartet oder nur von natürlichen Hefen ausgelöst – einsetzt. Dabei entsteht Wärme, und der Traubenzucker wird zu Alkohol umgewandelt. Zugleich helfen Hefen, die Farb-, Gerb- und Aromastoffe aus den Schalen zu lösen. Um diesen Prozeß zu verstärken, werden die bei der Gärung nach oben steigenden Schalen und festeren Bestandteile, der sogenannte Tresterhut, entweder in den Most zurückgestoßen oder durch Umpumpen erneut durchtränkt.

Je nach beabsichtigtem Weinstil und Qualität der Trauben bleibt der Wein kürzer oder länger auf der Maische. Soll ein einfacher, süffiger Tropfen erzielt werden, zieht man ihn nach nur wenigen Tagen ab und preßt den Trester. Geht es um einen großen, auf lange Alterung angelegten Wein, kann die Maischezeit drei bis vier Wochen betragen.

Auch bei der Rotweingärung spielt Temperatur eine wichtige Rolle. Bleibt sie auf 25 °C und etwas darunter, werden fruchtige Aromen für eine frühzeitige Abfüllung begünstigt. Hält man sie aber auf 28 bis 32 °C, findet eine weitaus stärkere Extraktion statt, die komplexere und tanninreichere Weine ergibt. Diese eignen sich dann zu einem Ausbau im Barrique. In den kleinen Eichenfässern findet eine verhaltene Oxidation und eine Aufnahme feiner Tannine und Geschmacksstoffe statt, die zur Reifung und Abrundung der Weine beitragen.

Rotweine müssen in jedem Fall einen biologischen Säureabbau durchmachen. Dabei wandelt sich Apfel- in Milchsäure um, der Gesamtsäurewert wird niedriger und der Wein stabiler. Ob der Kellermeister diese zweite Gärung auch bei Weißwein durchführt, hängt davon ab, wie spritzig er den Wein wünscht.

Zunächst geht es um die Robe, den Farbton und die Brillanz.

Beim Riechen verrät der Wein Intensität und Vielfalt seiner Aromen.

Am Gaumen zeigt der Wein seine ganze Fülle und Länge.

Der Spätburgunder hat seine Qualität bewiesen.

## Weißweine

**Nicolas Joly: Coulée de Serrant**
Legendärer, langalternder Loirewein aus der biodynamisch kultivierten Sorte Chenin; außerordentliche Struktur und Komplexität - einer der größten Weißweine Frankreichs.

**Heyl zu Herrnsheim: Rheinhessen Nierstein Spätlese**
Isa und Peter von Weymarn, seit 1978 unter den Pionieren des Ökoweinbaus; große Weine aus berühmten Lagen, hier ein außerordentlich kräftiger und langanhaltender Riesling vom roten Schieferhang.

**Marc Kreydenweiss: Alsace Grand Cru Moenchberg**
Kunstliebender biodynamischer Winzer im elsässischen Andlau; dieser Tokay Pinot gris besticht mit großartiger Ausgewogenheit zwischen Zucker und Säure, Eleganz und außergewöhnlicher Länge.

**Rainer Eymann: Pfalz Riesling Spätlese**
Beispielhafter Biowinzer aus Gönnheim mit breitem Programm an überzeugenden Rot- und Weißweinen, wie diesem Top-Riesling: intensive, reife Fruchtigkeit, ausgewogen, mit feiner Restsüße.

**Fleury: Champagne Fleur de l'Europe**
Von Jean-Pierre Fleury 1989 umgestelltes hundertjähriges Winzerhaus. 1993 erster biodynamischer Champagner; reifes, vielfältiges Bouquet, voller Geschmack mit eleganter Würze und langem Abgang.

**Thierry Guyot: Puligny-Montrachet**
Einer der Pioniere ökologischen Weinbaus im Burgund, nur Chardonnay-Weine; diese renommierte Dorflage besitzt eine typisch nussige, buttrige, würzige Nase und eine exzellente Struktur.

**Graf von Kanitz: Rheingau Riesling Spätlese**
Von Ralf Bengel geführtes, seit dem 14. Jahrhundert naturnah bewirtschaftetes Gut mit Schiefersteillagen, seit 1991 ökologisch; feinfruchtiger Wein mit dezenter Restsüße und eleganter Säure.

**Fasoli: Soave Superiore**
Die Brüder Amadio und Natalino Fasoli arbeiten im Veneto biologisch und modern; hauptsächlich auf der Sorte Garganega basierender Soave: floral, mit Pfirsichfrucht, ausgewogen und feinfruchtig.

**Spiropoulos: Orino**
Bedeutendes, supermodernes Familiengut in Mantineia auf dem Peloponnes, seit 1993 Hinwendung zu biologischem Anbau; reinsortiger Moshofilero: frische, angenehme Aromen von Granny Smith und Anis.

**Nikolaihof: Wachau Riesling Smaragd**
Christine und Nikolaus Saahs führen dies faszinierende historische Gut in Mautern biologisch im Weinberg und bewußt traditionell im Keller; überragendes Beispiel ist der Smaragd.

**Domaine Huet: Vouvray Haut Lieu**
Von Noël Pinguet biodynamisch geführtes Spitzengut an der Loire; überragende Cheninweine, sowohl trocken als auch lieblich, wie dieser sehr aromatische und elegante Vouvray.

**Schloß Wallhausen: Nahe Kerner Spätlese**
Daß Michael Prinz zu Salm-Salm, Präsident des Verbandes Deutscher Prädikatsweingüter VDP, inzwischen ganz auf Ökoweinbau umstellte, fördert den ökologischen Weinbau sehr. Hier ein intensiv fruchtiger, voller Kerner.

**Jean Goulley: Chablis Premier Cru**
Philippe Goulley und seine Frau Dominique bewirtschaften erst ein Fünftel des Guts biologisch; dieser Montmain mit komplexem, fruchtig-mineralischem Bouquet ist gutstrukturiert und ausgewogen.

**Didier Dagueneau: Pouilly Fumé Silex**
Revolutionärer Winzer von der Loire; pflügt, pflanzt sehr dicht, lichtet aus, erntet in drei oder mehr Durchgängen; Silex ist ein Monument, einer der charaktervollsten Sauvignon blanc weltweit.

**Steffens-Keß: Mosel Riesling Auslese trocken**
Harald Steffens und Marita Keß haben sich im kleinen Reil auf Riesling spezialisiert; ihr Reiler Goldlay ist ein dichter, konzentrierter, harmonischer Tropfen mit großer Länge und schönem Körper.

**Domaine de l'Ecu: Muscadet Sèvre et Maine**
Seit 1975 wird das von Guy Bossard geleitete, 17 Hektar große Gut biologisch bearbeitet; sein ausgezeichneter Muscadet ist spritzig, frisch, besitzt feine Hefenoten und erstaunliches Volumen.

**Château la Canorgue: Côtes du Luberon**
Jean-Pierre und Martine Margan arbeiten seit 20 Jahren auf ihrem 75 Hektar großen Gut biodynamisch; ihr rarer, sehr gelungener Weißwein schmeckt nach Zitrone, Fenchel und Provence.

**Erwin Christ: Franken Scheurebe Kabinett**
War 1964 erster Winzer Frankens, der Ökowein biodynamisch erzeugte, nun von Ludwig Christ geführt; sehr charaktervolle Weine: dieser mit explosivem Johannisbeeraroma und erdig-mineralischer Note.

## Rotweine

**Laurent Combier: Crozes-Hermitage**
Mit seinem Clos des Grives, einer reinsortigen Syrah, vollbringt Laurent Combier Jahr für Jahr Wunder an aromatischer Vielfalt und Tiefe; seine Eltern sind Bio-Obstbauern der ersten Stunde.

**Di Filippo: Sangiovese Colli Martani**
Roberto di Filippo, studierter Önologe, stellte das toskanische Familiengut auf Bioanbau um; dieser mit etwas Merlot und Barbera gemischte Tropfen ist köstlich, fruchtig, würzig und elegant.

**Mas de Janiny: Vin de Pays d'Oc Cabernet**
Den Brüdern Julien, Biowinzer auch auf Domaine de Beau Séjour und Mas de Chinon, gelang mit ihrem Cabernet bei niedrigem Ertrag ein großer Wurf: ein reifer, kraftvoller Wein mit schönen Tanninen.

**Sedlescombe Vineyard: Dry Red**
Ray Cook und seine Frau Irma Hartmann erzeugen im englischen Sussex ökologische Weine, so Rivaner und Bacchus – aber auch ihr trockener Roter ist sauber, fruchtig und süffig.

**Château Falfas: Côtes de Bourg, Le Chevalier**
Seit 1988 bearbeiten John und Véronique Cochran ihre 22 Hektar Weinberge biodynamisch und vinifizieren überzeugende Weine; der komplexe, enorm strukturierte 1990er ist schlicht hervorragend.

**Albet y Noya: Penedès Tempranillo Col-lecció**
Josep Albet y Noya, Pionier des Öko-Weinbaus in Spanien, stellte 1980 das katalanische Familiengut um; starke Vanille- und Röstnoten des Barriqueausbaus mit reifer Beerenfrucht und samtigem Körper.

**Schloßgut Hohenbeilstein: Lemberger Spätlese**
Unter seinen württembergischen Weiß- und Rotweinen ist Hartmann Dippons trockener Lemberger ein Star; fruchtbetontes Bouquet, feine Würze, elegante Tannine und große Länge am Gaumen.

**Château de Caraguilhes: Corbières**
Von wilder Natur umgebenes, vor 35 Jahren von Lionel Faivre umgestelltes Schloßgut; 125 Hektar Weinberge, gute Rosés und Rotweine; nach sechs Jahren verschmolzen, samtig und sehr typisch.

**Podere Marella: Colli del Trasimeno**
Fiammetta Inga erzeugt auf ihrem umbrischen Gut beim Lago Trasimeno sehr individuelle Tropfen; ihr spannender, herausfordernder, tiefgründiger Spitzenwein basiert auf Sangiovese und altem Gamay.

**Christian Ducroux: Régnié**
Ein Pionier des biologischen Anbaus im Beaujolais; füllt etwas Primeur ab, aber der bestens gelungene Cru Régnié ist deutlich runder, länger, saftiger und besitzt frische rote Beerenaromen.

**Château Gaillard: Touraine-Mesland**
Vincent und Béatrice Girault arbeiten biodynamisch; neben aromatischen Weißweinen erzeugen sie auf ihren 28 Hektar diesen typischen roten, fruchtbetonten, im Charakter leichten Loirewein.

**Rainer Loacker: Alto Adige Lagrein**
Bei Bozen zieht Rainer Loacker Chardonnay, Sauvignon, Cabernet, aber auch Vernatsch und den typisch Südtiroler Lagrein biologisch; hervorragend aus dem Barrique, enorme Frucht, sehr feine Würze.

**Casar de Santa Inès: Merlot y Tempranillo**
Pérez Caramés' Rotwein von der Finca El Toleiro in der nordwestspanischen Region El Bierzo überrascht mit klarer, sauberer Kirschfrucht, schöner Harmonie und guter Länge, ein unkomplizierter Genuß.

**Château les Jésuites: Premières Côtes de Bordeaux**
Guy Lucmaret pflegt 5 Hektar Weinberge südöstlich von Bordeaux, wo Jesuiten im 17. Jahrhundert erste Reben pflanzten; viel Merlot; früh zugänglich, reife saubere Frucht und typischer Charakter.

**Jean-Claude Rateau: Beaune Premier Cru**
Dieser Pionier biodynamischen Weinbaus beeinflußt(e) viele Güter Burgunds; Les Bressandes ist sein Spitzenwein, voll köstlicher Frucht, feiner Würze, verblüffender Finesse und großer Länge.

**Kirchberghof: Baden Spätburgunder**
Familie Hügle stellte das 12 Hektar große Gut 1986 um; insbesondere Burgundersorten: sehr schöne, intensive, reintönige Spätburgunder-Nase, klare Frucht, dezente Würze, gute Struktur und Finesse.

**Terres Blanches: Les Baux-de-Provence**
Seit 1970 kultiviert Noël Michelin das 35 Hektar große Gut am Fuße der Alpilles biologisch; Cuvée Aurélia ist ein großartiger, reifer, vielschichtiger Wein mit kraftvollem, südlichem Charakter.

**Viberti: Barolo Riserva**
Während Vater Giovanni sich um die Trattoria kümmert, sorgt Sohn und Önologe Gian Luca für ökologische Weinbergsarbeit und feine Weine; rauchig, reifer, weicher, animalischer, voluminöser Barolo.

**Weinbau in der Sierra Morena**

# Traditionen

Wenn die Maultiere zwischen den alten knorrigen Rebstöcken den Boden lockern und der Arbeiter mit Geschicklichkeit und Kraft dafür sorgt, daß die Pflugschar die gewünschten Furchen zieht, fühlt man sich in eine andere Epoche zurückversetzt.

Und tatsächlich hat sich in den Weinbergen des Bergdorfs Villaviciosa de Cordoba seit langem eigentlich nichts verändert – außer der geistigen Perspektive des Bodegueros. Er hat erkannt, daß die einzige Zukunftschance für die in der wilden Sierra Morena gelegene Weinregion, eineinhalb Autostunden von Cordoba, in ökologischem Anbau liegt. Denn sie war zu unbedeutend und zu abgelegen, um einer der Ursprungsbezeichnungen zugeordnet zu werden oder gar eine eigene zu erhalten.

Noch immer stehen die vor Jahrzehnten gepflanzten Reben bunt durcheinander. Denn in früheren Zeiten sorgte man für den Mischsatz des Weins bereits im Weinberg. Darunter werden drei Fünftel von der Rebsorte Airén, die man auch Lairén nennt, gestellt. Sie stammt ursprünglich aus La Mancha und beherrscht ein Drittel der gesamten spanischen Anbaufläche. Ihr sagt der kalkreiche Boden der Sierra zu. Die teils extreme Hitze und Trockenheit verkraftet sie gut.

Zu Airén wurden zu gleichen Teilen Palomino Fino und Pedro Ximinez gesellt. Der erste ist als Sorte des Sherry bekannt, liebt Kreide und bringt höhere Erträge. Der zweite dominiert beim Montilla-Moriles, dem Sherry-Gegenspieler im südlichen Teil der Provinz Cordoba, wird aber auch für süßen Malaga angepflanzt und ist sehr zuverlässig. So vereinen die Weinberge von Villaviciosa die wichtigsten drei Sorten Südspaniens.

In dem extremen Klima der hochgelegenen Sierra, wo es im Winter empfindlich kalt, im Sommer aber über 40 Grad Celsius heiß werden kann und es während der Wachstumsperiode des Weinstocks höchst selten einmal regnet, treten praktisch keine Rebkrankheiten auf. Die Weinberge liegen eingebettet zwischen Wäldern aus Steineichen und Pinien und kargen Hängen, auf denen früher große Herden gehalten wurden. Davon sind nur wenige übriggeblieben. Aber Schafherden grasen im Winter zwischen den Stöcken und düngen auf natürliche Weise. Oder man sät zur Bodenverbesserung wieder Lupinen, so wie man es früher zu tun pflegte. Sie reichern Stickstoff an und werden im Frühjahr als Düngung untergepflügt.

Die hiesigen Winzer erkannten, daß schon der traditionelle Weinbau mit seinen alten Bearbeitungsmethoden ökologisch war; sie mußten ihn nur weiterführen.

Die alten Stöcke tragen nur geringe Mengen gesunder goldener Trauben mit sehr hohen Zuckerwerten, aus denen ein einmaliger Wein reift. Eingriffe mit moderner Chemie könnten die Erträge sicher kurzfristig erhöhen, würden aber langfristig gerade den besonderen Reichtum dieser Weinregion zerstören.

Ökologischer Weinbau verlangt vom Winzer oft eine Selbstbescheidung, was die Quantität angeht. Sie findet aber allemal ihren Lohn in der erzielten Qualität des Weins, und nur sie garantiert auf lange Sicht auch soliden geschäftlichen Erfolg.

**Feiner Flor in Amphoren**

# Likör-Wein

Die Lese fällt in den September. Die mit der Hand gepflückten Trauben werden zur Bodega gekarrt und in den Trichter einer Endlospresse geschüttet. Anschließend in große Edelstahltanks gefüllt, gären sie in etwa 20 Tagen völlig durch, wobei die Temperatur auf 22 Grad Celsius limitiert wird. Auch in Villaviciosa weiß man, sich moderne Technik zunutze zu machen. Bis zum Frühsommer bleiben die Jungweine in den Stahltanks, gut gegen Oxidation geschützt. Der Unterschied zum Sherry besteht darin, daß die Weine der Sierra Morena aufgrund ihres natürlichen Traubenzuckergehalts den notwendigen Stärkegehalt von über 15 Prozent erlangen und nicht zusätzlich mit destilliertem Alkohol versetzt werden müssen. Das nächste Stadium verbringen die Jungweine in tinajas. Diese aus Ton oder heute oft aus Beton gefertigten Amphoren mit der oben verengten Öffnung fassen 100 arrobas, also 3000 Liter. Sie stehen in einem kühl und feucht gehaltenen, zugigen Keller. Während des Sommers geschieht nun das Wunder, dem auch der feinste Sherry, der Fino, sein Entstehen verdankt. Auf der Oberfläche des Weines wächst der Flor, eine watteähnliche Hefepilzschicht. Ihre Bildung beobachtet der Bodeguero genauestens, denn danach klassiert er die Weine. Nur wenn viel Flor ihre Oberfläche mit einer dichten Schutzschicht überzieht, läßt er sie weiterhin, für ein bis zwei Jahre, in den tinajas.

Dann werden sie in die Solera gefüllt. Dieses südspanische System, starke oder verstärkte Weine zu reifen, zielt im Gegensatz zur Entwicklung von Tafelweinen nicht darauf ab, den jeweiligen Jahrgangscharakter zu bewahren, sondern ihn zugunsten des übergreifenden Weincharakters aufzulösen. Die Solera des Palído, wie der Finotyp der Sierra Morena heißt, besteht aus vier Reihen 480 Liter großer Fässer mit unterschiedlich alten Weinen. Nur aus der ältesten, die auf dem suelo, dem Boden, ruht, wird zweimal im Jahr ein Teil abgezogen. Die fehlende Menge ersetzt Wein aus der nächstältesten Reihe oder criadera. So füllt man Reihe um Reihe nach und gießt in die jüngste, die oberste, den jungen Wein aus den tinajas. Auf diese Weise prägen die älteren die jüngeren Weine, und die Solera behält ihren Charakter.

Für den Palído bleibt der Flor ausschlaggebendes Kriterium. Denn er verleiht ihm ein köstliches Aroma von Hefe und Nuß und eine herrliche Frische. Deshalb schmeckt er am besten direkt aus dem Faß. Ist er erst einmal – meist nach vier Jahren in der Solera – abgefüllt, verliert er, wie auch der Fino, das wirklich besondere Etwas innerhalb weniger Monate. Deshalb sollte er nicht lange gelagert und, einmal geöffnet, kühl gestellt und schnell getrunken werden.

Zeigt er aber im Faß weniger Flor und kräftigere Noten, gibt der Kellermeister ihn in seine zweite, die Dorado-Solera, die eine criadera mehr besitzt. Der Dorado ähnelt dem trockenen Amontillado, der auf gereiften und entwickelten Finos basiert. Nach weiteren fünf Jahren des Ausbaus kommt der altgolden schimmernde Wein auf die Flasche, ein vielschichtiger, enorm aromatischer Tropfen mit Noten von Wal- und Haselnuß, Trockenfrüchten und Pfeffer. Man kann ihn als Aperitif servieren, zu kräftigen Tapas nippen oder als Digestif genießen.

Mit der Hacke und per Hand werden die Rebstöcke nach dem Pflügen von Unkraut befreit.

Im Winter müssen die Weinstöcke geschnitten werden, was viel Erfahrung und Präzision verlangt.

In Tinajas, riesigen Amphoren, bildet sich auf dem Jungwein der schützende, aromenspendende Hefeflor.

Eine uralte und bewährte Methode: mit einem Stock prüft der Bodeguero die Füllhöhe des Fasses.

Mit der Venencia, der speziellen Gerte, werden den Fässern Proben entnommen und in Gläser gefüllt.

Mit Vergnügen verkostet Gabriel Gomez hier seine grandiosen trockenen Aperitifweine.

**Für Hersteller und Verbraucher**

# Reiner Tee

»Two leaves and a bud« lautet die Pflückdevise in Teegärten: Denn die beiden obersten, noch nicht voll entfalteten Blätter des Teestrauchs und die darüber sich bildende Knospe geben das feinste, zarteste, ätherischste Aroma und den anregendsten Tee. In ihnen konzentrieren sich Koffein und Theobromin am stärksten. Obwohl Koffein im Tee das vorherrschende Alkaloid ist, unterscheidet sich seine Wirkungsweise von der im Kaffee erheblich. Kaffee putscht auf. Tee regt auf eine viel subtilere, aber andauerndere Weise an. Diese verhaltene Wirkung geht nicht nur auf den geringeren Koffeingehalt, sondern auf die Tannine des Tees zurück. An die den Magen beruhigenden Gerbstoffe ist das Koffein chemisch gebunden und wird im Körper erst allmählich freigesetzt.

Leider enthält Tee aus konventionellem Anbau inzwischen erhebliche Rückstände von so gefährlichen Insektengiften wie DDT und Lindan oder des Pilzmittels Tetradifon. Deren Auswirkungen auf Teetrinker sind – durch den Aufguß erheblich verdünnt – belanglos im Vergleich zu der Gefährdung der Menschen, die in den Plantagen arbeiten. Da Tee selbst mit Pestiziden und Kunstdünger eine arbeitsaufwendige Kultur bleibt, muß ihr Einsatz besonders kritisch beurteilt werden. Hinzu kommt, daß der forcierte Anbau der Teesträucher, insbesondere in den steilen Spitzenlagen, erhebliche Erosionsprobleme schafft.

Deshalb fördern Öko-Organisationen biologischen Teeanbau bislang in Darjeeling, Südindien, Sri Lanka und China. Der biologische Schwerpunkt liegt auf ausreichender Kompostversorgung. Dafür halten die Plantagen meist eigene Rinderherden. Zusätzlich sät man Leguminosen und setzt andere Kulturpflanzen. Unkraut wird mit Begrünung begegnet, die per Hand im Zaum gehalten wird. Sie hilft zugleich die Bodenfruchtbarkeit zu fördern und der Erosion entgegenzuwirken. Gegen Schädlinge setzt man auf Nützlinge, auf insektenabweisende Pflanzen wie Zitronengras oder – in Indien – auf biologisches Neem-Öl. Sehr bald stellen sich nach der Umstellungsphase beim Tee höhere Qualität und intensivere Aromen ein.

Ein weiterer Unterschied besteht in der Vermarktung. Die Bio-Plantagen liefern in der Regel direkt an ihre Abnehmer. Dadurch werden die teils erheblichen Preisschwankungen der offiziellen Teemärkte vermieden. Und das verbessert die ökonomische und soziale Situation der Produzenten erheblich.

## Qualitäts-Glossar

Die Qualität des Tees basiert auf den Blättern, Blattteilen und Blattgrößen, die für ihn verwendet werden. Dafür sind folgende Klassifizierungen und Kürzel üblich, wobei Orange soviel wie königlich bedeutet und Pekoe junge Blätter mit weißem Flaum bezeichnet.

**Fachbegriffe:**
**Tippy:** helle Spitzen der obersten Teeblätter
**Golden:** goldbraune, im Tee graue Spitzen
**Flowery:** die oberste Blattknospe
**Orange Pekoe:** die zwei obersten (ersten), jüngsten, noch zusammengerollten Blätter
**Pekoe:** die daruntersitzenden zweiten Blätter
**Pekoe Souchong:** die dritten, gröberen Blätter
**Souchong:** die vierten und tieferen, älteren, groben, wenig aromatischen Blätter
**Blatt-Tee:** ganze Blätter mit feinstem Aroma
**Broken:** gebrochene Blätter ohne Stengelanteile, im Charakter kräftiger als Blatt-Tee
**Fannings:** ausgesiebter oder maschinell zerkleinerter feiner Teebruch für Teebeutel
**Dust:** feinster ausgesiebter oder maschinell zerkleinerter Teestaub für Teebeutel
**First Flush:** erster Trieb, in Darjeeling im April und Mai gepflückt; feinduftig, zart, helle Tasse
**Second Flush:** zweiter Austrieb, in Darjeeling im Juni und Juli gepflückt; kräftig, dunklere Tasse
**Autumnal:** letzte Pflückperiode in Darjeeling im September und Oktober; gröberer Charakter

**Kürzel in Beispielen:**
SFTGFOP: Special Fine Tippy Golden Flowery Orange Pekoe – allerhöchste Darjeeling-Qualität
FTGFOP: Fine Tippy Golden Flowery Orange Pekoe – zweithöchste Darjeeling-Qualität
TFOP: Tippy Flowery Orange Pekoe – sehr guter Blatt-Tee aus Knospen und ersten Blattspitzen
FOP: Flowery Orange Pekoe – guter Tee aus den ersten Blättern mit wenig Knospen
OP: Orange Pekoe – guter Blatt-Tee aus den zarten ersten Blättern
FBOP: Flowery Broken Orange Pekoe – hochwertiger Tee aus gebrochenen Knospen und ersten Blättern
BOP: Broken Orange Pekoe – sehr guter, kräftigerer Tee aus den gebrochenen ersten Blättern
BPS: Broken Pekoe Souchong – Tee aus gebrochenen älteren, wenig ergiebigen Blättern
FOF: Flowery Orange Fannings – Teebruch von Blatt-Knospen und ersten Blättern
OF: Orange Fannings – Teebruch erster Blätter
PF: Pekoe Fannings – Teebruch zweiter Blätter

## Vom Strauch zum Tee

**1. Anbau**
Der heutige Tee ist botanisch eine Kreuzung aus der chinesischen Variante *Camelia sinensis* mit der indischen *Thea assamica* und eigentlich ein 5 bis 15 Meter hoch werdender, mit den Kamelien verwandter Baum. Er wird zu gut einen Meter hohen immergrünen Büschen geschnitten, bei denen man ständig die Blütenknospen entfernt. Er liebt tropisch warmes Klima mit reichlich Feuchtigkeit und fruchtbare Böden.

**2. Pflücken**
Feine Finger sind nötig, um die zarten Blätter von den Teebüschen abzuzupfen, weshalb die Ernte meist in den Händen von Frauen liegt. Alle 8 bis 10 Tage haben die neuen Triebe Pflückgröße erreicht.

**3. Welken**
Auf Rosten ausgebreitet läßt man die Blätter durch warme Luftströme in 10 bis 18 Stunden welken, wobei zwischen 30 und 50 Prozent ihres Wassergehalts verdunsten.

**4. Rollen**
In Maschinen werden die angetrockneten Blätter unter Druck zwischen Messingscheiben gequetscht, wobei ihre Zellwände aufplatzen und ätherische Öle freiwerden. Für Teebeutel verwendet man das CTC-Verfahren (Crushing Tearing Curling), das die Blätter zerquetscht, zerreißt und rollt, so daß feinkörniger Teebruch entsteht.

**5. Fermentieren**
An der Luft beginnen die zerquetschten Blätter sofort zu fermentieren. Dabei verlieren sie ihre grüne Farbe, werden dunkel bis schwarz, während sich, durch Wärme und Feuchtigkeit gefördert und unter dem Einfluß der Enzyme, die Aromen herausbilden. In der Lenkung dieses nur wenige Stunden dauernden Prozesses zeigt sich die ganze Kunst der Teemacher.

**6. Trocknen**
Sobald die Experten befinden, daß der Tee die optimalen Aromastoffe entwickelt hat, gelangen die Blätter in Heißluftkammern, in denen der Trocknungsprozeß die Fermentation beendet und der Tee haltbar wird.

**7. Sortierung**
Als letztes schließt sich das Sieben und Sortieren des Tees an, wonach man ihn – seiner Qualität entsprechend – verpackt.

Bei der Teepflanze liefern die Spitzen der obersten, unentfalteten Blätter die höchste Qualität.

## Teearten

**Schwarzer Tee**
aus den fermentierten Blättern des Teestrauchs; Hauptanbaugebiete: Assam, Darjeeling, Südindien, Sri Lanka, China, Java, Kenia.
**Grüner Tee**
aus den unfermentierten Blättern des Teestrauchs; Hauptanbaugebiete: China, Japan.
**Oolong**
halbfermentierter Tee aus den Blättern des Teestrauchs; Hauptangebiete: Taiwan, China.
**Bancha**
aus älteren Blättern des Teestrauchs; grüner, aufzukochender Tee aus Japan; wenig Koffein.
**Kukicha**
oder Drei-Jahres-Tee, denn so alt sind die Zweige des Teestrauchs mindestens, aus denen dieser grüne Tee aus Japan gewonnen wird; kaum Koffein.
**Mate**
rauchig schmeckendes, teeähnliches Getränk aus zum Teil gerösteten Stechpalmenblättern; Hauptanbaugebiete: Paraguay, Brasilien, Argentinien; wenig Koffein.
**Rooibush**
ähnlich wie Schwarztee werden die Blätter dieses mannshohen, in Afrika wachsenden Busches gerollt und fermentiert, wobei er seine rötliche Färbung annimmt; kein Koffein.

**Kaffee-Geschichte**

# Schwarze Bohnen

Ursprünglich stammt Kaffee aus dem Südwesten Äthiopiens, dort wachsen Kaffeebäume in der Kaffa genannten Region wild im Urwald. Im 15. Jahrhundert hatte sich der Genuß des Kaffees in den arabischen Ländern bereits weit verbreitet. Hier lernten ihn venezianische Kaufleute, die im Handel mit dem Orient führend waren, kennen, und gegen 1630 wurde er zum ersten Mal in Venedig getrunken. In den darauffolgenden Jahrzehnten eroberte er als Luxusgetränk die vornehmen Salons fast aller europäischen Länder. Daran konnten auch die Vorbehalte der Kirche gegen dieses heidnische Getränk und zeitweise Verbote nichts ändern. Bereits 1652 eröffnete das erste Kaffeehaus in London.

Nach den Venezianern erkannten die Holländer das enorme Handelspotential, das im Kaffee lag. Ihnen gelang es, sich Setzlinge zu verschaffen und das Monopol der arabischen Länder zu brechen. Der Auftakt für die kolonialistische Kaffeeproduktion war gemacht. Schnell folgten die anderen Kolonialmächte dem Beispiel. Wo immer Klima und Böden geeignet waren, ob in Afrika, Südamerika oder Asien, erzwangen sie den Kaffeeanbau und beuteten die einheimische Bevölkerung gnadenlos aus. Zugleich ebneten sie in Europa dem Massenkonsum den Boden. Mehr und mehr Kaffeehäuser und Cafés schossen aus dem Boden. Kaffeetrinken wurde zur gesellschaftlichen Sitte, die sich im täglichen Leben einbürgerte. Aber die eigentliche Explosion des Verbrauchs vollzog sich erst in den letzten 50 Jahren. Inzwischen ist in den meisten Ländern Kaffee das Getränk Nummer Eins.

Der gewaltige Bedarf wird durch eine Massenproduktion befriedigt, die jährlich über vier Milliarden Kilo Kaffeebohnen liefert. In den mit Abstand größten Anbauländern Brasilien und Kolumbien, aber auch in Indonesien, Elfenbeinküste, Mexiko und anderen mittel- und südamerikanischen und afrikanischen Staaten wurden und werden dafür Urwälder niedergemacht. Der Kaffeebaum benötigt tropische Wärme, hohe Niederschläge, viel Dünger und ist in der Monokultur extrem anfällig gegen Schädlinge. Entsprechend hoch ist der Einsatz von – in Europa meist verbotenen – Pestiziden. Inzwischen gibt es aber alternative Projekte in Nicaragua, Mexiko, Peru, Kolumbien, der Dominikanischen Republik, Papua Neu-Guinea und in anderen Ländern, in denen ökologischer Anbau und fairer Handel Menschen und Umwelt helfen.

## Eine ganz besondere Kirsche: Kaffee

Der Kaffeebaum wird als Strauch kultiviert, um die Pflege und Ernte zu erleichtern. Von den verschiedenen Arten ist *Arabica* die verbreitetste. Sie eignet sich für Höhenlagen, denn Kaffee wird bevorzugt an Hängen zwischen 400 und 1300 Metern angepflanzt. *Robusta* ist die nächstwichtigste Art, in Ansprüchen wie Geschmack rustikaler. Neu gesetzte Sträucher entwickeln nach drei Jahren die ersten Blüten. Wie weiße Sterne sitzen sie dicht an dicht an den Zweigen direkt über dem Blattansatz. Ihr Duft erinnert an Jasmin. Dann aber braucht es acht bis zwölf Monate, bis sich die kirschähnlichen Früchte ausgebildet haben und reifen. Dies tun sie ungleichmäßig, weshalb die Ernte per Hand geschieht.

Das Fruchtfleisch der Kirschen umschließt in der Regel zwei Steinkerne, in denen jeweils ein von einer hauchdünnen Haut eingehüllter Same sitzt, die Kaffeebohne. Um an sie heranzukommen, läßt man die Kirschen entweder an der Sonne trocknen oder entfernt das Fruchtfleisch maschinell mit einem Entpulper. Danach fermentieren sie zur Entbitterung 12 bis 24 Stunden. Nach einer Waschung werden die Kerne getrocknet und meist von der Hornschale befreit, so daß man die grünen Rohbohnen erhält. Sie werden im Großhandel vertrieben.

Damit die Bohnen ihr aromatisches Potential in trinkbaren Kaffee verwandeln, muß man sie rösten. Je nach Dauer und Temperatur der Röstung verändern sie Farbe und Geschmack. Je geringer sie geröstet sind, desto heller ist ihre Farbe, desto stärker die Säure, desto schwächer der eigentliche Kaffeegeschmack, desto dezenter die Bitternoten, aber desto höher der Koffeingehalt. Je stärker man sie röstete, desto dunkler die Farbe, desto schwächer die Säure, desto markanter die Bittertöne, aber desto niedriger der Koffeingehalt. Der Kaffeegeschmack drückt sich im mittleren Bereich am markantesten aus. Er geht auf das ätherische, flüchtige und in Wasser lösliche Kaffeeöl zurück, das während des Röstprozesses vom Inneren der Bohnen auf ihre Oberfläche getrieben wird. Deshalb sehen stärker geröstete Bohnen öliger aus. Bei zu starker Erhitzung verfliegt das Kaffeeöl ebenso wie Säure und Koffein.

Von Kaffee wird in der Vollwertkost abgeraten. Wer gerne Kaffee trinkt, greift am besten zu einem biologisch angebauten.

In den kirschenähnlichen Früchten des Kaffee-Strauchs sind die meist zwei Samen, die Bohnen, verborgen.

Die Kaffeekirschen müssen in mehreren Ernten per Hand gepflückt werden, weil die Früchte nicht gleichzeitig reifen.

Werden die Kirschen maschinell entkernt, müssen sie an der Sonne trocknen, ehe man das Fruchtfleisch entfernt.

## Kaffee-Ersatz

Muckefuck und Konsorten trösteten schon im letzten Jahrhundert all diejenigen Kaffeefreunde, die sich den kleinen Schwarzen nicht leisten, nicht besorgen oder ihn nicht vertragen konnten. Um nicht auf den geliebten Genuß, aber aufs Koffein zu verzichten, haben sich nun Naturköstler dem gebrannten Ersatz zugewandt. Abgesehen vom Chicorée, der aus der Wurzel einer Zichorienart hergestellt wird, und dem Kaffeeersatz aus der Löwenzahnwurzel, basieren Ersatzkaffees vor allem auf Getreide. Am bekanntesten ist der Malzkaffee aus gemälzter und dann gerösteter Gerste. Andere Getreidekaffees basieren auf Gerste und Roggen, werden aber mit Zichorie, Löwenzahn, Eichelschrot, Feigen und anderen pflanzlichen Zutaten abgerundet. Um dem aufregenden Vorbild möglichst weitgehend geschmacklich zu entsprechen, wird stark geröstet, meist stärker als bei Bohnenkaffee. Und da liegt – trotz biologischen Anbaus – der Hase im Pfeffer. Denn dabei kann, wie beim Grillen, Benzpyren entstehen, und das gilt als krebserregend.

Ein filterfähiger Kaffeeersatz aus Früchten und Getreide.

Geröstete Gerste – die Grundlage vieler Ersatzkaffees.

Gemälzte Gerste liefert die Basis dieses Malzkaffees.

Zichorien, Feigen und Getreide – ein weiterer Frucht- und Getreidekaffee.

Hochwertiger, naturmilder Arabica-Kaffee aus ökologischem Landbau.

Ein veredelter, schonend gerösteter Bohnenkaffee aus kontrolliertem Anbau.

Die oft melonengroßen Kakaofrüchte wachsen direkt am Stamm oder an den Hauptästen des Kakaobaumes.

## Tropisches Pulver: Kakao

Biologischer Kakao ist noch eine Seltenheit. Das interessanteste Projekt entstand im Tiefland Boliviens, am Ufer des Alto Beni. Dort wurden 800 Familien aus dem Hochland der Anden angesiedelt, um ihnen bessere Existenzmöglichkeiten zu schaffen. Sie begannen mit Kakao-Anbau und schlossen sich 1977 zu einer Kooperative zusammen. Ab 1987 verlegten sich Mitglieder auf ökologischen Anbau. Inzwischen wird der Kakao in einer eigenen Fabrik in La Paz hergestellt. Dies bedeutet nicht nur aus wirtschaftlicher, sondern auch aus ökologischer Sicht einen enormen Vorteil. Denn abgesehen von den Pestiziden, die beim konventionellen Anbau in großem Maße eingesetzt werden, ist Kakao deshalb so bedenklich, weil die leicht schimmelnden und Insekten anziehenden Bohnen für den langen Transport nach Europa mit hochgiftigen Chemikalien begast werden, von denen Rückstände ins Kakaopulver geraten können. Gesundheitlich problematisch sind auch die als Instantpulver angebotenen – und vor allem auf Kinderkonsum ausgerichteten – Kakaogetränke, die zum allergrößten Teil aus Fabrikzucker bestehen (s. Bd. I, S. 266).
Der immergrüne Kakaobaum ist ein bis acht Meter großes Gewächs. Seine rötlichen Blüten sind verblüffend klein für die großen, an Gurken oder Melonen erinnernden roten bis gelben Früchte, die direkt aus dem Stamm oder den Hauptästen sprießen. Zwar mögen die Bäume heiße Temperaturen und viel Feuchtigkeit, weshalb sie nur in den wärmsten Tropen gedeihen, aber direkte Sonneneinstrahlung schadet ihnen, insbesondere wenn sie jung sind. Dann brauchen sie Schattenbäume. Fast zehn Jahre muß ein Baum alt werden, ehe er richtig trägt. Die Früchte reifen ungleichmäßig und werden im Sechs-Wochen-Rhythmus geerntet. Unter der derben, halbharten, geriffelten Schale befindet sich zuckerhaltiges Fruchtfleisch, das die Kakaobohnen umhüllt. Nach der Ernte schlägt man die Früchte auf, reißt die Samen heraus und schüttet sie in Kästen, in denen das sie umgebende Fruchtmus gärt. Durch die Gär-Temperaturen bilden sich erste Aromastoffe. Anschließend werden die Bohnen getrocknet und der Rohkakao verladen. Um Kakaopulver aus ihm herzustellen, wird er zunächst geröstet. Dann folgen Schälen und Mahlen, eine breiartige Kakaomasse entsteht. Die Kakaobutter wird abgepreßt, der Preßkuchen zermahlen und gesiebt. Das schwach entölte dunkle, aber milde Kakaopulver mit mindestens 20 % Fett wird für Getränke, das stark entölte hellere Pulver mit 8 % Fett Minimum für Kuchen und Desserts benutzt.

# Küchentechnik

Der Küchentisch ist seit jeher kommunikativer Mittelpunkt der Familie.

Vorherige Doppelseite: Bei der Arbeit am Herd – dem Zentrum jeder Küche – werden zahlreiche Utensilien benötigt.

Arbeitsgerät
Essentielle Arbeitsweisen
Vorratshaltung
Biologisch reinigen

Was nützt es, sich mit aus biologischem Anbau stammenden Lebensmitteln zu versorgen, wenn man sie verkehrt lagert oder verarbeitet? Schon beim falschen Waschen verlieren frisches Obst und Gemüse einen großen Teil ihrer Vitalstoffe. Auch zu hohe Koch- oder Brattemperaturen können drastische negative Veränderungen der wichtigsten Nährstoffe bewirken. Es empfiehlt sich, die einzelnen Garmethoden zu studieren und ihre Auswirkungen auf das jeweilige Lebensmittel zu kennen. Zur Vorbereitung und Weiterverarbeitung der Nahrungsmittel können einfache Geräte dienen, die ohne Strom auskommen. Sie lassen Rohkost gleichzeitig zu dekorativen Formen und Verzierungen werden, denn das Auge ißt ja bekanntlich mit.
In der Küche als Lebensraum beginnen sich biologische Einsichten auch auf anderen Ebenen durchzusetzen. Abfälle werden sortiert und zum größten Teil kompostiert. Küchenmöbel werden aus biologisch einwandfreien Materialien hergestellt. Die früher so beliebten mit Kunststoff beschichteten Spanplatten gehören der Vergangenheit an. Längst weiß man, daß sie allergieauslösendes und vermutlich krebserzeugendes Formaldehyd enthalten und verströmen. Zunehmend gibt es Schreinereien und Möbelhäuser, die in Hinblick auf Herstellung und alltäglichen Gebrauch unbenkliche Möbel ohne gesundheitsschädliche Lösungsmittel und Pestizide anbieten.
»Nachhaltig« heißt die neue Vokabel. Sie beinhaltet sieben Kriterien, die das Produkt aufweisen muß: ressourcenschonend und emissionsarm hergestellt, langlebig, emissionsfrei während der Nutzung, reparaturfähig, nachrüstbar, recyclingfähig nach der Nutzung, schadlos entsorgbar.
Diese Merkmale werden den Verbraucher beim Erwerb von Einrichtungsgegenständen, Küchenmöbeln oder Küchengeräten zunehmend bestimmen und leiten. Daß man dabei auch das Kriterium Langlebigkeit unterstreicht, kann Menschen, denen Qualität allgemein und Lebensqualität im besonderen am Herzen liegen, nur froh stimmen. Schließlich wächst die häusliche Atmosphäre auch organisch, und die eigene Küche gewinnt an Charakter mit dauerhaften und vertrauenswürdigen Möbeln und Geräten.

# Arbeitsgerät

Nicht jedermann mißt der Küche die gleiche Bedeutung bei und verbringt dort gleich viel Zeit. Aber für all diejenigen, die Wert auf ihre Ernährung legen, ob wegen Gesundheit oder Geschmack oder beidem, ist sie von großer Wichtigkeit.

Der Mittelpunkt der Küche ist der Herd, der bereits in früheren Zeiten das Zentrum jedes Haushalts bildete. Um an ihm arbeiten zu können, benötigt man zahlreiche nützliche Utensilien. Bei ihrem Erwerb ist es sinnvoll, sie aus ökologischer Sicht zu beurteilen. Ob es sich um den Herd selbst, Geräte wie Mixer oder Mixstab, Mühle (s. Bd. I/36) oder Flocker (s. Bd. I/33), Küchenmaschine oder Rührgerät, Saft- oder Knoblauchpresse, Pfanne, Topf oder Kessel, Messer, Löffel, Gabel, Bürste, Reibe oder anderes handelt, auf das Material, die Oberflächenbehandlung, die Verarbeitung, den Energieverbrauch bei Herstellung und Verwendung, den Herstellungsort, die Langlebigkeit, die Reparatur- und die Recyclingfähigkeit kommt es an.

Profiköche benutzen gern und zu Recht Geräte aus Edelstahl, denn im Gegensatz zu Buntmetallen gibt es ausreichende Vorkommen. Er ist leicht zu säubern und zu pflegen, wird im Vergleich zu Aluminium mit weniger Energie und Abfall erzeugt, kann im Gegensatz zu Emaille nicht abstoßen, rostet nicht wie Gußeisen, zerbricht nicht wie Glas oder Keramik und ist außerordentlich langlebig.

## Behutsame Vorbereitung

Ein möglichst großer Anteil an frischem Obst und Gemüse sollte roh verzehrt werden, um die enthaltenen wichtigen Vitalstoffe ohne großen Verlust aufnehmen zu können. Aber selbst bei roher Kost gibt es bereits beim Waschen Einbußen, insbesondere an den sehr empfindlichen Vitaminen C, B1, E und Folsäure. Da das Wasser der erste Feind der Vitalstoffe ist, sollte man Obst und Gemüse mit einer Gemüsebürste reinigen oder

- nur so kurz und so kalt wie möglich unter fließendem Wasser abspülen;
- nur ungeschält und unzerkleinert waschen;
- nie im Wasserbad liegen lassen.

Wenn man Gemüse oder Obst schält, gehen weitere Vitalstoffe verloren. Lebensmittel sollten immer erst kurz vor der Zubereitung oder dem Verzehr kleingeschnitten werden, um den Oxydationsprozeß des Luftsauerstoffs zu vermeiden. Außerdem sollten sie nicht stärker als unbedingt nötig zerkleinert werden, denn je kleiner ein Lebensmittel geschnitten wird, desto größer sind auch die Verluste beim Garen.

Küchenmesser

Buntmesser

Gemüsehobel

Mehrzweckreibe

Schaumlöffel

Schneidbrett aus Kunststoff

Schöpfkelle

Tourniermesser

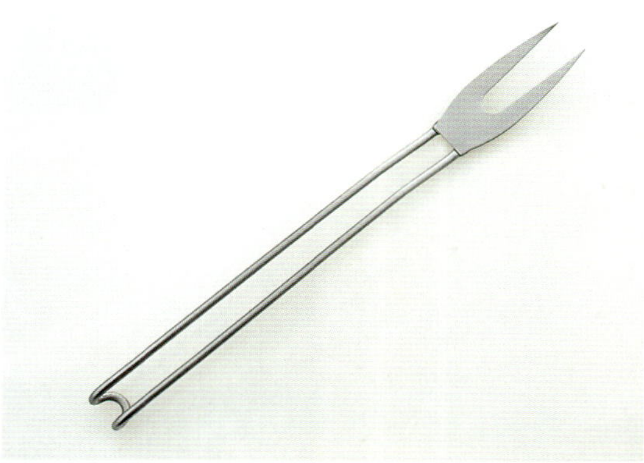
Fleischgabel

Gemüsebürste

Gemüse- und Kräutermesser

Nudelrolle

Kugelausstecher (Pariser Löffel)

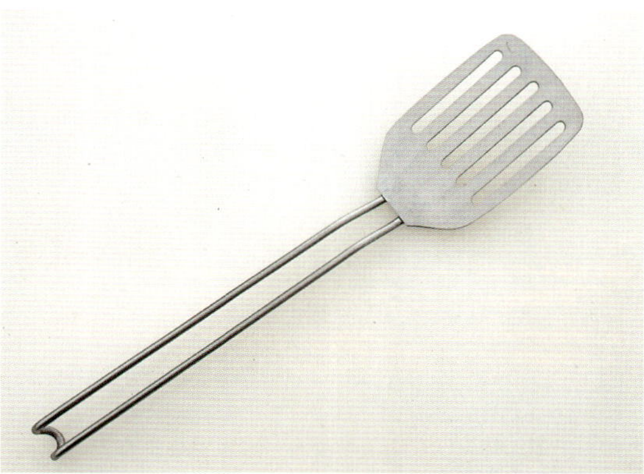
Bratenwender

Handsieb

Sparschäler

Standsieb

Tranchierbrett

Tranchiermesser

Zesteur oder Julienne-Reißer

# Essentielle Arbeitsweisen

Frisches und gesundes Obst und Gemüse, das voller Vitalstoffe steckt, nimmt man mit besonders viel Vergnügen in die Hand, um es für das gewählte Rezept vorzubereiten. Gerade im Rahmen der biologischen Ernährung verdient es besondere Aufmerksamkeit und ein wenig mehr Aufwand bei der Verarbeitung. Da viel Gutes in der Schale steckt, sollte man Obst und Gemüse – wenn überhaupt nötig – nur ganz dünn schälen. Dekorativ geschnittene Rohkost spricht das Auge an und wirkt appetitlich.

## Bio-Küchenmöbel

Wenn man sich mit biologischen Lebensmitteln versorgt, an die man ökologisch hohe Anforderungen stellt, sollte man auch auf die Materialien, die bei der Kücheneinrichtung verwendet werden, achten.
Massivholz ist für Küchen ein bevorzugter Rohstoff, der aus nachhaltiger Forstwirtschaft stammen sollte. Immer mehr biologisch gepflanzte und gepflegte Wälder sind im Entstehen. Wegen des geringeren Transportwegs sind regional angebaute Hölzer zu bevorzugen. Neben den Weichhölzern Kiefer, Tanne und Fichte gewinnen bei biologischen Kücheneinrichtungen Buche, Birke und Kirsche an Bedeutung. Tropenhölzer sind grundsätzlich verboten.
Das Holz selbst muß auf biologische Weise behandelt worden sein, und zwar ohne Holzschutzmittel und somit ohne Formaldehyd, Pentachlorphenol oder Schwermetall enthaltende Verbindungen. Die Oberflächenbehandlung sollte nur mit lösemittelfreien Naturstoffen, bei denen die Poren offen bleiben, und ohne synthetische Lacke oder Farben, die auf schädlichen Inhaltsstoffen basieren, erfolgen.
Aber Küchen müssen nicht nur aus Holz bestehen. Für die Arbeitsflächen eignen sich polierte Natursteine. Kunststoffe sind dann akzeptabel, wenn es sich um die Sorten PE (Polyethylen) und PP (Polypropylen) und nicht um PVC (Polyvinylchlorid) handelt. Die Möbel sollten möglichst nur einen einzigen Kunststoff enthalten, um das Recycling zu vereinfachen. Beschichtungen, die schlecht getrennt werden können, sind deshalb unerwünscht.
Die Küchenelemente sollten aus Komponenten zusammengesetzt sein, deren Verbindungen dauerhaft, aber von Hand oder mit Werkzeug leicht lösbar sind. Dies schafft sowohl die Voraussetzung für Reparatur oder Austausch einzelner Teile als auch für gutes Recycling. Klebeverbindungen sind nur zwischen gleichen Materialien erwünscht und nur mit Klebstoffen, die frei von schädigenden Lösemitteln, Formaldehyd und anderem sind.
Dem Anstrich der Küche sollte die gleiche Aufmerksamkeit entgegengebracht werden. Die Herstellung der üblichen Kunstharzdispersionen ist umweltbelastend, verschiedene ihrer Inhaltsstoffe sind im Innenraum wenig zuträglich und sie beeinträchtigen die Atmung von Wänden und Baustoffen stark. Die beste Alternative sind – außer dem Kalk für Neubauten – die gut deckenden und haltbaren Kaseinfarben, die sich auch leicht überstreichen lassen.

**Bürsten:** Nur die Schale wird kurz und unter fließendem kaltem Wasser von Erde und anderem Schmutz befreit.

**Hacken:** Bewegt man ein Kräuter- oder Wiegemesser auf und ab, werden Kräuter und Zwiebeln zerkleinert.

**Kugeln ausstechen:** Mit dem Pariser Löffel lassen sich hübsche Kugeln aus Früchten und Gemüsen ausstechen.

**Raffeln:** Mit der Raffel werden Kartoffeln, Möhren, Sellerie oder Äpfel verarbeitet.

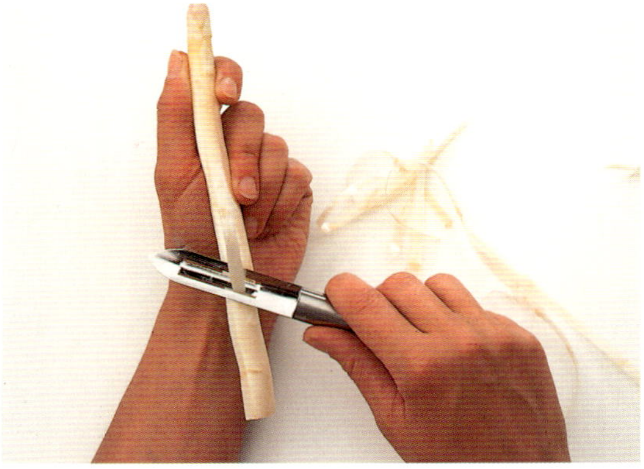

**Schälen:** Die Schale kann mit dem Sparschäler gleichmäßig dünn und schnell entfernt werden.

**Schneiden:** Das Buntmesser verleiht Gemüse- oder Obstscheiben eine attraktiv geriffelte Oberfläche.

**Würfeln:** Durch Quer- und Längsschnitte mit einem scharfen Küchenmesser entstehen Würfel.

**Zerdrücken:** Mit einer breiten Messerklinge läßt sich Knoblauch gut zerdrücken.

**Hobeln:** Durch Hinundherschieben über den Hobelklingen werden Gurken in feine Scheiben geschnitten.

**Julienne-Streifen schneiden:** Das Gemüse wird in besonders feine, dekorative Streifen geschnitten.

**Schälen:** Die leicht gekrümmte Klinge des Tourniermessers entfernt die Schale von Obst sehr dünn.

**Schälen:** Indem man das Tourniermesser zum Daumen zieht, löst man die Schale von Gemüse besonders dünn.

**Schneiden:** Mit gut geschärften Küchenmessern gelingen selbst solche feinen Gemüsestreifen.

**Tournieren:** Mit dem Tourniermesser werden Gemüse in dekorative Spindeln oder andere Formen geschnitten.

**Zerstoßen:** Im Mörser werden durch Reiben mit dem Stößel Gewürze zerkleinert und vermischt.

**Zesten reißen:** Mit dem Zesteur läßt sich die Schale von Zitrusfrüchten in Julienne-Streifen reißen.

## Garmethoden

**Kochen**
Bei dieser Zubereitungsart gehen die meisten Vitalstoffe verloren. Das Kochgut befindet sich in reichlich heißem Wasser, das die wertvollen Inhaltsstoffe der Lebensmittel ausspült. Die Vitalstoffe befinden sich folglich im Kochwasser, das in der Regel weggeschüttet wird.

**Dämpfen**
Bei der schonenden Methode gart das Kochgut – durch ein Sieb von der kochenden Flüssigkeit getrennt – im Dampf. Beim Dämpfen gehen vergleichsweise wenig Vitalstoffe verloren, sofern es nicht unter Druck und dadurch mit überhohen Temperaturen geschieht.

**Dünsten**
Bei der schonendsten Zubereitungsart garen die Lebensmittel auf niedrigen Temperaturen in nur wenig Flüssigkeit, so daß nur geringe Verluste von Vitalstoffen auftreten.

**Pochieren**
Bei dem schonenden, oft langen Garen – meist zwischen 65 und 80 °C – werden die Vitalstoffe, nicht anders als beim Kochen, herausgelöst. Deshalb ist diese Zubereitungsart nur dann sinnvoll, wenn die Garflüssigkeit mitverzehrt wird.

**Fritieren**
Die schwerverdauliche Zubereitungsart im heißen Fettbad überfrachtet die Speisen mit einem übermäßig hohen Gehalt an minderwertigem Fett. Hochwertige Speiseöle mit großem Anteil an mehrfach ungesättigten Fettsäuren sind zum Fritieren ungeeignet.

**Grillen**
Wegen der großen Hitze ist der Vitalstoffverlust bei dieser fettarmen Garmethode sehr hoch. Fetthaltige Lebensmittel sollten nie über direkter Glut gegrillt werden, da sich durch verbrennendes Fett krebserregende Benzpyrene bilden.

**Braten**
Die wenig schonende Garmethode erfolgt unter Fettzugabe bei sehr hohen Temperaturen, dementsprechend hoch ist der Verlust an Vitaminen und mehrfach ungesättigten Fettsäuren. Die Röstaromen bewirken eine geschmackliche Aufwertung. Als Bratfett eignet sich am besten Olivenöl, da es die hohen Temperaturen verträgt.

**Schmoren**
Diese Zubereitungsart verbindet kurzes Anbraten in heißem Fett unter Verlust hitzelabiler Vitamine mit langem schonendem Garen auf niedriger Temperatur. Vitalstoffe werden in der Sauce gelöst, die man mitißt.

**Backen**
Die vielfältig einsetzbare Garmethode bei trockener Hitze – je nach Hitze und Dauer gehen weniger oder mehr Vitalstoffe verloren – kann bei niedrigen Temperaturen schonendes Garen bewirken.

**Mikrowelle**
Die zunehmend kritisch beurteilte Gartechnik setzt durch elektromagnetische Strahlung von 2450 Megahertz die Moleküle von Speisen in Schwingungen, zerstört teilweise Zellen, baut insbesondere wichtige B-Vitamine ab und fördert indirekt die Ernährung mit industrieller Fertigkost.

**Kluges Hamstern**

# Vorrats-haltung

Jedes Jahr hat seine Zeit der Fülle. Wer einen eigenen Garten besitzt, weiß davon ein Lied zu singen. Plötzlich übersteigt die Ernte den eigenen Bedarf. Der Überschuß bietet sich geradezu an, zu Vorräten verarbeitet zu werden. Da der Vitamingehalt bei frischem Obst und Gemüse von Tag zu Tag abnimmt, sollte die Art der Lagerung oder Konservierung schnell entschieden werden. Die Mühe des Einmachens und der Aufwand des Aufbewahrens lohnt nur bei gesundem, makellosem und äußerst frischem Obst und Gemüse. Auch wenn man keinen eigenen Garten bewirtschaftet, bieten sich gute Möglichkeiten, Obst und Gemüse zu ihrer Reifezeit in größeren Mengen und zu günstigeren Preisen von Bio-Gärtnereien oder -Höfen zu erstehen. Auf diese Weise kann man für kargere Jahreszeiten vorsorgen und statt dann teure Frischware oder Konserven kaufen zu müssen, auf die eigenen Vorräte zurückgreifen. Verschiedene Arten der Lagerung und Konservierung bieten sich für unterschiedliche Obst- und Gemüsearten an.

**Einlagern**

In dunklen, belüfteten Kellerräumen mit der idealen Temperatur von 4 Grad Celsius und einem Luftfeuchtigkeitsgehalt um 90 Prozent können bestimmte Obst- und Gemüsearten monatelang aufbewahrt werden. Allerdings müssen faulende Exemplare regelmäßig aussortiert werden. Zum Einlagern eignen sich vor allem späte Äpfel und Birnen, Kartoffeln und Kohl, rote Bete, Möhren und andere Wurzelgemüse (am besten in Sandkästen).

**Trocknen**

Bei mindestens 30 Grad Celsius können Obst, Gemüse, Pilze und Kräuter getrocknet werden, wobei eine gute Belüftung wichtig ist, um der Schimmelbildung vorzubeugen. Manche Früchte lassen sich nur mit Sonne und Luft auf dem Dachboden oder Balkon trocknen, wobei das Trockengut gegen Insekten – zum Beispiel mit Gaze – zu schützen ist. Auch Backöfen oder spezielle Dörrapparate können für diese traditionelle Konservierungsmethode verwendet werden. Zu hohe Temperaturen gehen mit höheren Vitaminverlusten einher. Getrocknete Lebensmittel – besonders geeignet sind Äpfel, Birnen, Pflaumen, Aprikosen, Pfirsiche, Trauben, Suppengemüse, Tomaten, Zwiebeln, Steinpilze und Küchenkräuter – sollten immer fest verschlossen und dunkel in Dosen oder Gläsern aufbewahrt werden.

**Sauer einlegen**

Die Säure des Essigs wirkt konservierend. Weinessig wird in der Regel mit dem gleichen Anteil Wasser verdünnt und mit Gewürzen, Meersalz und etwas Vollrohrzucker erhitzt. Dann wird das Gemüse oder Obst im Essigsud aufgekocht oder in Gläser gefüllt und mit heißem Sud aufgefüllt. Für lange Haltbarkeit werden die Gläser sterilisiert, für baldigen Verzehr kann darauf verzichtet werden. Zum Einlegen eignen sich unter anderem Gurken, Blumenkohl, Möhren, Paprika, Zwiebeln, Maiskölbchen, Tomaten, Kapern, Weißkohl, Pilze, Pflaumen und Kirschen.

**Einkochen**

Das Sterilisieren ist ein verbreitetes konventionelles Konservierungsverfahren für Obst und Gemüse mit Hilfe von Hitze. Länge und Temperatur der Sterilisierungszeit variieren nach Obst- oder Gemüseart. Die oft lange Erhitzung bewirkt hohe Vitalstoffverluste, Eiweiß- und Geschmacksveränderungen. Daher ergänzen sterilisierte Vorräte die Naturkost nur unbedeutend. Auch der beträchtliche Energieeinsatz ist ökologisch bedenklich. Am besten eignet sich diese Methode zum Einmachen von Mirabellen, Aprikosen, Pfirsichen, Birnen und Kirschen.

**Milchsaures Gemüse**

Diese natürliche Konservierungsmethode macht sich die spontane Milchsäuregärung zunutze und kommt ohne Erhitzung aus. Die Vitalstoffe bleiben erhalten, und es wird keine Energie verbraucht. Neben dem bekanntesten Gärungsgemüse – Sauerkraut – können auch andere Gemüse milchsauer vergoren und bis zu einem Jahr gelagert werden. Es eignen sich unter anderem Weißkohl, Paprika, Zwiebeln, Oliven, Auberginen, Sellerie, Gurken, Möhren oder grüne Tomaten.

**Tiefgefrieren**

Bei dem modernen Konservierungsverfahren bleiben die Vitalstoffe von Gemüse und Obst erhalten. Es empfiehlt sich, Gemüse kurz in Dampf zu blanchieren, um die Aktivität der Enzyme zu hemmen. Gemüse kann unaufgetaut gegart werden. Besonders gefriergeeignet sind Beerenfrüchte. Da es wichtig ist, daß der Vorrat schnell durchgefroren wird, sollte man flache Packungen bevorzugen. Zum Einfrieren eignen sich besonders gut Erbsen, Bohnen, Rosen- und Grünkohl, Brokkoli, Blumenkohl, Artischocken, Paprika, Tomaten für Saucen, Pilze und Kräuter.

Eingekochte Früchte sind keine ideale, aber eine traditionelle Obstverwertung.

Für Mixed Pickles eignen sich verschiedene Gemüse wie beispielsweise Zwiebeln, Paprika und Bohnen.

Die Gemüse werden in nicht zu kleine Stücke geschnitten, der Blumenkohl in Röschen zerteilt.

Alle Gemüse werden gemeinsam in kochendem Salzwasser kurz zum Aufkochen gebracht und blanchiert.

Über die in Gläser gefüllten Gemüse wird ein heißer Sud aus Essig, Wasser, Salz und Zucker gegossen.

Der Sud muß die Gemüse und die zugefügten Gewürze – Pfefferkörner und Lorbeerblatt – gut bedecken.

Werden die Mixed Pickles im Ofen sterilisiert (30 Minuten bei 90 °C), benötigen sie weniger Essig.

# Biologisch reinigen

Leider bleibt die Küche nicht von allein sauber. Zu Staub und Schmutz, der von außen hereindringt, kommen die durch Vorbereitung und Garen der Speisen entstehenden Verunreinigungen, unter denen Fett am hartnäckigsten ist. Das alles wäre kein Problem, wenn es die absolut umweltschonende Reinigungsmethode gäbe. Soll es aber mit möglichst geringer Anstrengung blitzsauber werden, dann kommt man nur selten ohne chemische Hilfsmittel aus. Das wirksame, aber nicht belastende Reinigungs- oder Waschmittel wurde nämlich noch nicht entdeckt.

Aber immerhin hat sich einiges auf dem Reinigungs- und Waschmittelmarkt getan. Den Anstoß gaben die katastrophalen Folgen der eigentlich ungiftigen Phosphate. Seit den sechziger Jahren waren sie als Wasserenthärter wesentlicher Bestandteil aller Wasch- und vieler Reinigungsmittel, da die waschaktiven Substanzen nur in weichem Wasser zufriedenstellende Resultate erzielen. Mit dem Abwasser gelangten die Phosphate in Gewässer, wo sie zu Überdüngung und dadurch zu übermäßiger Grünmasse führten. Die Konsequenz waren Fäulnisprozesse, die ein Gewässer umkippen lassen konnten. Seit den achtziger Jahren werden Phosphate zum überwiegenden Teil durch andere Stoffe ersetzt, hauptsächlich durch das unbedenkliche Zeolith A. Aber weiterhin sind in Wasch- und Reinigungsmitteln für die Natur schlecht abbaubare Stoffe enthalten. Reinigungsmittel – vor allem Spezialreiniger – basieren nicht selten auf Gesundheit und Umwelt stark gefährdenden Ätz- und Lösungsmitteln, ganz zu schweigen von den desinfizierenden, bakterien- und pilztötenden Giften wie Formaldehyd.

Alternative Lösungen fragen zuerst einmal nach der Notwendigkeit der verschiedenen in Spül-, Reinigungs- oder Waschmitteln enthaltenen Stoffe. So wird auf synthetische Farb- und Duftstoffe ebenso verzichtet wie auf Desinfizierungsmittel und Enzyme. Aber auch in alternativen Produkten werden für Allzweckreinigungs- und Spülmittel Tenside eingesetzt, jedoch auf Speiseölbasis. Ansonsten kommen altbewährte Hausmittel wie Kern-, Schmier- und Gallseife (als Fleckentferner) oder Scheuersand wieder zu Ehren. Die wirkungsvollsten Umweltbeiträge werden dort geleistet, wo man auf Produkte ganz verzichten kann: beispielsweise beim Abspülen von Gläsern und nichtfettigem Geschirr nur mit Wasser, beim Fensterputzen mit Wasser und Zeitungspapier, beim Auslüften von Naturfasern an der frischen Luft oder beim Verzicht auf Weichspüler.

Linke Seite: Schrubber, Aufnehmer und klares Wasser sind die schonendsten Reinigungsmittel.

## Hauptinhaltsstoffe von Reinigungs- und Waschmitteln

**Tenside**
Die waschaktiven Substanzen – am meisten werden aus Erdöl hergestellte Lineare Alkylbenzolsulfonate (LAS) verwandt – werden in Kläranlagen weitgehend, aber nicht vollständig abgebaut. Sie sind bereits in Konzentrationen von unter 0,6 mg/l Wasser für Fische tödlich und können Hautentzündungen hervorrufen. Andere Tenside – Fettalkoholsulfate (FAS) – gewinnt man aus nachwachsenden, leicht abbaubaren Pflanzenölen wie Kokos-, Palm- oder Rapsölen, die in der Regel jedoch mit hohem Pestizideinsatz kultiviert werden.

**Enthärter**
Werden technisch als Gerüststoffe bezeichnet. Zu ihnen zählen Zeolithe und andere Phosphorersatzstoffe, welche die Waschwirkung erhöhen, wie auch Polycarboxylate, die zwar nicht giftig, aber schwer abbaubar sind. Citrate als Salze der Zitronensäure sind dagegen ökologisch sanft, reagieren aber nur zwischen 30 und 60 °C optimal, nicht darüber. Andere Salze, wie zum Beispiel Soda, werden eingesetzt, um die Alkalität der Waschlaugen zu erhöhen, wobei allerdings Fasern, Glas und Metalle angegriffen werden können. Fußbodenreiniger enthalten ätzendes Ammoniak oder Salmiakgeist.

**Bleichmittel**
Werden in Wasch- oder Scheunermitteln zur Fleckentfernung durch Oxidation verwendet, wie das in höheren Dosierungen giftige Chlor. Das übliche, ökologisch schädliche Perborat wirkt allein erst bei über 60 °C. Dafür werden eher harmlose Bleichaktivatoren wie TAED zugesetzt. Bedenklich sind dagegen zusätzliche Stabilisatoren, meist Phosphonate.

**Enzyme**
Die zunehmend eingesetzten Biokatalysatoren wie Lipasen, Proteasen, Amylasen oder Cellulasen lösen Fett, Eiweiß, Stärke oder Zellulose bei 30 bis 50 °C auf – bei höheren Temperaturen sind sie unwirksam. Sie sind zwar leicht abbaubar, können aber Allergien auslösen und werden zum Teil oder ganz mit Hilfe von Gentechnik produziert, deren Folgen noch völlig ungeklärt sind.

**Stellmittel**
Es handelt sich meistens um das die Abwässer zusätzlich mit Salz belastende Natriumsulfat (Glaubersalz), das zugefügt wird, um Konsistenz und Rieselfähigkeit zu verbessern. Es ist in Scheuermitteln immer, in Kompaktwaschmitteln nicht mehr enthalten.

**Duftstoffe**
Werden synthetisch hergestellt, sind schwer im Abwasser abbaubar, irritieren Fische und können Allergien auslösen.

**Farbstoffe**
Werden synthetisch produziert und sind teils harmlos, teils im Verdacht, krebserregend zu sein.

**Abrasivstoffe**
In Allzweckreinigern und Scheuermitteln zermahlener Quark, Marmor oder Kreide.

## Waschmittel: Kompakt contra Baukasten

Heute möchte jeder Hersteller auf dem Waschmittelmarkt gern eine ökologisch weiße Weste haben. Deshalb herrscht geradezu Krieg zwischen den beiden umweltfreundlicheren Produktkonzepten, dem Kompaktwaschmittel und dem Baukastensystem. Die Kompakten erzielen auf sehr einfache Weise ein Plus für die Umwelt durch ein Minus an Volumen, indem die ohnehin überflüssigen Stellmittel weggelassen werden. Das als Stellmittel meist verwandte Glaubersalz macht bei herkömmlichen Waschmitteln immerhin ein Drittel des Volumens aus. Sein Wegfall kann eine enorme Senkung in der Größenordnung von Zehntausenden von Tonnen an umweltbelastendem Stoff bewirken – vorausgesetzt der Verbraucher hält sich an die veränderten Mengenverhältnisse und dosiert nicht weiterhin nach den Angaben konventioneller Vollwaschmittel. Denn in der Zusammensetzung der waschaktiven Substanzen unterscheiden sich Kompaktwaschmittel von Vollwaschmitteln praktisch nicht.

Ganz ohne Umweltbelastung geht es bei keinem Waschmittel. Daher ist auch das wesentliche Kriterium die Reduzierung des Verbrauchs, der bei dem Baukastensystem noch geringer ist, solange der Verbraucher die recht differenzierte Dosierung beachtet. Auch der Baukasten enthält kein Stellmittel. Da darüber hinaus Enthärter und Bleichmittel gezielt dosiert werden, ist die Einsparung an Chemikalien bedeutend höher – im Vergleich zum Kompaktwaschmittel sogar doppelt so hoch. Weitere Pluspunkte erzielt die sorgsame Auswahl der Komponenten: Die eigentliche waschaktive Substanz basiert nicht auf synthetischen Tensiden, sondern auf Seifen, für die man nachwachsende Rohstoffe verwendet, im besten Fall Fette oder Öle aus biologisch angebauten Kulturen wie Palmen, Lein oder Sonnenblumen. Sie werden für Pulver mit Natronlauge – für flüssige Waschmittel mit Kalilauge – zum Sieden gebracht, wodurch alkalische Salze von Fettsäuren entstehen. So hergestellte Seifen sind biologisch völlig abbaubar.

## Anders waschen

Umweltschützer befürworten beim Wäschewaschen das Baukastensystem.
Es besteht aus einem
• Basiswaschmittel aus Seife mit oder ohne Zusatz von Tensiden,
• Enthärter, der genau auf den Härtegrad des vorhandenen Leitungswassers abgestimmt wird und bei weichem Wasser völlig entfallen kann,
• Bleichmittel, das nur sehr selten bei stark verschmutzter weißer Wäsche zugefügt wird, die über 60 °C gewaschen werden muß.

Darüber hinaus können verschiedene Maßnahmen eine unnötige Belastung der Umwelt vermeiden.
• Auf die Vorwäsche generell verzichten, schmutzige Wäsche statt dessen einweichen.
• Statt den Kochgang zu wählen, schmutzige Wäsche lieber vorher einweichen und dann auf nur 40 oder 60 °C waschen.
• Nur richtig gefüllte Maschinen waschen und das vermeintlich ökonomische Sparprogramm bei einer zu leeren Trommel vermeiden; die Maschine aber auch nicht überfüllen.
• Besonders auffällige Verschmutzungen am besten sofort, aber immer vor dem Waschen entfernen; bei eiweißhaltigen Flecken wirkt kaltes Wasser und Seife, bei fetthaltigen heißes Wasser und Seife, bei anderen und bei älteren Gallseife.
• Keine Weichspüler verwenden, denn sie sind überflüssig.

Claudia & Reinold Fischer
Der Biogarten

In einem biologisch kultivierten Garten werden unliebsame Kräuter mit der Hacke entfernt.

Vorhergehende Doppelseite: Ein großer Bauerngarten – Gemüse für mehr als die eigene Familie.

Gärten gehören zu den ältesten Kulturgütern. Ob zur Zierde oder zum Nutzen angelegt, immer sind sie Oasen des Genießens, die mit bunten Blumen und duftenden Kräutern, mit süßen Beeren und knackigem Gemüse alle Sinne ansprechen.

Am schönsten ist ein Garten, wenn er so natürlich wie möglich gedeihen darf – und diesem Grundsatz folgen die modernen Biogärtner.

Biologischer Gartenbau bedeutet mehr als nur den Verzicht auf Kunstdünger und Pestizide. Vielmehr beruht er, gestützt auf jahrhundertealte Erfahrungen, auf den jungen Erkenntnissen der Ökologie, der Lehre vom Haushalt der Natur und von den Beziehungen der Lebewesen untereinander und zu ihrer Umwelt.

Jeder Garten ist Lebensgemeinschaft und Lebensraum unzähliger Wesen, die sich alle gegenseitig beeinflussen. Wer eine Art stört, bringt das gesamte System ins Wanken. Das heißt aber nicht, daß der Gärtner der Natur einfach ihren Lauf lassen soll. Gärten sind immer von Menschen geschaffene und geprägte Lebensräume. Das gilt für den Hobbygarten ebenso wie für den gewerblich betriebenen Garten, in dem in größerem Stil Obst, Gemüse und Kräuter gezogen werden.

Gute Gärtner haben es schon vor Hunderten von Jahren geschafft, das Gleichgewicht dieser kleinen Welten zu erhalten und ökologisch zu denken und zu handeln. Die Regeln und Methoden des biologischen Gartenbaus helfen der Gärtnerin und dem Gärtner, ein Gefühl für die Bedeutung auch ganz unscheinbarer Lebewesen und für das harmonische Zusammenspiel im Wirkungsgefüge eines Gartens zu entwickeln.

Diese Regeln sind einfach nachzuvollziehen. Und sie versprechen den schönsten Erfolg: einen blühenden Garten und herrliche, gesunde Ernten.

Vor dem ersten Spatenstich

# Umwelt, Klima, Boden

Ob ein Garten neu angelegt oder ein vorhandener in einen Biogarten verwandelt werden soll: Gute Vorbereitung zahlt sich in jedem Fall aus. Dazu gehört zuallererst, daß man die besonderen Eigenschaften seines Grundstücks in Erfahrung bringt. Denn nicht jede Pflanze wächst an jedem Ort und unter allen Bedingungen. Wer genau über Klima und Windverhältnisse am Ort und über den Bodentyp Bescheid weiß, trifft die richtige Wahl, wenn es um Entscheidungen wie das Pflanzen von Obstbäumen und Hecken, Windschutz und den Standort der Gemüsebeete geht. Ökologisch handelnde Gärtnerinnen und Gärtner werden grundsätzlich nur solche Pflanzen wählen, die an dem jeweiligen Standort gedeihen. Eine Pflanze am falschen Ort wird unter Umständen chronisch krank oder so gravierend von Schädlingen befallen, daß ihr mit sanften biologischen Mitteln nicht zu helfen ist.

## Klima und Mikroklima

Wetterämter geben Auskunft über die örtlichen Durchschnittswerte für Niederschläge, Temperaturen und Sonnenstunden. Auch etwaige klimatische Besonderheiten kann man erfragen, damit der Garten zum Beispiel nicht in einer natürlichen Frostsenke angelegt wird. Auch die Meereshöhe ist von Bedeutung. Wer in Mittelgebirgslage gärtnert, wird sich vielleicht eher für die Anschaffung eines Gewächshauses entscheiden, damit er reife Tomaten ernten kann, als ein Gärtner im warmen Weinbauklima einer Tiefebene. Stadtgärten sind in der Regel wärmer und geschützter, Gärten auf dem Land brauchen oft zusätzlichen Windschutz durch Hecken und Bäume. Gärten in Meeresnähe haben salzhaltige Winde zu ertragen, dafür ist das Klima ausgeglichener als im Binnenland.
Um das Mikroklima zu ermitteln, ist eine maßstabsgetreue Zeichnung von Garten und Haus mit allen festen Bestandteilen wie Bäumen, Wegen etc. hilfreich. Und dann heißt es beobachten:

- Welche Teile des Gartens sind nachhaltig beschattet, z.B. durch das Haus oder Nachbars Zaun?
- Wo fällt nur im Sommer dichter Schatten, z.B. durch einen Laubbaum?
- Aus welcher Richtung pfeift der Wind am schärfsten?
- Welche Bereiche sind windgeschützt?
- Welche Bereiche sind besonders frostgefährdet?
- Sind einzelne Partien des Gartens besonders feucht oder trocken?

Derartige natürliche Standortgegebenheiten können geschickt genutzt werden, zum Beispiel indem in der feuchtesten Senke des Gartens ein Teich angelegt wird. Oder sie werden langfristig positiv verändert, etwa durch Windschutzpflanzungen, Bäume und Hecken.

**Gemüse-Anbaufläche für einen Vier-Personen-Haushalt**

| Pflanze | Bedarf/Jahr kg | Anbaufläche qm |
|---|---|---|
| Buschbohnen | 30 | 30 |
| Erbsen | 25 | 25 |
| Gurken | 50 | 30 |
| Kohl | 35 | 12 |
| Rettich/Radieschen | 6 | 4 |
| Gelbe Rüben | 50 | 16 |
| Salate | 45 | 17 |
| Schwarzwurzeln | 8 | 4 |
| Sellerie | 10 | 5 |
| Spinat | 20 | 10 |
| Tomaten | 20 | 8 |
| Zucchini | 10 | 1 |
| Zwiebeln | 30 | 10 |

## Schutzmaßnahmen vor Umweltbelastungen

Schutzmaßnahmen vor möglichen Umweltbelastungen müssen je nach Standort des Gartens bedacht werden. Die Lage direkt an einer vielbefahrenen Straße, in der Nähe einer Industrieanlage oder in landwirtschaftlichen Gebieten, wo noch intensiv mit Agrarchemie gewirtschaftet wird, macht Schutzmaßnahmen sinnvoll:

- Eine zwei Meter breite gemischte Hecke aus heimischen Blütengehölzen reduziert Schadgase erheblich. Ist Raum für eine sechs Meter breite Hecke, so wird zum Beispiel die Belastung durch Blei von der Straße auf ein Sechstel reduziert. Und je höher die Hecke, desto wirkungsvoller der zusätzliche Filtereffekt.
- Bäume filtern Staub und Schadstoffe aus der Luft. Laubbäume lassen nur die Hälfte der Fracht aus Luft und Regen auf den Boden durch. 50 Prozent von Staub, Ruß und Schadstoffen werden vom Laub abgefangen. In stärker belasteten Gebieten sollte dieses Laub gesondert kompostiert und nur für Ziersträucher und Staudenbeete verwendet werden.
- Eine Mischhecke fängt salzhaltiges Spritzwasser ab, das im Winter entsteht, wenn die Straßen gegen Glatteis mit Salz bestreut werden.
- Gewächshäuser aus Glas oder Folie schützen vor direkten Niederschlägen, vor Staub, Ruß und Spritzmitteln aus der Intensiv-Landwirtschaft.

## Der Bodentyp

Ob ein Gartenboden sandig, lehmig, tonig ist oder in einer Mischform vorliegt, kann man so bestimmen:

- Bei Sandböden rieselt der Sand durch die Finger, wenn man etwas Erde aufhebt. Der Boden läßt sich mit der Hand nicht zusammendrücken, sondern fällt sofort wieder auseinander.
- Lehmboden läßt sich mit den Händen zu weichen Krümeln zerbröckeln. Sie haften zusammen, kleben aber nicht.
- Tonhaltiger Gartenboden läßt sich mit der Hand zusammendrücken und zu einem Klumpen formen wie Knetmasse.
- Den Humusanteil kann man mit einem einfachen Test messen: Etwas Erde wird in ein Glas mit Wasser eingerührt. Wenn sich die Erde gesetzt hat und das Wasser klar bis leicht trüb ist, dann ist der Humusanteil im Boden gering. Je mehr dunkle Schwebstoffe sich im Wasser halten, desto höher ist der Anteil an fruchtbarem Humus.

## Hinweise durch Zeigerpflanzen

Konkrete Hinweise auf die Zusammensetzung des Bodens nach Feuchte, Säuregrad und Humusgehalt geben Wildkräuter. Besonders klar sind die Winke dieser Zeigerpflanzen auf Grundstücken, die länger brachlagen. Aber auch in einem gepflegten Garten hat es Gründe, wenn sich immer wieder dieselben Wildkräuter ansiedeln.

Eine einzige Pflanze allein gibt dabei noch nicht zuverlässig Auskunft. Aber wenn sich hartnäckig immer wieder eine bestimmte Pflanzengruppe durchsetzt, dann kann das ein wichtiger Hinweis sein. Wirkungsvoller als Jäten und Hacken ist dann auf Dauer, den Boden zu verbessern. Aber nicht immer zeigt eine Wildpflanze ein Bodenproblem an. Manche der Zeigerpflanzen wachsen am liebsten in lockerem, lebendigem, humosem Boden – das schönste Kompliment für den Biogärtner.

## Der Bodentest

Die umfassendste Sicherheit über Zusammensetzung und Zustand der Gartenerde gibt ein Bodentest aus einem spezialisierten Labor. Diese Labors erreichen bei ihren Untersuchungen eine hohe Meßgenauigkeit und liefern mit den Ergebnissen auch gleich Dünge- und Bodenverbesserungsvorschläge. Wichtig ist, daß der Gärtner beim Einschicken der Bodenprobe darauf hinweist, daß er biologisch arbeitet. Entsprechend werden die Vorschläge des Labors dann formuliert.
Um ein umfassendes Bild zu erhalten, sollten Bodenproben an fünf bis zehn Stellen im Garten genommen werden. Sets zur Probenentnahme mit exakten Gebrauchsanleitungen gibt es in jedem guten Gartenfachgeschäft.

## Die Hauptnährstoffe

Gartenpflanzen brauchen Nährstoffe in ausgewogener Form. Wenn ein Nährstoff fehlt oder nicht in ausreichendem Maß pflanzenverfügbar ist, kommt es zu sichtbaren Mangelerscheinungen. Ein Bodentest gibt Auskunft, welche Nährstoffe im Gartenboden vorhanden sind und welche fehlen.

### Stickstoff
**Chemisches Symbol: N**

Stickstoff ist ein wichtiger Eiweißbaustein für die Pflanze, verfügbar in organisch gebundener Form als Nitrat. Solche Nitrate entstehen beim Verrotten von Eiweißstoffen pflanzlichen oder tierischen Ursprungs, werden durch bestimmte im Boden lebende Bakterien, die Azotobacter, oder durch Leguminosen gebunden.

Stickstoffreiche Dünger: Blut- und Hornmehl, Hornspäne, Guano, alle Arten von Mist, besonders aber Geflügel-, Schaf- und Ziegenmist, Mist- und Brennesseljauchen, Gründüngung mit Leguminosen oder jungem Gras.

### Phosphor
**Chemisches Symbol: P, gemessen als $P_2O_5$**

Phosphor, im Boden in Form von Phosphorsäure oder ihren Salzen, den Phosphaten, vorhanden, ist ein Eiweißbaustein. Junge Pflanzen brauchen Phosphor vor allem zur Ausbildung ihres Wurzelpelzes, ältere zur Entwicklung von Blüten, Frucht- und Samenständen.

Phosphorreiche Dünger: Knochenmehl, Guano, Geflügelmist, Rohphosphat, Schweinemist, Thomasmehl.

### Tabelle der Zeigerpflanzen

| Pflanze | Bodenzustand |
|---|---|
| Ackerminze | verdichteter, nasser Boden |
| Ackersenf | alkalischer Boden |
| Ackersenf | hoher Stickstoffgehalt, nährstoffreich |
| Arznei-Ehrenpreis | saurer Boden |
| Breitwegerich | verdichteter, nasser Boden |
| Brennesseln | hoher Stickstoffgehalt, nährstoffreich |
| Ehrenpreis | lockerer, feuchter Boden |
| Einjähriges Bingelkraut | humoser, sehr garer Boden |
| Erdrauch | lockerer, feuchter Boden |
| Franzosenkraut | humoser, sehr garer Boden |
| Gamander-Ehrenpreis | lockerer stickstoffreicher Boden |
| Gänsefingerkraut | stark verdichteter Boden |
| Hederich | saurer Boden |
| Hohlzahn | saurer Boden |
| Huflattich | verdichteter, nasser Boden |
| Kletten-Labkraut | hoher Stickstoffgehalt, nährstoffreich |
| Kriechender Hahnenfuß | verdichteter, nasser Boden |
| Löwenzahn | hoher Stickstoffgehalt, nährstoffreich |
| Sauerampfer | verdichteter, nasser Boden |
| Schachtelhalm | verdichteter, nasser Boden |
| Schwarzer Nachtschatten | hoher Stickstoffgehalt, nährstoffreich |
| Vogelmiere | lockerer, humoser Boden |
| Wiesensalbei | alkalischer Boden |
| Wolfsmilch | humoser, sehr garer Boden |
| Wucherblume | verdichteter, nasser Boden |

### Kali
**Chemisches Symbol: K, gemessen als $K_2O$**

Kali, eigentlich Kalium, ist zuständig für festes Zellgewebe und stabiles Wachstum. Mit Kali gut versorgte Pflanzen sind besonders widerstandsfähig gegenüber tierischen Schädlingen. Obst und Gemüse sind gut lagerfähig und lange haltbar.

Kalihaltige Düngemittel: Holzasche, Geflügel-, Rinder-, Schweinemist, Knochenmehl, tierische Jauchen, pflanzliche Jauchen aus Farnkraut und Beinwell (Comfrey), Laubkompost von Obstbaumlaub, Patentkali (Kalimagnesia).

### Kalk
**Chemisches Symbol: Ca, gemessen über den pH-Wert**

Kalk oder Calcium ist ein wichtiger Baustein für das Skelett der Pflanze. Im Boden bindet Kalk Säuren und erhöht damit den pH-Wert, der für die meisten Kulturpflanzen zwischen 6 und 7,5 liegen sollte. Kalk fördert die Umsetzung organischer Masse.

Kalkhaltige Düngemittel: Magnesium, kohlensaurer Kalk, Düngekalk aus Kalkmergel, Thomasmehl, Steinmehle, Algenkalk.

### Magnesium
**Chemisches Symbol: Mg**

Magnesium ist der wichtigste Baustein für das Blattgrün, das Chlorophyll, und ist an der Eiweißbildung beteiligt.

Magnesiumhaltige Düngemittel: Magnesiumkalk, Holzasche, Algenkalk, einige Steinmehle, Patentkali (Kalimagnesia).

### Spurenelemente
Eisen (Fe), Mangan (Mn), Kupfer (Cu), Zink (Zn), Molybdän (Mb), Chlor (Cl), Bor (B)

**Der pH-Wert**
Mit dem pH-Wert (von lat. *potentia hydrogenii*) wird der Säuregrad wäßriger Lösungen angegeben. Je niedriger der pH-Wert, um so saurer die Lösung. Neutrales Wasser hat den pH-Wert 7, Säuren haben niedrigere, Laugen höhere Werte.

# Garten im Gleichgewicht

Biologischer Gartenbau versucht, der Natur ihre Gesetze abzuschauen und die kleine Welt des Gartens so ausgeglichen wie möglich zu gestalten.
Das Ziel ist:
Ein Garten,
- in dem Nützlinge die Schädlinge in Schach halten,
- wo Wildkräuter in Maßen sprießen dürfen,
- wo Insekten, Schmetterlinge, Vögel reichlich Lebensraum und Futter finden,
- wo ohne Krankheiten und Schädlingsplagen alles blüht und gedeiht.

Ein Garten im biologischen Gleichgewicht.
Jeder Garten ist, wie Ökologen es definieren, ein »halblabiles Ökosystem«, ein Lebensraum also, der wie jeder Acker und jede Heide und Almwiese vom Menschen einfühlsam gepflegt werden muß, damit er sein Gleichgewicht behält.
Zu den Gesetzen der Natur, die dem Biogärtner helfen, seinen Garten im biologischen Gleichgewicht zu halten, gehören wichtige Prinzipien:
- Mischen von Kulturen
- Wechsel der Kulturen und Bodenruhe
- Mulchen
- Lockern, Lüften, Bedecken und Düngen des Bodens durch lebende Pflanzen
- Schaffen neuer Lebensräume

## Mischkultur für gesunde Pflanzen

Monokulturen sind eine Erfindung des Menschen. In der Natur gibt es nirgends diesen einseitigen Bewuchs. Auf einer Wiese, einem Ackerrand, an einem Bach wachsen ganz bestimmte Pflanzengesellschaften zusammen, leben dort gemeinsam mit ganz bestimmten Tieren. In ihrem Lebensraum, dem Biotop, bilden sie eine Lebensgemeinschaft, eine Biozönose. Im ökologischen Gartenbau werden Pflanzen reihen-, beet- oder gruppenweise gemischt – Pflanzengemeinschaften für Kräuter, Blumen und Gemüsearten, die sich gegenseitig positiv beeinflussen. Diese Mischkultur ist eine der wichtigsten Maßnahmen, um Pflanzen gesund zu erhalten. Sie macht Schädlingen die Wege weit und das Leben schwer. Wenn der Biogärtner Gespür entwickelt für Pflanzengemeinschaften, für Kräuter, Blumen und Gemüsearten, die sich gegenseitig positiv beeinflussen, kann er eine Biozönose in seinem Garten schaffen.

Auch Pflanzen hegen Sympathien und Antipathien. Mögen sie sich, fördern sie gegenseitig Wachstum und Resistenz, wie hier Zwiebeln, Salat und Möhren.

### Gründüngungspflanzen

Die wertvollsten Gründüngungspflanzen sind Leguminosen wie Bohnen, Erbsen, Ackerbohnen, Klee, Wicken und Lupinen. Sie sind in der Lage, Luftstickstoff zu binden – sie holen sich Dünger aus der Luft. Kreuzblütler wie Gelbsenf, Sommerraps und Ölrettich lockern den Boden tiefgründig und gut. Sie wachsen schnell und können noch spät ausgesät werden.
Sonnenblumen dürfen nicht zum Blühen kommen, sonst entziehen sie dem Boden zu viele Nährstoffe. Sie müssen nach acht bis zehn Wochen abgemäht werden, dann liefern sie viel Grünmasse.
Phazelia oder Bienenfreund jedoch darf blühen; ist eine hervorragende Bienenfutterpflanze. Spinat eignet sich gut als Vorsaat.

## Mulchen

### Die Vorteile des Mulchens

- Weniger Hacken: Auf einem gemulchten Beet muß der Boden nicht mehr mechanisch gelockert werden.
- Weniger Jäten: Die Mulchschicht unterdrückt unerwünschte Wildkräuter.
- Weniger gießen: Weil die Verdunstung des Bodenwassers gebremst wird, muß auch viel weniger gegossen werden.
- Sanfte Düngung: Bei der lebhaften Zersetzungsarbeit der Bodenlebewesen entstehen die wertvollen Ton-Humus-Komplexe und Nährstoffe für die Pflanze. Die Mulchdecke ist eine langsam, aber stetig fließende Dünger-Quelle.
- Beim Abbau organischer Substanz durch die Bodenlebewesen wird die sogenannte »bodenbürtige Kohlensäure« freigesetzt, bequemer Nachschub an Kohlenstoffen für die Pflanzen. Sie nehmen die Kohlensäure durch die Spalten an den Blattunterseiten auf. Pflanzen auf einem gemulchten Beet sehen deshalb meist grüner und praller aus als solche, die auf nacktem Boden wachsen.
- Gesundes Bodenleben: Viel Futter bedeutet in einem aktiven Boden auch eine rege Vermehrung des Bodenlebens.

### Und so wird gemulcht

Ab April oder Mai, wenn sich der Boden gut erwärmt hat, wird gemulcht.
- Grünes Mulchmaterial – wie Rasenschnitt, Gemüseabfälle, Beinwell- und Farnblätter – muß anwelken, bevor es auf das Beet darf. Es wird dünn aufgestreut.
- Grobkompost wird in einer dünnen Schicht aufgestreut und leicht mit trockenem Material wie Stroh abgedeckt.
- Gehäckseltes Stroh, Heu (ohne Wildkräutersamen!) oder Schilf darf bis zu 15 cm hoch auf einem Beet, das vorher mit etwas Hornmehl oder reifem Kompost bestreut wurde, ausgebreitet werden.
- Das Mulchmaterial darf Setzlinge nicht berühren. Wird die Schicht im Laufe des Sommers dünner, wird einfach nachgestreut.

## Gründüngung – Saattermine und Besonderheiten

| Pflanze | Aussaattermin | Wichtig |
|---|---|---|
| Ackerbohne | II-VI | Stickstoffsammler |
| Kleearten | III–VIII | Stickstoffsammler |
| Feld- und Platterbse | V–VIII | Stickstoffsammler |
| Wicken | VIII | Stickstoffsammler |
| Lupine | VIII | Stickstoffsammler |
| Phazelie | V–VIII | gute Bienenweide, viel Grünmasse |
| Sommerraps | V–VIII | guter Bodenlockerer |
| Ölrettich | VIII | guter Bodenlockerer |
| Gelbsenf | III–IX | wächst extrem schnell |
| Kapuzinerkresse | V–VI | Läusefalle |
| Sonnenblume | V–VII | nach 8–10 Wochen schneiden |
| Spinat | II–II | VIII–IX gutes Gemüse |
| Ringelblume | III–VI | wirkt gegen Nermatoden im Boden |

Gründüngung ist im Biogarten ein wichtiges Mittel, um das Bodenleben zu verstärken, zu schützen und zu nähren, denn Gartenboden sollte nie unbedeckt bleiben.

Kamille gehört ebenfalls zu den Zeigerpflanzen (siehe Tabelle S. 167), die Aufschluß darüber geben, mit welchem Boden man es zu tun hat. Sie weist auf Lehm hin.

## Fruchtfolgen für gesunden Boden

Daß auf einem Beet nicht jedes Jahr die gleiche Frucht angebaut werden kann, ist eine sehr alte Erkenntnis, die aus der Landwirtschaft kommt. Jede Pflanze entzieht dem Boden ein bestimmtes Potential an Nährstoffen und fügt eigene Wurzelausscheidungen hinzu. Nur wenige Pflanzen – zum Beispiel die Tomate – fühlen sich im Dunstkreis der eigenen Wurzelausscheidungen vom Vorjahr wohl. Alle aber leiden unter Nährstoffmangel, wenn sie auf ein einseitig ausgelaugtes Beet kommen.

Im biologischen Gartenbau sehen die Fruchtfolgen den dreijährigen Wechsel von Starkzehrern, Mittelzehrern und Schwachzehrern vor. Immer nur ein Drittel der Beete wird kräftig gedüngt und mit besonders »hungrigen« Arten bepflanzt. Im nächsten Jahr folgen Pflanzen mit mittleren Nährstoffansprüchen, im Jahr darauf die ganz bescheidenen Kulturen.

Aus der dreijährigen wird eine vierjährige Fruchtfolge mit Bodenruhe, wenn das Beet im vierten Jahr ausschließlich mit stickstoffsammelnden Gründüngepflanzen eingesät wird.

## Mulchen – eine Decke für den Boden

Besonders fruchtbarer, humoser Boden findet sich in einem naturgemäßen Mischwald. Unter einer Schicht aus Laub und Nadeln hat der Boden Ruhe, und die Mikroorganismen können ungestört arbeiten und Humus aufbauen.

Der biologische Gärtner ahmt dieses Prinzip nach, wenn er seine offenen Beete mulcht. Das heißt, er bedeckt sie mit einer schützenden Schicht aus Laub, Stroh, Grashäcksel oder organischen Abfällen. Der Boden ist so vor Schlagregen, Wind und ausdörrender Sonne geschützt. Mikroorganismen und Regenwürmer kommen unter dieser Decke bis an die Oberfläche und holen sich Nachschub für den Humusaufbau.

## Gründüngung – lebendiger Schutz und Nahrung

In der Natur gibt es nur in den Wüsten dauerhaft offenen, unbedeckten Boden. Jeder Fleck Erde, dessen schützender Pflanzenbewuchs aus irgendeinem Grund aufgerissen wurde, legt sich ansonsten in kürzester Zeit eine neue Schutzdecke zu. Der biologisch arbeitende Gartenfreund gibt seinen Gartenbeeten ebenfalls eine lebendige grüne Decke. Er sät jedes abgeerntete Beet, jedes freie Stück Gemüseland mit schnellwachsenden Gründüngerpflanzen ein. Sie bilden eine lebende Decke, einen ebenso wirkungsvollen Schutz wie die Mulchschicht.

## Abwechslungsreiche Lebensräume

Laub unter der Hecke, Steine, Brennesseln, Nisthilfen für Vögel und Insekten, Wildkräuter und Reisighaufen in einer Ecke – gezielt und geplant schafft der Biogärtner mit solchen Maßnahmen Lebensraum für viele winzige Helfer. Nützliche Insekten nisten hier, der Igel überwintert, Eidechsen und Kröten finden ein Zuhause, Vögel eine wichtige Lebensgrundlage.

Je größer die Artenvielfalt ist, die, durch alle Pflegemaßnahmen zusammengenommen, geschaffen wird, desto weniger störanfällig ist das Ökosystem Garten. Befindet er sich weitgehend in ökologischem Gleichgewicht, werden Insekten nicht in einer solchen Zahl auftreten, daß sie zu Schädlingen werden, und Krankheitserreger finden widerstandsfähige Pflanzen vor, die sie nicht so leicht angreifen können.

Ohne Kompost geht es nicht. Eine neue Miete wird zuerst mit Baum- und Heckenschnitt angesetzt, der von unten gute Durchlüftung garantiert.

**Schwarzes Gold im Biogarten**

# Kompost

Der Kompostplatz ist der »Bauch des Gartens«, eine Brutstätte von Bodenfruchtbarkeit und neuem Leben. Guter Kompost entsteht aus den Abfällen von Garten und Küche. Er ist ein durch nichts zu ersetzender Nährstoffschatz aus der Natur: schwarzes Gold.

Der ökologisch denkende Gärtner ernährt nicht die Pflanzen, sondern den Boden. Kompost ist das hochwertigste Futter für die Bodenlebewesen. Gut zerkleinertes Kompostmaterial, richtig aufgesetzt, kann im Sommer oft schon nach sechs Wochen als Grobkompost verwendet werden. Das organische Material ist dann so weit »vorverdaut«, wie es für Boden und Pflanzen zuträglich ist. Dieser Grobkompost ist ein hervorragendes Mulchmaterial und liefert Nachschub an Humus für den Boden. Humus ist der bedeutendste Wasserspeicher und eine wichtige Nährstoffquelle im Boden. Er lockert Böden und macht sie fruchtbar.

Reifkompost, in drei bis fünf warmen Sommermonaten fertig, ist eine hochwertiger Dünger und ein perfektes Bodenverbesserungsmittel. Je nachdem, aus welchen Materialien er entstanden ist, enthält er 3 bis 4 Prozent Stickstoff, 3 Prozent Phosphor und bis zu 3 Prozent Kali.

Alles, was Kohlenstoff in biologisch abbaubarer Form enthält, wird auf dem Kompost umgesetzt. Dieser Vorgang, die Rotte, verläuft aerob, das heißt unter Luftzufuhr. Wenn sich luftatmende Mikroorganismen auf den frisch aufgesetzten Komposthaufen stürzen, wird das Kompostmaterial dunkel und fängt an, seine Struktur zu verlieren. Bei diesem Prozeß entwickelt sich Wärme. Bis zu 70 Grad Celsius kann ein frisch aufgesetzter Komposthaufen in seinem Kern erreichen – eine Temperatur, die weder Wildkrautsamen noch Parasiten oder Krankheitskeime überleben.

Beim Rotteprozeß entstehen viele neue Substanzen, sogar Stoffe, die Antibiotika ähneln. Ein ausgereifter Kompost ist so wertvoll, daß er sogar von Öko-Landwirten an Ferkel verfüttert wird – eine perfekte Gesundheitsvorsorge und natürliche Vitamingabe.

Biogärtner verwenden Kompost nicht nur als Düngemittel und Bodenverbesserer, sondern auch als flüssiges Pflanzenstärkungsmittel. Dazu wird reifer Kompost einige Tage in Regenwasser eingeweicht, abgesiebt und direkt auf die Pflanzen gesprüht. Pflanzen, die von Mai bis Juli wöchentlich mit diesem Kompostwasser behandelt werden, strotzen vor Vitalität und Gesundheit.

## Der Kompostplatz

Kompost braucht – wie ein Brutofen – Wärme und Schutz vor Wind. Ein Platz im Halbschatten von Büschen, windgeschützt und ohne direkte Sonneneinstrahlung, ist ideal.
Eine Kompostmiete (so der Name des Behältnisses) ist 1,20 bis 2 Meter breit und beliebig lang. Eine Kompostmiete von 2 mal 3 Metern reicht für einen 100 Quadratmeter großen Garten. In größeren Gärten kann der Kompostplatz 8 bis 10 Prozent der Gartenfläche einnehmen. Je großzügiger der Kompostplatz angelegt ist, desto leichter kann er in Ordnung gehalten werden. So wird er zur garteneigenen »Fabrik« für Humus.
Es hat sich in der Praxis bewährt, zwei Mieten und einen Sammelplatz vorzusehen, wenn Platz genug vorhanden ist. Das anfallende Kompostmaterial wird am besten in einem luftigen Behälter gesammelt, bis genug Rohmaterial da ist, um die Miete aufzusetzen.

## Das Kompostmaterial

Alles organische Material aus Haushalt und Garten kann kompostiert werden: Abfälle vom Gemüseputzen, welke Blumen, ausgejätete Wildkräuter, Grasschnitt, gehäckseltes Reisig, Eierschalen, Kaffeesatz, Teeblätter, Papier und Pappe ohne Glanzbeschichtung und Buntdruck. Nur zerkleinerte organische Masse rottet rasch. Deshalb wird Papier kleingerissen, Pappkarton zerteilt, Staudenstengel werden mit einer Astschere oder mit Beil und Hackklotz in handliche Zehn-Zentimeter-Stücke zerkleinert. Kohlstrünke und sehr harte Staudenstengel kann man mit einem Hammer aufbrechen. Sperrige Gemüsereste, Zweige, verblühte Stauden lassen sich auch bequem mit einem Häcksler zerkleinern (s. S. 177).

## Schicht für Schicht zum Kompost

Ein Kompost wird Schicht für Schicht aufgesetzt, wie eine Torte. Zuunterst kommen zerkleinerte Äste und Zweige vom Baum- und Heckenschnitt. Sie sorgen für Belüftung. Dann wird alles vorhandene organische Material gut und gründlich gemischt, weiche Pflanzenteile werden mit holzigen, feuchte mit trockenen vermengt.
Das gut gemixte Kompostiergut wird in handhohen Schichten über das grobe Material am Fuß der Miete gebreitet. Zwischen jede Schicht kommt eine puderdünne Schicht Algenkalk oder Steinmehl. Es verbessert die Kompostqualität, nimmt Überschußfeuchte auf, puffert entstehende Säuren ab und bindet Gerüche.
Ist viel dürres, stickstoffarmes Material vorhanden, kann auch etwas Horn-Blut-Knochenmehl aufgestreut werden. Mist vom Ökobauern, aus dem Pferdestall oder aus der Kleintierhaltung kann in geringer Menge direkt unter das Kompostmaterial gemischt oder in dünnen Zwischenlagen zwischen die Schichten mit den Gartenabfällen gebreitet werden.
Als Starthilfe bekommt der Kompost noch ein paar Schaufeln guter Gartenerde oder etwas reifen Kompost voller Mikroorganismen.
Beim Aufsetzen der Kompostmiete sollte alles Material gleichmäßig feucht sein. Sind trockene Substanzen wie Papier oder Stroh dabei, muß der Kompost nach dem Aufsetzen mit Regenwasser oder verdünnter Pflanzenjauche gegossen werden.

## Gutes Klima für den Kompost

Die Mikroorganismen brauchen Wasser, Luft und Wärme, um ihre gigantische Freß- und Verdauungsarbeit im Kompost leisten zu können.

Zwischen jede einzelne Schicht von organischem Material streut man am besten etwas Algenkalk oder Gesteinsmehl zur Bereicherung des Komposts.

Darauf gibt man dann eine neue Lage aus zerkleinerten und gut miteinander vermischten Garten- und Küchenabfällen. Gleichmäßig verteilen!

Für ausreichende Belüftung sorgt schon beim Aufsetzen geschickt untergemischtes gröberes Material wie die Stöckchen und Zweige vom Baum- und Heckenschnitt.
Wasser liefert der Himmel nicht immer gleichmäßig. Im Winter und in regenreichen Sommern muß der Kompost vor zu viel Wasser geschützt werden. In heißen Sommermonaten muß der Haufen dagegen einmal pro Woche gründlich gewässert werden.

## Heiße Phase im Komposthaufen

Auf Temperaturen von bis zu 70 Grad Celsius heizen die Mikroorganismen einen frisch aufgesetzten Kompost auf. In dieser Phase ist er sehr sauer: pH 4,5 bis 5. Je heißer er wird, desto alkalischer wird er auch: bis pH 8,5.
Vier bis fünf Tage hält ein ordentlich aufgesetzter Kompost seine Temperatur, dann beginnt er abzukühlen. Jetzt nähert sich auch der pH-Wert dem pflanzenverträglichen Neutralpunkt von pH 7,5. Und die Bewohnerschar ändert sich. Es ist nun kühl genug für Kompostwürmer. Diese auf relativ frisches Grünzeug spezialisierten Regenwürmer halten weder die Anfangssäure noch die große Hitze aus. Wenn sie zuwandern, beginnt die Phase der Reife. Von Regenwürmern im Gartenboden sind Kompostwürmer leicht zu unterscheiden. Sie sind kleiner, dünner und rot.

## Duftender Kompost in drei Monaten

Wird der Kompost richtig aufgesetzt, ist er im Sommer schon nach sechs Wochen als pflanzenverträgliches, nahrhaftes Mulchmaterial zu verwenden. In drei bis fünf Monaten hat er sich in fruchtbares, nach Walderde duftendes Material verwandelt. Gröbere Stöckchen und Staudenstengel werden noch zu sehen sein – die werden herausgesammelt und kommen auf die nächste Miete. Umsetzen muß man einen Kompost normalerweise nicht. Wer sich die Arbeit dennoch machen möchte, bekommt ein paar Wochen früher reifen Kompost.
Bleibt Kompost länger liegen, geht die Mineralisierung – der Abbau der organischen Stoffe zu anorganischen Bestandteilen – weiter. Dieser Prozeß kann bis zu drei Jahren dauern. Die vollständige Mineralisierung ist im Biogarten aber nicht erwünscht, weil solche Komposterde kaum Futter für die Bodenlebewesen liefert.

## Der Reifetest für den Kompost

Die Sicherheit, ob ein Kompost schon reif und pflanzenverträglich ist, liefert der Kressetest. Kressesamen werden auf eine Schale mit Kompost gesät und angefeuchtet. Sind sie nach drei bis fünf Tagen gekeimt und saftig grün, ist das »schwarze Gold« fertig. Ist die Kresse gelb, keimt unregelmäßig oder gar nicht, ist der Kompost noch nicht ganz ausgereift.
Als Alternative zur selbstangelegten Kompostmiete bietet der gärtnerische Fachhandel Bausätze für Kompostierbehälter in den verschiedensten Formen und Materialien an.

Um die Kompostmiete bequem zu füllen, wartet man, bis sie gut über die Hälfte angewachsen ist, bevor man die Stirnwand festnagelt.

Zum Schluß gibt man feinstes Material obendrauf. Wenn man ihn nun gut feucht hält und die Sonne für Wärme sorgt, reift der Kompost in wenigen Monaten.

# Naturnah geplant

Im biologischen Gartenbau wird die Natur sanft gelenkt. So ist es selbstverständlich, daß jede Pflanze an den passenden Standort kommt. Nur wenn Boden-, Licht-, Wärme- und Windverhältnisse stimmen, kann sie robust und schön heranwachsen.

Ein Anbauplan macht die Gartenarbeit übersichtlich und hilft Fehler zu vermeiden. Einen solchen Plan kann man für Staudenbeete und Rabatten zeichnen und so schon im Winter die Blütenpracht für den nächsten Sommer entwerfen. Besonders wichtig aber ist ein Anbauplan für den Gemüsegarten. Mischkultur und Fruchtwechsel sollten sorgfältig geplant werden, damit sich Gartenboden und Kulturen gesund und prächtig entwickeln.

Der Gemüsegarten gedeiht am besten an der sonnigsten Stelle des Gartens. Für den Anbauplan werden die Gemüsebeete maßstabsgerecht auf ein großes Blatt Millimeterpapier gezeichnet. Dieser Grundplan wird kopiert und kann jedes Jahr wieder verwendet werden. Die Kulturen wandern einfach nur jeweils einen Bereich weiter.

Eine dreijährige Fruchtfolge ist einfach und arbeitssparend. Sie richtet sich nach den Nährstoff-Ansprüchen der einzelnen Kulturen. Je nach ihrem Bedarf sind sie Stark-, Mittel- oder Schwachzehrer. Der Gemüsegarten wird dazu in drei Bereiche eingeteilt.

- Im Herbst kommt auf die Beete im ersten Bereich eine kräftige Schicht verrotteter Mist oder Kompost und Steinmehl. Hier werden im Frühjahr Starkzehrer wie Kohlarten, Kartoffeln, Sellerie, Lauch, Gurken und Kürbis angebaut. Diese Gemüse vertragen während der Vegetationszeit auch noch Pflanzenjauche aus vergorenen Brennesseln und Rainfarn als Kopfdüngung.
- Im folgenden Herbst wird der zweite Bereich kräftig gedüngt, und die Starkzehrer rücken in den zweiten Bereich weiter. Im ersten Bereich ist jetzt

**Partnerkulturen**

| Pflanze | Gute Nachbarpflanze | Schlechte Nachbarpflanze |
|---|---|---|
| Buschbohnen | Gurken, Sellerie, Salate,Tomaten, Kartoffeln | Zwiebeln, Lauch, Erbsen, Fenchel |
| Erbsen | Salate, Kohl, Fenchel, Gurken, Gelbe Rüben | Bohnen, Kartoffeln, Zwiebeln Lauch |
| Fenchel | Salate, Gurken, Erbsen | Bohnen, Tomaten |
| Gurken | Salate, Bohnen, Erbsen, Lauch, Sellerie, Kohl | Tomaten, Rettich, Frühkartoffeln |
| Kartoffeln | Erbsen, Kohl, Buschbohnen, Spinat | Kürbis, Tomaten, Sellerie, Gurken, Zwiebeln |
| Kohl | Salate, Tomaten, Kartoffeln, Erbsen, Lauch | Zwiebeln, Lauch |
| Lauch | Gelbe Rüben, Tomaten, Zwiebeln, Kohl | Bohnen, Erbsen, Rote Bete |
| Rettich | Kresse, Salate, Tomaten, Kohl, Bohnen | Gurken |
| Gelbe Rüben | Zwiebeln, Lauch, Erbsen, Tomaten | |
| Salate | Alle Gemüse außer Sellerie | Sellerie |
| Schwarzwurzeln | Salate, Lauch | |
| Sellerie | Kohl, Gurken, Tomaten, Buschbohnen | Salate, Kartoffeln |
| Stangenbohnen | Salate, Sellerie, Kartoffeln | Zwiebeln, Fenchel, Erbsen |
| Spinat | Bohnen, Rettiche, Kohl, Kartoffeln | Nicht als Vorkultur vor Roten Rüben |
| Tomaten | Salate, Rettich, Gelbe Rüben, Sellerie, Spinat | Gurken, Erbsen, Kartoffeln, Fenchel |
| Zucchini | Stangenbohnen, Zwiebeln, Salate | Kartoffeln |
| Zwiebeln | Gelbe Rüben, Salate, Gurken | Kartoffeln |

Hier haben Gärtnerin und Gärtner gut geplant, denn ihr biologischer Garten zeigt deutlich, daß er aus einem vielfältigen Neben- und Miteinander besteht.

Kohlrabi und Kohlarten, Kartoffeln und Kürbis sind Vertreter der Starkzehrer, die nach gut mit Mist und Kompost gedüngten Beeten verlangen.

Zwiebeln und Möhren, Paprika und Salate zählen zu den Mittelzehrern, die im nächsten Jahr den Platz der Starkzehrer einnehmen können.

Bohnen, Erbsen und Kräuter begnügen sich im dritten Jahr mit dem Beet, dessen Boden sich im vierten Jahr nur mit Leguminosen erholen würde.

Platz für Mittelzehrer wie gelbe und rote Rüben, Zwiebeln, Radieschen, Paprika und Salate. Sie sind bescheidener in ihren Ansprüchen, brauchen zur Vorbereitung aber immerhin noch eine Schicht nahrhaften Kompost und während des Sommers Pflanzenjauche als Kopfdüngung.

• Im dritten Jahr dürfen die anspruchslosen Schwachzehrer auf die Beete im ersten Bereich. Außer etwas Kompost bekommen sie keinerlei Dünger. Die Erbsen, Bohnen, Küchen- und Heilkräuter würden zu viele Nährstoffe nicht vertragen.

• Aus der dreijährigen wird eine vierjährige Fruchtfolge, wenn der Garten von vornherein in vier Bereiche unterteilt wird. Die Schwachzehrer-Beete werden dann im vierten Jahr ausschließlich mit stickstoffsammelnden Leguminosen eingesät. Ist der Boden z. B. von Nematoden, von Wurzelälchen, befallen, können als lebendige Bodenkur auch Ringelblumen und Tagetes unter die Leguminosen gemischt werden. Sie vertreiben die Bodenschädlinge.

## Mischkultur perfekt geplant

Im biologischen Gartenbau werden die Pflanzen immer in Mischkultur angebaut. Mehrere Arten stehen entweder auf einem Beet reihenweise nebeneinander, oder sie werden in der Reihe bunt gemischt.

Mischkultur hält Pflanzen gesund. In Monokulturen laufen der Kartoffelkäfer oder die Ameise mit der Blattlaus auf dem Rücken ganz bequem auf kürzestem Weg von Pflanze zu Pflanze. Krankheitserreger brauchen höchstens einen Windhauch, um sich auszubreiten. Mischkulturen dagegen machen Schädlingen das Leben schwer. Sie müssen lange Wege zurücklegen, stoßen auf Pflanzen, die sie »nicht riechen« können und auf Tiere, die ihre natürlichen Feinde sind. Krankheiten werden abgebremst durch die großen Abstände zwischen gleichen Arten. Und der Boden wird nicht ausgelaugt durch eine einzige Pflanzenart auf einer großen Fläche. Wird eine sinnvolle Fruchtfolge eingehalten, ist auf dem Beet auch in der nächsten Gartensaison der Boden bereit und gesund für neue Anpflanzungen.

Bei der Frage, welche Pflanzen in enger Nachbarschaft nebeneinander wachsen dürfen, spielt die Verträglichkeit der Pflanzen untereinander eine wichtige Rolle. Außerdem ist es von Bedeutung, daß eine Mischkultur ein Beet so lange wie möglich schützen und beschatten soll, und daß sich Pflanzen nicht gegenseitig ins Gehege kommen dürfen. Hohe schlanke Pflanzen wie Lauch wachsen gut neben Möhren, die vor allem unter der Erde viel Platz brauchen, während sie über der Erde mit ihrem fein gefiederten Blattwerk für Schatten sorgen.

Pflanzen beeinflussen sich gegenseitig durch Wurzelausscheidungen (Phytonzide) und durch gasförmige Substanzen wie ätherische Öle, die sie über die Blätter ausscheiden. Die Wirkungen der Phytonzide sind vielfältig. Manche sind für andere Pflanzen direkt giftig, andere wiederum beeinflussen positiv die Mikroorganismen oder Pilze, die der Nachbar zum Leben braucht. Wenn Pflanzen gerne nebeneinander stehen, sind die Erträge höher, die Pflanzen gesund. Wenn sich Nachbarn »nicht riechen« können, fallen die Ernten dagegen gering aus, oder eine Art wird sogar krank.

Ein Beispiel für die Anordnung eines Starkzehrer-Beetes, in dem die Pflanzenreihen wie folgt nebeneinander stehen:

• Kresse, Rettiche
• Kohlarten
• Eissalat
• Kohlarten
• Rettiche, Kresse

Ein Mittelzehrer-Beet könnte wie folgt aussehen:

• Radieschen, Kresse
• Schnittsalat, rot und grün
• Kohlrabi
• früher Kopfsalat
• Kohlrabi
• Schnittsalat, rot und grün
• Radieschen, Kresse

Und hier ein Beispiel für ein Schwachzehrer-Beet:

• Buschbohnen, Bohnenkraut
• rote Beete
• Buschbohnen
• rote Beete
• Buschbohnen, Bohnenkraut

### Fruchtwechsel im Vier-Jahres-Rhythmus

**1. Jahr:**

**Starkzehrer**
Kohlarten, Kartoffeln, Sellerie, Lauch, Gurken, Kürbis
**Düngung:** Mist, Kompost, Steinmehl, Pflanzenjauche

**2. Jahr:**

**Mittelzehrer**
Gelbe, Rote Rüben, Zwiebeln, Radieschen, Paprika, Salate
**Düngung:** Kompost, Pflanzenjauche

**3. Jahr:**

**Schwachzehrer**
Erbsen, Bohnen, Küchen- und Heilkräuter
**Düngung:** Kompost

**4. Jahr:**

**Leguminosen**
Ackerbohnen, Lupine, Platterbsen, Wicken
**Düngung:** keine

Anschließend von vorne beginnen.

## Hacken, Schneiden, Graben

# Gartengerät

Zur Grundausstattung des Biogärtners gehören eine Grabgabel, der Sauzahn, Hacke, Rechen, Pflanzschaufel, Gießkanne und eine gute Rosenschere. In größeren Gärten lohnen sich weitere Geräte, mit denen die Arbeit flott von der Hand geht.

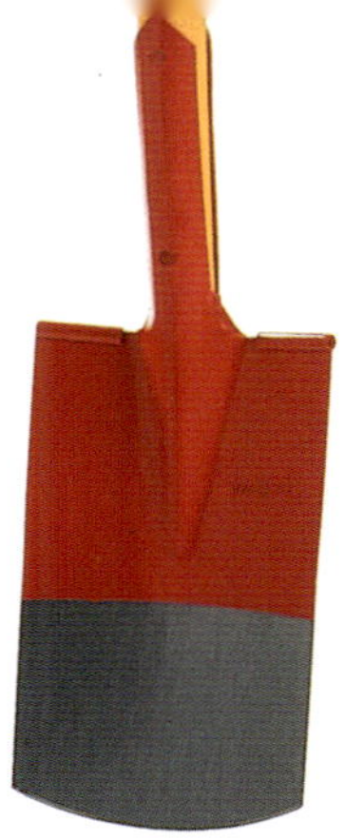

**Spaten**
Der Spaten wird im biologischen Gartenbau hauptsächlich für die Anlage von Wegen, Hoch- und Hügelbeeten und zur Kompostbearbeitung gebraucht. Bei einem guten Spaten sind Blatt und Tülle in einem Stück aus Stahl geschmiedet, rostfrei und so scharf wie eine Klinge. Der Stiel ist aus geschliffenem oder lackiertem Holz oder aus bruchfestem Kunststoff.

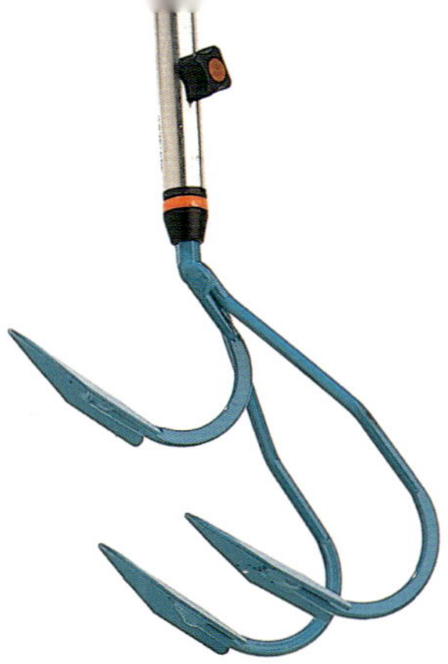

**Krail**
Der Krail hat vier nach unten gebogene, kräftige Zinken. Er ist sehr nützlich zum Lockern, Einebnen und Zerteilen grober Erdschollen, zum Roden oder zum Einarbeiten von Mist oder Kompost.

## Praktische Gartenwerkzeuge

**Messer**
Allzweck-Gartenmesser eignen sich zum Ernten von Gemüse, zum Schneiden von Stecklingen und zum Vorbereiten von Veredelungen. Stecklingsmesser haben eine gerade Klinge und sind vielseitig einzusetzen. Okuliermesser haben einen vorspringenden Teil der Klinge, mit dem beim Okulieren die Rinde gelöst wird. Die Hippe hat eine nach unten gebogene Klinge. Sie eignet sich bestens zum sauberen Nachschneiden von Aststümpfen beim Baumschnitt.

**Scheren**
Langstielige Astscheren schneiden 1 bis 3 cm dicke Äste oder verholzte Stengel. Der lange Griff mit der guten Hebelwirkung erleichtert das Schneiden. Rosenscheren schneiden bis 1 cm dicke, verholzte Stiele sowie krautige Stengel und Triebe jeder Dicke. Eine Rosenschere muß gut in der Hand liegen, sauber und präzise schneiden, ohne Zweige zu quetschen. Heckenscheren gibt es als Handgerät, strombetrieben oder mit Benzinmotor. Praktisch und leise sind Akkugeräte.

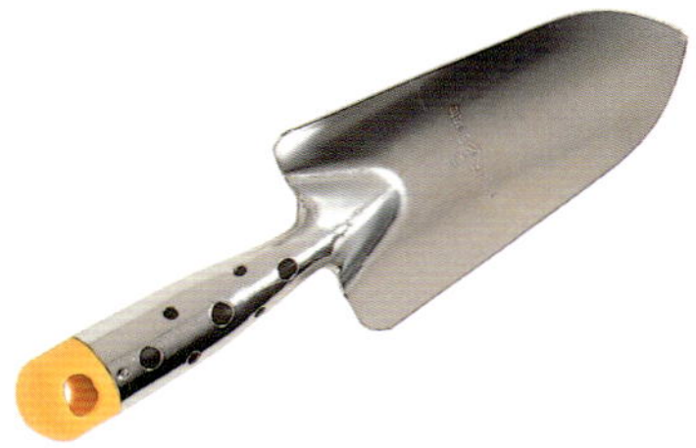

**Pflanzgeräte**
Pflanzschaufeln sollen stabil sein, am besten aus poliertem Edelstahl. Ein abgerundeter Holzgriff liegt besonders gut in der Hand. Praktisch sind Pflanzschaufeln mit eingravierter Pflanztiefen-Markierung. Blumenzwiebelpflanzer tragen generell solche Markierungen. Das runde, hohle Metallstück wird so tief in den Boden gestoßen, wie die Zwiebel gesetzt werden soll. Die Erde wird mit dem Hohlraum dieses Spezialgeräts bequem herausgehoben. Ein Pflanzholz oder ein Pflanzstock aus Metall mit gebogenem Griff bohren Löcher für Setzlinge vor.

**Gießkanne**
Gießkannen aus Kunststoff sind leicht und preiswert. Besonders edel und jahrzehntelang haltbar sind Zinkkannen. Für das Gewächshaus sind Modelle mit extra langer Tülle praktisch.

**Druckspritze**
Eine Druckspritze wird im Biogarten gebraucht, um Tees und Brühen fein und gleichmäßig zu versprühen. Wichtig ist ein Modell, das größere Düsen und ein Biosieb als Zubehör hat, damit pflanzliche Brühen, Kompostauszüge und Kalkmischungen problemlos verteilt werden können.

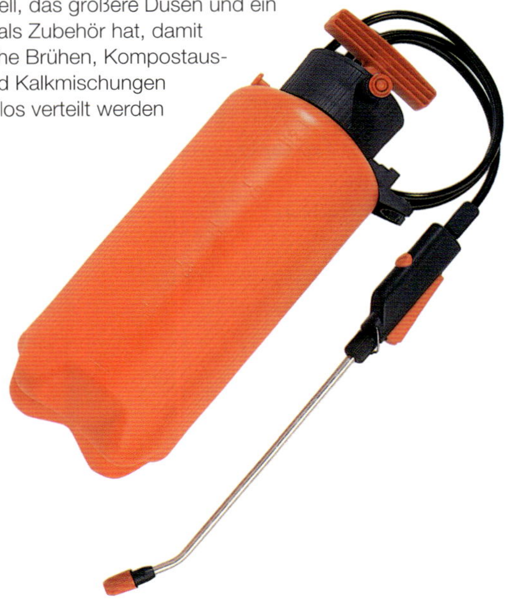

**Saatrad**
Handsägeräte gibt es in vielen Variationen, von der einfachen Kunststoffschaufel mit unterschiedlich gelochtem Einsatz über kleine Räder oder Trommeln, die an einen Kombistiel anzukoppeln sind, bis hin zur vierreihigen Sämaschine, die sich für größere Gärten lohnt.

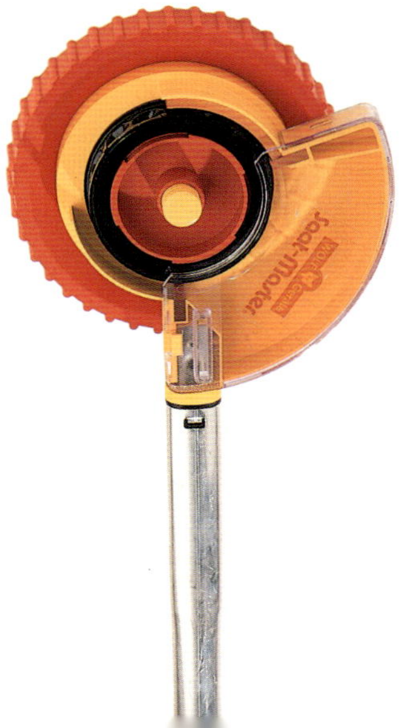

**Rechen**
Mit Rechen oder Harken aus Metall mit möglichst großer Arbeitsbreite werden Saatrillen und Beete geglättet, Laub und Rasenschnitt zusammengerecht. Für das lange Gras der Blumenwiese ist ein Holzrechen besser, der nicht im langen Gras hängenbleibt.

**Sense**
Eine gute Sense ist für eine Blumenwiese wichtig, praktisch aber auch beim Sammeln von Brennesseln und Wildkräutern am Wald- oder Wegrand. Den richtigen Umgang mit der Sense vom Mähen bis zum Dengeln kann man in Kursen erlernen. Für kleinere Flächen genügt eine Handsichel.

**Zerstäuber**
Ein Zerstäuber aus Kunststoff verteilt Steinmehl puderdünn über Kohlpflanzen, Tomaten und Beerensträucher, zur Vorbeugung gegen Raupen und hungrige Vögel.

**Abflammgerät**
Ein Abflammgerät hält die Wildkräuter im Zaum. Je nach Modell mit Strom oder Gas betrieben, arbeitet ein Abflammgerät mit offener Flamme oder mit einem Infrarotstrahler. Langsam über verkrautete Wege oder Beete geführt, werden die unerwünschten Wildpflanzen auf ca. 70 °C erhitzt und sterben dann ab. Die Modelle reichen vom leichten, tragbaren Handgerät bis zum Anbaumodell an den Geräteträger oder Schlepper.

**Hacke**
Hacken werden gebraucht, um Wildkräuter zu entfernen, den Boden zu lockern und Rillen zu ziehen. Schlaghacken haben ein meißelartiges Messer und erfordern relativ viel Kraft. Bügelzughacken schneiden Wildkrautwurzeln dicht unter der Erdoberfläche ab und lockern den Boden ohne großen Kraftaufwand. Leicht zu handhaben ist auch die Zieh- oder Blatthacke. Ideal zum Jäten ist die Schuffel, eine Stoßhacke. Praktisch: ein Patentstiel, an dem sich nach Bedarf die verschiedensten Geräte befestigen lassen.

**Rasenmäher**
Für ein kleines Stück Rasen genügt ein Handmäher, am besten ein Spindelmäher, der besonders sauber schneidet. Praktisch für größere Rasenflächen sind Mulchmäher. Das Gras wird sofort zerkleinert, bleibt auf dem Rasen liegen und dient als Dünger. Für große Blumenwiesen eignet sich ein motorbetriebener Balkenmäher, der langes Gras verstopfungsfrei schneidet.

**Kultivator**
Dieses wohl wichtigste Werkzeug im Biogarten gibt es mit einem, drei oder fünf Zinken, starr oder federnd. Am Ende jedes Zinkens sitzt eine lanzenartige Schar, der Gänsefuß. Der Kultivator lockert feste Erde und zerkleinert sie. Mit einem Zinken wird er Sauzahn genannt.

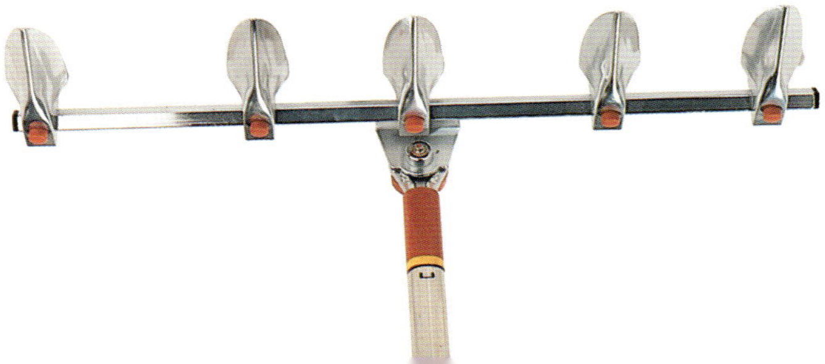

**Heugabel**
Eine solide Heugabel mit scharf geschliffenen Zinken ist ideal, um Mulchmaterial zu verteilen, das Heu von der Blumenwiese zu wenden, Reisig zu stapeln und vieles mehr.

**Häcksler**
Ein Handhäcksler zerkleinert mühelos auch dicke Äste. Für größere Gärten lohnt vielleicht ein motorbetriebenes Gerät. Besonders leise Häcksler tragen das Umweltzeichen. Am leistungsfähigsten sind Hammermühlen, die das Schnittgut nicht nur häckseln, sondern auch auffasern, so daß es im Kompost besonders schnell zersetzt wird. Wichtig: Beim Häckseln immer Schutzbrille tragen!

**Grabgabel**
Die Grabgabel hat vier flachgeschmiedete Stahlzinken. Sie ist unentbehrlich zum Bodenlockern, Kompost aufsetzen, Wurzelgemüse ernten etc. Die Bio-Grabgabel hat lange stabförmige Zinken, die leicht ins Erdreich eindringen. Sie hat eine dreifache Arbeitsbreite und ist ausschließlich zum Lockern und Lüften gedacht.

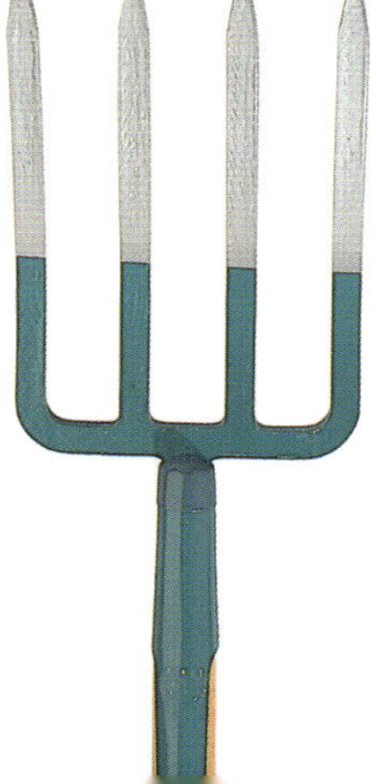

**Sanfte Abwehr von Schädlingen und Krankheiten**

# Ganz ohne Chemie

Wenn im Biogarten einmal Not am Mann ist – etwa weil das Wetter eine Schädlingsplage heraufbeschwört – lösen Handarbeit und sanfte Abwehrmaßnahmen Gartenprobleme rasch und giftfrei:

- Einsammeln und Abschütteln ist die schnellste Hilfe bei Befall mit Kartoffelkäfern, Raupen, Schnecken, Maikäfern, Blattläusen.
- Abschneiden und Abknipsen kranker Pflanzenteile leistet Erste Hilfe bei Pilzkrankheiten wie Himbeerrutenkrankheit, Monilia bei Kern- und Steinobst und Kräuselkrankheit von Pfirsichen.
- Leimgürtel werden ab September um Obstbäume gebunden, bevor die Frostspanner-Raupen auf die Bäume kriechen.
- Kirschfliegen-Fallen aus gelbem Kunststoff, mit Spezialleim bestrichen, werden in den Kirschbaum gehängt, bevor die Früchte zu reifen beginnen.
- Schneckenzäune aus gebogenen Blechen helfen gegen gefräßige Mollusken. Auch scharfer Sand, Holzasche oder Gerstenspreu wirken als Schneckenbremse.
- Fangpflanzen wie eine halbierte Kartoffel ziehen Drahtwürmer an.
- Lehmanstriche befreien Obstbäume von Schadinsekten. Dazu Lehm mit kaltem Schachtelhalmtee und – wo vorhanden – mit frischem Kuhdung zu einem Brei verrühren und mit einem Handbesen auf den Baumstamm auftragen. Verdünnt über Beerensträucher gespritzt, verdirbt der Lehm Vögeln den Appetit auf junge Knospen.
- Gemüsenetze schützen vor Vögeln und Gemüsefliegen und können auch Mäuse erfolgreich abwehren.
- Stäuben mit Steinmehlen, Holzasche oder Algenkalk verhindert Pilzerkrankungen, wirkt gegen Läuse und Erdflöhe und hält Schnecken fern.
- Für Brühen und Tees werden Pflanzenteile in einem emaillierten Kochgefäß mit Wasser 24 Stunden lang eingeweicht. Danach aufkochen, eine halbe Stunde köcheln, abkühlen lassen und durchsieben:

Brühe aus Knoblauch und Zwiebelschalen hilft gegen Möhrenfliege.

Brühe aus Schachtelhalm und Rainfarn vertreibt Spinnmilben und Rote Spinnen.

Wermutbrühe wird gegen Erdflöhe und Kirschfruchtfliege eingesetzt, Rainfarntee gegen den Erdbeerblütenstecher, Rhabarbertee gegen Lauchmotten.

- Für Kaltwasserauszüge werden frische Pflanzen 12 bis 24 Stunden lang in kaltem Regenwasser oder weichem Wasser eingeweicht. Auszug absieben und über die Pflanzen sprühen:

Auszug aus Brennesseln hilft gegen Blattläuse und Weiße Fliege, Auszug aus Tomatenblättern gegen Kohlweißlingsraupen.

- Schmierseifenlösung ist ein Allzweckmittel gegen alle saugenden Insekten. Dazu werden 50 g Schmierseife sorgfältig in heißem Wasser aufgelöst, in 3 Liter Wasser eingerührt und unverdünnt gespritzt.
- Magermilch beugt Tomatenkrankheiten vor. 1 Liter Milch oder Molke mit 1 Liter Wasser mischen und die Jungpflanzen einmal pro Woche damit übersprühen.

Nicht alle Insekten sind gerngesehene Gäste im Garten; gegen unerwünschte helfen oft ganz einfache Mittel wie Leimgürtel, Fallen oder Einsammeln.

**Weiße Fliege und Schlupfwespe**

Befall mit der Weißen Fliege hinterläßt starken Honigtaubelag auf den Blättern des Weihnachtssterns – eine Folge des Nährstoffraubs.

Die Weiße Gewächshaus-Fliege (1,5–2 mm lang); leere Nymphen und Honigtautropfen finden sich stets nur unter den Blättern.

Weiße Fliegen in ihrem ersten Wachstumsstadium als mit bloßem Auge kaum erkennbare Nymphen – enge Verwandte der Blattlaus.

Die von der Schlupfwespe angegangenen Nymphenstadien der Weißen Fliege färben sich schwarz, die einer anderen Fliegenart werden durchsichtig.

**Dr. Reinhard Albert**

# Nützlinge und Schädlinge

Schädlinge spielen im Garten eine beachtliche Rolle. Blattläuse an Salat und Bohnen, an Apfel- und Kirschbaum sowie Rosen, oder Raupen am Kohl treten häufiger auf als einem Gartenbesitzer lieb sein kann und schädigen Pflanzen wie Früchte. Im Garten stellen sich natürliche Gegenspieler wie Meisen und andere insektenfressende Vögel, Schlupfwespen, Raubmilben, Spinnen und andere, die sogenannten Nützlinge, ein. (Alle Tiere in einem Ökosystem haben eine Funktion. Die subjektiven Begriffe Schädling und Nützling werden hier nur zur einfacheren Darstellung benutzt.) Je nach Befallsgrad, Nützlingsmenge und -vermehrung werden die Schädlinge im Garten unterschiedlich schnell reduziert. Häufig werden Nützlinge schon sehr früh aktiv und bringen einen Schädlingsbefall unter Kontrolle, bevor der Gartenbesitzer etwas von dem Befall feststellt. Mitunter aber sieht man sich im biologischen Anbau gezwungen, mit Brühen und Auszügen zu versuchen, der Situation Herr zu werden.

Unter den günstigen klimatischen Bedingungen, die ein Gewächshaus nicht nur Pflanzen bietet, sind Schädlinge wegen ihrer rasanten Entwicklung ein ernstes Problem. Blattläuse, Weiße Fliegen und seltener auch Schmier- und weitere Schildläuse entziehen den Pflanzen die Nährstoffe und geben süßen Honigtau ab, auf dem sich Schwärzepilze ansiedeln, die die Pflanzen und Früchte verschmutzen oder Ameisen anlocken.

Ameisen können Schädlinge aktiv verteilen und gegen viele Nützlingsarten schützen. Sie beißen zum Beispiel die Flügel zugeflogener Blattlausweibchen solcher Arten ab, die Honigtau produzieren, und bringen sie dadurch dazu, auf der Pflanze zu verbleiben. Unbeflügelte Tiere verteilen sie. Als Belohnung erhalten die Ameisen die Ausscheidungen der Blattläuse, den Honigtau, den sie den Läusen durch das sogenannte Betrillern abnehmen. Wächterameisen vertreiben oder fangen natürliche Gegenspieler der Ameisen. Einige ihrer Kontrahenten haben sich darauf eingestellt. Larven und ausgewachsene Tiere der Räuberischen Gallmücke *Aphidoletes aphidimyza* werden weder von Ameisen noch von Blattläusen als Feinde erkannt. Die Schlupfwespe *Lysiphlebus testaceipes* tarnt sich erfolgreich mit Blattlausgeruch.

Große Abbildung links: Nützling oder Schädling? Die Antwort hängt vom Blickwinkel ab.

Gurken und Stangenbohnen werden von Spinnmilben befallen. Hier ein Weibchen der Spinnmilbe *Tetranychus urticae* mit Eiern unter einem Gurkenblatt (links am Rand).

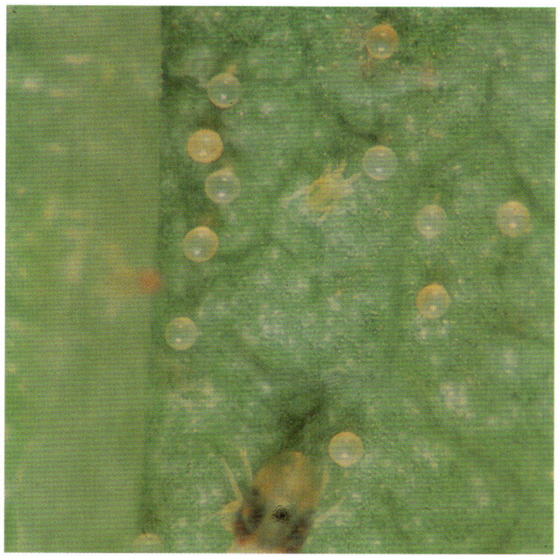

Die Weibchen der Spinnmilbe, die im Winter zur Roten Spinne wird, legen in ihrem 14tägigen Leben etwa 100 Eier.

Ein etwa 0,5 mm großes Raubmilbenweibchen *Phytoseiulus persimilis* saugt eine Spinnmilbe aus. Pro Tag schafft sie 5 ausgewachsene oder 20 Jungtiere bzw. Eier.

Die in Mitteleuropa während der warmen Jahreszeit im Gewächshaus kultivierten Gemüse wie Gurke, Tomate, Bohne und Aubergine werden von der Weißen Fliegenart *Trialeurodes vapoariorum* und von Blattlausarten wie *Aphis gossypii* oder *Aphis fabae*, *Aulacortum solani*, *Macrosiphum euphorbiae* oder *Myzus persicae* befallen. Blattläuse sind auch auf Paprikapflanzen ein Problem.

Zusätzlich können noch weitere Schädlinge auftreten, die Pflanzen zum völligen Zusammenbruch bringen können. So saugen Spinnmilben wie *Tetranychus urtiae* auf der Blattunterseite einzelne Zellen aus. Dadurch können ganze Blätter absterben. Thripse schädigen die Blätter in ähnlicher Weise, können aber an Früchten auch durch Verkorkungen beachtliche Beeinträchtigungen bewirken. Außerdem übertragen sie pflanzenschädigende Viren. Die Larven der Minierfliegen fressen Gänge in Blätter, und Schmetterlingsraupen verzehren das ganze Blatt (vergleiche Tabellen über Haupt- und Nebenschädlinge bei Gurken- und Tomatenkultur S. 182).

Früher mußte im biologisch-dynamischen oder biologisch-organischen Anbau nach starkem Schädlingsauftreten im Gewächshaus häufig neu gepflanzt werden. In konventionell arbeitenden Betrieben werden Schädlinge mit Insektiziden und Akariziden bekämpft. Bei übermäßigem Gebrauch von Pflanzenschutzmitteln können sich dann erschwerende Probleme mit Schädlingen einstellen, weil sie Resistenzen gegen diese Mittel entwickeln. Häufig ist bei Anwendung von Pflanzenschutzmitteln auch mit Rückständen auf Früchten und Gemüsen zu rechnen. Überdies sind für den Unterglasanbau nur einige Fungizide und nur wenige Insektizide ausgewiesen, und letztere nicht im Falle jeder Gemüsekultur geprüft. Für diesen Engpaß beim chemischen Pflanzenschutz ist weitgehend das Desinteresse der Industrie verantwortlich, die für Kulturen mit relativ kleiner Anbaufläche nicht die teuren Untersuchungen für die Ausweisungen durchführen will.

Diese Lücke bei den Pflanzenschutzmitteln, die in den letzten Jahren immer größer geworden ist, erwies sich jedoch als gute Chance für die biologische Schädlingsbekämpfung und speziell für den Einsatz von Nützlingen.

## Biologische Schädlingsbekämpfung

Unter biologischer Schädlingsbekämpfung versteht man den gezielten Einsatz gesammelter und vermehrter Organismen und Viren zur Regulation von Schädlingspopulationen zum Schutz von Pflanzen, Tieren und Menschen. Vereinfacht gesagt bedeutet dies, daß Schädlinge nicht mit chemischen Mitteln, sondern mit natürlichen Gegenspielern bekämpft werden.

Die biologische Schädlingsbekämpfung ist an sich eine lange bekannte Strategie. Ein altbekanntes Beispiel dafür ist die Einführung der Katze in Mitteleuropa als Ersatz für die vorher üblichen Marder, um Nagetiere in Haus und Scheune zu bekämpfen. Auch im Gewächshaus hat der Nützlingseinsatz schon Tradition. Die Schlupfwespe *Encarsia formosa* wurde schon in den dreißiger Jahren in Großbritannien zur Bekämpfung der Weißen Fliege *Trialeurodes vaporariorum* in einem Zuchtbetrieb vermehrt und in kommerziellen Gewächshäusern und Botanischen Gärten benutzt. Der Zweite Weltkrieg und das Aufkommen moderner Insektizide beendeten die Anwendung. Aber seit Ende der sechziger Jahre werden Nützlinge in Westeuropa in stetig zunehmendem Umfang in Gemüsekulturen des Unterglasanbaus eingesetzt.

Schädlinge befallen nicht alle Kulturen gleich stark. In der Gurkenkultur müssen zum Beispiel die Schädlinge Spinnmilbe, Weiße Fliege, Blattlaus und der Kalifornische Blütenthrips mit fünf Gegenspielern gleichzeitig regelmäßig auf großer Fläche bekämpft werden, während bei der Tomate nur die Weiße Fliege als Hauptschädling auftritt, der in fast allen Betrieben bekämpft werden muß.

Nützlingseinsatz bringt Gärtnern und Verbrauchern beachtliche Vorteile, aber er kann für Gärtner auch mit Nachteilen verbunden sein (Siehe Übersicht oben). Immer wieder kommt es zu schwierigen Situationen und ungünstigen Bedingungen. Bei langanhaltender kühler oder aber sehr warmer Witterung sind die klimatischen Anforderungen vieler Nützlinge nicht erfüllt oder überschritten, so daß sich Schädlinge wieder stärker vermehren können. Im Hochsommer können zufliegende Wanzen, gegen die es keinen biologischen Gegenspieler gibt, empfind-

### Biologischer Pflanzenschutz in Gurkenbeständen

| Schaderreger | Nützling | Ergänzende Maßnahmen |
|---|---|---|
| **Hauptschädlinge** | | |
| **Spinnmilben** | *Phytoseiulus persimilis*<br>*Amblyseius californicus* | beleimte Gelb- und Blautafeln zur Schädlings-überwachung |
| **Weiße Fliege** | *Encarsia formosa* | |
| **Blattläuse** | *Chrysoperta camea*<br>*Aphidoletes aphidimyza*<br>*Aphidius coleman*<br>*A. matricariae, A. ervi* | *C. camea* zur Herdbehandlung |
| **Thrips** | *Amblyseius barkeri*<br>*A. cucumeris*<br>*Orius sp.* | |
| **Nebenschädlinge** | | |
| **Minierfliegen** | *Diglyphus isaea*<br>*Dacnusa sibirica* | |
| **Raupen** | *Bacillus thuringiensis* | |

### Biologischer Pflanzenschutz in Tomatenbeständen

| Schaderreger | Nützling | Ergänzende Maßnahmen |
|---|---|---|
| **Hauptschädlinge** | | |
| **Weiße Fliege** | *Encarsia formosa*<br>*Macrolophus caliginosus* | beleimte Gelbtafeln |
| **Nebenschädlinge** | | |
| **Blattläuse** | *Aphelinus abdominalis*<br>*Chrysoperla carnea*<br>*Aphidoletes aphidimyza*<br>*Aphidius colemani*<br>*A. matricariae, A. ervi* | beleimte Gelb- und Blautafeln zur Schädlings-überwachung<br>*C. camea* zur Herdbehandlung |
| **Thrips** | *Amblyseius barkeri*,<br>*A. cucumeris*,<br>*Orius sp.* | |
| **Spinnmilben** | *Phytoseiulus persimilis*,<br>*Ablyseius californicus* | |
| **Minierfliegen** | *Diglyphus isaea*,<br>*Dacnusa sibirica* | |
| **Raupen** | *Bacillus thuringiensis* | |
| **Hummeln** | *Bombus terrestris* | zur Befruchtung |

Starker Befall der Baumwollblattlaus *Aphis gossypii* unter einem Gurkenblatt. Das Schadbild ähnelt dem der Weißen Fliege. Zusätzlich finden sich auf den Blatt-oberseiten noch die weißen Häute, die Excuvien, der Blattläuse.

Geflügeltes Weibchen der Baumwollblattlaus, die im Sommer stets lebend gebiert, und zwar 3 bis 6 Nymphen pro Tag, die selbst schon nach nur einer Woche Nachwuchs erzeugen. Ein gefundenes Fressen für Nützlinge.

liche Schäden etwa an Gurkenfrüchten anrichten. Ein weiterer Nachteil für den Gärtner sind die zum Teil nicht geringen Kosten des Nützlingseinsatzes. Diese erhöhten Kosten werden ihm aufgrund des internationalen Wettbewerbs und der scharf kalkulierenden Einkäufer von Handelsketten nicht honoriert. Biologischer Unterglasanbau ist jedoch ohne Hinzuziehung der kleinen natürlichen Helfer heute nicht mehr denkbar. Dabei hat sich ihr Einsatz insbesondere bei Kulturen wie Tomaten, Paprika, Auberginen und Bohnen bewährt. Auch an anderen Kulturen werden Nützlinge eingesetzt. So wird zum Beispiel im Maisanbau in Deutschland auf fast 6000 Hektar die Schlupfwespe *Trichogramma evanescens* zur Bekämpfung des Europäischen Maiszünslers *Ostrinia nubilalis* verwendet. Weitere Trichogramma-Arten helfen im Hobbybereich gegen Fruchtwickler an Apfel- und Pflaumenbäumen. Im Kohlanbau verzeichnet man Erfolge in einzelnen Betrieben, in denen Schlupfwespen gegen die vielen Schadschmetterlingsarten antreten. Nur ist diese biologische Methode je nach Kultur und Kulturform zwei- bis zehnmal teurer als chemischer Pfanzenschutz. Dagegen findet sie in Zierpflanzenkulturen, besonders bei Weihnachtssternen und anderen Topfpflanzen, sowie bei der Innenraumbegrünung verstärkt Verwendung.

Ein Nützlingseinsatz im eigenen Bio-Garten ist in beschränktem Umfang möglich. Hier sollte die Nützlingsförderung durch die Installation von Nistmöglichkeiten für Vögel und die Schaffung von Unterschlüpfen für Kleinsäuger, Ohrwürmer, Schlupfwespen, Florfliegen und Raubmilben im Vordergrund stehen. Die biologische Bekämpfung der Larven des Gefurchten Dickmaulrüßlers mit insektenpathogenen Nematoden der Gattungen *Heterorhabditis* und *Steinernema* ist ein erprobtes und wirksames Verfahren. Versuche mit dem Einsatz von Florfliegenlarven zur Bekämpfung von Blattläusen oder von Raubmilben der Art *Phytoseiulus persimilis* gegen Spinnmilben auf niedrigen Pflanzen wie Erdbeeren, Himbeeren und Stachelbeeren verliefen ebenfalls erfolgreich.

Insgesamt 42 Nützlingsarten werden zur Zeit in den westeuropäischen Ländern von spezialisierten Züchtern und Händlern angeboten. Mit diesen lassen sich alle tierischen Schädlinge des Unterglasanbaus mit Ausnahme der Wurzelläuse, zufliegenden Wanzen und Zwergzikaden sowie der Nackt- und Gehäuseschnecken bekämpfen. Aber auch gegen Nacktschnecken in Garten und Gewächshaus wird es demnächst umweltverträgliche Bekämpfungsmöglichkeiten in Form eines neuen Schneckenkorns und eines schneckenpathogenen Nematoden geben, der gegen Ackerschnecken wirkt.

Die Kosten für Nützlinge sind recht unterschiedlich. Besonders die Nützlinge für die Innenraumbegrünung sind recht teuer. Aber wie sich in den beiden letzten Jahren gezeigt hat, kann man bei etwas Geduld auch mit geringen Nützlingsmengen viel erreichen.

Die 2 mm große Schlupfwespe *Aphidius matricariae* legt ihre Eier in Blattläuse, die von den Larven aufgefressen werden.

Von den Blattläusen bleiben nur pergamentfarbene Hüllen, die Mumien, übrig, in denen sich die Schlupfwespenlarven verpuppen.

Die sich nur von Honigtau und Pollen ernährende Florfliege *Chrysoperla carnera* bringt außerordentlich gefräßige Larven hervor.

Die Larve der Florfliege verzehrt oder tötet in den 10 bis 20 Tagen bis zu ihrer Verpuppung zwischen 200 und 500 Blattläuse.

Die 2 mm große, nachtaktive Räuberische Gallmücke *Aphidoletes aphidimyzia* hält sich tagsüber oft unbeschadet in Spinnweben auf.

Die Weibchen legen 100 bis 150 Eier, aus denen nach einer Woche die Larven schlüpfen, die jede 20 bis 50 Blattläuse aussaugen; lassen sich kostengünstig vermehren.

**Vor- und Nachteile der biologischen Schädlingsbekämpfung im Unterglasanbau von Gemüse**

**Vorteile des Nützlingseinsatzes**

- Leichte und schnelle Ausbringung der Nützlinge ohne Maschinen
- Alle Nützlinge sind schnell und in guter Qualität von den Nützlingsproduzenten zu beziehen
- Keine Belastung von Anwender, Boden, Pflanzen oder Erntegut durch chemische Mittel oder deren Rückstände
- Schonung spontan auftretender Nutzorganismen Keine Wartezeiten für Kulturmaßnahmen und Ernten
- Mehrerträge zwischen 5 und 10% durch Schonung der Blüten und besseres Pflanzenwachstum

**Nachteile des Nützlingeinsatzes**

- Kontrollen des Schädlingsauftretens und des Nützlingsbesatzes notwendig
- Rücksichtnahme auf die Nützlinge bei Kulturmaßnahmen wie Ausschneiden oder Ausbrechen von Trieben und Blättern
- Wissen über die Biologie der Schädlinge und die Möglichkeiten der biologischen Bekämpfung erforderlich

# Gewächs-häuser

Unter Glas und Folie kann jeder Gärtner dem Wetter ein Schnippchen schlagen, im Frühjahr zeitiger mit dem Säen und Pflanzen beginnen, Wochen eher ernten und das Gartenjahr bis weit in den Herbst hinein verlängern.

Glas oder Folie – bei dieser Entscheidung spielen ästhetische und ökologische Gesichtspunkte eine Rolle. Beim beheizten Gewächshaus sind vor allem die Isolierwerte wichtig. Je besser die Wärmedämmung, desto weniger Heizenergie wird verbraucht.

- Einfachverglasung – auch als »Gartenglas« oder »Klarglas« im Handel – ist am preiswertesten. Es isoliert nicht sehr gut und muß im Sommer schattiert werden, sonst können die Pflanzen darunter verbrennen.
- Nörpelglas ist dicker, hält die Wärme etwas besser und muß nicht schattiert werden.
- Isolierglas spart viel Energie, denn es isoliert hervorragend. Gewächshäuser aus Glas brauchen je nach Größe ein Streifenfundament aus Beton oder ein Fundament aus Metall.
- Doppel- oder Dreifachstegplatten sind aus Kunststoff und haben ebenso gute Isolierwerte wie Isolierglas. Sie müssen nicht schattiert werden und halten je nach Fabrikat zehn Jahre oder länger.
- Folien-Gewächshäuser sind sehr preiswert. Die Folien müssen je nach Stabilität alle drei bis sechs Jahre erneuert werden. Sie isolieren ungefähr so gut wie die Einfachverglasung. Folie braucht nicht schattiert zu werden. Feste Fundamentsockel sind nicht erforderlich.
- Noppenfolie ist eine hervorragende Isolierung für alle Gewächshaustypen. Sie ist als Meterware zu kaufen, läßt sich im Herbst leicht anbringen und im Frühjahr wieder abnehmen.

Viel Platz hält Pflanzen gesund, deshalb dürfen Gewächshäuser nicht zu klein sein. Allein für Wege müssen zwei Quadratmeter gerechnet werden und weitere zwei für die Gerätschaften. Bei der Wahl der Größe eines ökologisch bewirtschafteten Gewächshauses muß bedacht werden: je größer das Haus, desto mehr Luftraum steht zur Verfügung, desto leichter bleiben Pflanzen im feuchtwarmen Gewächshausklima, in dem leicht Pilzerkrankungen auftreten können, gesund und stabil.

In kühleren Regionen reifen im Gewächshaus nicht nur südliche Gemüse, auch zum Vorziehen von Pflanzen ist es ideal.

**Die besten Gemüsearten für das Gewächshaus**

| Gemüse | Haustyp * | Aussaattermin | Pflanzzeit | Pflanzen/qm | Pflanzabstand/cm | Ernte |
|---|---|---|---|---|---|---|
| Andenbeeren | W/T/K | I–III | III–IV | 2–3 | 70x40 | VII–XI |
| Auberginen | W/T | II | V/VII | 4 | 75x50 | VII–IX |
| Buschbohnen | T/K | III–V | IV/V | 6 Horste | 40x40 | VI–VIII |
| Feldsalat | T/K | IX–X | | | Reihenabstand 10 | XII–III |
| Kohlrabi | W/T/K | II–IV | II–IV | 16 | 25x25 | IV–V |
| Kopfsalat | W/T/K | II–III | III–IV | 20 | 25x20 | IV–V |
| Melonen | W/T | II | IV–V | 1–2 | 80x80 | VII–IX |
| Paprika | W/T/K | I–III | III–V | 4 | 50x40 | VII–XI |
| Petersilie | T/K | VIII–IX | VIII–IX | 30 | 25x10 | I–IV |
| Radieschen | T/K | II–IV | II–V | 30 | 10x10 | II–V |
| Salatgurken | W/T/K | I–IV | III–V | 1–2 | 150x50 | V–X |
| Schnittlauch | T/K | IV–IX | V–IX | 20 | 20x20 | I–V |
| Schnittsalat | T/K | II–IX | | | Reihenabstand 15 | II–X |
| Spinat | T/K | IX–XI | | | breitwürfig | III–V |
| Stangenbohnen | T/K | III–V | V/VI | | 40 cm in der Reihe | VI–VIII |
| Tomaten | W/T/K | I–III | III–V | 2–3 | 70x40 | V–XI |

* W = Warmhaus; T = temperiertes Haus; K = Kalthaus

## Gärtnern unter Glas und Folie

**Die Pflanzerde**
Gewächshauserde braucht gute Pflege. Optimal sind eine fingerdicke Schicht reifer Kompost pro Jahr und Steinmehl als Langzeitdünger und Bodenverbesserer. Eine dünne Mulchschicht, die öfter erneuert wird, hält Feuchtigkeitsverluste klein und spart Gießarbeit.

**Saatgut und Setzlinge**
Für die Kulturen im Gewächshaus empfehlen sich Sorten, die ausdrücklich für den Unterglasanbau gedacht sind. Sie eignen sich für die Lichtverhältnisse und sind widerstandsfähig gegen typische Gewächshauskrankheiten.

**Vorbeugender Pflanzenschutz**
- Schachtelhalmbrühe wird im Frühjahr über die Gewächshauserde gegossen und im Lauf der Vegetationsperiode wiederholt über Pflanzen und Boden gesprüht.
- Magermilchspritzungen haben ebenfalls pilzhemmende Wirkung.
- Pflanzen, die hohe Luftfeuchtigkeit schlecht vertragen, wie Tomaten, werden regelmäßig mit Steinmehl überpudert.
- Unter Glas und Folie werden von Hobbygärtnern wie von Profis Nützlinge eingesetzt. Hier einige Beispiele:

Gallmückenlarven ernähren sich von Blattläusen. Gallmücken werden als Puppen geliefert, eingebettet in feuchten Torf, der in Häufchen unter den befallenen Pflanzen verteilt wird.

Schlupfwespen legen pro Weibchen etwa 50 Eier. Sie helfen gegen Weiße Fliegen.

Raubmilben sind leuchtend rot und flink. Sie ernähren sich von Spinnmilben. Raubmilben werden auf Bohnenblättern verschickt.

Die Gemeine Florfliege legt ihre Eier an fadenartigen, etwa 5 Millimeter langen Stielchen. Die Larven ernähren sich von Blattläusen.
(Vgl. Kapitel Nützlinge und Schädlinge, S.178 f.)

## Zubehör für das Öko-Gewächshaus

Wichtig für Pflanzen, die ohne Pestizide gesund bleiben sollen, ist die Lüftung. Zwei Firstfenster und eine Giebeltür sind die Mindestausstattung. Je mehr Luftklappen, desto besser – so läßt sich zugfrei lüften. Zugluft verursacht z. B. bei Gurken oder Stangenbohnen Befall mit Spinnmilben. Durchgehende First- und Seitenlüftungen werden für größere Häuser mit professionellen Abmessungen angeboten. Gesunde Luftumwälzung erreicht man mit einem Ventilator, ökologisch optimal als Solarmodell, betrieben durch Solarzellen. Automatische Fensteröffner, die ohne Strom über eine Ausdehnungsflüssigkeit arbeiten, helfen Lüftungsfehler zu verhindern.
Eine Trennwand kann in einem größeren Haus eingebaut werden, um verschiedene Klimazonen zu schaffen; wichtig zum Beispiel, wenn Gurken und Tomaten zusammen kultiviert werden sollen: Gurken mögen hohe Luftfeuchtigkeit, Tomaten

Nicht nur Tomaten gedeihen prächtig unter Glas, Freude machen auch Blumen.

Paprikaschoten brauchen viel Wärme und Licht, vor allem, wenn sie rot werden sollen.

Um solch schöne Salatgurken zu ziehen, braucht man nur im Süden kein Gewächshaus.

nicht. Ein Hygrometer gibt Auskunft über die Luftfeuchtigkeit im Gewächshaus – wichtig zur Vorbeugung von Pilzerkrankungen. Bewässerungssysteme wie die Tröpfchenbewässerung sparen Wasser und halten Pflanzen gesund, weil spaghettidünne Schläuche über Automatikventile oder handgesteuert das Wasser gezielt in den Bereich der Pflanzenwurzeln leiten. Bei der Auswahl von Tischen und Hängeregalen muß vor allem auf ausreichende Möglichkeiten der Luftzirkulation geachtet werden.

## Die Gewächshausheizung

Biogärtner werden den Verbrauch an Strom und fossilen Brennstoffen so niedrig wie möglich halten. Um ein gut isoliertes Gewächshaus zu temperieren, genügt eine bescheiden ausgelegte Heizung, ein Heizlüfter etwa oder ein Gas-Sparbrenner. Eine Sonnenheizung ohne Strom ist der Beta-Solar-Wärmespeicher. Schwarze, wassergefüllte Kunststoffschläuche werden im 30-Zentimeter-Abstand zwischen den Pflanzreihen ausgelegt. Sie speichern tagsüber die Sonnenenergie und geben sie nachts dosiert wieder ab – meist ein ausreichender Schutz vor Frühjahrs-Nachtfrösten.
Ob und welche Heizung gebraucht wird, hängt von den geplanten Kulturen ab:
- Das Warmhaus hat jahraus, jahrein eine Mindesttemperatur von 13 Grad Celsius und ist für die Zucht empfindlicher Spezialkulturen wie Orchideen, Blatt- und Blütenpflanzen geeignet. Es braucht die die meiste Energie.
- Das temperierte Haus kommt mit einer Nachtmindesttemperatur von 5 Grad Celsius aus, wird also gerade frostfrei gehalten. Hier können subtropische Pflanzen überwintern, in den lichtintensiveren Herbst- und zeitigen Frühjahrsmonaten Gemüse kultiviert und Jungpflanzen vorgezogen werden.
- Im Kalthaus wird auf die Heizung ganz verzichtet. Ab Frühjahr wachsen hier sonnenhungrige, im Winter frostfeste Gemüse und Salate.

# Der Obstgarten

Beeren, süß und voller Sonnenwärme, saftige Äpfel frisch vom Baum, vollreife Pflaumen und knackige Kirschen: Biologisch angebautes Obst hat ein unvergleichliches Aroma. Im eigenen Biogarten gewachsen, darf jede Beere, jede Frucht voll ausreifen und bis zum Erntetag Sonne tanken. Im biologischen Obstbau werden Bäume, Sträucher und Beerenpflanzen ausschließlich mit sanften, natürlichen Methoden gesund erhalten. Wo immer in einem Garten Platz ist, können Obstbäume, ein Spalier oder Beerensträucher wachsen. Das bereichert nicht nur die Tafel des Gärtners, sondern auch die ökologische Vielfalt im Garten.

**Obstbäume pflanzen**

Obstbäume werden in der Regel im Herbst gepflanzt. In Gegenden mit strengen Wintern dagegen haben junge Bäume im Frühjahr bessere Startchancen. Der Obstbaum wird vor dem Pflanzen einige Stunden in Wasser gestellt.

Die Pflanzgrube wird ein bis zwei Spaten tief ausgehoben. Sie muß doppelt so breit sein wie der Wurzel- bzw. Ballendurchmesser und etwa 20 bis 30 Zentimeter tiefer als die Ballen- bzw. Wurzelhöhe, so daß die Wurzeln des jungen Baumes bequem darin Platz haben. Auf der Wetterseite wird ein Holzpfahl in den Boden geschlagen, der dem Baum später Halt geben soll.

In die Pflanzgrube wird etwas Steinmehl gestreut, wo vorhanden auch Holzasche, die wegen ihres Kalireichtums allen Obstbäumen gut bekommt. Dann wird der Baum in die Grube gestellt und das Wurzelwerk nach allen Seiten sorgfältig ausgebreitet. Der Baum muß so hoch gepflanzt werden, daß die Veredelungsstelle über der Erdoberfläche liegt. Der Obstbaum wird deshalb immer ein wenig höher gepflanzt als er in der Baumschule im Boden stand. Die ausgehobene Gartenerde wird mit Steinmehl und Reifkompost gut vermischt und sorgfältig in das Pflanzloch gefüllt. Die Erdmischung wird mit den Stiefeln vorsichtig festgetreten. Jetzt wird gründlich gewässert, damit sich die Erde dicht an die feinen Wurzeln setzt. Der Stamm wird mit einem doppelt gefalteten Stück Stoff in Form einer Acht am Stützpfahl festgebunden.

Die Baumscheibe (die offene Bodenfläche rings um den Stamm) bekommt eine Mulchdecke aus angewelktem Gras, Laub oder Stroh. Sie hält Wärme und Feuchtigkeit im Boden.

**Der Pflanzschnitt**

In einer guten Baumschule werden die jungen Bäume gleich so gestutzt, daß sich der Pflanzschnitt von Wurzeln und Krone erübrigt. Alle Triebe, die nach innen wachsen, sich kreuzen oder zu tief – unterhalb der späteren Krone – angesetzt sind, werden mit einer Astschere eng am Stamm abgeschnitten. Die Triebe, die bestehen bleiben, werden um rund ein Drittel eingekürzt. Man schneidet auf eine Knospe zurück, die kräftig ausgebildet ist und nach außen weist. Eine Ausnahme machen Containerpflanzen: Sie werden mit einem kompletten Wurzelballen samt Erde geliefert. Hier entfallen der Wurzel- wie der Pflanzschnitt.

**Der Baumschnitt**

Bäume werden entweder gleich nach der Ernte oder an einem Wintertag ohne Frost geschnitten. Ziel ist der Aufbau einer nach allen Seiten ausladenden, licht- und luftdurchlässigen Krone, die gut mit Fruchtholz bestückt ist. Eine alte Gärtnerregel heißt: Man muß nach dem Schnitt einen Hut durch die Krone werfen können, ohne daß er hängenbleibt. Für den Schnitt aller Baumarten gilt: Alles

Wer seinen Obstgarten auf natürliche Weise gegen Krankheiten und Schädlinge schützen will, umgibt ihn mit einer breiten, artenreichen Hecke.

tote Holz, alle nach innen wachsenden Äste und Wasserschosse werden abgeschnitten. Es dürfen keine Stummel stehenbleiben.
Grundsätzlich gilt: Ein scharfer Rückschnitt fördert das Holzwachstum. Wenn sich zwei Zweige reiben oder über Kreuz wachsen, muß einer entfernt werden. Ein Blick auf die Knospen hilft Fruchttriebe schonen: Aus spitzen Knospen wachsen Blätter, runde Knospen bergen die Blüten.
Wunden, die größer als ein Fünfmarkstück sind, müssen mit Baumwachs verschlossen werden.

**Spindelbüsche schneiden**
Im ersten Frühjahr wird lediglich der Mitteltrieb auf 40 Zentimeter eingekürzt. Der Konkurrenztrieb, der in Form einer Gabel auftritt, wird abgeschnitten. Drei bis fünf Seitenzweige, die gleichmäßig verteilt und in möglichst flachem Winkel aus dem Stamm wachsen, dürfen stehenbleiben. In den nächsten Jahren wird der Haupttrieb immer etwas eingekürzt und nur noch alle nach innen wachsenden Zweige entfernt.

**Buschbäume, Halb- und Hochstämme schneiden**
Der Buschbaum braucht einen besonders scharfen Rückschnitt bei der Pflanzung, damit er sich gut entwickelt. Vier Zweige bleiben stehen. Sie bilden das Gerüst der künftigen Krone und werden auf vier Augen zurückgeschnitten. Der Buschbaum treibt nach einer solchen Behandlung stark aus und wird in den folgenden Jahren geschnitten wie ein Halb- oder Hochstamm. Diese haben neben dem Haupttrieb drei Leittriebe, das Grundgerüst der Krone. Sie sollen möglichst flach aus dem Stamm herauswachsen und locker in Abständen von ungefähr 50 Zentimetern um den Stamm verteilt sein. Beim ersten Schnitt werden diese Triebe stark eingekürzt, schwächere noch schärfer zurückgeschnitten als stärkere, um das Wachstum entsprechend anzuregen. In den kommenden Jahren wird systematisch die Krone aufgebaut.

**Ein Spalier schneiden**
Beim ersten Schnitt wird der Konkurrenztrieb zum Mitteltrieb entfernt. Die zwei bis vier Leitäste, die stehenbleiben sollen, werden stark eingekürzt. Nach dem ersten Standjahr werden steil wachsende Konkurrenztriebe entfernt und die Leittriebe etwas eingekürzt. Schwächere und nach außen wachsende Triebe bleiben als Fruchtholz stehen. Bei jeder Schnittmaßnahme ist wichtig, daß immer auf ein nach oben oder außen weisendes Auge geschnitten wird, damit die neuen Triebe in die richtige Richtung wachsen. Im dritten Standjahr werden die steilen Leittriebe in einem Winkel von 60 Grad an das Spalier gebunden.

Junge Obstbäume müssen erzogen werden. Ihr Schneiden verlangt Erfahrung und Sorgfalt, denn davon hängt ihre gesamte spätere Entwicklung ab.

Jetzt werden jeweils die Konkurrenztriebe entfernt und der Mitteltrieb etwas eingekürzt. Alles andere bleibt ungeschnitten stehen. Zur Verjüngung wird das abgetragene, hängende Fruchtholz ausgeschnitten. Jungtriebe nicht einkürzen. Sie sollen langsam wachsen und Fruchtholz abgeben.

**Beerensträucher pflanzen**
Beerensträucher brauchen einen sonnigen oder halbschattigen Platz, der vor allzu viel Wind geschützt ist. Sträucher werden ebenso gepflanzt wie Bäume. Einen Stützpfahl brauchen allerdings nur Hochstämmchen. Wichtig für alle Beerenarten: Sie wollen immer eine Mulchschicht im Wurzelbereich, die den Boden feucht und schattig hält.

**Pflanzenschutz im Obstgarten**
Ein Lehmanstrich schützt Stämme vor starken Temperaturunterschieden und Schadinsekten, die in der Rinde überwintern. Reifer Kompost auf den Baumscheiben und zwischen Beerensträuchern und Stauden ist der beste Dünger und stärkt jedes Obst. Naturnahe Mischhecken sorgen für ein optimales Kleinklima im biologischen Obstgarten.

## Obst von Stauden, Sträuchern und Bäumen

Die lichten Ränder der Wälder sind die Heimat der Obstbäume. Beeren dagegen wachsen ursprünglich im hellen Schatten von Laubbäumen und Waldlichtungen. Wer den Ursprung des süßen Obstes kennt, kann seinen Obstgarten nach den natürlichen Bedürfnissen der Stauden, Sträucher und Bäume anlegen. Wo Bodenwerte, Licht und Pflege stimmen, bleiben die Pflanzen mit sanfter biologischer Pflege kerngesund und liefern stattliche Ernten an süßen, aromatischen Früchten.

Bei den Obstbäumen stellt sich die Frage nach der Größe: Spindelbusch oder Spalier, Buschbaum, Halb- oder Hochstamm?

- Kleinkronige Bäume auf schwachwachsenden Unterlagen bereichern kleine Gärten. Sie sind bequem zu beernten und je nach Sorte nach 15 bis 25 Jahren abgetragen.
- Halb- und Hochstämme dagegen brauchen lange, bis sie zum erstenmal fruchten. Es sind Bäume für mehrere Generationen, stark im Wuchs und reich in der Ernte. Solche Bäume sind artenreiche Biotope, vom Boden bis zur Krone tummeln sich Tausende von Tierarten.
- Obstbäume brauchen volle Sonne. Die Baumscheibe über den Wurzeln im Bereich der Kronentraufe sollte sorgfältig gepflegt, gemulcht oder mit Heilkräutern eingesät werden.
- Beerenstauden und -sträucher gedeihen auch im Halbschatten. Wichtig sind ihre Ansprüche an den Boden: Viele mögen am liebsten Erde, die so sauer ist wie ihre Heimat, der Waldboden. Besonders wichtig ist die Mulchschicht um alle Sträucher. Sie hält den Boden feucht und kühl.

## Beerenobst

**Erdbeeren**
Erdbeeren werden im Juli/August mit 30 cm Abstand gepflanzt. Zwischen die Reihen kommt Stroh oder Holzwolle als Mulchschicht. Die Ableger von reich tragenden Mutterpflanzen kann man abnehmen und in Erde bewurzeln lassen. Gedüngt wird nach der Ernte mit reichlich reifem Kompost.

**Himbeeren**
Himbeeren werden mit 50 cm Abstand gepflanzt. Die Ruten brauchen Halt durch Spanndrähte. Die Erde sollte leicht sauer sein (pH 5). Nach der Ernte werden abgetragene Ruten über dem Boden abgeschnitten.

**Brombeeren**
Brombeeren mit Dornen sind aromatischer, dornenlose Sorten lassen sich aber schmerzlos pflücken. Der Pflanzabstand beträgt zwei Meter. Abgetragene Ruten werden nach der Ernte abgeschnitten.

### Johannisbeeren
Die roten, weißen und schwarzen Johannisbeeren fruchten auch im Halbschatten. Sie tragen am 2- und dreijährigen Holz. Der Strauch kann acht bis zwölf Haupttriebe haben. Ältere, dunkle Äste werden im Herbst über dem Boden abgeschnitten. Jährlich dürfen zwei bis drei Triebe nachwachsen.

### Stachelbeeren
Stachelbeeren haben dieselben Ansprüche wie Johannisbeeren: guten Gartenboden (pH 7), Holzasche und Kompost als Dünger und eine Mulchdecke aus Beinwell- oder Farnblättern.

### Heidelbeeren
Die Gartenheidelbeere wird je nach Sorte über einen Meter hoch. Sie gedeiht nur in saurem Boden (pH 4,3 bis 5,5). Gemulcht wird mit Laubkompost, Sägemehl oder Nadelstreu. Heidelbeeren werden jährlich geschnitten und ausgelichtet.

## Kernobst

### Apfel
Apfelbäume gibt es als Halb- und Hochstämme. Solche großen Bäume wachsen traditionell in großen Biogärten und auf Streuobstwiesen. Die Kronen alter Apfelbäume gehören zu den artenreichsten Lebensräumen im Garten.
Für kleine Gärten eignen sich Spindelbüsche und Buschbäume. Bei der Sortenwahl bieten sich neben neuen, krankheitsresistenten Bäumen vor allem alte Sorten an, bestens an Boden und Klima angepaßt und mit wunderbarem Aroma. Die früheste Sorte, der Klarapfel, wird im Juli reif. Lagerfähige Sorten wie Boskoop oder Winterrambour lassen sich von November bis in den Frühsommer lagern.
Apfelbäume brauchen einen zweiten Baum als Pollenspender in der Nachbarschaft. Ihre Baumscheibe darf nicht umgegraben werden, weil sie sehr flach wurzeln. Bedeckung mit Laub und Kompost bekommt dem Baum.

### Birne
Birnen wachsen in die Höhe und sind nicht so ausladend wie Apfelbäume. Sie eignen sich bestens als Spalierobst. Die langen Pfahlwurzeln eingewachsener Bäume holen sich auch bei großer Trockenheit noch Wasser aus der Tiefe. Auch Birnen brauchen einen zweiten Baum als Pollenspender.

### Quitte
Sie kann als Bestandteil einer gemischten Hecke gepflanzt werden oder als freistehender Baum. In der Regel wird sie als Buschbaum angeboten. Apfel- und Birnenquitten mit ihren runden und länglichen Früchten kann man nur gekocht essen, sie eignen sich hervorragend zur Herstellung köstlicher Gelees. Quitten befruchten sich selbst.

## Steinobst

### Pfirsich
Pfirsiche gedeihen am besten im Weinbauklima. Sie tragen am einjährigen Holz und müssen jedes Jahr zurückgeschnitten werden. Die wahren Fruchttriebe – Zweige mit Blüten- und Holzknospen – werden um die Hälfte eingekürzt. Die falschen Fruchttriebe, die nur Blütenknospen tragen, werden auf ein bis zwei Augen zurückgeschnitten. Triebe, die ausschließlich Laubknospen besitzen, werden auf drei bis fünf Augen eingekürzt.

### Reneklode, Mirabelle
Die Ansprüche von Renekloden und Mirabellen an Standort und Boden sind dieselben: Sie gedeihen überall, brauchen aber mehr Wärme als die genügsame Zwetschge. Zur Befruchtung genügt ein anderer Steinobstbaum in der Nähe.

### Sauerkirsche
Sauerkirschen tragen am einjährigen Holz. Die abgetragenen Triebe werden jedes Jahr zurückgeschnitten, nur ein nachwachsender junger Trieb bleibt stehen. Ohne diesen regelmäßigen Schnitt blüht und fruchtet der Baum nur noch an den Triebspitzen.

### Süßkirsche
Süßkirschen brauchen nach der Pflanzung bis zu acht Jahre, bis sie tragen. Staunässe bekommt den Bäumen nicht. Kirschen reagieren empfindlich auf Bodenversauerung – sie bekommen tiefe Risse. Regelmäßige Kalkgaben sind wichtig. Kirschen brauchen einen zweiten Baum als Befruchter.

### Zwetschge, Pflaume
Sie werden als Halb- und Hochstämme, frühe und späte Sorten angeboten. Wichtig ist, eine Sorte zu bekommen, bei der sich das Fruchtfleisch gut vom Kern löst. Bei den Sorten gibt es selbstbefruchtende und selbstunbefruchtende Bäume.

## Schalenobst

### Haselnuß
Von Haselnußsträuchern gibt es Züchtungen, die besonders große Nüsse liefern. Haselnußsträucher bieten den Bienen mit der Kätzchenblüte eine der ersten Nahrungsquellen im Frühjahr. Sie müssen mit drei Meter Pflanzabstand gesetzt werden, denn so ein Strauch kann sehr groß werden. Haselnüsse sind mit sich selbst unfruchtbar und Windbestäuber. Wenn der Nachbar keine Hasel besitzt, müssen also zwei Sträucher gepflanzt werden. Besondere Ansprüche an Boden und Standort stellt die Haselnuß nicht. Wenn sie im Herbst so ausgelichtet wird, daß sie sechs kräftige Hauptäste behält, wird die Haselnuß lange schöne Ernten liefern. Angeboten werden Haselnußsträucher mit grünen Blättern und Bluthaseln mit dunkelrotem Laub.

### Walnuß
Die Walnuß war früher ein traditioneller Hausbaum. Biogärtner mit viel Platz pflanzen ihn besonders gerne, weil seine Blätter mit ihrem Duft Stechmücken fernhalten. An Standorten mit mildem Klima wird der Baum 20 Meter hoch und entwickelt eine ausladende Krone. Es kann 15 Jahre dauern, bis ein Walnußbaum zum erstenmal fruchtet. Wer das vermeiden möchte, fragt nach Sorten auf schwächer wachsenden Unterlagen, die früher Nüsse tragen. Diese Bäume sind allerdings nicht sehr frostfest. Sie sind vor allem für Weinbauklima geeignet. Die Ernte der Walnüsse ist einfach: Wenn sie reif sind, öffnen sich die grünen Kapseln und die Nüsse fallen herunter.

Hintergrund: Holunder sind robuste, bis zu zehn Meter hoch werdende Sträucher. Außer ihren gesunden Beeren sind die Blüten ein Genuß und die Blätter eignen sich für Tee.

**Kräuter aus dem Garten**

# Heilen und würzen

Wie dieser Überblick zeigt, gibt es weit mehr als nur die drei oder vier Kräuter, die üblicherweise in Küche und Bouquet garni verwendet werden. Es lohnt sich, das eigene Repertoire zu vergrößern und Gerichte mit neuen und anderen aromatischen Akzenten zu bereichern.
Aber Kräuter dienen auch der Gesundheit. Denn die wertvollen Inhaltsstoffe regen den Organismus auf natürliche Weise an. Außerdem lassen sich aus den meisten Kräutern angenehme und sanft heilende Tees bereiten (s.S. 146/147). Und was den Anbau betrifft, sind die meisten Kräuter anspruchslos und pflegeleicht. Allerdings brauchen sie in der Regel viel Sonne, damit sich ihre ätherischen Öle voll entfalten können.

**Basilikum**
Basilikum wird am Fensterbrett vorgezogen. Als Lichtkeimer darf es nach der Saat nicht mit Erde bedeckt werden. Ab Ende Mai ins Freiland oder ins Gewächshaus auspflanzen. Basilikum paßt zu Tomaten, Hammel- und Lammfleisch und zu weißen Bohnen. Es wirkt appetitanregend und entkrampfend.

**Beifuß**
Der ausdauernde Beifuß wird bis zu 150 cm hoch. Kurz vor dem Aufbrechen der Blüten werden die Knospen abgeschnitten und getrocknet. Beifuß ist aromatisch, leicht bitterlich, fördert die Verdauung und paßt zu fettem Fleisch, Gänsen, Enten, Hammel- und Schweinebraten.

**Blattpetersilie**
Die glatte, besonders aromatische Blattpetersilie wie auch die krausblättrigen Sorten werden ab März in Reihen mit 10 bis 15 cm Abstand ausgesät. Blattpetersilie wird laufend geerntet, kann getrocknet oder eingefroren werden. In Südeuropa wächst sie wild.

**Bohnenkraut**
Das einjährige Bohnenkraut (auch Pfefferkraut genannt) wird Mitte Mai ins Freiland gesät. Frische Blätter können während des ganzen Sommers gepflückt oder getrocknet werden. Berg- oder Winterbohnenkraut ist besonders kräftig im Aroma und gehört zu den typischen Provencekräutern.

**Borretsch**
Borretsch oder Gurkenkraut wird bis zu 60 cm hoch. Ausgesät wird im April in 25 cm Abstand. Die jungen Blätter mit ihrem gurkenähnlichen Geschmack werden frisch zu Salaten, Kohlgemüsen und Remouladen gegeben. Konservieren läßt sich der Borretsch nicht.

**Dill**
Dill wird im April mit 25 cm Reihenabstand ins Freiland gesät. Folgesaaten im Abstand von vier Wochen sorgen laufend für Nachschub an frischem Blattwerk. Die frischen Blattspitzen passen zu Salaten und Saucen. Die Samen werden für eingelegte Gurken und Fisch verwendet. Dill läßt sich trocknen und einfrieren.

**Estragon**
Der deutsche aromatische Estragon kann sortenecht nur durch Pflanzen vermehrt werden. Blätter und Triebspitzen können laufend geerntet, aber schlecht getrocknet werden. Estragon paßt zu Kräuteressig, für Marinaden, Salate, Saucen und Suppen. Er wirkt durch seinen Gehalt an Bitterstoffen und ätherischen Ölen appetitanregend.

**Fenchel**
Das im Süden wildwachsende, hochschießende Kraut hat sehr aromatische feingefiederte, im Aroma an Anis erinnernde Blätter, die vor allem gut zu Fisch passen. Auch die Samen werden als Würzmittel für Marinaden und eingelegtes Gemüse verwendet. Die Blätter der Gemüseknollen besitzen weniger Intensität.

**Kerbel**
Kerbel, mit dem anisähnlichen, süßlichen Aroma, wird vor der Blüte geerntet, wenn er ungefähr 30 cm hoch ist. Für Suppen, weiße und grüne Saucen und Salatdressings wird Kerbel stets frisch verwendet. Konservieren kann man ihn nicht.

**Koriander**
Während man im nördlicheren Europa seine pfefferkorngroßen Früchte getrocknet für Gebäck schätzt, ist im Süden das sehr eigenständige Aroma seiner Blätter in Salaten, mit Couscous oder zu Hackfleisch beliebt.

**Kresse**
Kresse kann schon eine Woche nach der Saat geschnitten, unter Salate gemischt oder aufs Brot gestreut werden. Ihr Gehalt an desinfizierenden Senfölen macht sie sehr aromatisch. Konservieren läßt sich Kresse nicht.

**Lavendel**
Mit seinen bezaubernden Blüten ist Lavendel eine vorzügliche Bienenweide. Junge Blattspitzen passen zu Fisch, Lammfleisch und Geflügel. Die duftenden Blüten werden gebündelt, getrocknet, für Potpourris und Duft im Wäscheschrank verwendet.

**Liebstöckel**
Die ausdauernde Pflanze wird bis zu zwei Meter hoch. Zarte Blätter und Triebe können während der gesamten Vegetationsperiode geschnitten und frisch zu Suppen, Saucen und Salaten verwendet werden. Das harntreibende Würzkraut gibt getrocknet auch eine ausgezeichnete Suppenwürze.

**Majoran**
Der einjährige Majoran wird nicht vor Mitte Mai ausgesät und nur sehr dünn mit Erde übersiebt. Ende Mai werden dann je drei Pflänzchen ausgepflanzt. Zum Trocknen wird die Pflanze kurz vor Aufbrechen der Blütenknospen über dem Boden abgeschnitten und gebündelt aufgehängt.

Bowles-Mint

**Minze**
Minzen sind allesamt ausdauernd und brauchen tunlichst ein Beet für sich, denn sie neigen zum Wuchern. Die Auswahl an Sorten ist riesig: Pfeffer-, Echte Mitcham-,

Katzenminze

Apfel-, Ananas-, Orangen- Gewürz-, Krauseminze können frisch oder getrocknet als Würze oder magenfreundlicher Heiltee verwendet werden.

Pfefferminze

**Oregano**
Der wilde Majoran, der Dost oder Oregano, ist intensiver im Geschmack und ausdauernd. Er wird kurz vor der Blüte geschnitten und getrocknet. Getrocknet besitzt er mehr Aroma als frisch und würzt Pizza und andere südliche Gerichte.

**Pimpinelle**
Die ausdauernde Pflanze wird bis zu 60 cm hoch. Die an Vitamin C reichen Blätter werden laufend frisch geerntet. Pimpinelle paßt zu Salaten, Suppen, Fisch und Gemüse. Sie kann nicht konserviert werden.

**Rosmarin**
Er braucht einen sonnigen, windgeschützten, nährstoffarmen Standort. Rosmarin wird ab Februar unter Glas vorgezogen oder aus Stecklingen herangezogen. Rosmarinblätter passen zu Wild, Fleisch und Geflügel.

**Salbei**
Die ausdauernde Pflanze wird bis zu 50 cm hoch. Salbei wird sparsam frisch oder getrocknet zu Gans und Ente, Schweine- und Hammelfleisch verwendet, aber auch als Salbeibutter für Pasta. Salbeitee hilft bei Hals- und Zahnfleischentzündungen.

**Schnittlauch**
Schnittlauch braucht guten Gartenboden und eine regelmäßige Versorgung mit Kompost. Er wird durch Teilung alter Pflanzen vermehrt und kann eingefroren werden. Eine Besonderheit ist der Knoblauch-Schnittlauch, der ein intensives Aroma hat.

**Thymian**
Kurz vor der Blüte werden die Triebe handbreit über dem Boden abgeschnitten und zum Trocknen aufgehängt. Thymian paßt zu Fleisch, Wurst, Saucen und Geflügel. Er wirkt desinfizierend und wird bei Husten und Halsentzündungen als Tee zubereitet. Eine besondere Variante ist der Zitronenthymian.

**Weinraute**
Die ausdauernde Pflanze wird 80 cm hoch und braucht einen vollsonnigen Platz. Die Weinraute ist eine sehr alte Heilpflanze, die in Saucen oder Kräuteressig Verdauung und Appetit anregt.

**Wermut**
Der bittere Wermut ist eine ausdauernde Staude, die 150 cm hoch wird. Sie hat dieselben Ansprüche wie Beifuß. Die Blätter passen zu Wild, Fleisch oder Eintöpfen und können getrocknet werden. In Südeuropa ist er als Wildpflanze weit verbreitet.

**Wurzelpetersilie**
Die Wurzelpetersilie wird ab März in Reihen ausgesät. Sie braucht gleichmäßige Feuchtigkeit und Kompost für ihren Nährstoffbedarf und wird vor dem ersten Frost ausgegraben, die Blätter abgeschnitten und die Wurzeln für den Winterbedarf in Sand eingeschlagen.

**Ysop**
Die Blätter und jungen Triebe werden während des ganzen Sommers frisch geerntet. Zum Trocknen die Triebe vor der Blüte handbreit über dem Boden abschneiden und aufhängen. Der verdauungsfördernde Ysop paßt gut zu Marinaden, Kräuteressig und Salaten.

**Zitronenmelisse**
Die frischen Blätter und Triebspitzen können laufend geerntet werden. Für den Wintervorrat kurz vor der Blüte die Blätter abpflücken und trocknen. Das feine Zitronenaroma paßt zu Salaten, Kräuterbutter, Suppen, Quark und Süßspeisen.

# Der Kräuter-garten

Duftende Gewürz- und Heilkräuter, die in einem eigenen Kräutergarten gedeihen oder bunt zwischen Gemüse und Blumen gepflanzt werden, gehören in jeden Biogarten. Als Würze, für Tees und Salben, als Zusatz für die Jauchetonne sind Kräuter unentbehrlich. Unverzichtbar sind sie auch für die Vielfalt des Lebens im Garten: Falter, Bienen, unzählige Insekten finden hier Nahrung, Brutstätte und Jagdgebiet.

## Tips für den Kräutergarten

• Kräuter kann man aus Samen anziehen. Einfacher ist es, empfindliche Würz- und Heilkräuter als Jungpflanzen zu kaufen.
• Zusammen mit Brennesseln in Regenwasser vergoren, geben Kräuter nach 10 bis 14 Tagen eine heilsame Kräuterjauche, die Boden und Pflanzen gut tut.
• Vorsicht mit der Düngung im Kräutergarten: Zu viel Stickstoff läßt die Pflanzen unmäßig ins Kraut schießen. Sie entwickeln viel Blattmasse und verlieren ihr Aroma. Etwas reifer Kompost im Frühjahr reicht zur Beetvorbereitung, und bietet genügend Nahrung für die Kräuterstauden.
• Viele Kräuter lassen sich durch Stecklinge vermehren, die im August oder September geschnitten werden. Frische, nicht verholzte Triebspitzen werden mit einem scharfen Messer abgetrennt und in Töpfchen mit magerer Erde mit Sandzusatz, mit Anzuchterde oder feinem Tongranulat gesteckt. Feucht und warm gehalten, bewurzeln sie rasch und werden im nächsten Frühjahr ausgepflanzt. Lavendel, Ysop, Rosmarin, Salbei und Thymian können auf diese Weise vermehrt werden.
• Neben den gesäten und gepflanzten Kräutern kann auch eine Wildkräuter-Ecke im Kräutergarten Platz finden. Das goldene Johanniskraut, die blauen Blüten des Beinwell und die Echte Kamille sind ein Magnet für Schmetterlinge und Bienen.
• Vorsicht mit Brennesseln: Sie wuchern. Wer Brennesseln in einer Ecke ziehen möchte, setzt sie am besten in einen eingegrabenen Topf ohne Boden, um ihre Wurzeln im Zaum zu halten. So kann man auch den Ausbreitungsdrang von Meerrettich und Minzen bremsen.

## Die besten Standorte für Kräuter

Viele Kräuter brauchen Sonne und leichten, durchlässigen Boden, denn sie stammen aus dem Mittelmeerraum. Andere haben ihre Heimat in Nordeuropa. Ein Kräutergarten sollte deshalb unterschiedliche Lebensräume bieten:
• ein Beet für Kräuter, die auf gutem Gartenboden wachsen;
• eins für solche, die ein sandig-durchlässiges Substrat bevorzugen;
• nahrhaften Boden für die hungrigeren Kräuter;
• ein Beet mit feuchtem Untergrund.

## Die Kräuterspirale

Eine interessante Methode, jedem Kraut auf engstem Raum seine spezifischen Standort-Ansprüche zu erfüllen, ist die Kräuterspirale. Auf einem sonnigen Platz mit zwei Meter Durchmesser wird mit Natursteinen und Erde eine spiralförmige Trockenmauer aufgesetzt, in der Mitte 80 cm hoch. Am flachen Ende wird ein Mini-Teich angelegt.
Auf dem Gipfel der Spirale – sonnig, trocken und nährstoffarm – gedeihen Rosmarin, Thymian, Oregano, Lavendel.
Ein Stück weiter abwärts wird Sand, Kies und Muttererde aufgebracht. Hier wachsen Weinraute und Salbei.
Das dritte Substrat besteht aus Sand, Gartenerde und Reifkompost. Gepflanzt werden Basilikum, Majoran, Koriander, Pimpinelle, Estragon, Ysop, Zitronenmelisse.
Der vierte Abschnitt der Kräuterspirale ist gefüllt mit Gartenerde und Reifkompost. Petersilie,

Schnittlauch, Kerbel und Liebstöckel gedeihen hier besonders prächtig.
Am Ende der Spirale schließlich, am kleinen Teich, wachsen Brunnenkresse, Pfeffer- und Apfelminze auf nahrhaftem Gartenboden.

### Kräuter – perfekte Nachbarn für Obst, Blumen und Gemüse

Kräuter mit ihrem reichen Schatz an ätherischen Ölen wirken wahre Wunder, wenn sie zu Obst, Gemüse und Blumen gepflanzt werden. Sie verstärken das Aroma, schrecken durch ihren Duft Schädlinge ab und fördern den Wuchs. Eine ähnliche Wirkung haben Kräuter, wenn sie getrocknet um Kulturpflanzen gestreut oder vergoren als Pflanzenjauche auf den Boden gegossen werden.

### Nutzen von Kräutern im Garten

**Beifuß**
Hält Kohlweißlinge von allen Kohlarten fern.
**Bohnenkraut**
Verstärkt das Aroma von Busch- und Stangenbohnen, roten Beten und Zwiebeln. Mit seinem Duft hält es Bohnenfliege und Läuse fern.
**Borretsch**
Schützt Salate und Erdbeeren vor Läusen.
**Dill**
Verstärkt das Aroma von Gurken, Salaten und Erbsen. Er hält Kohlweißlinge und Gemüsefliegen davon ab, Eier an Kohlarten und Gelbe Rüben zu legen.
**Kamille**
Darf überall im Garten wachsen, denn sie hat Heilwirkung auf den Boden. Bei Kohl, Lauch, Zwiebeln und Sellerie hält sie Schädlinge fern.
**Kapuzinerkresse**
Zieht Blattläuse auf sich, wenn sie auf Baumscheiben gepflanzt wird. Auch Rettiche, Kartoffeln und Tomaten hält sie schädlingsfrei.
**Kerbel**
Verstärkt das Aroma von Salaten und Tomaten.
**Knoblauch**
Verbessert das Aroma von Erdbeeren, Gurken, Tomaten und Möhren. In Blumenbeete, auf Baumscheiben und zwischen Rosen gepflanzt, schreckt Knoblauch Wühlmäuse ab und hält Blumen und Bäume gesund.
**Koriander**
Lenkt Schädlinge von Kohl, Gurken und Möhren ab.
**Kresse**
Verleiht Radieschen ein herzhaftes, zartes Aroma.
**Kümmel**
Ist der Aromaverstärker für Kohl, Gurken und Kartoffeln.
**Lavendel**
Zwischen Rosen gepflanzt, vertreibt er Ameisen.
**Petersilie**
Läßt Tomaten besser gedeihen.
**Ringelblume**
Paßt zu allen Gemüsen und hält den Boden gesund.
**Salbei**
Verstärkt das Aroma von Fenchel, Salaten und roten Beten.
**Schnittlauch**
Hält Schädlinge von Schwarzwurzeln, Möhren, roten Beeten und Salaten fern.

Liebstöckel, Weinraute und Melisse sind drei wertvolle, ausdauernde, doch leider wenig verwendete Kräuter.

Lavendel und Rosmarin verleihen Gärten einen mediterranen Hauch, ziehen Bienen an und schrecken Schädlinge ab.

Getrocknete Kräuter versorgen die Küche ganzjährig mit Würzkraft, aber sie können auch im Garten helfen.

### Kräuter konservieren

**Trocknen**
Kräuter zum Trocknen werden vor oder während der Blüte an einem sonnigen Tag am späten Vormittag geschnitten. Die Zweige werden gebündelt und in kleinen Sträußen kopfüber zum Trocknen an einem schattigen, luftigen Ort aufgehängt. Wenn die Kräuter rascheldürr sind, werden sie abgenommen und abgerebelt. Die Kräuter in Schraubgläser füllen, dunkel und kühl aufbewahren.
Geeignete Kräuter: Bohnenkraut, Ysop, Thymian, Lavendel, Wermut, Beifuß, Oregano, Pfefferminze, Liebstöckel, Petersilie, Majoran.

**Kräutersamen**
Kräuter, bei denen die größte Würzkraft in den Samen steckt, läßt man ganz ausreifen. Bevor die Samen ausfallen, werden die Samenstände geschnitten und liegend auf sauberem Packpapier nachgetrocknet. Die vollkommen trockenen Samen werden herausgeschüttelt, in Schraubgläser gefüllt, kühl und trocken aufbewahrt.
Geeignete Kräuter: Dill, Koriander, Fenchel, Kümmel, Anis.

**Einfrieren**
Zum Einfrieren werden Kräuter gewaschen, kleingeschnitten und flach ausgebreitet eingefroren. Sind sie hart, werden sie in Beutel gefüllt und können später portionsweise entnommen werden. Kräutermischungen – z. B. für Salatsaucen – kann man auch hacken und vermischt mit Zitronensaft im Eiswürfelbehälter einfrieren. Nicht salzen!
Geeignete Kräuter: Schnittlauch, Dill, Petersilie.

**Einsalzen**
Kräuter fein hacken, abwiegen und 1:1 mit Meersalz vermengen. Die Kräuter-Salz-Mischung wird in kleine Schraubgläser gefüllt, kühl und dunkel aufbewahrt. Eingesalzene Kräuter schmecken einzeln oder als Mischung in Salatsaucen und Suppen.
Geeignete Kräuter: Sellerie, Dill, Basilikum, Petersilie.

**In Essig oder Öl einlegen**
Feine Kräuteressige und Würzöle fangen das ganze Aroma des Kräutergartens ein. Die frischen Kräuter werden so weit mit Essig oder Öl übergossen, daß sie ganz bedeckt sind. Mindestens sechs Wochen ziehen lassen, dann darf probiert werden.
Geeignete Kräuter: Rosmarin, Dill, Knoblauch, Thymian, Estragon.

Claudia & Reinold Fischer

# Hofwirtschaft

Siegfried und Maria Kuhlendahl, die bereits früh die negativen Auswirkungen der Agrarchemie erkannten, zählen zu den Pionieren des biologischen Anbaus in der BRD.

Vorherige Doppelseite: Der schöne, alte Hof der Kuhlendahls, nicht weit von Wiesbaden.

Reife Kornfelder mit bunten Wildblumen, Ackerraine voller Klatschmohn, Kornblumen und Kamille – auf den Feldern von Öko-Bauern blühen bunte Signale einer naturgemäßen Wirtschaftsweise. Wildblumen zu beseitigen, käme einem Öko-Bauern nie in den Sinn. Von jedem Ackerwildkraut leben durchschnittlich 13 Insektenarten. Öko-Bauern wissen das und nutzen die winzigen Helfer bei der Bekämpfung schädlicher Insekten. Das Beispiel macht klar, daß ökologisch arbeitende Landwirte ganzheitlich denken und arbeiten. Jeder ökologisch geführte Hof wird als Organismus begriffen. Boden, Pflanze, Tier und Mensch: jeder Teil dieses Gefüges hat seine Aufgabe im lebendigen Zusammenspiel der Kräfte. Wechselnde Fruchtfolge, wasser- und umweltschonende Düngung, mechanische Unkrautregulierung: sie gehören zu einem vielseitigen System von umweltverträglichen Maßnahmen, die sich gegenseitig ergänzen. Das Hauptziel ökologisch wirtschaftender Bauern ist es, den Betriebsorganismus nachhaltig gesund, die Kreisläufe intakt und den Boden fruchtbar zu erhalten. Auf Höchsterträge und Höchstleistungen verzichten sie bewußt, denn im Vordergrund ihrer Arbeit steht die möglichst umweltschonende Produktion von gesundheitlich hochwertigen Lebensmitteln. In diesem weitgehend geschlossenen Betriebskreislauf ist auch der Verbrauch nicht erneuerbarer Energie- und Rohstoffvorräte äußerst gering. Auf lebendigem Boden wachsen gesunde Pflanzen, auf Naturweiden und in geräumigen Ställen stehen artgerecht gehaltene und gefütterte Tiere. Chemisch-synthetische Betriebsmittel wie Pestizide oder Stickstoffdünger, Pflanzenbehandlungs-, Lager-, Schutz- und Nachreifemittel, Hormone und Wuchsstoffe sind im ökologischen Landbau überflüssig. Und ganz folgerichtig lehnen Öko-Bauern auch den Einsatz der Gentechnik im Landbau ab; und sie wirken verantwortlich mit an einer Lösung des Welthungerproblems, indem sie keine importierten Futtermittel aus der Dritten Welt verwenden, weil sie wissen, daß deren Produktion dort gerade die dringend benötigten Flächen für die eigene Grundversorgung verringert.

# Ökologischer Landbau

Ökologisch arbeitende Landwirte folgen einleuchtenden Prinzipien: sie nutzen die natürlichen Lebensgrundlagen besonders schonend, fördern gezielt die Bodenfruchtbarkeit und vermeiden bewußt die Belastung von Boden, Wasser, Luft, Klima und Umwelt.

Allerdings arbeitet hierbei nicht jeder Hof einfach nach eigenem Gutdünken. Was ein Öko-Bauer tun darf und was nicht, ist durch verschiedene Richtlinien geregelt, die ursprünglich auf die Bestimmungen der einzelnen Verbände zurückgehen. Andererseits wurden inzwischen in verschiedenen Ländern Rahmenrichtlinien als Minimalstandards für ökologischen Landbau festgesetzt. Drittens hat die europäische Verordnung über den ökologischen Landbau im Juni 1991 klare Bestimmungen über pflanzliche Erzeugnisse erlassen (siehe Anhang).

Historisch entwickelte sich der ökologische Landbau aus zwei großen Richtungen: der biologisch-dynamischen Wirtschaftsweise und dem organisch-biologischen Landbau. Erstere hat die längere Tradition, da sie auf einem im Jahr 1924 von Rudolf Steiner, dem Begründer der Anthroposophie, abgehaltenen Kurs basiert. Diese Weltanschauung betrachtet Lebensvorgänge in einem anderen als nur rein materialistischen Kontext und bezieht u.a. auch die Konstellationen der Gestirne mit ein. Der landwirtschaftliche Betrieb wird als organisches Ganzes aufgefaßt. Den Organisch-biologischen Landbau begründete der Schweizer Dr. Hans Müller nach dem Zweiten Weltkrieg. Den wissenschaftlichen Unterbau lieferte der Arzt und Dozent Dr. Hans Peter Rusch, dem es in erster Linie um die Steigerung der natürlichen Bodenfruchtbarkeit durch Aktivierung des Bodenlebens ging.

Der moderne ökologische Landbau hat sich seither in vielfältiger Form weiterentwickelt. Wer einfach Kunstdünger und Spritzmittel wegläßt, arbeitet noch längst nicht ökologisch. Alle praktischen Maßnahmen, die ein Öko-Bauer trifft, ergänzen und bedingen sich vielmehr gegenseitig. Das reicht von der vielseitigen Fruchtfolge über eine verlustmindernde Wirtschaftsdüngerbehandlung bis zur mechanischen Unkrautregulierung und artgerechten Tierhaltung. Ökologisch wirtschaftende Bauern arbeiten intensiv mit der Natur, nicht gegen sie. Das gelingt am besten, wenn sich die Bewirtschaftung des Hofs den in der Natur wirkenden Abläufen annähert. Hier wie dort besteht im Idealfall ein Kreislauf des wechselseitigen Nutzens, von dem der Landwirt ebenso profitiert wie der Endverbraucher landwirtschaftlicher Erzeugnisse, der gesunde Lebensmittel wünscht.

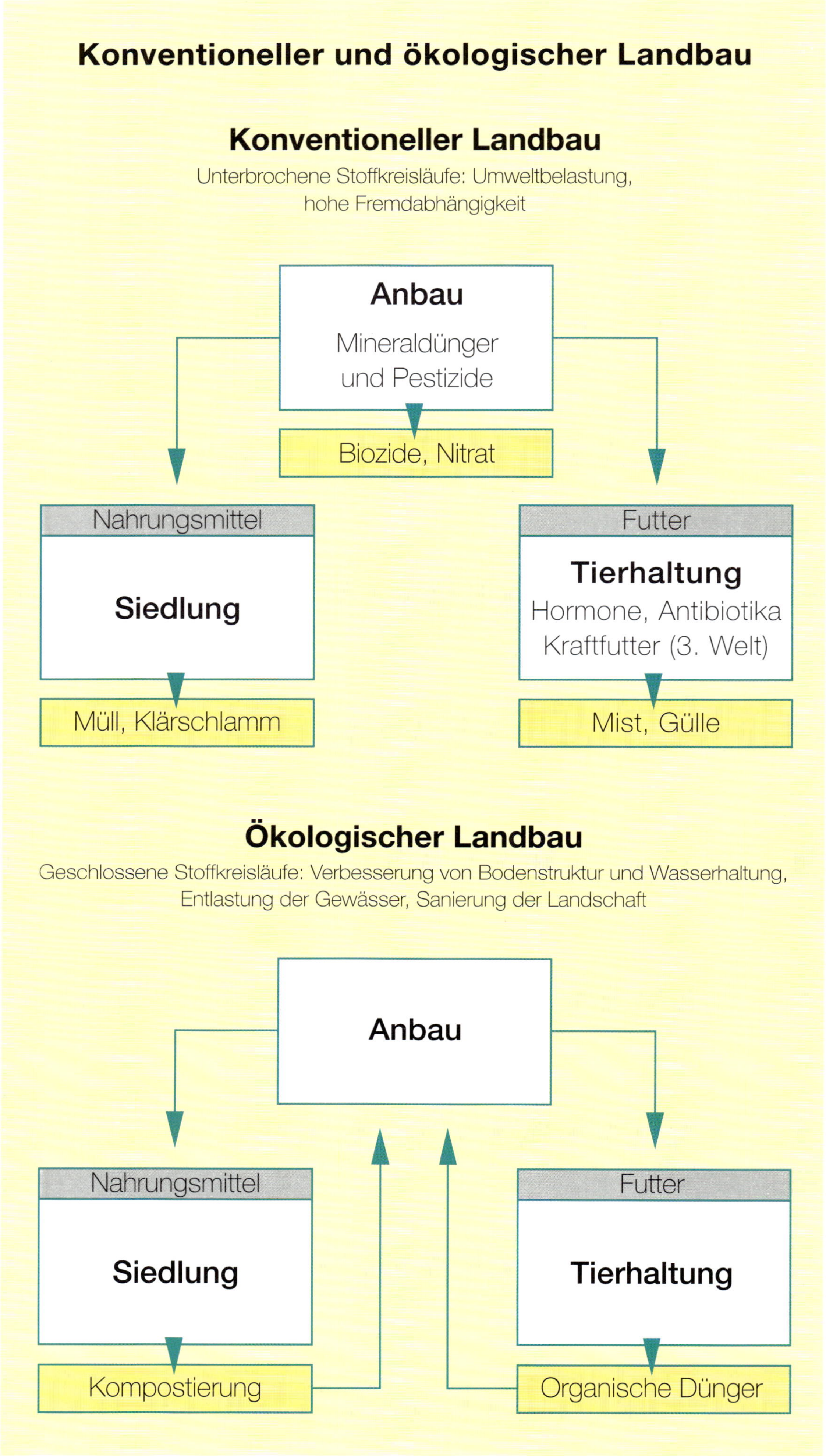

## Der Hofkreislauf

Ein funktionierender Hofkreislauf folgt nicht nur dem Kreislauf der Natur, sondern bemüht sich, Teil von ihm zu sein. Der Boden nährt die Pflanzen, die Pflanzen ernähren die Tiere, die Tiere düngen den Boden... In einem ökologisch geführten Betrieb soll der Hofkreislauf weitgehend geschlossen bleiben. Das heißt:

- So wenig als möglich zukaufen – und wenn, dann nur von biologisch wirtschaftenden Betrieben;
- Tiere von dem ernähren, was auf dem eigenen Land wächst;
- das Land mit dem Mist dieser Tiere, mit Pflanzenresten oder Leguminosen düngen und
- die ganze Betriebsstruktur so vielseitig gestalten, daß eine lebendige Vielfalt garantiert ist.

Pflanzen- und Tierarten müssen an Boden und Klima angepaßt sein, und es dürfen nur so viele Tiere gehalten werden wie das Land verkraften und ernähren kann.

## Vielseitige Fruchtfolge

Die Berater der Verbände helfen den Landwirten u.a. dabei, möglichst vielseitige, individuell auf die Verhältnisse in jedem einzelnen Betrieb angepaßte Fruchtfolgen aufzustellen. Auf den Feldern wechseln sich Getreide, Hackfrüchte, Feldgemüse und Leguminosen in sinnvoller Folge ab. Klima und Böden, Größe des Betriebs, die Ausstattung mit Maschinen und Wirtschaftsgebäuden sind dabei ebenso wichtige Kriterien wie die persönlichen Neigungen und Fähigkeiten des Betriebsleiters.
Eine vielseitige Fruchtfolge beugt nicht allein der Erschöpfung der Böden vor, sondern liefert auch jene große Vielfalt an Feldfrüchten, die dem natürlichen Reichtum entspricht. Zugleich stehen damit aus eigener Produktion die verschiedenen Futtermittel für das Vieh zur Verfügung, der Hofkreislauf ist geschlossen.

## Die Pflege des Bodens

Bodenpflege und Fruchtbarkeit ist das Ziel jedes Öko-Bauern. Das Prinzip der Bodenbearbeitung lautet: Tief lockern, flach wenden – damit jedes Lebewesen im Boden in der Schicht bleiben und wirken kann, für die es geschaffen ist. Grobe Umwälzungen durch Großmaschinen und der intensive Einsatz von Agrarchemie zerstören oft diese Schichten und führen auf Dauer zu monotonen, toten Böden.
Große Aufmerksamkeit widmet der Öko-Bauer auch der Ernährung der Bodenlebewesen. Sie verarbeiten organische Masse zu Nährstoffen, die wiederum von der Pflanze aufgenommen werden. Durch Gründüngung und Mulchen ernährt der Öko-Bauer also nicht die Pflanze, sondern den Boden. Ein naturgemäßer Ansatz, der den natürlichen Zusammenhang berücksichtigt.

## Arbeiten ohne Agrarchemie

Im ökologischen Landbau sind chemisch-synthetische Pestizide, Düngemittel, Pflanzenbehandlungs-, Lager-, Schutz- und Nachreifemittel, Wuchsstoffe und Hormone verboten. Öko-Bauern arbeiten ausschließlich mit natürlichen Hilfsmitteln. Mineralischer Stickstoffdünger z.B. kann durch Unter- und Zwischensaaten mit Leguminosen wie Lupine, Wicke oder Klee ersetzt werden, die den Luftstickstoff auf natürliche Weise in den Wurzelknöllchen binden.
So gibt es für jedes anfallende Problem eine bewährte natürliche Lösung, denn moderner ökologischer Landbau ist in mancher Hinsicht eine Fortführung der vorindustriellen Landwirtschaft, die ihre Methoden einer uralten, überlieferten Erfahrung verdankte. Zu ihr zählt auch das Wissen, daß gegen jedes Übel ein Kraut gewachsen ist.

## Nützliches »Unkraut«

Statt Unkraut sagen Öko-Bauern lieber »Beikräuter« oder »Wildkräuter«. Es sind äußerst anpassungsfähige und abgehärtete Pflanzen, die oft einfach das Pech haben, aus Sicht des Landwirts am falschen Platz zu stehen. Wenn sie Kulturpflanzungen bedrohen, kann der wilde Bewuchs mechanisch, vor allem durch Hacken, in verträglichen Grenzen gehalten werden. Wildkräuter am richtigen Ort mindern die Erosionsgefahr, fördern das Bodenleben, bieten Lebensraum und Nahrung für Nützlinge. Ausgehacktes Wildkraut kann auch als Mulch dienen.
Idealer Lebensraum für Wildkräuter sind Wild- und Naturhecken, in denen ihr Nutzen für andere Kleinlebewesen optimal zum Tragen kommt.
Eine ähnliche, fördernde Wirkung auf Nützlinge, Bodenleben und Pflanzengesundheit wie eine Wildkräuterdecke haben Untersaaten, Deckfrüchte und Mischsaaten verschiedener Kulturpflanzen. Öko-Bauern säen sie gezielt an.

## Die Tierhaltung

Schweine sind lebhafte, verspielte Tiere, Rinder grasen am liebsten auf der Weide, und Hühner scharren, picken und baden in Sand: Die natürlichen Bedürfnisse der Nutztiere werden im ökologischen Landbau so weit als möglich erfüllt. Eine vorbeugende Medikamentierung zur Produktionssteigerung ist untersagt, und das Futter – im eigenen Betrieb erzeugt – ist hochwertig. Importierte Futtermittel aus der Dritten Welt werden aus Solidarität mit den dortigen Bauern abgelehnt. Jeder Betrieb darf nur eine bestimme Anzahl Tiere pro Hektar (10 000 qm) halten, das ist z.B. eine Mutterkuh mit Kalb pro Hektar.

## Ein konsequenter Weg: Die Umstellung auf ökologischen Landbau

Ist ein Landwirt an der Umstellung auf ökologischen Landbau interessiert, stellt der Umstellungsberater gemeinsam mit dem Bauern einen Umstellungsplan auf. Der Landwirt verpflichtet sich vertraglich zur Einhaltung der Richtlinien der jeweiligen Organisation. Bis zur vollen Anerkennung als ökologischer Betrieb können 3 bis 5 Jahre vergehen.

**Das Kontrollsystem**
Die Basis für die Kontrollen sind die EG-Verordnung zum Ökologischen Landbau und die Verbandsrichtlinien. Der Kontrolleur – ein unabhängiger Experte – darf jederzeit und unangemeldet kommen. Er kennt Bodengüte, Vorfrucht und Witterungsverlauf in der Gegend und überprüft Felder, Grünland, Wald, Weinberge, Stallungen, Wirtschaftsgebäude und die Buchführung. Der Kontrolleur interessiert sich für Futter und Düngung, für den Stall und die Gesundheit der Tiere, für Wachstum und Qualität der Feldfrüchte, für den Wildkrautbesatz und seine umweltfreundliche Regulierung. Weder Kunstdünger, noch chemisch-synthetische Pestizide, ja nicht einmal ein Düngersack oder ein alter Kanister dürfen verwendet werden oder vorhanden sein.
Besonders wichtig ist die Kontrolle der Buchführung. Jede Rechnung, jeder Lieferschein wird geprüft, um sicherzustellen, daß nichts Unerlaubtes eingekauft wurde und die Erntemengen genau der Größe des Betriebs und den Erträgen im anerkannt ökologischen Landbau entsprechen. Und wenn doch einmal ein »schwarzes Schaf« gefunden wird, greift ein Sanktionskatalog, der von der einfachen Auflage über die Abmahnung bis zur fristlosen Kündigung reicht. Doch die Zahl der echten »schwarzen Schafe« ist nach Erfahrung der Verbände gering und macht weniger als ein Prozent aus.

## Der Aufbau neuer Bodengesundheit

Mehr und mehr Landwirte werden sich bewußt, daß sich ihre Böden immer stärker verdichten und immer unfruchtbarer werden – ein eindeutiger Beweis dafür, daß es dem Boden an Leben mangelt. Denn nur das Leben in Form von Wurzeln und Mikro- und Makroorganismen durchbohrt den Boden und schafft eine unglaubliche Fülle von mikroskopisch kleinen Kanälen, durch die organische Stoffe und somit Energie sowie Sauerstoff hineingelangen, Wasser aufgenommen werden können. Und nur das Leben in Form von Mikroben und Bakterien ist in der Lage die Mineralstoffe, die tiefer im Boden enthalten sind, so umzuwandeln, daß Pflanzen sie aufnehmen können. Von Vorteil bei einem bewußten Neuansatz in der Bearbeitung ist eine schonende Lockerung des Bodens. Die wichtigste Aufgabe fällt jedoch zunächst den Pflanzen zu. Denn nur eine möglichst umfangreiche Durchwurzelung bietet den Mikroorganismen Lebensraum und organische Materie. Für die weitere Gesundung des Bodenlebens ist es unerläßlich, daß der Boden bedeckt bleibt. Dies geschieht im Rahmen der Fruchtfolge durch Nachsaat oder durch Ausbringung von Mulch, Kompost oder Mist. Je größer der Reichtum an Pflanzenarten ist, der auf dem Boden angebaut wird, um so reicher entwickelt sich auch sein eigenes Leben und umso größer wird seine natürliche Fruchtbarkeit.

**Keine Hexenküche**

# Natürliche Präparate

Alle ökologisch denkenden Landwirte haben Verständnis für biologische Zusammenhänge im Landbau. Bei biologisch-dynamisch arbeitenden Bauern bestimmen aber noch weitergehende Überlegungen ihr Planen und Handeln. Sie gehen – in der Nachfolge Rudolf Steiners – davon aus, daß gewaltige bioenergetische Kräfte in winzigen Stoffpartikeln gebunden sein können, Kräfte, die, aus dem Weltall und von den Gestirnen auf die Erde abgestrahlt, hier in mineralischer wie organischer Masse gespeichert werden. Die Bauern wollen sich diese verborgene Dynamik der Natur wieder zunutze machen.

Ein wichtiges Mittel dazu sind für die Bauern die Kompost- und Feldspritzpräparate. Diese natürlichen Präparate kann jeder selbst herstellen. Die Kompostpräparate bestehen aus den Heilkräutern Brennessel, Schafgarbe, Kamille, Eichenrinde, Löwenzahn und Baldrian. Sie werden ebenso wie die aus Kuhmist oder Quarz hergestellten Feldspritzpräparate während einer bestimmten Jahreszeit kosmischen wie terrestrischen Kräften im Ackerboden ausgesetzt.

Um die in den Präparaten konzentrierten Kräfte zu aktivieren, werden die Substanzen mit körperwarmem Regenwasser eine ganze Stunde lang ohne Pause verrührt. Dazu gibt es Rührmaschinen, doch das Rühren von Hand wird bevorzugt. Sehr stark verdünnt, werden die Präparate dann versprüht. Man könnte diese Methoden auch vereinfacht als »Homöopathie für Boden, Wirtschaftsdünger oder Pflanzen« bezeichnen, da die biologisch-dynamischen Präparate in ähnlichen Verdünnungsstufen bzw. Potenzierungen wie in der homöopathischen Medizin angewandt werden.

Biologisch-dynamisch arbeitende Bauern haben festgestellt, daß ein einzelnes Präparat allein wenig oder keine Erfolge bringt. Erst wenn alle zusammen – jedes zu seiner spezifischen Anwendungszeit – innerhalb eines harmonisch gestalteten Hofkreislaufes angewandt werden, können sie die erwünschte Dynamik auf die Lebensabläufe übertragen.

## Die biologisch-dynamischen Feldspritzpräparate: Hornmist und Hornkiesel

Das Hornmistpräparat soll nach Überzeugung der Anthroposophie die terrestrischen Kraftströme unterstützen. In ein Kuhhorn gefüllt und im Boden vergraben, soll es die im Winter in der Erde vorhandenen Wirkungen komprimieren und festhalten. Zu Beginn des Herbstes wird dafür guter, geformter Mist von Milchkühen – möglichst von der Weide – gesammelt und fest in abgestossene Hörner von Kühen eingefüllt. Die Hörner werden im Acker eingegraben und bleiben bis zum Frühjahr im Boden. Wenn das Präparat gelungen ist, hat sich der stark riechende Mist vom Herbst in eine tiefdunkle, angenehm nach Walderde duftende Substanz verwandelt.

Die Hörner können samt Inhalt bis zum Gebrauch im Boden bleiben oder in Steinguttöpfen aufbewahrt werden. Das Präparat soll dem Boden eine konzentrierte, belebende Düngungskraft verleihen und besonders das Wurzel- und erste Sproßwachstum fördern. Die Anwendung des Hornmistpräparats erfolgt vor der Saat. Vor dem Ausbringen wird der Hornmist eine Stunde lang in körperwarmem Regenwasser verrührt. Mit einem Birkenreisbesen wird konzentrisch zur Mitte gerührt, bis ein Trichter entsteht. Dann wird entgegengesetzt gerührt, bis wieder ein tiefer Krater entsteht und so fort. Anschließend wird die durchgeseihte Flüssigkeit mit Schlepperanbau- oder Rückenspritze, für kleine Flächen mit der Handspritze oder einem Handbesen umgehend ausgebracht.

Als Pendant zum Hornmist soll das Hornkieselpräparat die kosmischen Kraftströme unterstützen. Zu feinem Mehl pulverisierter Bergkristall, kristalliner Quarz oder Kali-Feldspat wird mit Regenwasser zu einem gerade noch fließenden Brei angerührt und in Kuhhörner gefüllt. Sie werden im späten Frühjahr an einem sonnigen Platz eingegraben und den Sommer über in der Erde belassen. Im Spätherbst kann das Präparat verwendet oder in einem Glasgefäß an einem sonnigen Ort aufbewahrt werden. Auch diese Substanzen werden mit körperwarmem Regenwasser eine Stunde lang vermischt.

Hornkiesel wird gespritzt:

- beim Getreide, wenn die Ähre am Halmgrund sichtbar wird;
- bei Wurzelfrüchten, wenn das Kraut gerade handhoch ist;
- bei Körnerleguminosen, wenn sich die ersten Knospen entwickeln;
- bei Futterpflanzen, wenn sich ein gleichmäßiger, etwa 10 cm hoher Blatteppich ausgebildet hat;
- bei Gemüsepflanzen, z.B. Kohl, wenn sich die inneren Blätter einzudrehen beginnen, und beim Obst auf die Knospen, ehe die Blüte einsetzt.

Pro Hektar werden 40 bis 60 Liter Wasser und 250 bis 300 g Mist-, bzw. 4 g Kieselpräparat benötigt.

Der gereifte Hornmist, mit Wasser angesetzt, wird durch energisches, eine Stunde währendes Rühren dynamisiert.

Die unversehrten, gereinigten Kuhhörner können bis zu fünfmal wiederverwendet werden.

Horn mit gut gereiftem, dunklem Präparat.

## Kompostpräparate

Die Kompostpräparate sollen Erde und Kompost beleben und das Bodenleben aktivieren. Dazu werden im biologisch-dynamischen Landbau bestimmte Pflanzenpräparate hergestellt:

Die Blüten der Schafgarbe (*Achillea millefolium*) werden in der Blase des männlichen Rotwildes den Sommer über in der Sonne aufgehängt und

Für das Präparat werden bereits aufgeblühte Trugdolden der Schafgarbe benötigt, von denen der Stengel abgetrennt wird.

Die getrocknete Blüte vom vergangenen Jahr wird mit frischem Schafgarbentee eingeweicht und im Frühjahr in ebenfalls eingeweichte Hirschblasen gefüllt.

Die prallgefüllten Hirschblasen werden den Sommer über in der Sonne aufgehängt – Energiefluß von innen wie von außen.

Steht keine Dachtraufe zur Verfügung, so eignet sich ein solches Gerüst zum Trocknen an der Sonne.

Die im Herbst eingegrabenen Hirschblasen werden mit archäologischer Findigkeit ausgegraben.

Das fertige Präparat wird gerebelt und getrocknet, halbfeucht oder trocken bis zum Gebrauch aufbewahrt.

anschließend den Winter über in der Erde vergraben. Das Präparat soll auf die Stickstoff- und Kaliumprozesse im Boden wirken und sie befördern.
Von der Echten Kamille (*Chamomilla recutita*) werden die Blüten in Dünndärme des Rindes gefüllt, eingegraben und den Winter hindurch in der Erde belassen. Dieses Präparat macht den Dünger stickstoffbeständiger.
Der Sproß der Großen Brennessel (*Urtica dioica*) wird im Stadium der Vollblüte bündelweise geschnitten, im Sommer in eine Erdgrube gebracht und ein ganzes Jahr dort belassen. Dieses Präparat unterstützt die beiden ersten in ihren Wirkungen.
Das Eichenrinden-Präparat besteht aus grob zerkleinerter Eichenrinde, die in die Hirnhöhle eines Haustierschädels (meist vom Rind) gefüllt und über Herbst und Winter an einer feucht-sumpfigen Stelle eingegraben wird. Diese Substanz soll Pflanzenkrankheiten vorbeugen und bekämpfen.
Die Blütenköpfe vom Löwenzahn (*Taraxacum officinalis*) werden in ein Rindergekröse eingehüllt und den Winter über eingegraben. Sie sollen im Boden das richtige Verhältnis zwischen Kieselsäure und Kalium fördern.
Der Saft aus den Blüten des Baldrian (*Valeriana officinalis*) soll Frostschäden verhindern und die Blühwilligkeit verschiedener Kulturen anregen.
Der Forschungsring für Biologisch-Dynamische Wirtschaftsweise empfiehlt die folgende Anwendung und Aufbewahrung der Kompostpräparate: Die sechs aus den Heilpflanzen Schafgarbe, Kamille, Brennessel, Eichenrinde, Löwenzahn und Baldrian bereiteten Präparate dienen als Zusätze zu Kompost, Mist, Jauche und Gülle. Um einen Komposthaufen, Miststapel oder den Tiefstall-Mist zu präparieren, stößt man mit einer Stange fünf Löcher von ca. 50 cm Tiefe in den Dünger. Die Löcher sollen mindestens 50 cm, jedoch nicht weiter als 2 m voneinander entfernt sein. Dann gibt man von den Präparaten jeweils 2 bis 3 g, also etwa 1 Kaffeelöffel voll, einzeln in die Löcher. Die Reihenfolge ist gleichgültig. Die lockeren Präparate vermengt man dann mit etwas Mist oder feuchter Erde, rollt daraus eine kleine Kugel und schiebt sie an die gewünschte Stelle. Die Löcher werden wieder gut verschlossen, so daß die Präparate allseitig vom Mist umgeben sind.
Für das flüssige Baldrianpräparat wird handwarmes Wasser gebraucht, am besten sauberes Regenwasser. Ein Kaffeelöffel des Baldrianpräparates wird in 5 Liter Wasser 15 Minuten lang in wechselnder Drehrichtung gerührt – in der gleichen Weise wie bei den Feldspritzpräparaten beschrieben. Dann wird die Flüssigkeit über die Oberfläche des Düngers verspritzt.
Sollen Jauche oder Gülle präpariert werden, so gibt man die festen Präparate in steinbeschwerte Stoff-Beutelchen und bindet sie an ein Holzkreuz oder eine Stange, so daß sie in der Jauche schwimmen können. Das Baldrianpräparat wird auch an Ort und Stelle gerührt und in die Jauche gegossen. Bei Flüssigdünger können zusätzlich wöchentlich Kugeln aus feuchter Erde und Präparaten in den Schwemmkanal gegeben werden.
Damit die Wirkung der Kompostpräparate erhalten bleibt, werden sie in Glas-, Steingut- oder Porzellangefäßen aufbewahrt, die von einer mindestens sieben Zentimeter starken Torfschicht umhüllt sind. Obenauf kommt ein ebenso dick mit Torf gefüllter Sack.

# Gesunder Boden

Für den ökologischen Landbau ist der Boden das wichtigste Gut. Öko-Bauern sind bemüht, mit einem ganzheitlichen Konzept und ausgewogener Kreislaufwirtschaft ein neues Selbstregulierungssystem zu schaffen, das sich soweit als möglich selbst im Gleichgewicht hält. Dazu gehört ein ganzes Bündel von Maßnahmen, von der Bodenbearbeitung über die Fruchtfolge bis zur Düngung.

## Krume und Gare

Der ideale Boden auf einem Öko-Feld hat eine gare, stabile Oberkrume, als Hauptwurzelraum eine lockere Mittelkrume und die gröber strukturierte Unterkrume. An der Oberfläche ist der Humusgehalt durch Blätter, Feinwurzeln und andere organische Rückstände, durch Licht, Wärme und höheren Sauerstoffgehalt am höchsten und für die Bodenlebewesen am geeignetsten. Schon einige Zentimeter unter der Bodenoberfläche sind die Bedingungen ganz anders. Je tiefer man in die Krume eindringt, um so kühler, feuchter und sauerstoffärmer wird der Boden. Die Artenvielfalt nimmt ab, nur noch wenige angepaßte Arten können hier leben.

Wird der Boden gewendet, gerät er aus dem Gleichgewicht. Darunter leiden die Stabilität und die Garheit des Bodens sowie das Pflanzenwachstum. Der ökologische Landbau vermeidet es deshalb, die unterschiedlichen Lebensräume im Boden vorsätzlich durcheinanderzubringen. Die natürliche Schichtung des Bodens und sein ökologisches Gleichgewicht werden bewahrt.

Das oberste Prinzip im ökologischen Landbau heißt: flache Bearbeitung der Oberkrume, tiefe Lockerung der Unterkrume. Die flache Bearbeitung dient vorwiegend der Herstellung des Saatbettes, der Einarbeitung von organischer Substanz wie Mist, Gründünger und Pflanzenreste, und damit der Oberflächengare. Die tiefe Lockerung schafft ein lockeres wasser- und luftführendes Porensystem und die Voraussetzungen für das intensive Wachstum der Pflanzenwurzeln. Nach der Lockerung wird sofort eingesät und der Boden möglichst rasch durch Pflanzenwurzeln »lebendverbaut«.

Ökologisch arbeitende Bauern mit ihren modernen Maschinen und Geräten achten besonders darauf, daß am Boden keine Schäden durch Werkzeuge entstehen. So wird der Boden immer wieder aufgegraben und der Bearbeitungshorizont kontrolliert – z.B. mit der Spatendiagnose (siehe Bd.I: Der Boden). Gearbeitet wird nur bei ausreichend trockenem Boden.

Vor jeder Bodenbearbeitung überlegen Öko-Bauern, welches Vorgehen für ihre Bodenart und Kulturfolge geeignet ist. Sandböden, durchlässig und warm, müssen vorsichtiger bearbeitet werden, weil der Humusabbau sonst zu stark beschleunigt wird. Tonböden haben eine intensivere Bearbeitung nötig, damit Luft eingebracht und Wasser abgeleitet wird. Die einzelnen Kulturarten und Pflanzenfamilien stellen ganz verschiedene Ansprüche an die Vorbereitung des Bodens. Außerdem kommt es auf die Vor- und die Nachfrucht an, auf Art und Menge der organischen Substanz, die eingearbeitet werden soll, auf den Grad der Verkrautung und die Artenzusammensetzung der Wildkräuter, die in Grenzen gehalten werden müssen. Dies alles erfordert viel Fachwissen und individuelle, sachkundige Beratung.

## Die Ernährung des Bodens

Der wichtigste Faktor für die Bodenfruchtbarkeit ist im ökologischen Landbau die Fruchtfolge. Düngung – organisch oder mit ausgewählten Mineralien – ist immer nur Ergänzung. Leichtlösliche Mineraldünger – landläufig Kunstdünger genannt – sind verboten. Öko-Bauern versorgen Pflanzen nie direkt. Ernährt werden die Bodenlebewesen, die ihrerseits dann Mineralstoffe aus dem Boden mobilisieren und die Assimilation der Pflanzen fördern.

Leguminosen, wie Erbse, Wicke, Ackerbohne, Lupine und frühe Sorten der Sojabohne, sind lebendige Düngepflanzen. Diese Schmetterlingsblütler können mit Hilfe der Knöllchenbakterien an ihren Wurzeln Luftstickstoff binden und für die Pflanzen verfügbar machen. Leguminosen werden deshalb als Untersaat, als Zwischenfrucht oder für den Futterbau konsequent in die Fruchtfolge eingeplant. Sie machen es auch möglich, daß Öko-Betriebe ohne Viehhaltung – und damit ohne eigene Wirtschaftsdünger – ihre Böden dennoch fruchtbar und lebendig halten können.

Die wichtigste Quelle der Nährstoffversorgung ist die Sonnenenergie. Sie wird über die Assimilation in der Pflanze gespeichert. Die Wurzeln im Boden – wichtige Assimilatspeicher – liefern dem Bodenleben direkt Energie, wenn sie abgebaut werden. Je stärker der Boden durchwurzelt ist, desto mehr Energie kann in den Boden eingebracht werden.

Intensive Durchwurzelung, die durch gezielte Pflanzenauswahl in der Fruchtfolge erreicht wird, hilft das Bodenleben reichlich und vielseitig zu ernähren.

Zu einer vollwertigen Ernährung der Pflanzen gehören neben den organischen Substanzen wie Wurzel- und Stoppelrückständen, Zwischenfrüchten oder betriebseigenem Dünger auch bestimmte Mineralstoffe wie z.B. Steinmehl oder Kalk. Die zugelassenen Substanzen sind in den Produktionsrichtlinien für den ökologischen Landbau aufgeführt.

Wirtschaftseigene organische Dünger sind Ergänzungsdünger, die – gezielt angewandt – die Wachstumsgrundlage der Kulturen verbessern. Überdüngung durch diese Zusatzgaben ist ausgeschlossen, weil Rottemist, Tiefstreumist oder Mistkompost aus dem hofeigenen Kreislauf kommen und dort bleiben. Und weil der Viehbesatz im ökologischen Landbau begrenzt ist, wird nie mehr Mist erzeugt als der Boden brauchen kann.

## Acker- und Feldgemüsebau

Gesunde, vollwertige Lebensmittel zu erzeugen, ist ein wichtiges Ziel im ökologischen Landbau. Dabei verliert ein Öko-Bauer nie die Wirkung seines Handelns auf die Umwelt aus den Augen. Beim Acker- wie beim Feldgemüsebau achtet er darauf, daß Grund- und Oberflächenwasser nicht durch Nitrat belastet werden. Das geschieht zum Beispiel durch eine gezielte, flache Bodenbearbeitung zum jeweils idealen Zeitpunkt nach dem Anbau der stickstoffsammelnden Leguminosen. So bleibt der Stickstoff für die nachfolgenden Kulturen erhalten und wird nicht ausgewaschen.

Wildkräuter werden grundsätzlich nicht mit Herbiziden bekämpft. Herbizide belasten Boden, Wasser und – weil ein großer Teil verdunstet – auch Luft und Klima. Öko-Bauern brauchen solche chemisch-synthetischen Substanzen nicht. Sie haben ihre eigenen Rezepte gegen jede Art von Unkraut:

Wurzelunkräuter wie Distelarten oder Schachtelhalm lieben dichte, feuchte Unterkrumen. Gezielt wird diese Zone aufgelockert, so daß vor allem in den trockenen Sommermonaten die Hauptwurzeln geschwächt werden.

Mehrjährige Unkräuter wie Quecke, Löwenzahn oder Ampfer werden durch Schälen oder flaches Pflügen gestört. Eine flache Bodenbearbeitung – vor allem mit der Fräse – wird vermieden.

Bei Samenunkräutern verhindert oder verzögert ein flaches Einschälen der Samen, daß sie keimen. Sie dürfen aber nicht tief vergraben werden – sonst kommen sie im folgenden Jahr wieder hoch.

Sind die Kulturen gekeimt, werden Wildkräuter rein mechanisch, z.B. durch Striegeln oder Hacken, in Zaum gehalten.

Auf vielen Feldern des ökologischen Landbaus wachsen noch alte, regional bestens angepaßte und widerstandsfähige Landsorten. Weil alte Getreidesorten in der Regel längere Halme und damit eine höhere oberirdische Pflanzenmasse haben, weisen sie auch mehr Wurzelmasse auf, können Nährstoffe gut aufnehmen, bringen mehr Strohertrag und unterdrücken das Unkraut besser.

Aber auch moderne Hochzuchtsorten finden zunehmend ihren Platz. Denn auch der ökologische Landbau macht sich Züchtungsfortschritte wie bessere Standfestigkeit, erhöhte Resistenzen gegen die wichtigsten Getreidekrankheiten, bessere Winterhärte und Qualität der Früchte zunutze.

Selbstverständlich soll im ökologischen Landbau ökologisch erzeugtes, ungebeiztes Saatgut verwendet werden. Deshalb gibt es bereits zahlreiche Öko-Betriebe, die sich auf die Produktion und den Vertrieb von hochwertigem Saatgut spezialisiert haben.

Die Ackerbohne – einst Nahrungsmittel, heute Futterpflanze und natürlicher Bodenbereiter.

**Acker- und Feldfrüchte im ökologischen Landbau**

| Fruchtart | Aussaatmenge | Fruchtfolge | Schlechte Vorfrüchte | Anbaupause | Untersaat |
|---|---|---|---|---|---|
| **Winterweizen** | 5–10% | nach Leguminosen, nach Grünbrache, Kartoffeln, nach Raps, Rüben | Getreide (außer Mais) | 2–5 Jahre | Klee niedrig |
| **Sommerweizen** | bis 15% | wie Winterweizen | wie Winterweizen | 2–5 Jahre | Klee, niedrig |
| **Dinkel** | 180–230 kg/ha | wie Weizen | wie Weizen | mind. 2 Jahre | Klee, Kleegras |
| **Roggen** | | nach Getreide, Kartoffeln | | 4–6 Jahre | Klee, Kleegras |
| **Sommergerste** | | nach Getreide, Hackfrüchten | | 2–4 Jahre | Kleegras |
| **Hafer** | | nach Getreide, Hackfrüchten | | 3 Jahre | Klee, Kleegras |
| **Ackerbohne** | 60 Körner/m$^2$ | nach Getreide | Leguminosen | 3–4 Jahre | Knaulgras, Weicelgras |
| **Erbsen** | 60–100 Körner/m$^2$ | nach Getreide | Leguminosen | 4–5 Jahre | keine |
| **Mais** | | nach Leguminosen | | 2 Jahre | Weiß-, Gelb-, Erdklee |
| **Möhren** | 2,5–3 kg/ha | nach Getreide, Frühkartoffeln | Leguminosen | 3–5 Jahre | keine |
| **Rote Rüben** | | nach Getreide | Leguminosen | 3–5 Jahre | keine |
| **Kohl** | | nach Leguminosen | Getreide | 5 Jahre | |
| **Kartoffeln** | | Futterbau, Wickroggen | | 4–5 Jahre | Leguminosen |

Walter Kress

# Ökologie und Technik

Der Begriff »Landwirt« hat den Begriff »Bauer« verdrängt. Landwirt kommt von »das Land bewirtschaften« – Bauer von »bebauen und bewahren«. Immer wieder hört man im Zusammenhang mit Landwirtschaft Begriffe wie Produktion, Erzeugung etc. Es ist Zeit, klar und deutlich festzustellen, daß Bäuerinnen und Bauern nichts produzieren und nichts erzeugen. Als einer der wenigen Berufe haben sie die Aufgabe, mit dem vorhandenen Ökosystem zu arbeiten, es zu pflegen und zu bewahren. Dazu benutzen sie vorhandene und überlieferte Erfahrungen – also Wissen ihrer Umgebung und Vorgänger. Zum anderen benutzen die Bauern technische Hilfsmittel, Maschinen und Geräte, die diese Arbeit erleichtern. Technik steht deshalb folgerichtig eingerahmt zwischen Boden und Qualität.

Wie sieht nun die heutige Landtechnik aus, wie wird sie eingesetzt und welche Rolle spielt sie auf den Höfen? Vielerorts dominiert in allen Bereichen die Technik. Alles ist machbar: Entsteht auf dem Feld oder im Stall ein Problem, so wird es technisch gelöst. Die Landmaschinenindustrie hat sofort ein neues Gerät parat. Die Kosten für diese Technik verschlingen dabei einen Großteil des erwirtschafteten Gewinns. Immer neue und größere Maschinen kosten immer mehr Geld.

In der Landwirtschaft und bei der Technik werden Verantwortung und Gespür für das Ökosystem benötigt. Bäuerinnen und Bauern brauchen Arbeitsverfahren, die alle Vorgänge in diesem Ökosystem schützen und im Sinne des Bebauens und Bewahrens behandeln. Außerdem benötigen sie Maschinen und Geräte, die diesen Vorgaben in Konstruktion und Arbeitsweise untergeordnet sind.

Das bedeutet konkret:

Nur eine dauerhafte Bodenfruchtbarkeit kann auch wirtschaftlichen Erfolg zeitigen. Grundvoraussetzung dafür ist ein gesundes Bodenleben. Dafür sorgt in erster Linie die Pflanze mit ihrem Wurzelwerk selbst. Technik kann diese Vorgänge erleichtern und unterstützen. Bedingung für gesunde und kräftige Kulturen sind neben einem gesunden Saatgut ein gesunder und gleichmäßiger Feldaufgang sowie eine gute Verwurzelung. Diese Bedingungen sind durch den Boden zu schaffen, nicht durch die Technik.

Danach erfolgt der gezielte Einsatz einer Pflegetechnik, die lockert, belüftet und Beikräuter durch Verschütten, Freilegen oder Herausreißen zurückdrängt. Eine Technik, die diesen Grundsätzen folgt, ist nicht sonderlich populär, aber um so effektiver und preiswerter. Hier ist etwa die gute alte Netzegge zu nennen, die durch ihre Konstruktion einen Rühreffekt der Zinken bewirkt. Auch bodenangetriebene Hackwerkzeuge wie die Sternhacke sind effektiv und zudem sehr verschleißarm.

Für Pflegearbeiten werden leichte und übersichtliche Pflegeschlepper benötigt, die bedienerfreundlich gestaltet sind. Auf jedem Hof ist der Einsatz von Pflanzenölen im Hydraulik-, Getriebe- und Motorenbereich selbstverständlich.

Was lange Zeit als nostalgisch und überholt betrachtet wurde, wird in Gegenwart oder Zukunft sicher wieder wichtig werden: der Einsatz von Zugtieren. Viele leichte Pflege- und Bestellarbeiten können z.B. mit dem Zugpferdeinsatz wesentlich effektiver durchgeführt werden als mit

Die praktische Liegeraupe hilft Zeit zu sparen und dient zugleich der Bequemlichkeit beim Einpflanzen.

Statt Schritt um Schritt im Bücken zu pflanzen, läßt sich diese Arbeit mit der Liegeraupe bequemer verrichten.

### Ernst Weichel: Ein Bio-Leben

Ernst Weichel (1922 – 1993) ist einer der großen Pioniere der ökologischen Landwirtschaft. Seine eigenen Erfahrungen als Bauer stießen ihn zunächst auf das Problem der außerordentlich arbeitsintensiven Einbringung der Futterernte in kleineren und mittleren Betrieben. Als er feststellen mußte, daß weder Forschung noch Industrie gewillt waren, sich um eine Lösung zu kümmern, entwickelte er sie schließlich 1960 selbst: den Ladewagen. Ab 1971, als er sich dem biologischen Anbau zuwandte, befaßte er sich vorrangig mit der Erfindung von Landmaschinen, die das Bodenleben fördern statt es zu beeinträchtigen. »Die Grundgeräte seines Bodenbearbeitungskonzepts sind der von ihm so genannte Schichtengrubber und dessen Kombination mit der Rotoregge«, bemerkt sein Sohn Rudolf Weichel. »Höhepunkt dieser Entwicklung war zweifellos der Rotorgrubber, mit dem es erstmals gelang, den Boden aufzubrechen, anzuheben und die Erdschollen im angehobenen Zustand mit Hilfe der Zinken des Rotors zu zerkleinern, ohne daß die Zinken den Bearbeitungshorizont auch nur berühren, geschweige denn verdichten.« Aber er entwarf und konstruierte auch Rotoregge, Reihenhackfräse, Breitstreuaggregat zum Miststreuer, Abflammgerät, Rüttelgrubber, Porter (Beetbestellung), Lenkfix und anderes. Mit seinem gesamten Werk setzte sich Ernst Weichel für eine neue sanfte Technik ein, ohne die biologische Landwirtschaft sich nicht ausbreiten, ohne die sie nicht einmal überleben kann. Auf dem Göppinger Iltishof (siehe S. 266) gab er mit Hilfe seiner Tochter Elisabeth und seines Schwiegersohns Hans Brunner ein anschauliches Beispiel, wie ökologischer Landbau und sanfte Technik Hand in Hand gehen. Internationale Delegationen überzeugten sich vor Ort vom Wert seiner Erfindungen und der Gültigkeit seiner ökologischen Philosophie, die er in zahlreichen Vorträgen und Veröffentlichungen unverblümt kundtat. Nach einem Autounfall im August 1985 war Ernst Weichel gezwungen, die Fortführung seiner Arbeit für immer aufzugeben. Er starb im Dezember 1993.

### Wichtige Maschinen für den Öko-Anbau:

- Schichtengrubber zur Bodenlockerung und Bodenbelüftung
- Rotorgrubber zur Bodenlockerung und zusätzlichen Krümelung
- Zweischichtenpflug zum flachen Pflügen und zur Untergrundlockerung
- Scheibenegge zur Einmulchung
- Hackstriegel zur Unkrautregulierung
- Netzegge zum Verschütten von Unkrautkeimlingen
- Teleskop-Hacke zur Unkrautregulierung
- Sternhacke zum Dämmevorziehen, Jäten, Häufeln
- Abflammgeräte zur thermischen Unkrautregulierung

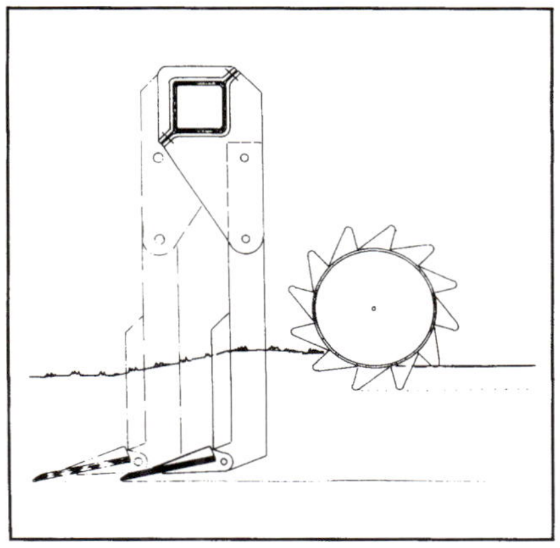

Schichtengrubber mit Kombiwalze

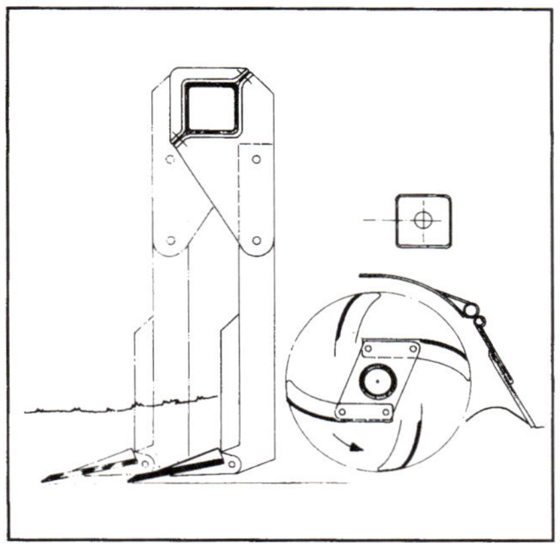

Schichtengrubber mit Rotor als Kombination

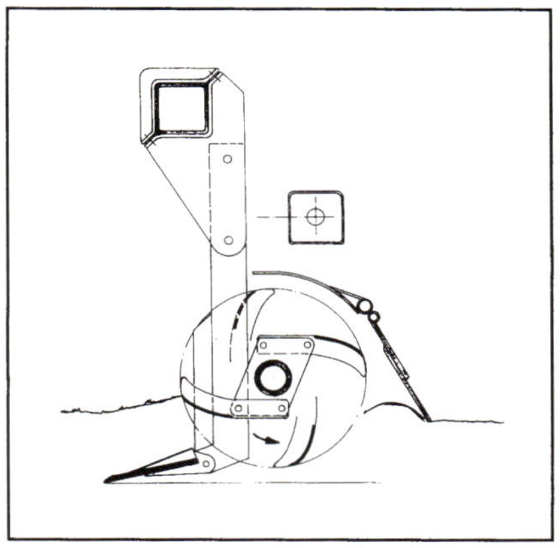

Schichtengrubber mit Rotoregge

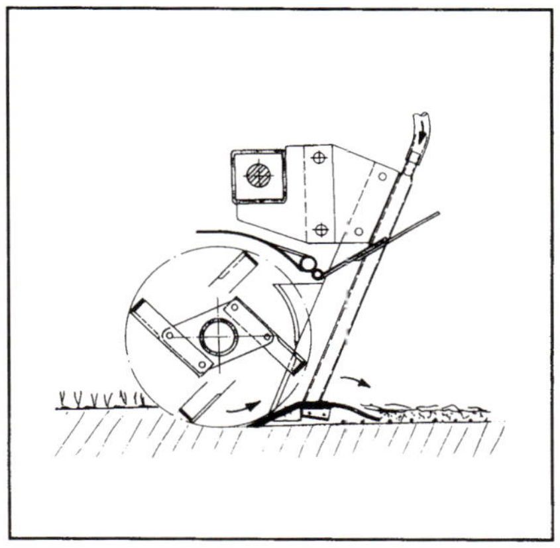

Rotoregge mit Säschar als Frässaategge

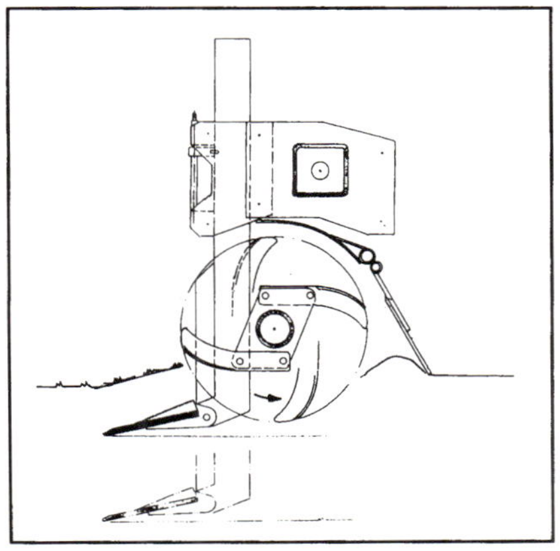

Vertikalstiel vorn

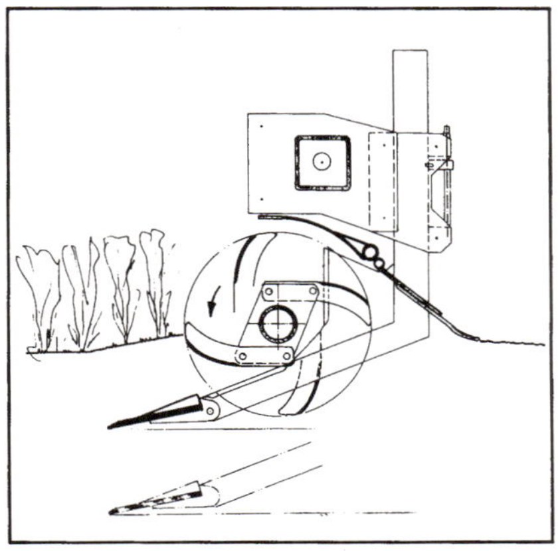

Winkelstiel hinten

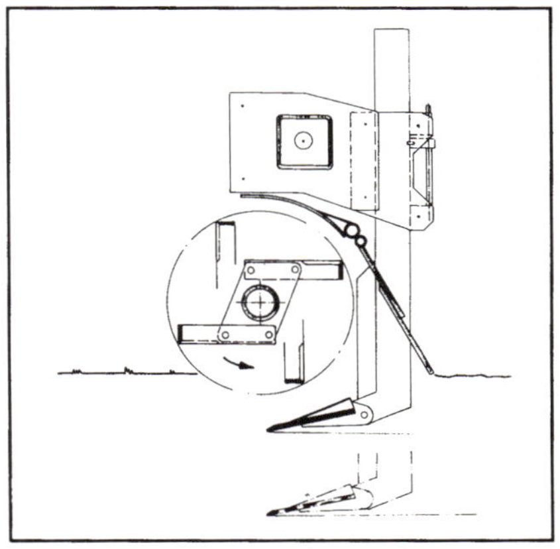

Vertikalstiel hinten

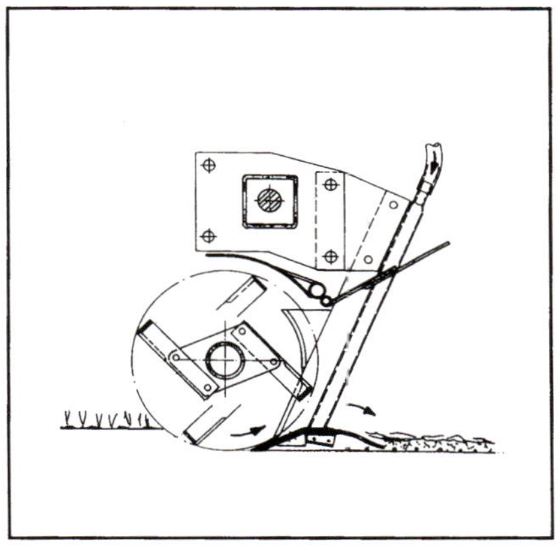

Säschar

Schleppern. Neue Vorderwagensysteme, die das Ankoppeln vorhandener Pflegegeräte mittels Dreipunkt ermöglichen, sind bereits entwickelt.
Jeder Bauer, jede Bäuerin weiß, daß es in der Landwirtschaft sehr viele harte und aufwendige Arbeiten gab und gibt. Ein Großteil wurde durch sinnvolle und weniger sinnvolle Entwicklungen verbessert. Nicht anzustreben sind jedoch Leitbilder, die auf den Bauernhöfen industrielle Arbeitsplätze einrichten wollen, die sich in EDV-Automationsarbeit aufgliedern.
Handarbeit findet immer in engstem Kontakt mit Tier, Pflanze und Boden statt. Handarbeit gibt Zeit und Gelegenheit zum Beobachten und Begreifen. Handarbeit gibt Gelegenheit, miteinander zu reden und Ruhe zu finden. Neue, menschengerechte technische Entwicklungen sollen sie erleichtern, nicht erübrigen.
Es gibt viele Ansätze, die realisierbar und bezahlbar sind. Wenn man den Sinn der bäuerlichen Arbeit mit dem täglichen Tun vergleicht, finden sich viele sachgerechte technische Lösungen, die oft ohne großen finanziellen Einsatz umzusetzen sind.
(Walter Kress' Beitrag basiert auf seinem umfangreichen Artikel »Zurück zu den Wurzeln«, den er in der Bauernstimme 6/94 veröffentlichte. Sein Hof wird im Hofporträt auf Seite 260 beschrieben)

Mit dem Rotorgrubber erfand Ernst Weichel die wohl wichtigste Maschine des ökologischen Landbaus.

Der Rotorgrubber lockert den Boden durch Aufbrechen, Anheben und Zerkleinern, ohne ihn zu verdichten.

**Thomas Weidenbach**

# Künstliche Natur: Gentechnik

Wohl kaum eine andere Technik löst in der Öffentlichkeit seit langem solche Kontroversen aus wie die Gentechnik. Mehr als zwei Drittel der Verbraucher stehen ihr skeptisch bis ablehnend gegenüber, wie Umfragen immer wieder belegen. Doch der Entwicklung neuer Produkte mit Hilfe der Gentechnik tut das keinen Abbruch. Immer mehr Produkte aus der Retorte drängen stattdessen auch auf die Äcker und Felder der Landwirte und in die Regale der Supermärkte. Denn der Einsatz gentechnisch veränderter Mikroorganismen, Pflanzen und Tiere verspricht gerade in der Landwirtschaft und der Lebensmittelindustrie neue Märkte und hohe Gewinne.

Seit 1990 wurden weltweit über 3000 Freilandversuche mit manipulierten Organismen durchgeführt. Mehr als 30 verschiedene Pflanzenarten wurden im Labor auf eine Weise umkonstruiert, wie die Natur sie nicht kennt: Kartoffel, Tabak, Apfel, Birne, Salat, Sellerie, Zuckerrübe, Erdbeere, Blumenkohl, Gurke, Brokkoli, Erbse, Himbeere, Mais, Reis, Sojabohne, Spargel, Tomate, Weizen, Roggen, Weintraube, Walnuß, Aubergine, Sonnenblume und sogar Papaya, Kiwi und noch andere mehr.

Mit Hilfe der Gentechnik ist man erstmals in der Lage, innerhalb kürzester Zeit gezielt einzelne Erbanlagen von einem Organismus in das Erbgut eines anderen zu übertragen. Dort produziert das neue Gen Eiweißstoffe – Hormone oder Enzyme –, die der Organismus bislang nicht oder nicht in dieser Menge herstellen konnte.

Artgrenzen, die in der Natur verhindern, daß sich x-beliebige Arten miteinander kreuzen, bestehen für Gentechnologen längst nicht mehr:

- Gene aus Bakterien, die ein Unkrautvernichtungsmittel abbauen können, landen in Kartoffeln;
- eine Erbanlage aus Glühwürmchen bringt Tabakpflanzen zum Leuchten;
- ein menschliches Gen, das Wachstumshormone produziert, soll Schweine schneller heranwachsen lassen;
- Erbanlagen aus Skorpionen machen aus harmlosen Viren giftige Insektenkiller.

In der Genforschung gehören solche Schöpfungen mittlerweile zur alltäglichen Praxis. Die Industrie hat ihre Büros offensichtlich gleich neben den Laboratorien.

Anfang der siebziger Jahre waren zunächst Bakterien, Viren oder Hefezellen Objekte der Forschung. Mittlerweile werden durch gentechnisch veränderte Mikroorganismen in großem Maßstab Zusatzstoffe hergestellt, die Einzug in die Lebensmittelproduktion gehalten haben. Für Schlagzeilen sorgte vor allem das rBST, ein Wachstumshormon, das Kühen gespritzt wird, um deren Milchleistung zu steigern. In den USA wird rBST von schätzungsweise einem Drittel aller Landwirte benutzt. In der EU ist der Einsatz von rBST bis zum Jahr 2000 verboten, da die »Turbo-Kuh« angesichts von Milchseen und Butterbergen keinen Sinn macht und überdies das komplizierte Quotensystem der EU durcheinanderbrächte.

Gentechnisch hergestellte Enzyme hingegen lassen auch in mehreren europäischen Ländern bereits die Milch gerinnen. Käsehersteller in den Niederlanden, der Schweiz und Italien verwenden schon eine gentechnische Gerinnungshilfe. In England wiederum kommt eine spezielle Backhefe zum Einsatz, die den Teig schneller aufgehen läßt und die Backzeit verkürzt.

Doch inzwischen sind längst auch höhere Organismen – Pflanzen und Tiere, ja sogar menschliche Zellen – Gegenstand gentechnischer Experimente. Im Mekka der Genforschung, in den USA, ist es gelungen, Karpfen mit einem zusätzlichen Wachstumsgen aus Forellen zu züchten. Sie werden dadurch etwa doppelt so groß wie ihre natürlichen Vettern und sollen als Weihnachtsmahl selbst die kühnsten Kundenwünsche erfüllen.

Noch schwimmen die Superkarpfen, ebenso wie manipulierte Lachse, allerdings nur in besonders gesicherten Fischfarmen, aus denen sie nicht in die Natur entweichen können. Denn niemand weiß, was passieren würde, wenn sich die protzigen Fische in Flüssen, Seen und Meeren breit machten und vielleicht andere Fischarten verdrängten.

Nicht geglückt ist die Manipulation von Schweinen, an denen mit Wachstumsgenen von Rindern und Menschen experimentiert wurde. Die erhofften gigantischen Kotelettlieferanten blieben aus. Zwar fressen die manipulierten Borstenviecher bei gleichem

Um ein Gen in eine DNA einzuschleusen, zerschneidet man sie mit Hilfe von Enzymen.

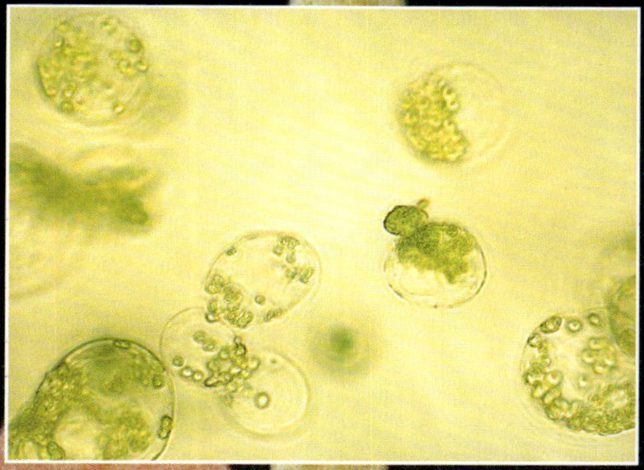

Der Protoplast (Zelle ohne Zellwand) ist Ausgangsmaterial zur Genmanipulation.

Drei unterschiedliche Regenerationsstufen – genetisch veränderte Pflanzen.

Weltweit arbeitet man in gentechnischen Labors an Veränderungen von Nahrungspflanzen.

Gewicht weniger, aber sie weisen auch die für Überzüchtungen typischen Merkmale auf: entzündliche Gelenke, höhere Infektionsrate und Unfruchtbarkeit.

### Genübertragung: Viel Propaganda – bescheidene Erfolge

Für die Genübertragung steht den Forschern eine ganze Palette unterschiedlicher biologischer, physikalischer und chemischer Methoden zur Verfügung. Bei Pflanzen kommt am häufigsten ein Bodenbakterium zum Einsatz, das einen bestimmten Teil seines Erbguts in Pflanzenzellen einzuschleusen vermag. Hat man zuvor diesem Bakterium ein neues Gen hinzugefügt, so wird auch das mit ins Pflanzenerbgut aufgenommen.

Erbmaterial kann darüber hinaus auch mit Hilfe winziger Metallkügelchen in eine Pflanzenzelle »geschossen« werden. Oder aber die Zellwände von Pflanzenzellen werden chemisch aufgelöst und dadurch aufnahmefähig für neue Gene. All diese Prozesse finden im Labor statt und entziehen sich zum größten Teil der Beobachtung durch die menschlichen Sinne.

Um aus den manipulierten Zellen wieder vollständige Pflanzen gedeihen zu lassen, machen sich die Genforscher eine natürliche Fähigkeit der Pflanzen zunutze. Nach Zugabe von Nährstoffen und Hormonen kann aus einer einzigen, mikroskopisch kleinen Pflanzenzelle wieder eine ganze Pflanze heranwachsen, zu einer Kartoffel, zu einer Erdbeere oder einem Apfelbaum, so als ob aus einem abgeschnittenen Finger wieder ein ganzer Mensch entstünde. Auf diese Art können Zigtausende genetisch identischer Pflanzen entstehen, sogenannte Klone.

Allerdings sind die Fähigkeiten der Gentechniker nicht unbegrenzt. Bislang können sie lediglich einzelne oder höchstens wenige Erbanlagen gleichzeitig übertragen. Komplizierte genetische Vorgänge entziehen sich noch der Manipulation. Außerdem ist die Erfolgsquote nach wie vor gering, und in den meisten Fällen wissen die Forscher nicht, an welcher Stelle im Erbgut einer Zelle sich die neuen Erbanlagen eingefügt haben. Die Ergebnisse gentechnischer Versuche sind daher, allen euphorischen Erwartungen und Ankündigungen zum Trotz, noch ziemlich bescheiden.

### Gentechnologie im Dienst der Chemieindustrie

Die meisten Experimente mit Pflanzen haben zum Ziel, die Gewächse immun gegen bestimmte Unkrautvernichtungsmittel, sogenannte Totalherbizide, werden zu lassen. Das sind Pflanzengifte, die normalerweise alles Grüne abtöten. Dadurch ist ihr Einsatzbereich begrenzt, denn auch Nutzpflanzen werden von diesen Substanzen vernichtet. Chemieunternehmen kamen daher auf die Idee, Nutzpflanzen mit Hilfe der Gentechnik gegen die chemische Sense zu immunisieren. Dank der Manipulation überstehen die »herbizidresistenten« Pflanzen den Gifteinsatz schadlos und eröffnen neue Absatzmärkte für Totalherbizide.

Für Aufsehen sorgte vor allem eine herbizidresistente Sorte von Sojabohnen aus den USA. Denn Soja ist ein Massenrohstoff für die Lebensmittelindustrie. Schon jetzt wird Soja umweltschädlich in der Dritten Welt angebaut, wobei einerseits die verwandten Chemikalien Böden und Grundwasser verseuchen, andererseits hochwertiges Ackerland nicht für die menschliche Ernährung genutzt wird, sondern um Kraftfutter für westliche Schweine- und Rindermast zu produzieren (siehe Bd.I, S.191: Soja und Tofu). Gentechnologie wird diesen Frevel noch zu steigern wissen. Bis zur Unkenntlichkeit verarbeitet, tauchen außerdem Sojabestandteile in bis zu 60 Prozent aller industriellen Nahrungsmittel auf. Auch in sogenannter Vollwertkost aus nicht kontrolliertem Anbau ist Soja oftmals enthalten, in Bratlingen wie in Würsten, ja sogar in Milch- und Käseprodukten.

Doch der Verbraucher wird gentechnisch veränderte Lebensmittel oder Nahrungsprodukte, die gentechnisch hergestellte Substanzen enthalten, ahnungslos verzehren müssen. Denn bislang ist eine Kennzeichnung solcher Waren nicht vorgeschrieben!

Vor allem die Hersteller von Vollwertkost, Bioläden und Reformhäuser sind darüber empört, denn auch sie können nicht unterscheiden, welche Sojabohnen manipuliert wurden und welche nicht, um das möglicherweise krasseste Beispiel zu nennen. Rein äußerlich sind sie nicht voneinander zu unterscheiden. Mit strengen Kontrollen von Saatzucht über Anbau und Ernte bis zur Weiterverarbeitung wollen die anerkannten Verbände des ökologischen Landbaus und Naturkost- wie Reformhausketten sicherstellen, daß ihre Produkte auch in Zukunft gentechnikfrei bleiben.

Die Kennzeichnung, so argumentieren Verbraucherschutzverbände und Gentechnik-Kritiker, wäre nicht nur eine wichtige Information für mündige Verbraucher, sondern auch ein notwendiger Warnhinweis für Allergiker. Denn gentechnisch veränderte Lebensmittel können neue Inhaltsstoffe enthalten, deren gesundheitliche Auswirkungen unbekannt, nicht untersucht, unter Umständen sogar gefährlich sind.

Amerikanische Wissenschaftler haben die Allergiegefahr einer Sojabohnensorte näher untersucht, der eine Erbanlage aus der Paranuß übertragen worden war. Die Studie bestätigte die schlimmsten Befürchtungen. Die Forscher von der Universität des Bundesstaates Nebraska fanden heraus, daß Personen, die allergisch auf Paranüsse reagieren, auch die manipulierte Sojabohne nicht vertragen, obwohl ihr nur ein einziges Gen aus der Nuß einverleibt worden war. Die Folgen können gravierend sein und von Juckreiz über Hautausschläge bis hin zu ernsten toxischen, teils tödlichen Reaktionen reichen. Der Hersteller zog diese allergieauslösende Sojabohne daher vom Markt zurück. Aber bei den meisten gentechnisch veränderten Nahrungsmitteln jedoch wurden so aufwendige Allergieuntersuchungen gar nicht erst vorgenommen.

Auch die Bekömmlichkeit einer weiteren gentechnischen Kreation ist unter Fachleuten umstritten. Dabei geht es um Nutzpflanzen, die resistent gegen Insekten sind. Dank des Erbguts aus Bazillen sind sie fähig, bestimmte Schädlinge, die an ihren Blättern oder Stengeln fressen, selbst zu töten. Der Einsatz giftiger Insektizide in der Landwirtschaft, so argumentieren Gentechnik-Befürworter, könne dadurch verringert werden. Insektenresistente Nutzpflanzen wären ein Schritt zu einer umweltfreundlicheren Landwirtschaft. Doch ob ihre Körner, Gemüse oder Früchte, die ebenfalls das entsprechende Gen enthalten, für den Menschen völlig harmlos sind, bezweifeln manche Kritiker.

Ökologen sehen noch andere mögliche Risiken durch den großflächigen Anbau gentechnisch veränderter Pflanzen. Insektenresistente Kulturen könnten zu einem Aussterben vieler Insekten und anderer Tiere führen, die sich von ihnen ernähren, wie Vögel oder Nagetiere. Denn auch die Krabbeltiere, die als Schädlinge bezeichnet werden, erfüllen wichtige Funktionen in agrarischen Ökosystemen.

Der Einsatz von Totalherbiziden in der Landwirtschaft, der durch herbizidresistente Pflanzen in großem Stil möglich wird, führt womöglich zum völligen Verschwinden vieler Wildkräuter und damit auch von anderen Lebewesen, die auf oder von ihnen leben.

Derartigen Befürchtungen halten Genforscher die große Anzahl bereits durchgeführter Freisetzungsversuche entgegen, bei denen keine negativen Auswirkungen auf die Natur beobachtet worden seien. Allerdings hat es sich dabei in den meisten Fällen um Versuche auf kleinen Testflächen gehandelt, und eine gründliche ökologische Begleitforschung hat nur selten stattgefunden. Bei dem weltweiten Boom an Freilandversuchen können Ökologen mit ihren Untersuchungen ohnehin kaum mithalten. Denn während Genforscher ihre Tests schon nach wenigen Vegetationsperioden abgeschlossen haben, braucht das Studium natürlicher Kreisläufe und ihrer möglichen Veränderungen viel längere Zeiträume. Für eine Entwarnung ist es also zu früh.

Es ist zwar sicher, daß sie Tomaten haltbarer macht, die Kassen von Chemieunternehmen füllt und die Arbeit der Lebensmittelindustrie weiter rationalisiert, doch welche Vorteile Gentechnik für den Verbraucher hat und ob der angebliche Nutzen gentechnisch veränderter Lebensmittel die möglichen Risiken aufwiegt, das ist bis heute völlig offen.

# Hofporträts

In allen Bundesländern Deutschlands besuchten wir biologisch arbeitende Höfe. Dabei ging es uns nicht um eine vollständige Erfassung aller Bio-Höfe, was den Rahmen dieses Buches gesprengt hätte, sondern um die Erfassung eines möglichst breiten Spektrums. Wir reisten zu Vollerwerbs- wie Nebenerwerbsbetrieben, zu Höfen mit Mischwirtschaft wie zu reinen Gemüsegärtnereien, zu Obst- und zu Getreidebauern, zu Gärten mit zwei und Gütern mit zweihundert Hektar, zu Menschen, die Brot und Butter, Käse und Wurst, Saft und Wein machen. Alle diese Höfe und Gärtnereien halfen uns. Sie alle haben Anteil an diesem Werk. Sie halfen uns zunächst, biologischen Anbau besser zu verstehen. Und dann schenkten sie uns Zeit und Geduld bei Gesprächen, Interviews sowie den besonders zeitraubenden fotografischen Aufnahmen. So konnten wir darstellen, wie biologischer Anbau aussieht, was dahintersteht und was er erzeugt.

Auf den nächsten Seiten finden Sie die Porträts dieser Öko-Höfe und Bio-Gärtnereien. Wir haben daraus ein Mosaik zusammengestellt, dessen viele Einzelstücke sich zu einem lebendigen und aktuellen Bild ökologischer Landwirtschaft zusammenfügen. Dabei konnten wir uns nicht von der Bedeutung des einzelnen Betriebes, weder an sich, noch für die Entwicklung des Öko-Anbaus, noch für unsere Recherchen leiten lassen. Wir mußten akzeptieren, wie sich jeder optisch in dieses Gesamtbild einfügte und dabei hinnehmen, daß manches Porträt ganz ungerechterweise viel zu klein geraten ist. Denn auch ein Doppelband hat nur einen begrenzten Umfang.

Abgesehen von kulinarischen Genüssen, großartigen Gärten und Feldern, gesunden und lebhaften Tieren, ökologischen Arbeitsweisen und Standpunkten, die wir kennenlernten, besteht der größte Gewinn in den menschlichen Begegnungen. Welche Hoffnung auf eine lebenswerte Zukunft vermitteln diese so unterschiedlichen Menschen! Welch wunderbare Beispiele von engagiertem und stimmigem Leben sind uns begegnet! Welche Offenheit, Wärme, Ehrlichkeit und echte Menschlichkeit! In einer Zeit, wo vieles so fraglich wird, haben wir empfunden, daß aus der Erde eine besondere Stärke wächst. Aber ist sie nicht schon seit jeher die Basis menschlicher Kultur?

### Gärtnerhof Veit Ludewig

Veit und Inga Ludewig zählen zu den Pionieren des biologisch-dynamischen Gartenbaus in der früheren DDR. Seit 1966 bearbeiten sie ihren kleinen Betrieb in Dresden nach den Prinzipien Rudolf Steiners. Sie betreiben eine kleine Landwirtschaft mit einer Kuh, Schafen und Hühnern, Getreide sowie mit einer Fülle von Kräutern, Gemüse- und Obstsorten und haben damit eine vorbildhafte natürliche Vielfalt erreicht. Das Ehepaar Ludewig bietet im Direktverkauf ab Hof diverse Gemüse, Haustee (s. Bd. I/240) und Kräutermischungen an. Darüber hinaus berieten sie uns für dieses Buch bei der Apfelauswahl (s. Bd. I/87, 88), dem Birnenkuchen (s. S. 124), der Gemüsesuppe (s. Bd. I/154) und dem Sauerkraut (s. Bd. I/222).

## Gutshof Döllnitz

Das zu DDR-Zeiten als LPG geführte große Landgut bei Halle, mit 350 Hektar Weide- und Ackerland, wurde nach der Wende von Adolf Goedecke übernommen. Seit 1991 wird der Hof nach der biologisch-dynamischen Wirtschaftsweise bestellt. Neben der Rinderzucht mit einer rund 150köpfigen Herde hat man sich auf Getreide- und Kartoffelanbau ausgerichtet. An Privatkunden werden vor allem Rindfleischpakete auf Vorbestellung abgegeben.

Rinderhaltung ist das wichtigste Standbein des Gutshofs Döllnitz.

## Hofgemeinschaft Medewege

Die fünf Familien Jahn, Eylandt, Weiß, Kloth und Fried schlossen sich 1993 zusammen, um den ehemaligen VEG-Hof biologisch zu bewirtschaften, wofür sie 1995 die Demeter-Anerkennung erhielten. Der Hof verfügt über 30 Milchkühe, zwei Muttersauen, Schafe und Ziegen. Auf den dazugehörigen 90 Hektar Land werden Getreide, Gemüse, Futtermittel und Feldfrüchte angebaut. Die Milch wird hier selbst verarbeitet (s. S. 74, 81) und eine Backstube liefert Brote aus eigenem Mehl an den Hofladen und an die Naturkostläden in Schwerin und Umgebung.

### Ökologische Domäne Hohenwalde

Das 418 Hektar große Gut liegt in einem Biosphärenreservat in der reizvollen Uckermark. Naturschutz und Landschaftspflege gehörten zu den Motiven, die eine Gruppe von Hohenwalder Einwohnern und früheren Mitarbeitern einer Versuchsstation dazu bewogen, unter der Leitung von Hans-Joachim Mautschke die aufgegebene LPG zu übernehmen. Im Frühjahr 1992 begann ein neuer, nun aber ökologischer Aufbau des Betriebes. Seine wichtigste Stütze sind über 50 Kühe, deren Milch frisch verkauft, aber auch von einem Melkermeister zu Butter und Quark verarbeitet wird. Die Produkte kann man im Hofladen erwerben. Außer Fleischrindern, Schweinen, Hühnern und anderem Geflügel widmet man sich dem Anbau von Getreide, Kartoffeln, Ölfrüchten und Gemüsen. Die Spezialität des Hofes aber ist die Zucht der Skudden-Schafe, einer fast ausgestorbenen Rasse (s. S. 38). Inzwischen gelang es, eine Herde von 65 Mutterschafen zu bilden.

## Neuer Aufbruch: Ökologie im Osten

Mit der Wiedervereinigung begann für die Landwirtschaft der fünf neuen Bundesländer Brandenburg, Mecklenburg-Vorpommern, Thüringen, Sachsen und Sachsen-Anhalt ein völlig neues Kapitel. Zu Zeiten der DDR war sie überwiegend in sogenannten Landwirtschaftlichen Produktionsgenossenschaften, den LPGs, betrieben worden, die aus der Zusammenlegung der Höfe einzelner oder mehrerer Gemeinden gebildet worden waren und die nicht selten mehrere tausend Hektar umfaßten. Aufgrund ihrer Struktur, der Bodenbeschaffenheit und ihrer landschaftlichen Umgebung waren verschiedene LPGs extensiv bewirtschaftet worden, aber die DDR stand ökologischem Anbau keineswegs aufgeschlossen gegenüber. Dennoch überlebte der älteste deutsche Biohof. In Bad Saarow bei Potsdam war 1928 der rund 100 Hektar große Hof Marienhöhe auf biologisch-dynamische Wirtschaftsweise umgestellt worden und wird seither ununterbrochen nach Demeter-Methoden bearbeitet.
Nach der Wende wurden die Landwirtschaftlichen Produktionsgenossenschaften aufgelöst, das Land seinen früheren Besitzern zurückgegeben und von ihnen nun eigenständig bewirtschaftet. Oder die Landwirte schlossen sich in neuen Genossenschaften zusammen und bearbeiteten die Ländereien weiterhin gemeinsam. Darüber hinaus bot die Umverteilung jungen Landwirten und Gärtnern günstige Chancen, sich selbständig zu machen.
Günstig waren auch die Umstände, um vom konventionellen auf ökologischen Anbau umzustellen. So wurde zum Beispiel auf dem Wassergut Canitz, das zu einem großen Teil die Trinkwasserversorgung Leipzigs sichert und seit 1907 zu den städtischen Wasserwerken gehört, 1991 die Massentierhaltung abgeschafft. Seither bearbeiten zwanzig Angestellte das sich über fast 800 Hektar ausdehnende Ackerland nach der biologisch-organischen Methode.
Als ein anderes von vielen Beispielen sei die Agrargenossenschaft Zur Heide im thüringischen Breitenhain genannt, die früher zu einer 6000 Hektar großen Landwirtschaftlichen Produktionsgenossenschaft gehörte. Um die schöne hügelige Landschaft mit den klaren Bächen und den vielen Teichen zu pflegen und als Erholungsgebiet zu erhalten und zu fördern, beschlossen fast alle Bauern, weiterhin, nun aber auf ökologischer Basis, zusammenzuarbeiten.
Auch die privat betriebenen Höfe verfügen oftmals über gewaltige Ländereien, die hohe Anforderungen an den Bio-Bauern stellen. Obwohl es bereits einige hundert Bio-Betriebe in den neuen Bundesländern gibt, befinden sich die meisten noch in einer – nicht selten von außen unansehnlichen – Aufbauphase. Es bleibt zu hoffen, daß sie von seiten der Verbraucher die Unterstützung erhalten, die sie brauchen, um die ökologische Landwirtschaft auf eine stabile Basis zu stellen.

## Gut Strellin

Gut Strellin wurde bereits 1735 als Kirchgut gegründet und blieb auch durch die Zeit der DDR als solches bestehen. Im Oktober 1991 übernahmen Anne Schritt und Wilhelm Höper den 340 Hektar großen Betrieb und stellten ihn auf organisch-biologischen Anbau um. Sie halten 130 Kühe und betreiben darüber hinaus Feldbau. Doch vor allem stellen sie ausgezeichneten Käse her. Kein Direktverkauf.

Auch Schafe gehören zu dem großen Gut bei Greifswalde.

## Domäne Fredeburg

Eine beruflich bestens qualifizierte Gruppe von Landwirten und Hauswirtschaftlerinnen übernahm im Juli 1991 die Domäne Fredeburg im Gebiet des schönen Naturparks Lauenburgische Seen und begann mit der Umstellung des 120 Hektar großen Hofes auf eine sehr vielseitige, biodynamische Landwirtschaft. Wichtiges Standbein ist die artgerechte Haltung von 30 Kühen und ihrer Nachzucht sowie von Mastrindern, Schweinen und Hühnern. Darüber hinaus wird Dinkel angebaut, der, nachdem er in einer eigenen Anlage geschält und gemahlen wurde, auch selbst gebacken wird. Über einen Hofladen und den Verein Kultur-Land-Wirt-Schaft e.V. pflegt man die Kommunikation mit Kunden und Freunden.

Ein anderer wichtiger Zweig der Domäne ist der Anbau von Salaten und Feingemüse (s. Bd. I/196, 210).

Zur Hofgemeinschaft gehören auch vier Kinder, die schon kräftig mit anpacken.

## Ökologische Initiative: Kultur-Land-Wirt-Schaft e.V.

Als sich die Gruppe junger, in Landwirtschaft und Sozialtherapie engagierter Menschen entschloß, gemeinsam einen Hof zu übernehmen, wollten sie damit über ihren persönlichen Bereich hinaus ein Zeichen setzen und gründeten eine Initiative, die bald in einen gemeinnützigen Verein umgewandelt wurde. Sein Hauptanliegen ist es, die über Jahrhunderte entstandene Kulturlandschaft mit ihren Höfen, Feldern, Wiesen, Weiden, Hecken und Wegen zu erhalten, zu pflegen und möglichst weiterzuentwickeln. Zugleich möchte er die darauf ausgerichtete ökologische Landbewirtschaftung der Öffentlichkeit zugänglich und verständlich machen. Aus diesem Grund finden zum Beispiel zahlreiche Schülerpraktika auf dem Hof statt. Zudem unterstützt der Verein auf der Domäne Fredeburg die Ausbildung zum Landwirt oder zur Ländlichen Hauswirtschafterin.

Über die praktizierte biologisch-dynamische Landwirtschaft auf der Domäne hinaus ist der Verein in Fragen der Ernährung, der Ökologie, der Gesundheitspflege und -vorsorge, des Umweltverhaltens und der Sozialstruktur aufklärerisch tätig. Zu den Aktivitäten zählen einstündige Hofführungen, die von Mai bis November jeden zweiten Samstagvormittag stattfinden. Dabei werden Themen-Schwerpunkte wie Ökologischer Landbau – ein Stück Naturschutz, Gemüsebau ohne Chemie, Dinkel-Aufbereitung und Brot aus eigener Backstube und anderes mehr gesetzt. An den Wochenenden werden darüber hinaus Vollwert- und Backkurse angeboten, in denen auch Fragen der Ernährung und schonenden Nahrungszubereitung behandelt werden.

Große Bedeutung kommt der Landschaftspflege zu. Im Nutzungskonzept der Domäne verpflichtete man sich gegenseitig, unter anderem folgende Ziele zu verwirklichen: Umstrukturierung größerer Äcker in kleinere Einheiten, Tierhaltung mit extensiver Weideführung, Neugestaltung der Hofanlage, um eine freundliche Atmosphäre durch Baumgruppen, Obstbäume, Blumengarten und so weiter zu schaffen. Es wurden bereits über zwei Kilometer neue Hecken angelegt, des weiteren Feuchtbiotope und Gehölzgruppen geschaffen. Auf einer größeren Dauerbrach entwickelt sich dank unterschiedlicher Einsaat und Naturbegrünung eine bemerkenswerte Pflanzenvielfalt, die von einer Biologin aufmerksam verfolgt und festgehalten wird.

Bei allen Aktivitäten geht es der Hofgemeinschaft und dem Verein darum, möglichst viele Menschen anzusprechen und einzubeziehen. Schon jetzt können sie sich über manche Hilfe auf dem Hof, bei der Landschaftspflege oder bei kulturellen Veranstaltungen freuen. Interessierten steht es offen, Vereinsmitglied zu werden.

### Hof Eichwerder

In Schashagen, nordöstlich vom holsteinischen Neustadt, liegt, von Hecken umgeben, Hof Eichwerder mit einem Laden und Bäckerei, den Wedig von Bonin und seine Frau 1966 übernahmen und seit 1969 biodynamisch bewirtschaften. Vielfalt zeichnet ihren Betrieb aus, der die Haltung von Rindern, Hühnern, Enten, Gänsen und Bienen sowie den Anbau von Futter, Getreide und Gemüse einschließt. Für den eigenen und den Bedarf anderer Höfe werden auch biologisch-dynamische Präparate (s. Foto und S. 202) hergestellt. Darüber hinaus werden mehrmals in der Woche Klassen in der »Schule auf dem Bauernhof« in Landwirtschaft und Ernährung eingeführt.

Helmut Decker hat sich auf Äpfel und Säfte spezialisiert.

Vater und Mutter helfen auf dem Schulzenhof weiterhin kräftig mit.

## Hof Decker

Seit 1985 betreiben Helmut und Helga Decker auf einem 10 Hektar großen ehemaligen Milchviehbetrieb in Cuxhaven ökologischen Obstbau. Um die Bäume besser zu schützen, umgaben sie sie mit einer Hecke, die inzwischen eine Höhe von bis zu 15 Metern erreicht hat.
Bis in den Kölner Raum liefert Helmut Decker sein Obst, wobei er auf anderen Bio-Höfen Gemüse zukauft. Damit ergänzt Helga Decker im Hofladen ihr Angebot an eigenen Äpfeln und Säften. Ihr Mann hat zwischenzeitlich einen Großhandel für biologisch erzeugte Produkte gegründet, denn Vermarktung ist die eigentliche Stärke des ehemaligen Kaufmanns.

Auf Gut Wulfsdorf in Ahrensburg bei Hamburg nimmt Hofleiter Georg Lutz gern das Fahrrad, um nach den Kühen auf der Weide zu schauen.

## Schulzenhof

Bereits 1983, noch während seines Agrarstudiums, begann Eckehard Schulz sich für biologischen Anbau zu interessieren. Gemeinsam mit seinem Bruder Hartmut und den Eltern baute er zuerst den Schweinestall des elterlichen Hofes bei Dannenberg artgerecht um. 1989 stellten sie schließlich den gesamten, 80 Hektar großen Hof um, so daß auch Milchkühe und Nachzucht Freilauf im Stall erhielten. Ein Bioland-Metzger sorgt für fachgerechtes Zerlegen der Tiere und eine große Auswahl an Wurstwaren. Darüber hinaus wird die Milch auch zu Sahne, Quark und Joghurt weiterverarbeitet. Auf den Ackerflächen trennte sich die Familie von Zuckerrüben und Stärkekartoffeln und setzte eine breitgefächerte Fruchtfolge ein, in die auch Weißkohl integriert wurde (s. Bd. I/144). Der Verkauf findet nach Voranmeldung im kleinen Hofladen statt.

Um die Maschinen selbst instandhalten zu können, ist eine gutausgerüstete Werkstatt wichtiger Bestandteil eines Bauernhofs.

## Gut Wulfsdorf

Als die Stadt Hamburg 1989 die Privatisierung aller Stadtgüter beschloß, pachtete Georg Lutz Gut Wulfsdorf und stellte es auf biodynamische Wirtschaftsweise um. Neben Milchkühen mit Nachzucht werden Schafe, Schweine und Hühner gehalten. Auf den leichten und sandigen Böden gedeihen Kartoffeln, Zwiebeln (s. Bd. I/194) und Roggen besonders gut. Mit dem Getreide beliefert das Gut verschiedene Demeter-Bäcker im Umkreis, von denen es wiederum frischgebackenes Brot für den Hofladen erhält. In diesem werden Milch und Milchprodukte, Feldgemüse, von der Bio-Metzgerei Moritz hergestellte Wurstwaren von den eigenen Tieren und Eier verkauft. Das Angebot wird durch Feingemüse und Obst anderer Bio-Höfe und durch ein breites Naturkostsortiment ergänzt.

Der unverzichtbare Trecker vor dem großen Stall, in dem das Milchvieh artgerecht untergebracht ist.

Dithmarschen ist bekannt für seinen guten Kohl und den ständigen Wind.

Das Café am Windpark bietet selbstgebackene Köstlichkeiten.

## Hof Brandt

Hedwigenkoop ist ein kleiner Ort an der Westküste Schleswig-Holsteins, nicht weit von Büsum. Die Koogchaussee verläuft, in gebührendem Abstand, parallel zum Deich, der das flache und fruchtbare Dithmarscher Land schützt. Fast das ganze Jahr über weht eine steife Brise, so daß hier zunehmend Windräder zur Stromerzeugung errichtet werden. Der Hof der Familie Brandt grenzt an einen solchen Windpark.
Erste Anstöße zur ökologischen Landwirtschaft erhielt Volker Brandt von der Firma Kanne, von der er den Auftrag bekam, Zuckerrüben biologisch anzubauen. Als ihm Herr Kanne 1986 vorschlug, das Getreide für seinen berühmten Brottrunk zu erzeugen, stellte er noch im Herbst des gleichen Jahres seinen 45 Hektar umfassenden Betrieb um. Der größte Teil seines Getreides wird zu dem milchsauren Getränk vergoren. Die dabei entstehenden Milchsäurekulturen setzt Volker Brandt auf seinen Feldern als Spritzmittel ein und führt das Fehlen vieler sonst üblicher Krankheiten in seinen Feldkulturen auf den Einsatz dieser Präparate zurück. Auch Tiere werden damit erfolgreich behandelt.
Die Brandts pflegen den traditionellen Kohlanbau der Region. Den Kohl liefern sie an anerkannte Betriebe, die ihn zu Sauerkraut und Saft verarbeiten. Zudem pflanzen die Brandts Kartoffeln, Klee, Ackerbohnen und Weizen an. Letzteres begann Irene Brandt zu Brot und Kuchen zu verarbeiten und rüstete sich für regelmäßiges Backen mit Knetmaschine und einem richtigem Brotofen aus. Ab 1990 bot sie in ihrem kleinen Laden eigene Backwaren an. Viele Kunden, darunter vor allem Feriengäste, die ihren Urlaub an der Nordsee verbrachten, ließen sich in der damals bestehenden kleinen Sitzecke nieder, um den Kuchen an Ort und Stelle zu genießen, und wollten dazu gern eine Tasse Kaffee oder Tee trinken. So entstand die Idee zum Café am Windpark, das 1992 gebaut wurde und über 30 Plätze verfügt, die inzwischen oft nicht mehr ausreichen. Mittlerweile werden in dem Café, das zu einem beliebten Ausflugsziel geworden ist, nicht nur selbstgebackene Kuchen und Torten angeboten, sondern auch hausgemachte Mittagsgerichte. Durch diese Entwicklung nahm auch der Laden Aufschwung, dessen Räumlichkeiten und dessen Naturkostsortiment vergrößert wurden.

Mitarbeiter der Kornblume. Mehrere Bio-Höfe gründeten in Eigeninitiative zwei Naturkostläden – einen in Oldenburg und einen in Burg auf Fehmarn.

### Kornblume

In Oldenburg und in Burg auf Fehmarn wurden von einer Gruppe ostholsteinischer Bio-Bauern, die alle im Naturland-Verband organisiert sind, zwei Naturkostläden ins Leben gerufen. Die Bio-Bauern liefern bevorzugt ihre eigenen Produkte an die Läden und haben gleichzeitig ein sehr reichliches und vielseitiges Sortiment zusammengestellt, um den Ansprüchen ihrer Kundschaft entgegenzukommen.
Einer der sieben Naturland-Höfe auf der Nordsee-Insel Fehmarn gehört Dirk Caussen-Mackeprang. Für ihn steht der Getreideanbau mit Sommerweizen, Roggen und Hafer im Vordergrund, der durch Lein, Erbsen und eine kleine Tierhaltung mit Hühnern und Schweinen ergänzt wird. Außerdem vermietet die Familie Ferienwohnungen.
Auf dem Festland gehört zum Beispiel Wulf Kruses Hof Eichtal der Kornblume-Gemeinschaft an. Auf dem 90 Hektar großen Betrieb liefert eine kleine Rinderherde Fleisch, das direkt vermarktet wird. Für die schlecht drainierten Böden tut Wulf Kruse alles, um sie zu schonen und insbesondere um die Überfahrten zu reduzieren. Mit Klee und Ackerbohnen fördert er die Bodenfruchtbarkeit, auch hält Klee als Untersaat das Unkraut im Zaum. Darüber hinaus ist er auf Getreideanbau spezialisiert, wobei Roggen und Dinkel, die er selbst trocknet und lagert, am gefragtesten sind.

Günther Sannmann zieht im Freiland eine Fülle an verschiedenen regionalen Saisongemüsen.

## Gärtnerei Sannmann

Am Bracksee, im Landschaftsschutzgebiet Vierlande südöstlich von Hamburg, bestellten die Vorfahren der Sannmanns schon seit 1750 einen Garten. Im Laufe der Generationen wurde er vergrößert und entwickelte sich schließlich zur berufsmäßigen Gärtnerei. Gleich nach der Meisterprüfung und der Geburt des ersten Kindes kamen Günther und Monika Sannmann Bedenken gegen den Einsatz von Chemie in ihrem Gemüsebaubetrieb. Zu Beginn der achtziger Jahre erprobten sie – zunächst in kleinerem Maße – den biodynamischen Anbau. Als sie damit erfolgreich waren, wurde der gesamte Betrieb umgestellt.
Heute werden von der Familie und zwei Gärtnermeistern auf 5 Hektar Freiland und 9000 Quadratmetern in den Gewächshäusern übers Jahr mehr als 30 verschiedene Gemüsearten und Kräuter angebaut. Speziell für die Mist- und Kompostpflege, die notwendig ist, um die Bodenfruchtbarkeit aufzubauen, halten die Sannmanns auf einer 7 Hektar großen Weidefläche eine 18köpfige Mutterkuhherde, die während des Winters in einem Freilaufstall untergebracht ist. Die Produkte der Gärtnerei sind sowohl im eigenen Laden als auch über Versand erhältlich.

In den Gewächshäusern der Gärtnerei gedeihen das ganze Jahr über Gemüse im biodynamischen Anbau.

Zufrieden kommt Ute Witt mit einem Korb voll Eiern aus dem Hühnerstall.

## Hof Witt

Den entscheidenden Anstoß, auf biologischen Anbau umzustellen, erhielten die Witts durch einen Vorfall in ihrer Familie. Ein naher Verwandter hatte sich bei der Zubereitung einer Spritzbrühe für Raps aus Versehen etwas über die Hand gegossen. Obwohl er sie sofort abwusch, überkam ihn wenig später starke Übelkeit, und er fiel in Koma, aus dem er glücklicherweise zwei Tage später wieder erwachte. So drastisch auf die Gefahren im Umgang mit chemischen Mitteln in der Landwirtschaft aufmerksam gemacht, zogen Ute und Otto Witt die Konsequenzen und stellten ihren 80 Hektar großen Betrieb um.
Wie andere biologische Höfe in Ostholstein bauen auch die Witts wieder Flachs an. Dabei geht es nur in zweiter Linie um den leckeren und gesunden Leinsamen, in erster Linie jedoch um das Leinen selbst, das eine Renaissance erlebt. Dieses wird aus den Fasern gewebt, die man aus den Stengeln des Flachses gewinnt. Da Naturtextilien immer größeren Anklang finden, wächst gerade für ökologisch erzeugte Rohfasern die Nachfrage. Dabei ist Lein eine risikoreiche Kultur, bei der gute Ernten nur unter bestimmten Wetterbedingungen eingebracht werden können. Auf ihrem Hof halten die Witts rund 300 Hühner und 100 Enten. Wer eine von diesen als Weihnachtsbraten genießen möchte, muß rechtzeitig vorbestellen.

Am liebsten wäre es Otto Witt, wenn ganz Gothendorf auf ökologischen Anbau umstellte.

## Hof Richter-Harder

In dem am Mözener See gelegenen schönen Ort Kükels bewirtschaftet die Familie Richter-Harder den elterlichen Hof mit rund 50 Hektar Land schon seit Jahren biologisch. Schwerpunktmäßig bauen sie Dinkel, Roggen und Weizen an. Darüber hinaus werden verschiedene Kartoffelsorten gepflanzt, die im Direktverkauf ihre Abnehmer finden. Seit einigen Jahren hat die Familie zusätzlich noch ein nahegelegenes, 200 Hektar großes Gut gepachtet, das hauptsächlich der Saatgutvermehrung für Getreide dient.

Zum Hof gehört auch eine Mutterkuhherde mit Angus-Rindern.

Mittägliche Idylle im Garten des schönen Bauernhauses.

## Gemüsehof Hatterwüsting

Auf dem Hof Hatterwüsting bei Oldenburg betreibt die Familie Kastenholz Gemüseanbau. Den sandigen Böden kann Anton Kastenholz nur eine Ertragskultur im Jahr zumuten. Die restliche Zeit wird mit Gründüngung eingesät. Die Familie zieht die Jungpflanzen (s. Bd. I/208) selbst in Folienhäusern vor und pflanzt sie dann auf die – zusammen einen Hektar ausmachenden – Beete aus. Gedüngt wird mit dem Mist von Pferden und Schafen. Zugekauft wird höchstens von anderen Bio-Gärtnern, denn die Kunden bevorzugen die biologisch erzeugten Gemüse (s. Bd. I/152, 218).

Für Bio-Qualität ist es notwendig, die Jungpflanzen selbst zu züchten.

Anton Kastenholz kümmert sich mit viel Handarbeit um seine Gemüse.

Für die Tochter ist der Gärtnerhof ein richtiges Paradies.

Dieter Cordes, studierter Theologe und gelernter Landwirt, baute sich einen neuen Hof.

**Bauernhof am Schüberg**

In Hoisbüttel bei Hamburg bauten sich Dieter Cordes und seine Partnerin Gudula Paulitschek einen neuen Bauernhof nach eigenen Vorstellungen. Der 22 Hektar umfassende Betrieb besteht überwiegend aus Dauergrünland, auf dem 17 Schafe, 25 Rinder, Enten und Gänse sowie 100 Hühner artgerecht gehalten werden. Fleisch, Wurstwaren und Eier sind die Hauptprodukte des Hofes. Daneben werden noch Kartoffeln, Porree, Möhren und Beerenobst erzeugt. Das breite Angebot im Hofladen wird vor allem von Bio-Höfen aus der Umgebung ergänzt. Darüber hinaus geben regelmäßige Hofführungen der Kundschaft Einblick in die ökologische Arbeitsweise.

Die sehr großräumige Hofanlage von Fleckenbühl geht auf das Jahr 1618 zurück.

Die eigene Landwirtschaft sorgt für ein breites Angebot an biodynamisch erzeugten Produkten.

Aus der Kohlkammer stammt so manches Essen für die 110 Menschen, die auf dem Hof leben.

Ein starkes Team verarbeitet die Milch zu verschiedenen ausgezeichneten Käsesorten.

## Synanon

Synanon ist eine 1971 in Berlin gegründete Selbsthilfe-Organisation, die Drogensüchtige, die sich von ihrer Sucht befreien und ein sinnvolleres Leben führen möchten, aufnimmt. Die Grundregeln der Gemeinschaft lauten: keine Drogen, keine Gewalt und kein Tabak. Keiner der in die Gemeinschaft aufgenommenen Menschen erhält Lohn. Man arbeitet und lebt nach dem Motto: »Jeder gibt, was er kann. Jeder erhält, was er braucht.«

Für Synanon ergab sich 1984 die Möglichkeit, mit Unterstützung des Landes Hessen, das letzte Gut der Stadt Kassel zu übernehmen, den Hof Fleckenbühl, einen aus der Renaissance-Zeit stammenden Gebäudekomplex mit ausgedehnten Ländereien. Im gleichen Jahr begannen 15 Leute aus Berlin den vernachläßigten Hof um- und neuzubauen. Heute bietet er etwa 90 Erwachsenen und 20 Kindern Unterkunft, Therapie- und Arbeitsmöglichkeiten. Hofverwalter Thomas Balthaus, der selbst 1987 als Drogenabhängiger auf das Gut kam, sieht die Hauptaufgabe darin, Leuten, die ein Suchtproblem haben, Hilfe anzubieten. Landwirtschaft ist dabei nur Mittel zum Zweck. Entsprechend vielseitig sind die Aktivitäten und entsprechend vielfältig die erzeugten Produkte. In Brandenburg erwarb Synanon 1991 das Gut Schmerwitz, das ebenfalls in biologisch-dynamischer Wirtschaftsweise geführt wird.

## Hof Fleckenbühl

Als Synanon 1984 den Hof übernahm, wurde ihnen nur ein Direktvermarktungskontingent von 194 000 Kilo Milch pro Jahr gewährt, um die benachbarten Bauern nicht zu benachteiligen. Immerhin ließ man ihnen damit die Möglichkeit, eine Milchkuhherde aufzubauen, zu der inzwischen 45 Tiere und Nachzucht gehören. So entfallen denn von den 133 Hektar Nutzfläche allein 38 Hektar auf Grünland und ein weiterer beträchtlicher Teil auf Futterbau. In der hofeigenen Molkerei werden diverse Milchprodukte und Käse hergestellt, darunter auch Ziegenkäse, die von einer 30köpfigen Herde stammen, der man extra einen Kletterberg anlegte. Eine Schweinemast ergänzt die artgerechte Tierhaltung. Darüber hinaus werden verschiedene Getreide und Feldgemüse kultiviert, und eine 5 Hektar große Gärtnerei liefert Feingemüse. Die Vollkornbäckerei »Café Fleck«, die in der ehemaligen Dorfbäckerei im Nachbarort untergebracht ist, stellt aus selbstangebautem Getreide eine Fülle von Backwaren her. Besucher finden in der weiträumigen Hofanlage einen außerordentlich gut bestückten Hofladen, mit Schwerpunkt auf eigenen saisonalen Produkten, sowie eine eigene Keramikwerkstatt, die überwiegend schönes Gebrauchsgeschirr herstellt. Synanon ist bestrebt, in allen Bereichen weitere Arbeitsplätze zu schaffen. An jedem letzten Samstag im Monat ist Tag der offenen Tür.

## Hof Wienecke

Für die Familie Wienecke war es nur ein kleiner Schritt, ihren Hof bei Salzkotten auf kontrolliert biologischen Anbau umzustellen, denn es wurde schon seit Jahrzehnten mit Kleegras als Vorfrucht gearbeitet. Die Familie erzeugt eine ganze Palette an Feldgemüse von Zwiebeln über Sellerie bis zu Blumenkohl und mehreren Kartoffelsorten. Ihre Spezialität sind aber Erdbeeren, die zum Selbstpflücken angeboten werden. Im schönen Hofladen vervollständigt ein Naturkostsortiment die eigene Produktpalette.

Bei den Wieneckes ist biologische Landwirtschaft Familiensache.

## Hof Schäfer

Der Hof des Ehepaars Schäfer bei Braunschweig ist ein Beispiel für einen florierenden biologischen Nebenerwerbsbetrieb. Als Albert Schäfer 1970 von seinem Vater angeboten bekam, den vom Großvater gegründeten Bauernhof zu übernehmen, winkte er ab. Er wollte Autoschlosser werden. Der Hang zur Landwirtschaft erwachte erst, als die Schäfers begannen, für den Eigenbedarf Brot zu backen und weit fahren mußten, um gutes Mehl zu erhalten. So reifte der Entschluß, selbst Getreide anzubauen, das nicht chemisch behandelt ist. 1987 folgte dann der Beitritt zum Bioland-Verband. Mittlerweile setzt das Paar auf seinen 2,5 Hektar Fläche immer mehr Kartoffeln, denn die Nachfrage wächst kontinuierlich. Zudem nahmen sie auch den früheren Spargelanbau wieder auf, den schon der Großvater ohne Einsatz von Chemie durchgeführt hatte.

## Meyer zu Theenhausen

Wenn der Hof der Familie bis ins 13. Jahrhundert zurückreicht, dann kann man sich dieser Tradition nicht einfach entziehen. Als ihre Brüder den Hof bei Bielefeld nicht übernehmen konnten, entschlossen sich Sigrid und Joachim Meyer zu Theenhausen mutig, ihren Beruf als Lehrer aufzugeben und sich mit Landwirtschaft zu befassen. Dabei war die Umstellung auf biologischen Anbau ein treibender Wunsch. Mit der Hilfe von Dietrich Block, einem gelernten Landwirt, der bereits Erfahrungen mit alternativer Wirtschaftsweise gesammelt hatte, vollzogen sie 1989 die Übernahme und Umstellung, wobei sie eine völlige Umstrukturierung des Hofes vornahmen, der ursprünglich ein reiner Getreideanbaubetrieb ohne Vieh gewesen war.
Mittlerweile besitzt der Hof eine Vielseitigkeit, die einerseits dem Wirtschaftskreislauf und der Bodenfruchtbarkeit zugute kommt und andererseits auch die Kundschaft des Hofladens und des Gemüse-Abonnements begeistert. Ein erster Schritt in diese Richtung wurde mit der Anschaffung eines Bullen und von fünf Mutterkühen, dem Grundstock für eine Rinderherde, getan. Den wenigen Tieren steht im Winter ein großzügiger Tretmiststall zur Verfügung. Der kompostierte Mist geht vor allem auf die Gemüsebeete. Denn der neuhinzugekommene Gemüseanbau hat schnell an Bedeutung gewonnen und bildet das wohl wichtigste Standbein des Hofes. Obwohl die schweren Böden im Grunde dafür weniger geeignet sind, entwickeln die übers Jahr darauf gezogenen rund 40 Gemüsesorten besonders viel Geschmack. Die 40 Hektar landwirtschaftlich nutzbarer Fläch bieten ausreichend Platz für Rotationen, die notwendig sind, um eine übermäßige Nutzung an einer Stelle zu vermeiden.
Zudem wird auf dem Hof Getreide angebaut, das zum Teil für die Saatgutvermehrung bestimmt ist. Den Überschuß verzehren Legehennen und Masthähnchen, die auf dem Gut freien Auslauf genießen. Die Hähnchen finden enormen Anklang bei den Kunden, so daß im Jahr etwa 1000 Stück mit bestem Futter aufgepäppelt werden. Doch auch die Eier der Hennen sind von hervorragender Qualität.
Die anfangs »wohlwollend skeptischen« Eltern haben mittlerweile alle Skepsis verloren und helfen tatkräftig mit, denn ein Hof mit so vielen Facetten bringt auch viel Arbeit mit sich. Doch zahlreiche Familien in Werther, Borgholzhausen und Bielefeld danken es ihnen, denn das frühere Lehrer-Ehepaar sorgt mit seinem umfassenden Angebot an vollwertigen Lebensmitteln, die auch im Abonnement erhältlich sind (s. Bd. I/232), für eine Steigerung der Lebensqualität.

Auf diesen prächtigen Bullen ist Joachim Meyer zu Theenhausen besonders stolz.

Die immer mit frischgeerntetem Gemüse gefüllten Abokisten sind eine großartige Vermarktungsform.

Auch zwei Schafe und zwei Katzen dürfen bei den Meyer zu Theenhausens das Landleben uneingeschränkt genießen.

**Hof Frey**

Bei Familie Frey geht es vorrangig um Kartoffeln, die zusammen mit Weizen, Dinkel, Roggen und Schälhafer auf dem 150 Hektar großen, südlich von Gießen gelegenen Betrieb angebaut werden. Nach einer üblen persönlichen Erfahrung mit Pflanzenschutzmitteln stellte Burkhard Frey, mit Hilfe der Fördermöglichkeiten für Extensivierung, 1987 seinen Hof um. Den Kartoffeln, die in seiner Region einen guten Ruf genießen, blieb er treu (s. Bd. I/166), wobei er sich auf die Erzeugung von Pflanzkartoffeln spezialisierte, denn gerade für sie besteht von seiten der ökologisch arbeitenden Bauernhöfe großer Bedarf. Privatkunden werden in dem von Manuela Frey geführten Naturkostladen bestens versorgt.

Viel Sinn für Gemeinschaft beweist Familie Neues-Röh.

## Marienhof Förste

Bei Osterode liegt der ehemalige Gutshof Förste, den Ruth und Jens Neues-Röh 1986 übernahmen, um ihn fortan biodynamisch zu bewirtschaften. Im Laufe der Zeit erweiterten sie die Fläche von 18 auf 90 Hektar, auf denen sie jetzt Weizen, Roggen, Möhren, Kartoffeln, Mais und Kleegras als Tierfutter anbauen. Darüber hinaus erzeugen die beiden, unterstützt von einem befreundeten Paar, einem Praktikanten, drei Lehrlingen und drei ins Familienleben integrierten Behinderten, eine breite Palette von Feingemüsen. Ein Teil der Milch, die ihre 33 Milchkühe geben, wird zu Joghurt, Quark und Frischkäse verarbeitet und eine nahegelegene Vollkornbäckerei liefert frisches Brot aus ihrem Getreide.

## Baumschule Pflanzlust

Zwischen Kassel und Paderborn züchten Ulrike Peter und Heinrich Niggemeyer in biologischem Anbau Obstbäume und Sträucher sowie Ziergehölze. Heinrich Niggemeyer bietet den Kunden zudem eine individuelle Beratung an, die bis zu Landschafts- und Gartengestaltung reicht. Zwar werden auf den 17 Hektar Ackerland auch Kartoffeln und Getreide geerntet, aber das Herz des Betriebes ist die 2 Hektar große Baumschule. 500 verschiedene Pflanzen sind im Angebot; den Schwerpunkt bilden dabei Apfel-, Birn-, Kirsch- und Zwetschgenbäume.

Mit großer Sorgfalt werden die jungen Obstbäume behandelt (s. S. 189).

Heinrich Niggemeyer bietet lieber ausgefallene Obstbäume als Gemüse an.

## St. Antoniusheim

In dem imposanten roten Backsteingebäude aus der Jahrhundertwende ist ein Heim untergebracht, das 1904 in einer Privatinitiative von den Bürgern der Stadt Fulda ins Leben gerufen wurde. Sie wollten damit lern- und geistig behinderten Kindern, Jugendlichen und Erwachsenen ein Zuhause geben, wo sie betreut und ihren Fähigkeiten entsprechend gefördert würden. Zu dem Heim gehörte von Anfang an Landwirtschaft dazu, die auch der Selbstversorgung dienen, doch in erster Linie den Behinderten eine sinnvolle Beschäftigung bieten sollte.
In den sechziger Jahren mußten sich Krankenhäuser und Heime, denen landwirtschaftliche Betriebe angeschlossen waren, aufgrund struktureller Schwierigkeiten von diesen trennen. Das St. Antoniusheim überstand diese Krise unbeschadet. Verschiedene Institutionen übertrugen ihm ihre Äcker, so daß seine Anbaufläche sich beträchtlich vergrößerte. Heute beträgt sie über 250 Hektar. Damit ist das Heim einer der größten ökologischen Höfe Hessens.
Mit Gärtnermeister Martin Günzel hielten 1986 biologische Methoden Einzug im großen Garten, in dem nicht nur Obst und Gemüse, sondern auch Beet- und Balkonpflanzen gezogen werden. Besondere Bedeutung kommt den Gewächshäusern zu, die eine Fläche von 1500 Quadratmetern überdachen und durch Doppelverglasung viel Energie sparen. Sie sind vorrangig für Tomaten, Salatgurken und andere südliche Gemüse bestimmt. Im Laufe des Jahres liefert die Gärtnerei eine Auswahl von rund 40 verschiedenen Gemüsen und Kräutern.
Peter Schottler, der für Gemüsebau und den Gartenladen zuständig ist, weist darauf hin, daß der Bio-Anbau für Behinderte ein sehr geeignetes Arbeitsfeld sei. Wenn man sich bewußt mache, daß hier für und mit Behinderten gearbeitet werde, dann sei das Weglassen von chemischen Spritz- und Düngemitteln eigentlich selbstverständlich. So blieb die gelungene Umstellung der Gärtnerei nicht ohne Folgen für den gesamten Betrieb. Bereits 1989 erhielten auch Ackerbau und Viehwirtschaft die Anerkennung. Die landwirtschaftliche Nutzfläche teilt sich dabei wie folgt auf: 100 Hektar Getreide, 10 Hektar Kartoffeln, 5 Hektar Mais, 15 Hektar Ackerbohnen und Erbsen, 20 Hektar Klee und Luzerne, 20 Hektar Brache sowie 60 Hektar Grünland.
Besonders stolz ist man auf die neue, ausgelagerte, in allen Einzelheiten ökologisch konzipierte Hofanlage mit artgerechten Stallungen für 30 Milchkühe, ihre Nachzucht und 220 Mastschweine. Der arbeitsintensive biologische Anbau hat zudem Aufgabenbereiche für 28 Behinderte geschaffen, und in der Gärtnerei können sogar 30 Betreute beschäftigt werden. Eine Bäckerei, eine Käserei, eine Metzgerei und ein Laden vervollständigen die Aktivitäten. So wird den Kunden ein beeindruckendes Angebot an eigenen Produkten, das ein streng ausgelesenes Naturkost-Sortiment abrundet, geboten.

Um die Jahrhundertwende erbaut, ist der große Bau Heim und Hof zugleich.

## Hof Kasper

Im Jahre 1986 behandelte Karl-Heinz Kasper ein Feld Zuckerrüben mit Insektizid. Durch eine kleine Verletzung am Fuß drang das Gift bis in die Lymphbahn. Mit einer schweren Vergiftung mußte er ins Krankenhaus eingeliefert werden, wo er mehrere Tage auf der Intensivstation lag. Damals faßte er den Entschluß, es in Zukunft anders zu machen und setzte sich noch während der Zwangspause mit dem konventionellen Anbau kritisch auseinander. Nach seiner Entlassung begann er, sich gezielt zu informieren und besuchte während der zwei folgenden Jahre mehrere einschlägige Lehrgänge. Den Anstoß, ihren Hof biologisch-dynamisch zu bewirtschaften, verdanken die Kaspers einem Onkel, der von Beruf Imker und zudem überzeugter Anthroposoph ist. Er legte ihnen damals Rudolf Steiners Landwirtschaftlichen Kurs ans Herz. Es folgten bald die Umstellung und 1989 die Anerkennung als Demeter-Betrieb.
Der Hof der Kaspers in der Nähe von Alsfeld – und vergleichsweise hoch gelegen – geht auf zwei getrennte Höfe zurück, die seit der Bauernbefreiung im 18. Jahrhundert bestanden. Ursprünglich nur 16 Hektar groß, wuchsen sie nach und nach zu immer stattlicherer Größe an. Als Karl-Heinz Kasper 1978 den elterlichen Hof übernahm, vereinte er ihn mit dem seiner Frau. Damals waren beide Höfe noch konventionelle Gemischtbetriebe, die hauptsächlich von Bullenmast und Milchviehhaltung lebten. Darüber hinaus wurden Zuckerrüben und Mais angebaut. Das hat sich inzwischen geändert. Die Kaspers haben sich auf Getreide und Feldgemüse verlegt und halten zudem ein Dutzend Mastschweine, 150 Hühner, Enten und Gänse. Karl-Heinz Kaspers besonderer Stolz ist aber die 60köpfige Mutterkuhherde mit ihrem prächtigen Bullen (s. Foto oben) und deren Nachzucht.

Anders als früher, als die gesamte Produktion der beiden Höfe einfach an die Genossenschaft oder den Händler geliefert wurde, müssen sich die Kaspers heute selbst vermarkten. Neben der Direktvermarktung haben sie sich nach einer Möglichkeit umgesehen, ihre Rohstoffe zu veredeln. Dabei hat sich das Backen von Brot angeboten. So richteten sie 1992 eine Backstube ein, schafften sich eine Steinmühle an und installierten einen kleinen Ofen. Seither backt Marlies Kasper – hauptsächlich auf Vorbestellung – aus gereinigtem Getreide verschiedene Brotspezialitäten.
Inzwischen ist der Hof weiter gewachsen und es werden jetzt 167 Hektar bewirtschaftet. Weitere Flächen sollen in Zukunft hinzukommen bis zur maximalen Grenze von 200 Hektar. Denn der biodynamische Anbau der Kaspers hat so manchen Zweifler überzeugt. Bauern aus der Nachbarschaft, die bisher konventionell gewirtschaftet haben, möchten den Kaspers ihre Felder verpachten oder verkaufen, wenn sie sich zur Ruhe setzen, und das obwohl es für sie finanziell attraktivere Angebote gibt.

## Gärtnerhof drunter & drüber

Was unter der Erde und über ihr wächst, das bieten Christiane Rodewald und Manfred Diesner an, deren heute 8 Hektar großer Betrieb 1986 als Wohngemeinschaft auf dem Lande und mit einer Food-Coop begann, welche die Lebensmittel bei Bauern in der Umgebung von Altenberge ein- und weiterverkaufte. Manfred Diesner, ein gelernter Gärtner, ging zunächst daran, Feingemüse auf einer Fläche, die der Größe eines Hausgartens entsprach, zu kultivieren. Heute wächst es auf zwei Morgen Freiland, während in zwei Gewächshäusern Tomaten und Auberginen, Paprika, Gurken und andere Gemüse mehr reifen. Der Gärtnerhof wird biologisch-dynamisch bewirtschaftet. Man bringt verkomposteten Mist und Pflanzenabfälle auf den Beeten aus, sorgt möglichst für ständige Bodenbedeckung durch Mulch oder Gründüngung, belebt den Boden mit Gesteinmehlen, Pflanzenjauchen und den speziellen biodynamischen Präparaten, die selbst hergestellt werden.
Die inzwischen vierköpfige Gemeinschaft bemüht sich, ein möglichst vielseitiges Angebot für ihre Kunden, die direkt auf dem Hof oder über Abonnement einkaufen, zu erzeugen. Auf dem Gelände, zu dem auch ein wenig Wald, Wildflächen, Hecken und Teiche als ökologisch wertvolle Biotope gehören, werden auch 150 Hühner und 20 Milchschafe gehalten, deren Milch in der kleinen Hofkäserei zu Joghurt, Quark und leckeren Käse weiterverarbeitet wird. Die Lämmer werden im Herbst auf Vorbestellung verkauft. Molke und Gemüseabfälle dienen als Futter für einige Angler-Sattel-Schweine und ihrer Nachzucht. Darüber hinaus hält die Gemeinschaft Gänse, damit ihre Kundschaft zu großartigen Weihnachtsbraten kommt. Das Angebot wird mit Produkten anderer Bio-Höfe aus der Umgebung abgerundet.

Kinder sind bei Heiner und Petra Hannen immer willkommen.

## Lammertzhof

Nach der Umstellung 1989 hat Heiner Hannen den Aussiedlerhof bei Kaarst in einen Vorzeigebetrieb verwandelt, der mit den Wissenschaftlern der Universität Bonn zusammenarbeitet. Von Anfang an setzte er den Schwerpunkt auf Direktvermarktung. Heute kümmert sich seine Frau Petra um Hofladen und Abonnement. Den Laden hat sie in ein richtiges Bio-Einkaufsparadies verwandelt, in dem Feinschmecker im Sommer bis zu 20 Gemüsesorten gleichzeitig erstehen können und Auswahl zwischen 45 Käsen haben. Die Hälfte ihrer 40 Hektar nutzt Heiner Hannen für Weizen, Roggen, Dinkel, Nackthafer und Nacktgerste. Die andere Hälfte, die direkt beim Hof liegt, teilt er zwischen Kartoffeln und Gemüse (s. Bd. I/175) auf, von denen er einen Teil in Folientunneln zieht. Besonders großen Anklang finden die Eier der 500 Hennen, die in großen Gehegen freien Auslauf haben.

Christiane Rodewald und Manfred Diesner sind stolz auf ihre Produkte.

**Werkhof Gärtnerei**

Die 1978 als anthroposophische Initiative gegründete Gärtnerei setzte sich zum Ziel, benachteiligten Jugendlichen und Erwachsenen zu helfen, und wurde deshalb im Dortmunder Problemstadtteil Scharnhorst angesiedelt. Sie ist Teil eines größeren Projekts, zu dem auch Werkstätten und Großküchen gehören, die mit Bio-Produkten arbeiten. Anfangs war die Gärtnerei eine reine Ausbildungsstätte. Als 1991 die Fördermittel gestrichen wurden, mußte sie sich vom Sozialbetrieb zum rentablen Wirtschaftsbetrieb wandeln. Unter der Leitung von Gartenbauingenieur Gebhard Rosmanith versucht man aber gleichzeitig, die soziale, humanitäre und ökologische Ausrichtung aufrecht zu erhalten. Ein großer Erfolg ist das Gemüse-Abonnement (s. Bd. I/232), das über 300 Haushalte beliefert.

**Hof Roddewig**

Im Osnabrücker Raum zählt Wilhelm Roddewig, der aus einer alten Züchterfamilie stammt, zu den Bio-Pionieren. Bereits 1980 stellte er sich mit seinen ersten nach Demeter-Regeln erzeugten Produkten auf den Markt der Stadt, was damals nicht nur freundliche Reaktionen hervorrief.
Zu den Erzeugnissen des Hofs gehören Rohmilch für Selbstabholer, Fleisch und Wurst von Rindern und Schweinen, Eier, Kartoffeln (s. Bd. I/167) und viele Gemüse. Das Interesse der Waldorfschulen führte zum Bau eines Landschulheims auf dem Hofgelände, wo 14tägige Landbaupraktika (s. Foto) abgehalten werden.

## Hof Meyer

Norbert Meyer, der sich schon immer von der Landwirtschaft angezogen fühlte, wandte sich schließlich von der Pädagogik ab und begann, Gemüse anzubauen. In der Nähe Bielefelds konnte er den Resthof Redecke pachten, zu dem gutes Gartenland gehörte. Mit Elan stellte er auf biologischen Anbau um, hielt auf einem Drittel Schafe, säte auf einem weiteren Drittel Klee ein, um den Boden zu stärken, und kultivierte auf dem Rest alles Gemüse, das in dieser Region wächst. Für wärmeliebende Sorten und zum Vorziehen der Pflanzen errichtete er Folientunnel (s. S. 184). Da er seine Produkte auf Wochenmärkten verkauft, hat er sich auf großen Sortenreichtum ausgerichtet. Dabei ergänzt er sein Angebot im Sommer bei Kollegen, im Winter aus dem Bio-Großhandel. Nach Ablauf des Pachtvertrags mußte er sich schweren Herzens von Redecke trennen. Er fand aber Ersatz und bleibt so seiner Kundschaft erhalten.

## Gut Haus Neuenhoven

Ursprünglich eine Wasserburg, deren Herren einst als Raubritter gefürchtet waren, befindet sich der befestigte Hof bei Grevenbroich seit 1700 in der Familie Essers. Franz-Josef Essers begann 1985 mit biologischem Anbau, als ihm chemische Spritzungen immer suspekter wurden. Der größte Teil der 30 Hektar großen Hoffläche ist dem Getreideanbau vorbehalten. Auf Wunsch der Kunden ist aber vor allem das Angebot an verschiedenen Gemüsen gewachsen, so daß der Gemüseanbau inzwischen 10 Morgen einnimmt. Die Größe des Hofes ermöglicht eine ideale Fruchtfolge, und die Gemüse wie die Salatfelder wechseln jedes Jahr. An Tieren werden nur rund 200 Hühner und einige Gänse gehalten. Zu dem Hof gehört auch ein Laden, in dem Margret Sablonski die Kunden berät und mit Rezepten versorgt.

Franz-Josef Essers kümmert sich engagiert um die Kundenbetreuung.

## Hof Bölling

Unter herrlichen hohen Eichen stehen die schönen, etwa hundert Jahre alten Backsteingebäude des Hofes Bölling bei Münster. Zum ersten Mal schriftlich erwähnt wurde er 1335 in einem Dokument, das die Abgaben verzeichnete, die er an das Haus Droste-Hülshoff zu entrichten hatte, wie die Nachbargehöfte auch. So lange reicht die Geschichte der Böllings zurück, daß die kinderlosen Geschwister, denen der Hof gehörte, es nicht verwinden wollten, daß der Name einfach ausgelöscht würde. Daher boten sie ihrem Pächter an, ihn zu adoptieren.
Seit 1978 sind Heinrich, Anneliese und Alexander Bölling auf dem Hof. Anfangs besaßen sie 24 Kühe und rund 60 Sauen. Aber das Geschäft lief nicht gut. Die Zweifel des naturverbundenen Bauern an der chemiegebundenen und zunehmend unrentablen konventionellen Landwirtschaft wurden immer größer. Schließlich schaffte er alle Tiere ab und richtete sich auf biologischen Anbau aus. Da der Hof in unmittelbarer Stadtnähe liegt und die Böllings im Direktverkauf ihre Zukunft sahen, wurden zuerst Gemüse und Kartoffeln angebaut. Zunächst war Sohn Alexander, der zur Zeit der Umstellung 1988 noch in der Lehre war, skeptisch. Aber heute ist er froh über die Umstellung.
Die Böllings verlegten sich auf Feldgemüse und stärkten den Boden durch Fruchtfolge. Insbesondere Möhren (s. Bd. I/174, 175) und Kartoffeln gediehen prächtig und fanden begeisterte Abnehmer in den Bio-Läden Münsters und im Restaurant »Mac Bio«, das damals gerade eröffnet hatte und seither ein treuer Kunde ist. Bald folgten andere Sorten wie Kohl, Porree, Sellerie und Salate. Kartoffeln und Möhren aber, die auf einer Fläche von rund 10 Hektar gedeihen, sind zu den wichtigsten Standbeinen des Hofs geworden, der über 32 Hektar eigene Fläche und weitere 10 Hektar Pachtland verfügt.
Heinrich Bölling wurde schon nach kurzer Zeit klar, daß man auch im ökologischen Bereich rationell arbeiten muß, wenn man seinen Kunden keine teuren Produkte anbieten möchte. Also rüstete er sich maschinell aus, zum Beispiel mit einer pneumatischen Sämaschine, bei der das Vereinzeln entfällt, und mit einem Gasflammgerät zur Unkrautbekämpfung.
Nachdem im Herbst 1993 der älteste Teil der Ställe abgebrannt war, beschloß die Familie, dort, wo früher der Kuhstall stand, einen Laden einzurichten. Im Laufe der Zeit bildete sich – nur durch Mundpropaganda – ein stetig wachsender Kreis von Privatkunden, die nun direkt auf dem Hof einkaufen.

Heinrich und Alexander Bölling bewirtschaften einen uralten Hof auf biologische Weise.

Rainer Fehlemann zählt zu den ersten Imkern, die ihre Stöcke im Sinne der Biodynamie pflegen.

## Imkerei am Niederrhein

In der Nähe von Geldern, auf halbem Weg zwischen Krefeld und Kleve, liegt die Imkerei von Rainer Fehlemann und Annette Braun. Die umgebende Landschaft zwischen Rhein und Maas prägen bäuerliche Milchviehwirtschaft und Ackerbau. Wiesen und Felder wechseln mit ausgedehnten Wäldern und Feuchtgebieten ab. Vor mehr als zehn Jahren begann Rainer Fehlemann hier mit der Imkerei, die er zunächst als Hobby betrieb. Das nötige praktische Wissen eignete er sich autodidaktisch an. Zwar war er stolz, als er seine Völker auf 150 Bienen vermehrt hatte, doch waren damit auch viel Streß und Arbeit verbunden. Zudem wurden zu dieser Zeit seine Völker von Varroa, einer Milbe, befallen, die parasitär auf Bienen lebt und im Endstadium der Infektion das ganze Volk tötet. Aus Unbehagen darüber, chemische Keulen einzusetzen, hoffte er auf die natürlichen Abwehrkräfte der Bienen und verlor drei Viertel seiner Völker. Als Folge begann er, sich nach alternativen Behandlungsformen umzuschauen und nahm Kontakt zu gleichgesinnten Imkern auf. Durch die intensive Beschäftigung mit den Bienen sah er in ihnen immer weniger das »Produktionsmittel« und immer mehr das »Lebewesen«. Dies führte schließlich zu der Erkenntnis, daß er die Haltung der Bienen, die Art der Völkerführung, ja die gesamte Betriebsweise ändern müsse.
Schließlich fand er eine Gruppe gleichgesinnter Imker, und ein Arbeitskreis wurde gegründet. In jahrelanger Arbeit und Auseinandersetzung mit einerseits den Bienen und andererseits der Gruppe wurden schließlich die Richtlinien für eine Bienenhaltung formuliert, die mit den Grundlagen der Biodynamie übereinstimmt. Besonders stolz ist Rainer Fehlemann darauf, zu den ersten Imkereien zu zählen, die Honig aus Demeter-Bienenhaltung verkaufen dürfen.
Heute pflegt er mit seiner Familie um die 60 Bienenvölker (s. Bd. I/260, 264). In ihren Honigsorten spiegelt sich das Pollen- und Nektarspektrum des linken Niederrheins wieder. Dennoch schmeckt der Honig jedes Standortes anders und wird getrennt abgefüllt. Durch die zusätzliche Bewirtschaftung eines Beeren- und Kräuterackers ergibt sich für die Bienen eine gute Trachtquelle und für die Beeren eine gesicherte Bestäubung. Ein Teil der Beeren wird mit Honig zu schmackhaften Aufstrichen verarbeitet, und einen Teil des geschleuderten Honigs vergärt Fehlemann zu Met. Die übrigen Beeren werden zu Dessertweinen vermostet, und aus dem Honig werden noch gesüßte Liköre hergestellt. Im Herbst werden aus dem Bienenwachs in traditioneller Weise herrlich duftende Kerzen gezogen. Die Naturkosmetikserie »apiola«, die auf einer Verschmelzung hochwertiger Bienenerzeugnisse mit Kräutern und ätherischen Ölen aus Demeter-Anbau basiert, rundet das Sortiment ab.

## Hof Kuhlendahl

Zwischen Essen und Wuppertal liegt bei Neviges ein kleines ökologisches Paradies mit sieben Bio-Höfen, darunter einer mit einem wunderschönen alten Fachwerkhaus. Dort leben Siegfried und Maria Kuhlendahl, die sich als erste in dieser Bilderbuch-Landschaft biologischem Anbau zuwandten.
Als Siegfried Kuhlendahl 1957 seine Meisterprüfung ablegte, übertrug ihm der Vater sofort die ganze Verantwortung für den Hof. Nach den kriegsbedingten Hungerjahren waren die Bauern jener Zeit bestrebt, um jeden Preis große Ernten einzufahren und machten sich das Hilfsmittel Dünger in jeglicher Form erfolgreich zunutze. Der Vater hielt nichts von dem »Zeugs«, aber der junge Landwirt folgte der Devise »Viel bringt viel« und fuhr stolz riesige Ernten ein. Nur nahm damit alsbald die Pflanzenvielfalt auf den Weiden ab. Die einseitigere Ernährung der Kühe führte zu einer Verschlechterung des Gesundheitszustandes und zu immer häufigeren Besuchen des Tierarztes. Siegfried Kuhlendahl gewann den Eindruck, daß er in eine Sackgasse hineinsteuerte, insbesondere nachdem er sich 1965 ganz auf die Milchproduktion spezialisiert hatte. Als dann die Subventionen gestrichen wurden, liefen ihm die Kosten davon, und er spürte zum ersten Mal seine Abhängigkeit von den Rahmenbedingungen, welche die Politiker vorgegeben hatten, und die Konsequenzen, die der Kreislauf von Betriebsmitteln, Kunstdünger, Pflanzenschutzmitteln und Industrie-Kraftfutter mit sich brachte. Als er von Dr. Hans Müller und seinen Methoden hörte, fuhr er spontan in die Schweiz, um von ihm zu lernen. Noch skeptisch stellten seine Frau und er 1969 die Wirtschaftsweise um. Als sich im dritten Jahr der erhoffte Erfolg zeigte, packte ihn der Ehrgeiz, wieder unabhängiger Bauer zu werden.
Ab 1981 wagten die Kuhlendahls eine immer vielfältigere Landwirtschaft mit Getreide, Feldgemüse und Kartoffeln. Im schönen Bauerngarten wachsen Küchen- und Teekräuter und eine Fülle von Feingemüsen. Insgesamt werden 66 Hektar bewirtschaftet. Dabei ist Milch bis heute das wichtigste Erzeugnis geblieben. Zu den 40 Milchkühen kommen 40 Jungtiere und ein halbes Dutzend Schweine als Resteverwerter. Mit dem Ackerbau begann das Paar auch den Direktverkauf ab Hof, zuerst im Hausflur und inzwischen im gutbestückten Hofladen. Das Vertrauensverhältnis zu den Kunden zählen sie zu ihrem größten Gewinn. Heute kann Siegfried Kuhlendahl zufrieden sein. Er ist geworden, was ihm eigentlich immer vorschwebte: ein erfolgreicher Bauer, der bewußt die alte Tradition fortführt, in der Natur, Tier und Mensch in Harmonie leben.

Im 300 Jahre alten Backhaus hinter dem Hofteich werden freitags bis zu 150 Brote gebacken.

## Hof Bonn

Für Inge und Dietmar Bonn gab die Katastrophe von Tschernobyl den letzten Ausschlag, ihren am Rande des Miehlener Grunds, nicht weit von Rhein und Loreley, gelegenen Hof, mit über 25 Hektar Ackerland und 20 Hektar Grünfläche, auf biodynamische Wirtschaftsweise umzustellen. Milcherzeugung ist ein wichtiges Standbein des Betriebes, der über 18 Kühe verfügt. Ihre rustikalen Tiere tragen alle Hörner, ohne die einer Kuh etwas im Gesicht fehle, wie Inge Bonn sagt, mit denen sie aber auch die biodynamischen Präparate herstellen. Ernährt werden die Tiere nur mit selbst erzeugtem Futter. Im Erdgeschoß des Wohnhauses sind die Schlachträume untergebracht, wo Vater Albert Bonn die Rinder fachgerecht zerlegt. Neben den tierischen Erzeugnissen bieten die Bonns Getreide und Kartoffeln an.

Drei Generationen der Bonns in Kasdorf, die auf ihrem biodynamisch bewirtschafteten Hof glücklich sind.

## Dinkel-Naturkost-Hof Planz

Hans-Willi Planz stieß bei einer Schweiz-Reise 1985 auf Dinkel (s. Bd. I/56), machte Bekanntschaft mit dessen Heilwirkungen und erkannte die Chance, die das seltene Getreide dem Füllenbacher Hof bot. Ab 1989 stellte er seinen schon um 1400 erwähnten Hof bei Bad Kreuznach mit seinen 11 Hektar Land um und richtete zudem einen Hofladen ein, wobei ihm seine kaufmännischen Kenntnisse hilfreich waren. Neben Roggen, Weizen, Hafer und Feldgemüse kam dem Dinkel schnell die größte Bedeutung zu. Man begann ihn auf die verschiedensten Weisen anzubieten – als Korn, Mehl, Grieß, Flocken, später auch als Nudeln, Suppen und Aufstrich und schließlich als Kaffee, Bier und Schnaps. Nicht zuletzt aber ließ Hans-Willi Planz aus dem Schmerz lindernden Spelz Kissen und Bettauflagen für gesundheitlich leidende Kunden fertigen, um die sich Regina Planz, eine gelernte Krankenschwester, kümmert.

Immer mit Hut und Lederjacke dabei, für Dinkel zu werben.

Hans-Willi Planz konnte den von seinen Eltern bestens geführten Hof auf Dinkelanbau spezialisieren.

## Altefelds Hof

Viele Betriebe, darunter auch Altefelds Hof im Münsterland, folgten der in den 60er Jahren aufkommenden intensiven Tiermast. Auf dem Höhepunkt der Entwicklung standen auf Altefelds Hof rund 700 Mastschweine und 120 Bullen im Stall auf Spaltenböden, denn Stroh brauchte man damals nicht mehr. Ermutigt von seiner Frau Antonia stellte Paul Altfeld den 700 Jahre alten Hof 1989 um, schaffte die Schweine ab, führte eine vielfältige Fruchtfolge ein und setzte auf Eierproduktion von biologisch genährten und gehaltenen Hühnern (s. S. 52). Die Altfelds bewirtschaften 120 Hektar und sind besonders stolz auf den zugepachteten Nordkirchener Hirschpark, wo sie seit 1993 eine Mutterkuhherde aus Charollais-Rindern aufbauen.

Nach Aufgabe der Massentierhaltung gaben Antonia und Paul Altfeld dem uralten Hof eine neue Richtung.

## Hof Blume

Wie ein Bauernhaus aus dem Bilderbuch wirkt der Hof von Gudrun und Hansdieter Blume in Bad Sassendorf. Daran hat auch der von Stauden begrenzte Bauerngarten großen Anteil, den Gudrun Blume vor dem Haus neu anlegte (s. Bd. II/162, 164). Hinter der offensichtlichen Harmonie steht nicht nur die Arbeit vieler Hände, sondern auch ein klares Konzept. Gudrun und Hansdieter Blume wuchsen beide auf Bauernhöfen auf. Er machte seinen Agraringenieur und fand eine Anstellung bei einer Versicherungsgesellschaft. Sie studierte Pädagogik und wurde Studienrätin für Biologie und Sport. Nach ihrer Heirat 1979 übernahmen sie den Hof der Großmutter und führten ihn in ihrer Freizeit weiter. Daß dies auf ökologische Weise geschah, hatte mit ihrer kritischen Wahrnehmung der Umweltentwicklung zu tun.

Nicht weniger wichtig war aber die Suche nach einer lebensfähigen Alternative für den Hof in einer Situation, die durch den Preisverfall in der Landwirtschaft seit 1956 gekennzeichnet war. Hinzu kam die Verwurzelung der Blumes in einer bäuerlichen Tradition, die das Leben auf einem Hof als eine gesunde, naturverbundene und sozial verantwortliche Einheit versteht. Eigeninitiative war gefragt, und als erstes wurde 1987 der Kellerladen eröffnet. Dann tat Gudrun Blume 1988 den entscheidenden Schritt und gab ihren Beruf als Lehrerin auf. Drei Jahre später folgte ihr Mann, und seitdem widmen sich beide ganz der Landwirtschaft. Eigentlich gehöre zum ökologischen Landbau eine Großfamilie, meint Gudrun Blume, und es gelingt ihr immer wieder, eine solche zu schaffen. Dabei bilden das Ehepaar, die Oma und die vier Kinder eine gute Basis. Dann kommen Mitarbeiter, Praktikanten, Studenten, Schüler und Aushilfskräfte hinzu. Im Sommer sitzen bis zu 22 Personen am Tisch.

Der Hof umfaßt 50 Hektar Eigenland. Weitere 45 Hektar wurden hinzugepachtet. Es handelt sich um Soester Bördeboden mit 80 Bodenpunkten, das heißt um gutes Zuckerrüben- und Weizenland. So wird denn hauptsächlich Getreide angebaut und daneben auf 8 Hektar Kartoffeln und auf 14 Hektar Zuckerrüben für Bio-Zucker. Eine wichtige Erwerbsquelle für den Hof ist die Tierhaltung. Pro Woche liefern die 1200 Hennen etwa 5000 bis 6000 Eier ans Grüne Netz nach Essen. Darüber hinaus werden Gänse (s. S. 10), Rinder und Angler-Sattel-Schweine gehalten. Geschlachtet werden ein bis zwei Schweine pro Woche (s. S. 28) und alle zwei bis drei Wochen ein Rind. (s. S. 18). Die Wurstkammer ist bestens eingerichtet (s. S. 30, 32). Im Räucherofen hängen Salamis und entbeinte Schinken. Selbstverständlich wird ohne Pökelsalz gearbeitet. Trotz großer Wursterzeugung ist Backen die Hauptaktivität des Hofes, denn pro Woche werden etwa 400 bis 500 Sauerteigbrote produziert und zusätzlich noch schmackhafte Kuchen und Torten.

Die Mitte des Bauerngartens ziert eine Sonnenuhr. Die Beete werden von Blumen und Hecken begrenzt.

Gudrun und Hansdieter Blume engagieren sich nicht nur für Hof und Familie, sondern auch in sozialen Initiativen.

Die schöne Bauernstube mit dem alten Küchenofen dient als Café, wo Kuchen und Brot serviert werden.

## Ulmenhof

Absichtlich suchten Stefan und Ute Frangen einen Hof in einer Mittelgebirgslandschaft und fanden ihn 1987 in Sarmersbach, nicht weit von Daun in der Eifel. Nach Lehre, Fachstudium und vielseitiger Praxiserfahrung kam für beide nur der biologische Anbau in Frage. Vor allem wollten sie aus ihrer Milch Kühen, auch Schafe und Ziegen halten, um daraus Käse herzustellen. In der gut ausgerüsteten Käserei steigerte Ute Frangen die Milchverarbeitung von 3000 auf über 15 000 Liter. Ihre ausgezeichneten Käse (s. S. 92) stellte Stefan Frangen mit Erfolg den guten Restaurants der Region vor. Heute haben sie eine begeisterte Kundschaft für Käse, aber auch für Fleisch, Salami und Getreide.

## Bornwiesenhof

Auf dem von Irene und Stefan Amerbacher geführten 90 Hektar großen biodynamischen Betrieb im Hunsrück stehen Kühe im Mittelpunkt. Aus ihrer Milch macht Maja Binder in der eigenen Käserei Quark und Joghurt, Frischkäse und Mozzarella, vor allem aber das bekannte halbfeste Bornwieser Möhrenlaibchen. Darüber hinaus kann man im Hofladen Fleisch, Wurst, Kartoffeln und Getreide aus eigener Erzeugung erwerben.

Stefan Amerbacher und seine Tiere auf dem mit sozialem Engagement geführten Gemeinschaftsbetrieb.

Hans Pfeffer vor der ehemaligen Mühle, in der er mit alten Turbinen Strom erzeugt.

## Bannmühle

Am Glan in Odernheim fanden Stefanie Dilling und Hans Pfeffer 1992 in einer alten Mühle die Räumlichkeiten, die sie für die Verwirklichung ihres Konzepts gesucht hatten. Auf den dazugehörigen 80 Hektar Land hatten es Hans Pfeffer, einem studierten Obstbauern, besonders die 35 Hektar Streuobstwiesen angetan. Inzwischen wird das Obst zu Säften verarbeitet (s. S. 120). Darüber hinaus haben sich die beiden eine kleine Mutterkuhherde zugelegt. Neben der Landwirtschaft ist ihnen das Tageshaus besonders wichtig, durch das andere Ideen, Philosophien und Inspirationen auf den Hof gebracht werden.

## Fellerhof

Wie eine Insel liegt der Fellerhof auf einem Hochplateau über Weinbergen und Tälern, 20 Kilometer südöstlich von Trier. Zunehmende Skepsis gegenüber intensiver Landwirtschaft mit Gifteinsatz und der Gedanke, ihren vier Kindern eine lebenswerte Umwelt zu schaffen, brachten Margreth und Johannes Portz dazu, den 100 Hektar großen Hof umzustellen. Weizen, Gerste, Hafer und Dinkel werden – mit Klee als Untersaat – angebaut und mit dem Mist der eigenen Tiere gedüngt. Zur Freude ihrer Kunden pflanzt die Familie, trotz großem Arbeitsaufwand, sechs Kartoffelsorten. Das Hauptstandbein des Hofes bildet aber die auf 45 Mutterkühen basierende Herde aus Charolais und Limousins. Daneben werden auch Legehennen und Schweine gehalten. Durch hartnäckige Vorschläge sorgten die Kunden schließlich dafür, daß ein festangestellter Metzgermeister auch noch zwei Dutzend Wurstspezialitäten herstellt.

## Hof Kreuzberg

Das fruchtbare Land in der alten Moselschleife bei Maring nutzten schon die Römer. Später gehörte das Land dem Kloster Hemmroth. Als in den 50er Jahren die Aussiedlung begann, wurde der Hof Kreuzberg am Fuße des Ortes geschaffen. Auf der Weide grasen gemächlich Mutterkühe mit ihren Kälbern. Ein prächtiger Deutsch-Angus-Bulle steht friedlich unter ihnen – ein seltener Anblick. Wer ein Stück weitergeht, entdeckt die kleine Herde von Bergschafen. Auch mit ihr läuft ein Bock. Hier wird Viehzucht auf wirklich traditionelle Weise betrieben. Die Bauernfamilie, die ihren Tieren so natürliche Lebensbedingungen gewährt, überrascht. Er ist Hochschullehrer, sie Kinderärztin. Zwar geht ihre ganze Freizeit in den Hof, doch ein Zeitvertreib ist er bestimmt nicht. Die Müller-Lindenlaufs beweisen, wie und daß ein ökologisch bewirtschafteter Hof sich tragen kann.
Sowohl Uta wie Hans-Günther Müller-Lindenlauf stammen aus bäuerlichen Familien und wurden – obwohl schon die Väter studierten – auf dem Dorf groß. Deshalb zog es sie zurück aufs Land. Ursprünglich suchten sie nur ein größeres Grundstück, doch dann stießen sie auf den Hof, den sie 1984 übernahmen. Schon bald stellten sich erste Bedenken gegen das Spritzen ein. Als sie Zeuge wurden, wie eine Katze an einem als ungiftig bezeichneten Mittel erbärmlich verendete, entschlossen sie sich zu ökologischem Anbau. Ihre Wahl fiel auf Demeter und damit auf die Kreislaufwirtschaft. Sie begannen, Vieh anzuschaffen – eine kleine Mutterkuhherde, Schweine und Schafe. Alle Tiere, ob Rinder, Schafe oder Schweine, werden draußen in Weideschuppen gehalten. Dort wird reichlich Stroh eingestreut, so daß sie auf Festmist liegen, der unten gärt und wie eine Fußbodenheizung wirkt. Die Rinder erhalten zusätzlich nur Heu. Viele Flächen wurden auf Grünland umgestellt und nur 8 Hektar Getreide blieben übrig. Die Müller-Lindenlaufs reinigen Weizen und Roggen selbst scharf aus und liefern sie an Vertragsmühlen. Die sehr extensive Wirtschaftsweise ermöglicht ihnen, den Hof in der Freizeit zu führen.
Dem Betrieb kommt jedoch noch eine andere Rolle zu. Uta Müller-Lindenlauf, niedergelassene Kinderärztin mit Fachbereich Kinder- und Jugendpsychologie, bezieht den Hof streckenweise in ihre Therapie mit ein. Der Kontakt mit den Tieren führt bei Kindern, an die man nur schwer herankommt, dazu, daß sie sich mit der Zeit öffnen und zugänglich werden. Ein ökologisch geführter Bauernhof mit seinen gesunden Tieren eignet sich dafür am besten.

Hans-Günther Müller-Lindenlauf schuf mit Weideschuppenhaltung einen funktionierenden Öko-Hof.

Oft helfen die Tiere der Kinderärztin Uta Müller-Lindenlauf, Zugang zu schwierigen Patienten zu finden.

### Dr. Hüsgen: Der Gärtnerhof – Schwerpunkt regionaler Selbstversorgung

»Der Gärtnerhof als (regionale) Selbstversorgergemeinschaft ist eine Herausforderung gegen die gegenwärtige, von vielen Menschen nicht mehr ertragbare Abhängigkeit von zentralistisch gesteuerten anonymen Industrien und Bürokratien. Selbst die Verfügbarkeit und Verantwortung für die eigene Gesundheit und Ernährung haben riesige Lebensmittelkonzerne dem Menschen immer mehr abgenommen.
Die zunehmenden Lebensmittelskandale, die Toterhitzung der Lebensmittel und dubiose, nicht kontrollierbare Zusatzstoffe fördern deshalb eine Gegenbewegung, die sich mit der fortschreitenden Überspezialisierung, Entfremdung und Unüberschaubarkeit der eigenen Lebensumwelt nicht mehr abfinden will. …die Aufhebung dieser Entfremdung … ist am einfachsten immer noch in der überschaubaren Harmonie des eigenen Gartens zu erreichen. Darüber hinaus ist der Gesundheitswert der eigenen Gartenerzeugnisse gegenüber der nicht kontrollierbaren Nahrung heute unbestritten.
… Trotz aller Fortschritte und Annehmlichkeiten, die nicht geleugnet werden sollten, geht das Industriezeitalter zugrunde, weil die Zusammenhänge und die Durchsetzung einer notwendigen Harmonie von Ökologie, Ökonomie und entsprechendem sozialen Verhalten nicht gesehen wurde.
… Was machen wir mit Arbeitslosigkeit und der wachsenden Freizeit? … Entweder – wie das heute leider immer noch geschieht – wir machen den Menschen zu einem Objekt der öffentlichen, bald nicht mehr bezahlbaren Wohlfahrtseinrichtungen und der wachsenden Freizeitindustrie – oder wir machen aus dem jetzigen fast nur konsumorientierten Kleinhaushalt einen weitgehend selbstverantwortlichen und sich selbst versorgenden Haushalt … Das besagt nicht Ausstieg, sondern Einstieg in eine naturgemäßere und damit auch menschlichere Technik und Lebensweise … Es werden deshalb immer mehr produktive Tätigkeiten – wie eigene Energieversorgung durch Wind und Sonne ... – im eigenen Haushaltsbereich möglich werden. Die neuen dezentralen Möglichkeiten werden die bisherige zentrale Versorgung sowohl aus ökologischen als auch ökonomischen Gründen überflüssig machen – und das unter Einbeziehung von möglichst vielen Gärtnerhöfen innerhalb von Öko-Dörfern und Öko-Gemeinschaften …
Denn die ökologische Revolution beginnt im eigenen wieder naturgerechten produktiven Haushalt und in überschaubaren, weitgehend selbstverantwortlichen Regionen. Jeder kann sich ausmalen, was eine solche Revolution in Gang setzen wird. Sie entwickelt sich jenseits von Kapitalismus und sogenanntem Sozialismus. Sie ist im wahrhaften Sinne sozial, weil jede Art von Ausbeutung sich dann schnell als das erweist, was nicht mehr sein darf, die Ausbeutung von Boden, Pflanzen, Tieren und Mensch. Mensch und Natur wären dann wieder eins.«

Auszüge aus einem Vortrag von Dr. Helmut Hüsgen, einem der Vordenker der ökologischen Bewegung.

Wolfgang Simons mit seinem köstlichen, selbstgepreßten Saft

### Obstbaubetrieb Simons

Wolfgang Simons, gelernter Techniker im Garten- und Landschaftsbau, übernahm zusammen mit seiner Frau Edith 1983 den elterlichen Obstbaubetrieb. Die beiden stellten den Betrieb um und installierten gleichzeitig eine Safterei. Über die Jahre erweiterten sie nicht nur das Sortiment an Apfelsorten und Sauerkirschen, sondern pflanzten auch Pflaumen, Erdbeeren, Kiwis, Heidelbeeren und Wildobst. Schließlich legten sie sich noch eine kleine Mutterkuhherde und zwei Milchkühe zu. Inzwischen bieten sie auch Reiterferien und Kochkurse an und haben mit Kollegen eine Abokiste initiiert.

### Bio-Gärtnerei Hüsgen

Der Agraringenieur Helmut Hüsgen, der »knallhart chemistisch« aufwuchs, engagierte sich früh in Umweltbewegung und Bürger-initiativen. Nicht selten wurden von diesen die Bauern angegriffen, ohne daß ihnen eine funktionierende Alternative gezeigt werden konnte. Um ein Beispiel zu geben, entschloß sich Dr. Hüsgen 1979, eine Bio-Gärtnerei aufzubauen. Der 7 Hektar große Betrieb in Hennef, der von seinen Kindern geführt wird, verkauft hervorragendes Gemüse und bietet in Süchterscheid auch einen faszinierenden Demonstrationsgarten.

## Hof Ostendorff

Während das Rauschen der Autobahn im Ohr bleibt, bieten die friedlich unter Obstbäumen grasenden Kühe einen idyllischen Anblick. Daß plötzlich große Flecken in Wiesen einsinken, an Gebäuden Schäden durch eingestürzte Stollen entstehen, ist in Bergkamen, einst Europas größte Bergbaustadt, keine Seltenheit. Die Stadtrandlage, die Nähe der Autobahn und eine Landschaft, die den Belastungen von Bergbau und Chemie ausgesetzt ist, machen eine Hofbewirtschaftung nach biologischen Gesichtspunkten schwierig. Um in einer solchen Problemlage, Felder und Wiesen ökologisch zu bearbeiten, braucht es den Mut und die Zivilcourage, die Ulrike und Friedrich Ostendorff haben.

Seit 500 Jahren besteht der Ostendorffsche Hof. Gleich nach ihrer Landwirtschaftsprüfung 1983 schaffte Ulrike Ostendorff fünf Milchkühe an. Der erste Schritt weg vom Mastbetrieb und hin zur Umstellung kam gerade noch rechtzeitig, um eine Milchquote zu erhalten. Für die Milch der nun 30 Kühe hat sie eine beispielgebende Molkerei eingerichtet. Neben dem Anbau von Roggen, Weizen, Grünkern und Feldfrüchten kümmert sich Friedrich Ostendorff um artgerechte, umweltschonende Nutztierhaltung, die der Neuland-Verein fördert, zu dessen Gründungsmitgliedern er zählt. Auf seinem eigenen Hof schuf er wegweisende Beispiele von artgerechten Kuh- und Schweineställen. Wurstwaren und Fleisch zählen zu den Spezialitäten des 30 Hektar großen Hofes.

Im Hofladen »Himmel und Erde« finden die Kunden ein breitgefächertes Angebot.

Friedrich Ostendorff kultiviert auf dem Ackerland Getreide, Viehfutter, Kartoffeln und Feldgemüse.

## Hof Breitenstein

Hoch über dem Neckartal bei Eberbach liegt Hof Breitenstein. Auf Drängen einer Bürgerinitiative erwarb die Stadt den kleinen Betrieb, damit die Natur in ihrem Erholungsgebiet respektiert würde. Als Pächter fanden sich Hiltrut Rein und Hans Lubig, die schon immer davon geträumt hatten, einen Hof zu bewirtschaften und es nun mit einem großen Herzen für Tiere und Natur tun.

Wie ein kleines Paradies wirkt der Hof mit seinen Obstwiesen, Kühen, Kälbern, Hühnern (s. S. 55) sowie Katzen und Hunden. Auf den kargen Böden werden Möhren und Kartoffeln gezogen. Besonders stolz ist Hans Lubig auf die Weiden mit der neuen großen Vielfalt an Gräsern, die hervorragendes Heu liefern. Seinen Kunden bietet der biodynamische Nebenerwerbsbetrieb Gemüse und Fleisch auf Vorbestellung.

Für Hans Lubig ist mit dem kleinen Bio-Hof ein Traum wahr geworden.

## Kastanienhof

Das Interesse an der Anthroposophie brachte Dieter und Margot Palmen-Althaus dazu, ihren 48 Hektar großen Hof im hessischen Birstein, den Margot Palmen-Althaus in den 70er Jahren erworben hatte, 1990 auf die Demeter-Methode umzustellen. Den Schwerpunkt bildet die Viehwirtschaft. Dieter Althaus beteiligt sich an einem Zuchtprogramm, das zum Ziel hat, eine alte Rinderrasse aus dem Vogelsbergkreis zu erhalten. Neben den Mutterkühen gibt es fünf Milchkühe, deren Milch in der Hofkäserei zu verschiedenen halbfesten Schnittkäse (s. S. 94) sowie Quark, Joghurt und Butter veredelt wird. Auf zehn Hektar werden zudem Roggen und Dinkel als Brotgetreide, aber auch Hafer, Gerste und anderes Tierfutter angebaut. Um notwendige Veränderungen durchführen zu können, gewähren die Kunden dem Hof Privatkredite, die in Käse zurückgezahlt werden – eine Dividende, die viel Anklang findet.

## Gestüt Sickinger Höhe

Auf den ersten Blick sieht der 200 Jahre alte Pfälzer Hof wie ein ganz gewöhnlicher Milchbetrieb aus. Doch das Stallgebäude mit Liegeboxen und Melkstand dient einer besonderen Spezialität. Hier melkt Tierarzt Ernst Guth, der den elterlichen Hof übernahm und auf ökologischen Anbau umstellte, Haflinger-Stuten. Seine Herde umfaßt 80 Pferde, die das ganze Jahr über draußen weiden. Damit die Fohlen von der kostbaren Milch noch etwas übrig lassen, werden sie nachts von den Stuten getrennt. Ihre Milch besitzt Heilwirkungen, ob frisch getrunken oder zu Kumyß, dem berühmten Mongolentrank, vergoren (s. S. 96). Insbesondere bei Schuppenflechte, Neurodermitis und Ekzemen werden Erfolge festgestellt. Dr. Guth berät seine Kunden eingehend, was die Anwendung der Milch betrifft, die im übrigen auch zu Kosmetika verarbeitet wird.

Die zahlreichen Auszeichnungen des Gestüts zieren die Stalltür.

Familie Mayer mit ihren fünf Kindern, Helfern und acht Behinderten bilden eine beispielhafte Gemeinschaft.

## Neukahlenberger Hof

Anfang der 80er Jahre wollte Haus Sonne, eine 1954 gegründete Institution für pflegebedürftige Kinder und Erwachsene, die bisherigen Werkstätten um einen landwirtschaftlichen Betrieb erweitern, um zusätzliche Plätze für Erwachsene zu schaffen. Mit dieser Aufgabe betraute man Georg Mayer und seine Frau Gislinde, die beide zuvor auf einem Versuchsgut der Universität Hohenheim auf der Schwäbischen Alb gearbeitet hatten. Georg Mayer ist ein überzeugter Biodynamiker, denn bereits seine Großeltern, die eine Mühle hatten, waren Anhänger von Rudolf Steiner. Heute beschäftigt das Paar acht Behinderte, die besonders gern im Stall arbeiten und den Kontakt zu den 20 Milchkühen und ihrem Nachwuchs suchen. Schwerpunkt ist das von Gislinde hergestellte Käsesortiment, das von Weich- bis Hartkäse reicht.

## Staatsdomäne Mechtildshausen

Die Ursprünge der Domäne reichen weit über 1000 Jahre zurück. Sie diente einst den deutschen Kaisern als Versorgungsgut. Nach manchem Hinundher zwischen Adel und Kirche ging Mechtildshausen im 19. Jahrhundert mit der Gründung Hessens in den Besitz des Landes über. Nach dem Zweiten Weltkrieg wurde die Hälfte des riesigen Guts für die amerikanische Air Base in Wiesbaden abgezweigt. Ende des letzten Jahrhunderts wurde die Domäne an eine Familie verpachtet, die es nur für Ackerwirtschaft, Pferdezucht und -pension nutzte. Diese Tradition wird noch heute mit 85 Pferden aufrechterhalten. Doch das Gut machte ab 1987, als der Pachtvertrag ablief, eine Revolution durch. Drei Jahre zuvor war die Wiesbadener Jugendwerkstatt WJW ins Leben gerufen worden, die sich zum Ziel gesetzt hat, benachteiligte Jugendliche technisch oder handwerklich auszubilden. Der Hof bot die Chance, dieses Spektrum um den landwirtschaftlichen und gärtnerischen Bereich zu erweitern. Heute arbeiten – neben dem 35köpfigen Stammpersonal – 170 Langzeitarbeitslose und Sozialhilfeempfänger auf der Domäne, und 65 Ausbildungs- und Umschulungsplätze sind besetzt – Maurer und Maler, die die Gebäude instand halten oder erweitern, eingerechnet. Im Zuge der allerersten rot-grünen Koalition wurde zudem beschlossen, das Gut ökologisch zu führen.
Der Direktor der Domäne, Agraringenieur Horst Freund, erinnert sich, daß die Landschaft hier vor der Umstellung »völlig ausgeräumt« war. Das hat sich sichtlich geändert. Hecken und Obstanlagen wurden gepflanzt, und für die 185 Hektar Ackerland führte man eine siebenjährige Fruchtfolge ein, deren Zyklus immer mit zwei Jahren Klee oder Luzerne für die Rinder beginnt, gefolgt von zwei Jahren Getreide und einem Jahr Hackfrüchte wie Kartoffeln, woran sich wieder zwei Jahre Getreide oder Futtererbsen anschließen. Auch begann man wieder mit

Hans-Jürgen und Iris Wolf mit den Mitarbeitern des Gästehauses der Domäne.

Viehhaltung. Eine Mutterkuhherde machte den Anfang. Denn Rinder, die natürlichen Dünger liefern, sind für den biologischen Kreislauf unerläßlich. Auf Mechtildshausen entschied man sich bewußt für die reinrassigen Charolais (s. S. 16) aus dem Burgund, die für ihre hervorragende Fleischqualität berühmt sind. Heute zählt die Herde, die im Freien grast oder in einem Freilaufstall untergebracht ist, 200 Tiere.
Geschäftsführer Jörg Bourgett und sein Team schlugen damit gleich zu Beginn einen auf exquisite Qualität ausgerichteten Weg ein. Davon zeugt auch die Zucht der hochklassigen französischen Bresse-Hühner (s. S. 44–48). Beim Aufbau der Schweinezucht griff man dagegen lieber auf alte deutsche Rassen zurück und kaufte Angler-Sattel- und Schwäbisch-Hällische Schweine. Die Tiere können frei zwischen Stall und Auslauf wählen und zeigen, daß Schweine ausgesprochen sauber sind.

Neben Ackerbau und Viehzucht entwickelte das Gut Garten- und Obstbau. Im Freiland gedeihen auf 25 000 Quadratmetern alle erdenklichen einheimischen Gemüse. Die Gewächshäuser, die zusätzliche 4000 Quadratmeter überdachen, sind wärmebedürftigeren Sorten vorbehalten und liefern Tomaten, Gurken, mediterrane Gemüse, Frühsalate und anderes. Mehrere Apfel-, Birnen-, Steinobst- und Beerensorten kommen aus der Obstanlage.
Schon im Herbst 1988 tat das Gut den ersten Schritt zur Selbstvermarktung. Auf dem Wiesbadener Wochenmarkt baute man einen Stand auf und offerierte die ersten Gemüse und schokoladenbraunen Eier. Seither auf dem Markt vertreten, sind die Eier ein beständiger Hit. Sie stammen von den schwarzen Maran-Hühnern aus der Normandie, auf die Jörg Bourgett bei seiner Suche nach besonderer Qualität gestoßen war. Die rustikalen Vögel akklimatisierten sich gut und sind den sonst – auch in der biologischen Landwirtschaft – üblichen degenerierten Hybriden bei weitem überlegen. Was den Mechtildshausenern nicht gefällt, ist ihre Abhängigkeit vom normannischen Züchter. Deshalb gaben sie der Universität Halle den Forschungsauftrag, ein Huhn zu züchten, das den Ansprüchen eines biodynamischen Hofes gerecht wird. Gewünschte Eierfarbe wie gehabt: Schokoladenbraun. Damit möchte man nicht nur sich, sondern auch dem biologischen Landbau allgemein einen Dienst erweisen.
Der Hofladen bietet neben einer Fülle an Gemüse- und Obstsorten auch Wurstwaren aus eigener Produktion an. Schon früh setzte man auf eigene Veredelung, um dadurch weitere Ausbildungs- und Arbeitsplätze zu schaffen. Eine eigene Schlachtstelle sorgt nun für ein breites Spektrum an Fleisch, Wurstwaren und Schinken. Ebenso liefert die

Viel Aufmerksamkeit widmen die Gärtner der Hofanlage, zur Freude der zahlreichen Besucher.

Hofbäckerei eine Vielfalt an Broten sowie köstlichen Kuchen und Torten. Das Sortiment des Ladens wird mit Vorzugsmilch, Joghurt, Quark, Frischkäse und Butter abgerundet. Die Milchkuhherde ist noch jung. Aber die Montbéliarde-Kühe aus der Franche-Comté versprechen, in Zukunft Milch nicht nur in ausreichender Menge, sondern auch in einer Qualität zu liefern, die sich besonders für Käse eignet, so daß bald Weich- und Hartkäse folgen dürften.

Der eigentliche Clou der Domäne ist jedoch das gemütlich-gediegene Gästehaus mit dem behaglichen Restaurant, das von dem erfahrenen Hans-Jürgen Wolf und seiner Frau Iris geleitet wird. Im Restaurant werden Produkte des Guts auf einer noch höheren Ebene veredelt. Damit wurde bewußt der Schritt unternommen, Bio-Produkte aus der etwas »verstaubten Körnerecke« herauszuholen und ihnen ein neues Image zu geben. Die beiden Köche, Andreas Willius und Andreas Weihmann, beide an berühmten Herden geschult, gehen mit großer Motivation ans Werk (s. S. 36). Schließlich ist ihnen die Hauptsorge ihrer Kollegen, nämlich die Suche nach erstklassigen Grundprodukten, abgenommen. Ständig gleicht das dynamische Team die Speisekarte an die von der Saison bescherten Zutaten an. Ihr Hauptakzent liegt dabei auf Rind-, Kalbs- und Schweinefleisch (s. S. 20, 21). Höhepunkte liefert die Geflügelzucht, die um Tauben und Wachteln erweitert wurde. Wenn Besucher ihren Ausflug nach Mechtildshausen mit dem »Besten von der Ente« (s. S. 49) krönen, werden sie zwangsläufig davon überzeugt, daß biologische Landwirtschaft unvergleichliche Genüsse zu bieten vermag.

Der Schlachtermeister hat seltene Spezialitäten zu bieten, ob Wurst, Schinken, Geflügel oder Fleisch.

Die bestens gehaltenen Charolais-Rinder sind für ihr ausgezeichnetes Fleisch berühmt.

Direktor Horst Freund prüft die Reife der Beeren in den ausgedehnten Obstanlagen.

Kindern wie Simon Dörr bietet das Landleben vielfältigen Spaß und unbezahlbaren Zugang zur Natur.

## Hof Fischbach

Über dem in einem Tal im Taunus malerisch gelegenen Dorf Fischbach erhebt sich der Hof, den Klaus und Christel Dörr zusammen mit der Agraringenieurin Uta Müller gemeinsam betreiben. Nach einem Aufenthalt in der Toskana, wo sie einen Pachtbetrieb bewirtschaftet hatten, zog es die Dörrs zurück nach Deutschland. Als sie den Hof 1984 entdeckten, wagten sie das Unmögliche. Sie übernahmen einen unrentablen Betrieb mit schlechten Bedingungen und stellten ihn auf biologischen Anbau um. Auf den 70 Hektar begannen sie, eine Mutterkuhherde aufzubauen, die inzwischen aus fast 100 Tieren der Rasse Roter Deutscher Angus besteht.

Um den Hof rentabel zu machen, kam Klaus Dörr auf die Idee (s. Bd. I/40), Getreide anzubauen, das er einerseits als Stroh für den Tretmiststall nutzen kann und andererseits selbst veredelt. Dafür errichtete er ein prächtiges neues Backhaus und stellte Bäckermeister Hanns-Joachim Henrich (s. Bd. I/39) ein. Die Dörrs gründeten nicht nur einen Laden auf dem Hof, sondern gingen einen Schritt weiter und eröffneten in Wiesbaden den »Hofladen 26«. In den beiden Läden setzen sie inzwischen vier Fünftel ihrer Erzeugnisse ab.
Ihre wichtigsten Produkte sind Rindfleisch, Wurst und natürlich die ausgezeichneten Backwaren. Ihr Angebot ergänzen sie durch hochwertige internationale Spezialitäten.

Horst Nagel und Sohn Thorsten sortieren Äpfel aus, denn den Pflanzenschutz überlassen sie den Vögeln.

## Obstbaubetrieb Hofmann und Nagel

Dagmar Hofmann und Thorsten Nagel verfügen wohl über den kleinsten Bio-Betrieb in Hessen. Dennoch reicht die Ernte der beiden Obstgärten, um gesunde und wohlschmeckende Früchte an Freunde, einen kleinen Kundenstamm und an andere Betriebe zu verkaufen. Die Äpfel-, Birn- und Kirschbäume wurden überwiegend vom Großvater Philipp Puth gepflanzt, der 1984 die Anerkennung als biologisch-organischer Betrieb beantragte und erhielt. Er überschrieb das Junkernwäldchen und das Dritte Gewann 1991 seinen Enkeln Dagmar Hofmann und Thorsten Nagel, die sich gemeinsam und mit ökologischem Engagement darum kümmern. Das Schädlingsproblem überläßt man zum Beispiel den Vögeln. Da der Apfelacker, der mit etwa 40 verschiedenen Apfelsorten bepflanzt ist, nah am Wald liegt, sorgen sie für einwandfreie Früchte. Was nicht als Frischobst (s. Bd. I/87) gegessen oder abgegeben wird, findet zwei Bestimmungen. Zum einen macht Dagmar Hofmann daraus Saft, zum anderen keltert Thorstens Vater Horst Nagel daraus vorzüglichen Apfelwein (s. S. 122). Wenn alle zwei Jahre die Ernte besonders reichlich ausfällt, bietet sich die Gelegenheit, die alten Brennrechte des Wetteraukreises zu nutzen und Schnaps zu destillieren.

Übrigens kann man bei den beiden auch einen Süß- oder Sauerkirschbaum pachten und sich den Spaß einer eigenen Ernte gönnen.

Rainer Eymann begleitet jeden Wein mit seinen wichtigsten Instrumenten: Pipette und Probierglas.

## Weingut Rainer Eymann

In Gönnheim, im Regenschatten des Haardtgebirges, pflanzten schon die Römer Wein. Die Eymanns, deren Familiengeschichte sich bis auf einen im Jahre 1350 erwähnten Lehnshof Toreye zurückverfolgen läßt, betreiben seit gut 300 Jahren Weinbau in der Vorderpfalz. Mit Rainer Eymann und seiner Frau Ingeborg nahm das Familiengut einen neuen Aufschwung und wuchs von 7 auf 17 Hektar an. Seit 1982 arbeitet Rainer Eymann nach biologischen Prinzipien. Seine Sichtweise geht über den Verzicht auf chemische Mittel im Weinberg weit hinaus (s. S. 130,134). Mit Gründüngung, Komposten und Gesteinmehlen stellte er natürliches Bodenleben und Bodenfruchtbarkeit wieder her. Aber er sorgte auch mit Anpflanzungen von Hecken, Sträuchern und Bäumen für Artenschutz und Landschaftspflege. Seine umfassende Arbeitsweise, die sich im Keller mit Intuition und Präzision paart (s. S. 138, 139), spiegelte sich immer stärker in den Weinen wieder. Ob die vier Rot- oder die siebzehn Weißweine, sie gewannen mehr und mehr an Ausdruck und Eigenständigkeit. Daraus entstand die anspruchsvolle Spitzenauswahl »Toreye«. Doch auch Regent oder Muskateller-Sekt, Scheurebe oder Gewürztraminer beweisen seine Kunst. Die Eymanns sind aber nicht nur hervorragende Winzer, sondern auch herzliche Gastgeber, ob in ihrer gemütlichen Weinstube oder im Sommer im schönen, üppig grünen Innenhof.

Durch Abreiben bilden Hart- und Schnittkäse ihre natürliche Rinde.

## Dottenfelder Hof

Zum ersten Mal wurde der Dottenfelder Hof urkundlich im Jahre 976 erwähnt, als ihn Kaiser Otto II. dem Kloster Worms zum Lehen gab. Er ging nach der Säkularisation 1803 in das Eigentum der Landgrafen von Hessen über. Von 1888 bis 1968 war er an die Familie Wittmer verpachtet. Unter Gerdy Albert, geb. Wittmer, und Mitpächter Ernst Becker wurde er ab 1948 biologisch-dynamisch bewirtschaftet. Die Nachfolge haben mit Ernst Becker die Landwirte Dietrich Bauer, Knut Brandau, Johannes Klein und Manfred Klett angetreten. Mittlerweile leben über 30 Mitarbeiter auf dem Betrieb, für den die 1981 gegründete Landwirtschaftsgemeinschaft Dottenfelder Hof verantwortlich zeichnet. In ihr haben sich die beteiligten Landwirte, Mitarbeiter, Kunden und Freunde zusammengeschlossen und Kapital eingebracht. Ihre Mitgliederzahl ist inzwischen auf weit über 150 angewachsen.
Alle Bereiche der Landwirtschaft sind auf dem Hof vertreten. Die vorbildlich gehaltene 80köpfige schwarzbunte Milchkuhherde wurde bereits 1945 in eine Zuchtherde umgewandelt. Die Milch wird selbst zu verschiedenen Produkten und Käsen (s. S. 90, 93) verarbeitet, darunter zu einem ausgezeichneten Camembert (s. S. 95). Aber auch Getreide, Feld- und Feingemüse, eigenes Saatgut und Obst sowie Brot, Fleisch, Wurstwaren und Eier werden erzeugt. Seit Jahrzehnten setzt der Dottenfelder Hof Maßstäbe für biologischen Anbau und Veredelung.

## Hof Lang

Wenn Sie in Rodenbach bei Kaiserslautern ein Pferdegespann auf dem Acker sehen, das von einem jungen Bauern geführt wird, dann können Sie sicher sein, daß es sich um Gerd Lang handelt. Nachdem er zunächst den modernen EG-Agrarweg mit aller Dynamik ging, den elterlichen Hof von 40 auf 120 Hektar vergrößerte, mit Monokultur und kräftigen Chemiedosen hantierte, sah er immer krasser, welche Folgen dies heraufbeschwor: Zunahme der Krankheiten und immer größere finanzielle und bürokratische Abhängigkeiten. Die Katastrophe von Tschernobyl löste bei ihm und seiner Frau Waltraut, einer Ärztin, tiefes Nachdenken aus, und 1987 zog das Paar, gemeinsam mit seinen Eltern, die Konsequenz. Mit vielfältiger Fruchtfolge brachte Gerd Lang wieder Leben in die Böden, reduzierte die Fläche, schaffte schließlich die Milchkühe ab und eine Mutterkuhherde an. Für diese baute er 1991 außerhalb des Ortes einen artgerechten Offenlaufstall mit eigenem Schlachtraum. Jetzt bewirtschaftet die Familie 95 Hektar, davon jeweils etwa die Hälfte Grün- und Ackerland. Im Hofladen gibt es außer eigenen Getreiden wie Dinkel, Weizen, Roggen, Hafer auch Rind- und Schweinefleisch, Wurstwaren und Eier sowie ein attraktives Naturkostsortiment.

Dieser prächtige Angus-Bulle genießt den größten Teil des Jahres die weiten Weideflächen der Familie Lang.

Mit Humor und viel Arbeit, doch lieber Bauer als Lehrer.

Nur mit Erichs engagierter Hilfe läßt sich der große Gemischtbetrieb erfolgreich führen.

## Hof Bogenschütz

Am liebsten zeigt Maximilian Bogenschütz die Benjes-Hecke. Dazu hatte er 1991 am Rande des Feldes einfach Baumschnitt aller Art ausgebreitet. Inzwischen wachsen dort neue Bäume, Büsche und Stauden – ein kleines Wunder an Vielfalt. Als sich 1981 zeigte, daß der Hof in Sumpfohren bei Donaueschingen entweder noch intensiver bewirtschaftet werden mußte, um rentabel zu bleiben, oder man es völlig anders machen mußte, entschieden sich sein Vater und er dafür, lieber wieder am Beispiel ihrer Vorfahren anzuknüpfen und stellten um. 1993 gab Maximilian Bogenschütz seinen Beruf als Grundschullehrer auf. Ihm war es wichtiger geworden, als Bauer, der einen 80 Hektar großen Betrieb erfolgreich nach biodynamischen Prinzipien führt, ein Beispiel zu geben. Dabei helfen ihm seine Frau Elisabeth und Erich, seine rechte Hand. Ihr Hof, zu dem 50 Hektar Grünland und 30 Hektar Ackerland gehören, ist ein klassischer Gemischtbetrieb mit 45 Milchkühen und Nachzucht. Dinkel ist mit 10 Hektar die wichtigste Kultur. Auf je 2 Hektar werden Roggen und Weizen angebaut und 6 Hektar sind für Hackfrüchte – Kartoffeln, rote Bete, Möhren und Futterrüben – reserviert. Beim Umbau des alten Hofgebäudes wurde eine Käseküche eingerichtet. Daneben ist Rindfleisch das gefragteste Produkt, das Maximilian Bogenschütz selbst zuschneidet und zu Wurst verarbeitet.

Mit Mut und Einfallsreichtum bauen Walter Kress und zehn Mitarbeiter Landmaschinen für Bio-Bauern.

## Haaghof

Als die Familie Kress 1959 aus Gochsen aussiedelte, wo sie seit dem 16. Jahrhundert lebte, baute sie zwar einen tiergerechten Tieflaufstall, verlegte sich aber auf Schweine- und Bullenmast. Die Massenaufzucht gefiel Gottheld Kress wenig und ab 1982 begann er umzustellen. Sein Sohn, Walter Kress, arbeitete damals bei Daimler. Er entwickelte Maschinen, die Bio-Bauern insbesondere im Gemüsebau helfen, dem Unkraut ohne Chemie Herr zu werden. Nach ersten Erfolgen machte sich Walter Kress 1985 selbständig. Inzwischen baut die Firma Kress & Co hauptsächlich Pflegemaschinen für Gemüsebau. Die technischen Neuerungen kamen auch auf dem Haaghof zum Einsatz, wo Walter Kress neue Konstruktionen erprobte und Interessenten vorführte.
Die 17 Hektar Ackerfläche werden hauptsächlich für den Anbau von Getreide, mit dem Bio-Bäckereien beliefert werden, und von Eiweißfutter für extensive Schweine- und Hühnerhaltung genutzt. Daneben werden noch ein Hektar mit Kartoffeln sowie ein weiterer Hektar mit Kraut und Möhren bepflanzt. Seit Walter Kress 1993 den Haaghof übernahm, fügt er sich in eine vielschichtige und bewußte bäuerliche Lebensweise, zu der auch die Arbeit seiner Frau Marliese als Landhebamme gehört.

Bernhard Stockmeyer legt Wert auf eine gute Öko-Bilanz.

Annette Bürkle machte in Südfrankreich ihren Schäfermeister.

Auf dem schönen Hof der aus dem 11. Jahrhundert stammenden Maisenburg werden Ziegen gezüchtet.

## Maisenburg

Allein die Landschaft lohnt einen Ausflug zur Maisenburg. Sie erhebt sich auf 620 m Höhe über dem reizvollen Großen Lautertal in der Schwäbischen Alb. Unauslöschliche Eindrücke von intakter, naturverbundener Landwirtschaft aus seiner Kindheit brachten den jetzigen Pächter Bernhard Stockmeyer dazu, die moderne Entwicklung kritisch zu hinterfragen. So bildete sich bei dem früheren Schuldirektor ein immer größeres Verantwortungsbewußtsein für Pflanzen, Tiere und Umwelt, das ihn veranlaßte, sich schon mit 50 Jahren frühzeitig pensionieren zu lassen. Er sammelte Erfahrungen auf Demeter-Höfen und nahm an Projekten in Botswana und Irland teil. Dann bot sich ihm 1983 die Gelegenheit, die Maisenburg zu pachten. Die Bewirtschaftung gewann ihre heutige Form, als 1988 Annette Bürkle hinzukam. Die Agrarbiologin begann auf den kargen Albweiden eine Ziegenzucht. Mittlerweile umfaßt die Herde 32 Mütter und 60 Kitze. Annette Bürkle stellt den Käse überwiegend nach südfranzösischer Tradition aus nichtpasteurisierter Rohmilch her. Nur indem sie und die Stockmeyers ein niedriges Einkommen akzeptieren, gelingt es ihnen, den Hof am Leben zu erhalten. Aber seine gewissenhaft ökologische Führung hat ihnen den Kulturlandschaftspreis für artgerechte Tierhaltung und einen Umweltpreis eingebracht.

Wilfried Grieshaber und sein Sohn sind stolz auf die lange Bauerntradition ihrer Familie.

## Hof im Weidle

Seit dem Dreißigjährigen Krieg lebt die Familie Grieshaber in Hirschlanden bei Leonberg. Im Zuge einer Flurbereinigung wurde ihr Hof 1960 ausgesiedelt. Bei den Aushebungen für den Neubau stieß man auf einen seltenen Fund – ein Fürstengrab aus der Keltenzeit. Während sein Vater den Hof noch mit Pferden pflügte, verschloß sich Wilfried Grieshaber nicht moderner Technik, blieb ihr gegenüber aber immer kritisch eingestellt. Schon bei der Vorbereitung zur Meisterprüfung 1971 stieß er auf Informationen, die ihn im weiteren nach einem Ausstieg aus dem chemisch-technischen Fortschritt suchen ließen. Ab 1976 begann er mit praktischen, biologisch-organischen Versuchen und stellte jedes Jahr ein Fünftel der bewirtschafteten 75 Hektar um, so daß er 1981 die Anerkennung erhielt.
Wilfried und Margret Grieshaber, ihre vier Kinder und zwei Angestellte kümmern sich um 45 Mutterkühe und deren Nachzucht. Angebaut werden Getreide, Kartoffeln, Möhren (s. Bd. I/172), Zwiebeln und andere Feld- und Feingemüse sowie Ackerfutter. Rohmilch gibt es ab Hof. Verschiedene Milchprodukte und Käse liefert die Bioland-Molkerei zurück an den 1992 eröffneten Hofladen, in dem auch Rohmilch und Rindfleisch erhältlich sind. Die eigenen Produkte werden durch ein Naturkostsortiment ergänzt.

## Lixenhof

Oberhalb von Welschensteinach steigt das immer enger werdende Tal des Mühlsbach auf und führt auf den Hohen Geisberg zu – Schwarzwälder Bilderbuchlandschaft. Auf der Talsohle reihen sich – meist in respektvollem Abstand – typische Bauernhäuser mit weit hervorragenden Dächern aneinander. Weiden und Wiesen steigen oft sehr steil bis zum Kamm auf. Manchmal, insbesondere an der Ostseite, dringt der Wald tiefer herab. Den oberen Bereich des Tals hat er sich nie abringen lassen. Die Idylle täuscht darüber hinweg, daß Landwirtschaft in solchen Lagen immer schwieriger und unrentabler geworden ist.

Auf dem Lixenhof zog Jakob Walter 1983 die Konsequenz aus seinen Bedenken gegen konventionelle Tiermedikamente und begann, seine kleine, 25 Rinder umfassende Herde, homöopathisch zu behandeln. Anlaß dafür hatten die immer wieder auftretenden und nie auskurierten Euterentzündungen der Kühe gegeben. Mit Homöopathie konnte er sie heilen. Allerdings verlangte das von ihm, daß er selbst die Behandlung der Tiere übernahm und ihnen dreimal täglich das betreffende Mittel unter die Haut spritzte. Aber seine positiven Erfahrungen gaben ihm Sicherheit und weckten sein Interesse für alternative Methoden.

Den Anstoß, auf biologische Landwirtschaft umzustellen, erhielt Jakob Walter – wie andere Landwirte der Region – vom Metzger Josef Herr, der Bauern suchte, die bereit waren, ihn mit artgerecht aufgezogenen Tieren zu versorgen. Heute befindet sich die Metzgerei in Freiburg-Hochdorf und arbeitet nach wie vor mit »ihren« Landwirten zusammen. Die Umstellung bereitete Jakob Walter keine Schwierigkeiten. Er hatte einerseits den Ackerbau 1988 eingestellt und andererseits bereits begonnen, zur Bodenverbesserung Klee zu säen, denn ihm war klar, daß es im Grünlandbereich kein Problem ist, auf den künstlichen Stickstoff zu verzichten. Mit seinem neuen Festmiststall hatte er ausreichende Lagermöglichkeiten für Mist und Jauche geschaffen, so daß er sie erst im Frühjahr ausbringen konnte. Trecker, Miststreuer und Jauchefaß rüstete er mit Zwillingsbereifung aus, um damit sämtliche Wiesen befahren zu können. Gab es anfangs unter den Nachbarn viel Skepsis, ob dort ohne Kunstdünger überhaupt etwas wachsen würde, haben sich inzwischen mehrere an ihm ein Beispiel genommen.

Die Zukunft seines Betriebs sieht Jakob Walter in Vorzugsmilch und eigener Auslieferung. Doch bevor er neue Investitionen tätigt und den beträchtlichen bürokratischen Aufwand auf sich nimmt, möchte er erst wissen, ob die Tochter oder der Sohn, die in den nächsten Jahren die Schule abschließen, auf dem Hof mitarbeiten wollen. Hoffen wir es.

Im schönen Mühlsbachtal lebt die Tradition, aber Jakob Walter geht auf seinem Hof dennoch neue Wege.

## Gärtnerhof Strehnisch

Als Tylo Strehnisch seine Gärtnerlehre machte, mußte er Zierpflanzen im Drei-Tage-Rhythmus mit der Giftspritze zu Leibe rücken. Das widerstrebte ihm so sehr, daß er 1980 auf dem kleinen Gartenstück seiner Eltern von Anfang an mit Bio-Anbau begann. Wenn dann das Unkraut sehr hoch stand, kam auch ihm schon mal der Gedanke, wie andere Gärtner zur Spritze zu greifen, doch er blieb eisern. Und als seine Marktkunden immer öfter danach fragten, welcher Verband denn seinen Betrieb überprüfen würde, trat er schließlich Naturland bei.

Den großen Sprung wagte Tylo Strehnisch 1983, als er das 1,7 Hektar große Gelände am Ortsrand des württembergischen Freibergs übernahm. Dort entstanden nach und nach die Gewächshäuser, die er schließlich direkt mit dem Haus verband. Jetzt empfängt den Besucher gleich die feuchtwarme Atmosphäre, in der die vielfältigen Gemüsekulturen gedeihen. Im zeitigen Frühjahr schon ranken Salatgurken in die Höhe. Die ersten werden bereits im April geerntet. Zu ihren Füssen sprießen Kohlrabi. Der kostbare Platz muß ausgenutzt werden, auch wenn die Ernte mühseliger ist. So werden die Heizkosten aufgefangen, denn eine Temperatur von 18 bis 20 °C ist für frühzeitige Gemüse notwendig. In diesem Klima kann Tylo Strehlisch auch seine Jungpflanzen selbst vorziehen, ob Auberginen oder Paprika, Zucchini oder Tomaten, Melonen oder Salate. Für Pflanzenschutz sorgen Nützlinge. Raubmilbe, Schlupfwespe und Gallmücke treten gegen Blattläuse und andere Schädlinge an. Für die Düngung wird reiner Pflanzenkompost verwendet, dem beim Umschichten etwas Sand untergemischt wird. So kommt Luft hinein und damit auch Bodenleben. Im Freiland wird immer die Hälfte der Fläche mit Gründüngung besät. Zusätzlich zieht Strehnisch viel Erbsen und Bohnen, da es sich hierbei um Leguminosen handelt, die den Luftstickstoff im Boden sammeln und ihn regenerieren.

Tylo Strehlisch hat sich auf ein großes Angebot verlegt, denn seine Erzeugung setzt er fast vollständig auf den Wochenmärkten selbst ab. Um den Stand noch attraktiver zu machen, versorgt er sich auf dem Großmarkt mit biologischem Obst und ergänzt gegebenenfalls sein Gemüseangebot.

Mutter Strehnisch zeigt zufrieden die hervorragenden Kohlköpfe, die nur mit Pflanzenkompost sprießen.

Auf dem Wochenmarkt bietet Gärtner Tylo Strehnisch eine Vielfalt eigener Gemüse selbst an.

## Gärtnerhof Hiß

Eichstetten am Fuße des Kaiserstuhls ist eine Hochburg biologischen Anbaus. In der 1000 Hektar großen Gemeinde gibt es unter den 80 Vollerwerbsbetrieben 14 Bio-Höfe. Die Vorreiter des bio-dynamischen Anbaus im Dorf waren Karl und Maria Hiß, die seit 1951 nach Demeter-Richtlinien arbeiten. Ihr Sohn Christian machte eine Gärtnerlehre und bekam im Anschluß einen halben Hektar Land zur Verfügung gestellt, das er in Eigenverantwortung bewirtschaften durfte. Als er dann 1988 den Hof übernahm, erweiterte er den Betrieb und richtete ihn auf ein reiches Gemüseangebot aus. Heute beschäftigt er zwei volle und eine halbe Arbeitskraft. Auf fünf Hektar zieht er übers Jahr 50 verschiedene Gemüse- und Salatsorten. Außerdem bewirtschaftet er weitere zehn Hektar. Mit dem kompostierten Mist der acht Kühe reichert er den Boden an.

Zum größten Teil vermarkten Christian und Andrea Hiß ihre Produkte selbst. Seit 1992 ist Christian Hiß Erster Vorsitzender der Demeter Assoziation Freiburg. Diesen 650 Mitglieder zählenden Verein gründete sein Vater 1972 gemeinsam mit Lehrern der Waldorfschulen. Der Verein erleichtert bio-dynamischen Landwirten den Absatz und gibt Stadtfamilien die Möglichkeit, sich mit natürlich gezogenen Nahrungsmitteln versorgen zu können. Regelmäßig findet ein Austausch zwischen Erzeugern und Kunden statt. Die Bio-Bauern und Bio-Gärtner fühlen bei diesen Gelegenheiten, daß sie gebraucht werden, und das bestärkt sie wieder in ihrer Motivation.

## Banaterhof

Wo heute Bäume und Sträucher die nüchternen Gebäude umgeben, war noch vor 35 Jahren nichts als Ödland. Erst die Badische Landsiedlung verhalf zu Beginn der 60er Jahre den vertriebenen Landwirten auf den kargen Böden der Rheinebene bei Honau zu einer neuen Heimat. Familie Gerber aus dem rumänischen Siedlungsgebiet Banat nutzte die Chance. Ihre Tochter Ingeborg heiratete 1965 Kurt Bartelme, der seine Lehre auf einem Demeter-Hof absolviert hatte. Aber davon wollte der Schwiegervater, der sich auf Maisanbau spezialisiert hatte und daneben noch Legehennen hielt, nichts wissen. Schließlich mußte so viel gespritzt werden, daß sich die Bartelmes 1988 doch zur Umstellung entschlossen. Ob Luzerne, Weizen, Roggen, Soja, Erbsen, Nackthafer oder Rüben, noch immer dient der größte Teil der 50 Hektar der Ernährung der 800 Legehennen und der 20 Schweine, die später dazukamen (s. S. 24). Das Federvieh genießt Bodenhaltung und reichlich Auslauf. Inzwischen gibt es auch eine richtige Nudelküche auf dem Banaterhof, in der aus dem eigenen biologischen Getreide und den Junghenneneiern neun verschiedene Sorten Teigwaren erzeugt werden.

Immer wieder erproben die Bartelmes Neues, ob nun Melonen oder Kürbisse, Marmeladen, Eierlikör oder Popcorn. Sie bieten den Kunden ausschließlich eigene Waren an, so daß diese auch mal hinnehmen müssen, wenn etwas nicht da ist. Dafür aber garantieren die Bartelmes bei ihrem Angebot für Qualität.

Der schöne alte Stall beherbergt Milchkühe und eine eigene Molkerei.

**Fischermühle**

Der bekannte Heilpraktiker Paul Hoffmann erwarb den Hof 1978, um dort eine Praxis für Krebstherapie aufzubauen. Zwei Vereine unterstützten ihn bei diesem Projekt, das sich nach seinem Tod auf die Herstellung eines Mistelpräparates und anderer Heilpräparate konzentrierte. Um diese in natürlicher Umgebung zu erzeugen, entstand der Wunsch, den Hof biodynamisch zu bewirtschaften. Gemeinsam mit dem Sozialpädagogen Albin Leute, der auf Gärtner umsattelte, führte Ingo Mordhorst, der 1987 auf den Hof gekommen war, den Betrieb in eine neue Phase. Sie initiierten die Landwirtschaftsgemeinschaft Fischermühle, der mittlerweile 16 Personen angehören, die heute gemeinsam die Verantwortung tragen. Auf dem 35 Hektar großen Hof erzeugen sie nur Produkte, die sie auch selbst verkaufen, von Fleisch über Milch und Quark bis zu Getreide und Feingemüse.

Mit dem Mikroskop überprüfen die Böhringers Nützlinge und Schädlinge in ihren Obstanlagen.

**Obsthof Böhringer**

Als das Obstbauern-Ehepaar aus Ilsfeld in den 70er Jahren begann, an einem Dritte-Welt-Arbeitskreis der Evangelischen Kirche teilzunehmen, ahnten sie nicht, wie dieses Engagement ihr Leben verändern würde. Auf einer Indien-Reise im Rahmen eines Projekts von »Brot für die Welt«, bei dem Ratschläge für eine vernünftige Landwirtschaft gegeben wurden, erkannten sie die Unglaubwürdigkeit der Agrarpolitik, der sie selbst folgten. Sie zogen für sich die Konsequenz und stellten 1982 um. Im mit viel Chemie betriebenen Obstbau brachte die Umstellung anfangs drastische Probleme mit sich. Dennoch ließen sich die Böhringers nicht entmutigen. Durch das Anpflanzen von Hecken kreierten sie ein Ökosystem, in dem gesunder Obstbau möglich wurde (s. S. 188). Unterstützt durch eine sehr sorgfältige Bodenvorbereitung und durch ausgefeilte Mischpflanzungen ernten sie heute auf ihren 14,5 Hektar hervorragende Tafeläpfel, Birnen, winterbeständige Kiwis, Johannis- und Holunderbeeren. Ein biologischer Betrieb verarbeitet einen großen Teil der Ernte zu Säften und Marmeladen.

## Hof Reber

Ursprünglich hatte Armin Reber mit Landwirtschaft nichts im Sinn. Doch als er seine Frau Elisabeth kennenlernte, die ihrem Onkel den kleinen Hof bei Biberach führen half, packte er natürlich auch mit an. Diese Arbeit schmeckte dem jungen Kaufmann so gut, daß er schließlich noch eine Ausbildung als Landwirt machte. Seit 1990 kümmert er sich ganz um den jetzt 17 Hektar großen Hof.

Die Rebers stellten, allein schon wegen der Kinder, auf biologischen Anbau um und vergrößerten den Hof, um ihn im Vollerwerb bewirtschaften zu können. Mit zwei anderen Bio-Höfen stimmen sie die Produkte ab, um gemeinsam ein attraktives Angebot zusammenzustellen. Armin Reber hat sich dabei auf Feldgemüse spezialisiert, insbesondere auf Kartoffeln, Möhren und Lauch und auch auf Erdbeeren.

Armin Reber blickt voller Zuversicht in die Zukunft.

## Iltishof

Der Iltishof in Göppingen ist eine der Keimzellen des biologisch-organischen Landbaus in Deutschland. Er gehörte Ernst Weichel, dem Erfinder des Ladewagens (s. S. 206), und beherbergte die ersten Büros des Bioland-Verbandes. Heute wird der 80 Hektar große Hof von Weichels Tochter Elisabeth und ihrem Mann Hans Brunner sowohl was die Rinderzucht (s. S. 16) als auch den Ackerbau betrifft in beispielhafter Weise geführt.

## Hof Fischer

Schon 1976, während seines Theologie-Studiums, zog Norbert Fischer einen Bio-Laden für Studenten auf. Später nutzte er seinen Zivildienst auf einem Demeter-Hof zur hautnahen Begegnung mit der Landwirtschaft und stellte dort fasziniert fest, was man alles aus Milch machen kann. Es folgte eine Lehre auf einem Hof im Schwarzwald. Seine Frau Anne-Berit verlegte sich aufs Töpfern und sorgte damit, nachdem das Paar den Pachthof im Hohenloher Land gefunden hatte, anfangs für den Lebensunterhalt. Behutsam begannen sie 1984, mit zwei ostfriesischen Milchschafen ihre Herde aufzubauen, die heute 30 Tiere zählt (s. S. 104, 106). Norbert Fischer wandte sich der Käseherstellung zu. Neben dem Agrino, einem Tessiner Frischkäse, ist der Edelschimmelkäse Roc Blue seine große Spezialität. Aus der Schafswolle fertigen die Fischers Kissen und Steppdecken.

Norbert Fischer produziert hervorragende frische und halbfeste Schafskäse.

Seit vielen Jahren leben und helfen drei Behinderte auf dem Hof.

## Hof Hohberg

Die Brauns gehören zu den Pionieren biologisch-organischer Anbauweise in Deutschland. Der Tod eines Sohnes, der an Leukämie starb, weckte seinerzeit Zweifel in ihnen und ließ sie nach einer Alternative zu ihrem Mastbetrieb suchen. Nach Kursen bei Dr. Müller in der Schweiz stellte Erich Braun 1971 seinen Hof in Vaihingen um. Damals zählte der Bioland-Verband gerade 30 Mitglieder. Nachdem es anfangs praktisch noch keinen Markt für Bio-Produkte gab, wuchs die Nachfrage in den 80er Jahren. Heute konzentrieren sich Michael Braun und seine Partner Judith Beck und Klaus Rempp vorwiegend auf Gemüseanbau, auch wenn sie oft die Hälfte der 60 Hektar mit Getreide einsäen und zudem einige Rinder halten. Von Jahr zu Jahr erweitern sie ihr Angebot an Feingemüse, denn seit 1989 bieten sie im Auricher Raum ihr Gemüse über Abonnement an.

## Hof Zimmermann

Auf dem 1965 ausgesiedelten Hof bei Esslingen wächst heute eine Vielzahl von biologisch angebauten Gemüsen. Dies ist Tochter Iris Zimmermann zu verdanken, die nach ihrer Lehre Gemüse ziehen und im Direktverkauf vermarkten wollte – allerdings nur solche Gemüse, die sie den Kunden »reinen Gewissens« anbieten konnte. Mit dem Bio-Anbau hat sie 1990 ganz klein angefangen – mit Salat auf ein paar wenigen Quadratmetern. Doch das hat sich dann recht schnell entwickelt. Die Nachfrage war so groß, daß die Eltern 1993 Milchvieh und Bullenmast aufgeben konnten. Heute werden auf 6 Hektar Gemüse und Salate gezogen. Die 20 Hektar Grünland dienen der Fruchtfolge und der Gewinnung von Kompostmaterial. In den Gewächshäusern gedeihen prächtige Tomaten, Auberginen und Gurken und sogar Artischocken und Melonen. Im Hofladen hat Iris Zimmermann das Angebot bewußt auf Gemüse, Obst und biologische Topfpflanzen begrenzt.

Beate Petrik hat gut Lachen; dank großem Einsatz floriert ihr Berghausener Biohof.

Bei Blessings wird kräftig zugepackt, um Butter, Käse und Brot selbst zu erzeugen.

Anneliese und Rudolf Trescher vergrößern bedächtig, aber kontinuierlich ihren Gartenbaubetrieb.

## Hof Petrik

Kinder kommen gern auf den Bio-Hof in Berghausen bei Karlsruhe, sei es nun mit den Eltern zum Einkaufen oder mit Kindergärten oder Schulklassen. Mit Schulen hatte Beate Petrik schon vorher zu tun. Schließlich studierte sie Pädagogik. Ihr Mann Helmut dagegen machte in Bauwesen seinen Abschluß. In Karlsruhe schlossen sie sich einer Food-Koop an, die sich aus dem weiten Umkreis mit biologischen Nahrungsmitteln versorgen mußte, denn damals war Karlsruhe in bezug auf Bio-Anbau noch ein weißer Fleck. Deshalb begannen die Petriks immer ernsthafter zu überlegen, ob sie nicht doch den elterlichen Hof (s. Bd. I/12) übernehmen sollten. Das taten sie 1986 und stellten sofort um. Drei Jahre später gab Helmut Petrik seine Mitarbeit am IFEU, dem Institut für Energie- und Umweltforschung in Heidelberg, auf, und der 30 Hektar große Hof wurde zum Vollerwerbsbetrieb.
Um die Direktvermarktung anzukurbeln, bauten die Petriks Kartoffeln an und hielten Hühner. Eier waren der Anfang. Noch heute gibt es Kunden, die nur deswegen kommen, während sich andere so weit wie möglich in dem gutsortierten Hofladen eindecken. Über Hoffeste und Vorträge gelang es den Petriks, Kontakt zu den Bewohnern von Berghausen aufzubauen. Heute kommen die meisten Kunden aus ihrer Gemeinde. Ihre Nachfrage hat praktisch das jetzige Betriebsbild bestimmt, und das bedeutete für die Petriks, den Schwerpunkt von Getreide auf Feldgemüse zu verlegen. Auch Feingemüse ziehen sie. Mit diesen arbeitsintensiveren, aber auch kostendeckenden Kulturen läßt sich wirtschaften.
Außer dem Gemüseanbau mästen die Petriks Kälber, die sie als sogenannte Fresser von Demeter- oder Bioland-Höfen beziehen. Es handelt sich dabei um eine Kreuzung zwischen den hochwertigen französischen Fleischrindern Limousin und Charolais. Die Zahl der Hühner, die mit selbstgemischtem Bio-Futter ernährt werden, ist von anfangs 60 auf mittlerweile 300 gestiegen. So viel Arbeit bereitet der Hof, daß die Zeit nicht reicht, um sich selbst auf den Markt zu stellen. So geben sie ihrem Kollegen Jürgen Henke ihre Produkte mit.

## Hof Blessing

Auf ihrem Hof östlich von Pforzheim hatte sich Familie Blessing ab 1970 auf Milchvieh spezialisiert, das sie mit Mais, den sie auf ihren 33 Hektar anbauten, fütterten. Aber Überlegungen wie, daß das viele Kraftfutter zum Teil aus Ländern der Dritten Welt kommt, wo es zu wenig Nahrungsmittel gibt, oder beim Futtermais mit Mitteln gespritzt wurde, die zunächst als unbedenklich angepriesen und später verboten wurden, führten bei Sohn Jörg Blessing zum Umdenken. Im Rahmen seines Studiums nahm er unter anderem an Kursen von Professor Preuschen über Bodendiagnose teil, die ihm das nötige Handwerkszeug, aber auch den Mut zur Umstellung vermittelten.
Seine Chance kam, als die Familie 1987 15 Hektar dazupachtete, auf denen er eine »gescheite Fruchtfolge« einführen konnte. Wenig später entschieden sich Eltern und Sohn, ganz auf ökologischen Anbau überzuwechseln. Ihr Vorteil war, daß sie bereits einen artgerechten Boxenlaufstall besaßen. Doch es stellte sich heraus, daß die größere Fläche allein nicht ausreichte, die Tiere zu ernähren. Aus diesem Grund kaufen die Blessings von nahen Bioland-Kollegen Getreide als Kraftfutter hinzu. Auch wenn für Jörg Blessing ein in sich geschlossener Betrieb das Ideal ist, so freut er sich doch, daß es ihm mit zwei befreundeten Bauern gelungen ist, einen übergreifenden Kreislauf zu etablieren.
Da der übliche Milchpreis nicht ausreichte, ihre biologische Wirtschaftsweise zu honorieren, begann Anneliese Blessing Quark, Joghurt, Sahne, Butter und Käse zu erzeugen. Da es immer etwas Besonderes ist, wenn ein Bauer auch Käse herstellt, kommen die Leute zum Probieren auf den Hof und stellen bei dieser Gelegenheit fest, daß frische Milch viel besser schmeckt als haltbar gemachte Milch. So brachte der Käse treue Milchkunden, und Milch ist das eigentliche Standbein des Hofes. Mit ihrem Zuchtbullen El Toro erreichten Dieter und Jörg Blessing gute Erfolge und können an andere Höfe schwarzbunte Kuhkälber abgeben, die bei rein biologischer Kost eine bemerkenswert hohe Milchleistung bringen.

## Hof Trescher

Das Wohnhaus, in dem sich die Poststelle des Tübinger Vororts Weilheim befindet, sieht gar nicht nach Bauernhaus aus. Wer dort einen Brief aufgeben will, erlebt aber im Flur eine Überraschung. Dort stehen Kisten mit Kohl, Kartoffeln, Möhren und anderen Feldgemüsen, auch Ziegenfrischkäse und Camembert werden angeboten, denn Anneliese und Rudolf Trescher führen einen biologisch-dynamischen Nebenerwerbsbetrieb. Dabei fing alles ohne große Pläne an. Rudolf Trescher interessierte sich schon immer für biologischen Anbau, den er im Hausgarten praktizierte. Als er 1980 von seiner Mutter die kleinen Äcker übernahm, begann er auch Kartoffeln und Getreide anzubauen. Sein Interesse brachte ihn schließlich zur Anthroposophie. Von der Tübinger Hausgärtnergruppe erhielt er erste Impulse, um nach der Demeter-Methode zu arbeiten.
Anfangs deckte die Ernte den Eigenbedarf und versorgte die nähere Verwandtschaft, vor allem mit Kartoffeln. Deren hervorragende Qualität sprach sich schnell herum. Als den Treschers 1985 2 Hektar Ackerland angeboten wurden, griffen sie zu. Nachdem sie erste Versuche mit Kompostpräparaten, Hornmist und Hornkiesel gemacht hatten und immer mehr Verbraucher ihre Kartoffeln wollten, entschloßen sich die Treschers 1986, konsequenten ökologischen Landbau für die Menschen der Umgebung zu betreiben. Von da an dehnte sich der Anbau von Jahr zu Jahr ein wenig mehr aus, um nun 6 Hektar Ackerland und 5 Hektar Grünland zu umfassen. Die Fruchtfolge umfaßt zwar auch Dinkel und Weizen, die Spezialität sind aber Feldgemüse und grüner Spargel.
Obwohl Kartoffeln das Hauptstandbein des Betriebs bilden, sind die Ziegen sein anziehendster Aspekt. Ihr Stall und ein reizvoller Hinterhof befinden sich gleich hinter dem Wohnhaus. Die Herde umfaßt 25 bunte deutsche Edelziegen und einen Bock. Zweimal am Tag werden sie per Hand gemolken. Den Käse machen die Treschers nicht selbst. Sie liefern die Milch an eine Ziegenkäserei, die daraus Frisch-, Kräuter-, Hartkäse und Camembert macht und ihnen für die Selbstvermarktung zurückliefert.

## Thalerhof

Im Jahre 1960 erwarb Familie Taffertshofer den Thalerhof, nachdem sie ihren alten Betrieb bei Murnau am Staffelsee wegen der Stadterweiterung aufgegeben hatten. Zum Hof gehören insgesamt 56 Hektar, von denen sie 35 landwirtschaftlich nutzen. Außer etwas Wald und einem idyllischen Weiher besteht das restliche Land aus Flächen, die in Naturschutzgebieten liegen. Zu diesen zählen Streuwiesen, eine Besonderheit des Voralpenlandes. Es handelt sich hierbei um Moorflächen, die nur einmal im Jahr, im Spätherbst, gemäht werden. Die natürliche Zusammensetzung der Gräser bleibt dadurch erhalten.
Gleich nach der Übernahme säte die Familie die abgewirtschafteten Äcker neu ein und führte den Hof als Grünlandbetrieb mit Wiesen und Weiden weiter. Ausgelöst durch die Kontingentierungsmaßnahmen für Milch, die ihnen empfindliche Einschränkungen auferlegten, begannen die Eltern 1984 umzudenken. »Erst mal die chemischen Düngemittel und das Kraftfutter weg, dann mal sehen, was rauskommt«, lautete die neue Devise. Parallel dazu besuchte Sohn Wolfgang Fortbildungen über extensive Wirtschaftsweise. Im Rahmen dieser Kurse hatte er Gelegenheit, erste Kontakte mit Bauern aufzunehmen, die schon einige Jahre biologisch wirtschafteten. Die heftigen Diskussionen, die sich dabei ergaben, halfen ihm, sich eine eigene Meinung zu bilden.
Nachdem Wolfgang Taffertshofer gemeinsam mit seiner Frau Christiane den elterlichen Hof in Pacht übernommen hatte, schuf er durch erhebliche Um- und Neubauten 1989/90 beste Voraussetzungen für die biologische Wirtschaftsweise. So errichtete er einen großen Freilaufstall, der doppelt so groß ist wie der frühere mit der Anbindehaltung. Aber Umstellung und Kosten legten es nahe, sich intensiver um die Vermarktung zu kümmern. Zudem fanden die Taffertshofer, daß es besser sei, die Milch so nah und so bald wie möglich am Erzeugungsort zu verarbeiten. Folglich richteten sie eine kleine Hofkäserei ein und fanden eine Mithelferin, die die Käseherstellung in die Hand nahm. Daraus entstand ein interessantes Angebot, das von Milch über Quark, Joghurt und Butter bis zu Schnitt- und Hartkäse reicht. Die Herde von 35 Milchkühen mit Nachzucht sorgt für die nötige Milch, die noch immer die Haupteinnahmequelle des Hofes darstellt und von der der größte Teil an eine Bio-Molkerei in Andechs geht. Das Angebot auf dem Hof wird durch Würste aus eigenem Rindfleisch wie Rinderrohsalami, Pfefferbeißer und Kaminwurzer und durch Äpfel und etwas Feingemüse ergänzt. Außer Wolfgang und Christiane Taffertshofer, ihren vier Kindern und den Eltern lebt, neben gelegentlichen Praktikanten, meist auch ein ehemaliger Drogenabhängiger für ein Jahr auf dem Hof und wird in die Familie integriert.

Auf einem Grünlandbetrieb mit Viehhaltung müssen immer wieder Zäune errichtet oder repariert werden.

Vater Taffertshofer ist ein Experte, was das Einschlagen und Ausrichten von Zaunpfählen angeht.

Im schönen Voralpenland halten Wolfgang Taffertshofer und seine Familie Milchkühe und erzeugen eigenen Käse.

## Scharlhof

Im bayerischen Röhrmoos steht ein moderner Musterhof, bei dem alles ökologisch durchdacht wurde. Angefangen vom großzügigen Boxenlaufstall mit eingestreuten Liegeboxen – für die Milchkühe und ihren Nachwuchs – über die eigene kleine Molkerei, in der Butter und Quark selbst gemacht werden, bis zum bestens eingerichteten Hofladen mit großem Naturkostangebot. Darüber hinaus gestaltete Bio-Bauer Arthur Stein seinen Hof nach baubiologischen Gesichtspunkten und richtete eine Inselstromversorgung unabhängig vom öffentlichen Netz ein. Der Strom wird durch Photovoltaik (Solarzellen) und ein Blockheizkraftwerk mit Bio-Gasanlage erzeugt, in welcher die Gülle fermentiert. In der großzügigen Hofanlage gibt es auch einen Seminarraum für Vorträge, die in regelmäßigen Abständen gehalten werden. Anlaß zu diesem Bau war die Unmöglichkeit im alten Hof, den der Lehrer 1985 nach dem Tod seines Schwiegervaters übernommen hatte, die Tiere artgerecht zu halten. Gleich damals hatte er auf biologischen Anbau umgestellt und die Direktvermarktung betont, wofür sich der Standort im Großraum München bestens eignet. Auf 70 der 100 Hektar baut er Getreide für die Hofpfisterei an. Die restlichen Flächen liefern Viehfutter. Spezialitäten des Hofes sind neben Rohmilch und Quark Rind- und Schweinefleisch und Wurstwaren.

Arthur und Rosa Stein erfüllten sich mit dem Bau ihres ökologischen Musterhofes einen Lebenstraum.

## Hof Knötzinger

Erst nach einer Lehre als Büchsenmacher, bei der er die Abhängigkeit des Lohnverhältnisses zu spüren bekam, beschloß Erhard Knötzinger, lieber als Bauer selbständig zu sein und übernahm 1975 den elterlichen Betrieb. Zunächst schaffte er das Milchvieh ab, spezialisierte sich auf Schweinemast und Ackerbau und führte den Hof konventionell und intensiv weiter. Als ihm aber mit der Zeit auffiel, daß beim Ackern kaum noch Würmer und Engerlinge zum Vorschein kamen, stellten sich erste Zweifel an seiner Methode ein. Zudem widerstrebte ihm die ständige Anwendung von chemischen Dünge- und Spritzmitteln dermaßen, daß er sich Gedanken über eine Umstellung machte. Schließlich zog er 1988 die Konsequenz. Er blieb weiter bei der Schweinemast, doch reduzierte er die Anzahl der Tiere von 650 auf maximal 180 Stück. Neben dem Futteranbau gedeihen auf seinen 140 Hektar mittlerweile Feldgemüse wie Möhren, rote Bete und Kartoffeln sowie Getreide, darunter Dinkel, für den er eine eigene Entspelzungsanlage besitzt. Eine weitere wichtige Kultur sind Sonnenblumen. Die Kerne werden im September gedroschen, getrocknet und dann an eine kleine Ölmühle geliefert, die sie zu kaltgepreßten Ölen weiterverarbeitet, von denen ein Teil an den Hof zurückgeliefert wird.

Erhard und Hildegard Knötzinger freuen sich darüber, daß ihre Kulturen auf ihrem Hof so gut gedeihen.

Stadtrat Hans-Ulrich Andres und seiner Familie geht es um die ökologische Sicherung der Landschaft.

**Hans-Ulrich Andres**

Als grüner Stadtrat von Meßkirch gibt Hans-Ulrich Andres mit seinem Hof ein Beispiel dafür, daß man befriedigende ökologische Lösungen finden kann. Die Aufgaben als Stadtrat und sein politisches Engagement verlangen viel Zeiteinsatz, so daß er den Hof nicht im Vollerwerb betreiben kann. Es geht ihm aber vor allem darum, daß er ein Maximum an Land mit einem Minimum an Arbeitsaufwand als ökologische Fläche sichern kann. So hat er über die Jahre die Fläche auf 35 Hektar erweitert, wobei es sich ausschließlich um Grünland handelt, auf dem er eine Mutterkuhherde hält. Denn je stärker die althergebrachte Landwirtschaft mit ihren kleinen Betrieben unter Druck gerät, weil sie nicht mehr rentabel arbeiten kann, umso brennender wird das Problem, was mit den freiwerdenden Flächen geschehen soll. Gerade im Bodenseeraum, der als Erholungslandschaft große Anziehungskraft gewonnen hat, kommt diesem Problem besondere Aktualität zu. Wenig wünschenswert ist es, dort eine Landwirtschaft zu fördern, die immer industriellere Züge annimmt und der die übriggebliebenen natürlichen landschaftlichen Elemente wie Hecken und Streuobstwiesen zum Opfer fielen. Die Hinwendung zur Ökologie kam für Hans-Ulrich Andres im Zuge der Landbewegung, die sich John Seymours Bücher wie »Selbstversorgung aus dem Garten« als Vorbild nahm. Nach einer »Phase des totalen Ausprobierens« ging der frühere Versuchs-ingenieur für Eisenbahnbremsen daran, sich und anderen zu beweisen, daß biologischer Anbau tatsächlich funktioniert und erwarb 1982 den Hof in Meßkirch. Den Anfang machte die Haltung von Ziegen und Bienen, dann von Schweinen und Kühen. Schließlich entschied er sich für eine reine Mutterkuhhaltung. In den elf Monaten, die die Kälber bei den Muttertieren zubringen, erhalten sie keinerlei Zufutter. Nach dieser Zeit haben sie sich sozusagen abgenabelt und werden auf behutsame Weise zum Schlachten gebracht. Neben der Rinder- betreibt Andres auch noch die Pferdezucht. Jährlich bildet er zwei oder drei Fohlen aus, die er im Alter von einem Jahr verkauft.

## Hof Geiss

Großvater Geiss hatte im schmucken Schrattenhofen an der Wörnitz das Amt des Bürgermeisters inne und widmete sich dieser Aufgabe mit weitaus mehr Aufmerksamkeit als seinem eigenen Bauernhof. Doch bis ins hohe Alter von 81 Jahren behielt er auch im Betrieb das Zepter in der Hand. So war der 17 Hektar große Hof »ziemlich heruntergewirtschaftet«, wie Wolfgang Geiss sagt, als er ihn 1987 übernahm. Da der klassische, konventionelle Gemischtbetrieb mit Ackerbau und Milchvieh zuviel Arbeit bereitete, nutzte Wolfgang Geiss 1989 die Förderungen des ersten Extensivierungsprogrammes, um auf Mutterkuhhaltung und später auf biologischen Anbau umzustellen, was ihm ermöglichte, den Hof, der allein nicht genug zum Überleben hergibt, nebenberuflich weiterzuführen.
Seither versucht Wolfgang Geiss gemeinsam mit Bruder, Mutter und Großmutter, eine bessere Nutzungsweise für den Hof zu finden. Vom größten Teil der Fläche erntet er Roggen, Dinkel, Sommergerste, Mais und Tritikale, die über Naturland vermarktet werden. Versuche mit Schaf- und Schweinehaltung stellten sich als unbefriedigend heraus. Dafür erwies sich neben der 20köpfigen Mutterkuhherde die Geflügelzucht als lukrativ. Im Jahresdurchschnitt hält er 40 Hühner, 50 Gänse, 50 Puten und 200 Enten, die viel Auslauf haben. Die Familie arbeitet vor allem auf Vorbestellung und richtet danach ihren Geflügelbestand aus.
Wolfgang Geiss ist dabei, dem Hof ein anderes Gesicht zu geben. Erster Schritt in diese Richtung ist der Anbau von Beerenobst, vor allem von Johannis- und Himbeeren. In Zukunft sind Erweiterungen im Obst- und Gemüsebau geplant. Dann sollen 200 Obstbäume – alte Sorten von Birnen, Äpfeln, Zwetschgen und Kirschen – und ein Gemüseangebot folgen.

Eine treue Hilfe auf dem Hof ist die Großmutter, die sich um das Federvieh kümmert.

Durch Umstellung auf extensive Rinderhaltung gab Wolfgang Geiss dem Hof ein anderes Gesicht.

## Naturland-Hof Fröschl

Als die Versuchung immer größer wurde, das Getreide für selbstgebackenes Brot lieber vom nahen Bio-Hof zu besorgen, statt das eigene – konventionell erzeugte – zu nehmen, zogen Lothar und Anita Fröschl 1989 die Konsequenz. Mit dem eigenen Getreide, das er seit der Umstellung auf den 30 Hektar Ackerland anbaut, erhielt Lothar Fröschls Leidenschaft fürs Backen enormen Auftrieb. Seither zählen diverse Brotsorten (s. Bd. I/41) aus stets frischgemahlenem Mehl zum reichhaltigen Angebot im Hofladen. Die Fröschls bieten lauter schmackhafte Spezialitäten an, darunter Schinken, Pressack und andere Wurstwaren von ihren Schwäbisch-Hällischen Schweinen, Lämmer von der 50 Muttertier starken Schafherde, Geflügel und hervorragende Kartoffeln, die sie in einem früheren Brauereikeller lagern. Auch der typisch bayerische süße Hausmachersenf aus selbstangebauter Saat zählt dazu.

Lothar Fröschl backt ein halbes Dutzend leckerer Brotsorten aus eigenem Getreide im Steinofen.

## Hof Bentele

Das stattliche Bauernhaus der Familie Bentele steht hoch über dem Argental bei Tettnang. Zum Wochenende zieht diese Bilderbuchlandschaft Scharen von Ausflüglern an, und zur Saison locken die leckeren Kirschen manche Besucher zu den Benteles. Andere kommen wegen des naturtrüben Apfelsafts, und manche möchten ihren Durst unbedingt mit dem hervorragenden Bio-Pils löschen, das in der kleinen Tettnanger Brauerei gebraut wird und für das Peter Bentele den Hopfen (s. S. 124, 126) liefert. Seinen Hof hat Peter Bentele 1982 umgestellt, nachdem er, bedingt durch einen Unfall, wochenlang das Bett hatte hüten müssen, und dadurch Zeit hatte, sich Gedanken über den konventionellen Anbau zu machen. Die dabei auftretenden ernsthaften Bedenken führten schließlich zur Umstellung. Heute hat er über 5 Hektar mit biodynamisch bewirtschafteten Hopfenanlagen, über 4 Hektar Obstgärten und 5 Hektar Grünland für die Ponys der Kinder, die den notwendigen Mist liefern.

Durch gesundes Bodenleben und biodynamische Präparate erzielt Peter Bentele ausgezeichneten Hopfen.

## Hof Eitzinger

Mit 25 Jahren bot sich Franz Eitzinger die Chance, als Leiter einer Landwirtschaftsschule nach Papua-Neuguinea zu gehen. Dabei lernte der Österreicher, daß bei Erdbeeren mit der traditionellen Mischkultur bessere Ergebnisse zu erzielen sind als mit geballter Chemie, die er verkünden sollte. Eine einschneidende Erfahrung. Nach einer eher unerfreulichen Zwischenstation als Verwalter auf einem konventionellen Hof für Sonderkulturen fanden Franz Eitzinger und seine Frau in Frabertsham, ihrem Heimatort, ein neues Zuhause. Mutig machte er den entscheidenden Schritt nach vorn. Er pachtete Felder von Nachbarn und von der Gemeinde und beschloß, Erdbeeren biologisch anzubauen (s. Bd. I/96). Eine Herde schottischer Hochlandrinder, die ganzjährig im Freien lebt, sorgt für den nötigen Mist. Auf den 31 Hektar, die die Eitzingers mittlerweile bearbeiten, kultivieren sie neben Lagergemüsen verschiedene Getreide und Zuckermais. Darüber hinaus bieten sie Herbsthimbeeren für Selbstpflücker an.

Franz Eitzinger, ein biodynamischer Erdbeerbauer, genießt seine wohlverdiente Brotzeit.

## Helchenhof

Als Martin Hahn Landwirtschaft studierte, galt sein Interesse vor allem der Viehzucht und der Milcherzeugung, die auf dem Hof der Familie bei Überlingen am Bodensee den Vorrang hatten. Er wollte wissen, mit welchen Fortschritten Landwirte in Zukunft rechnen können. Was er jedoch erfuhr, schockierte ihn. Ähnlich wie im Pflanzenbereich gingen – und gehen immer noch! (s. S. 210) – die Bestrebungen in der Tierzucht darauf hinaus, eine Art Einheitsmodell eines Tieres zu erschaffen. Da wollte Martin Hahn nicht mitmachen. Doch nachdem er nun wußte, auf was die konventionelle Landwirtschaft hinauswollte, sah er in ihrem Rahmen keine Nische mehr, die nicht stillschweigend den Trend zur Gentechnik unterstützt hätte. Es gab also gar keine andere Alternative, als sich radikal anders zu orientieren. Martin Hahn wandte sich daraufhin der Biodynamik zu, da diese im Bodenseegebiet bereits gut vertreten war.

Wie früher, so stehen auch heute noch 45 Milchkühe auf dem Helchenhof im Stall – nur nicht mehr in der Anbindehaltung. Die Hahns haben einen ebenso vorbildlichen wie praktischen großen Freilaufstall mit Oberlicht und Lüftungssystem geschaffen. Trotz des Weidegangs fällt immer noch viel Mist an. Um ihn optimal nutzen zu können, begann man Gemüsekulturen anzulegen. Neben dem traditionellen Getreide- und Futteranbau sind heute 8 Hektar für Feld- und Feingemüse reserviert. Dabei werden zum einen Möhren und Kartoffeln eingebracht, und zum anderen hat man sich auf Sommersalate spezialisiert. Das danken sowohl Privatkunden als auch die Großabnehmer, die Martin Hahn und seine Kollegen direkt beliefern.

Gemeinsam mit 13 weiteren landwirtschaftlichen Betrieben hat Martin Hahn die »Bauerngemeinschaft Bodensee« ins Leben gerufen. Den Anstoß dafür gab seine Sorge, daß die Bio-Erzeuger nicht in der Lage sein würden, gerechte und sich rentierende Preise für ihre aufwendig erzeugten Produkte zu erzielen, sondern vom Großhandel immer stärker unter Druck gesetzt würden. Die Bauerngemeinschaft Bodensee nimmt die Vermarktung selbst in die Hand. Zuerst gewann sie Kunden unter den Kliniken und Kurheimen, dann unter Hotels und Restaurants. Aber die Bio-Bauern liefern nicht einfach nur ihre Erzeugnisse, sie erkundigen sich bei ihren Kunden nach deren Wünschen und Bedarf. Dann stimmen sie untereinander ab, wer von ihnen was macht. So gibt es inzwischen einen Hof, der auf Fleischverarbeitung spezialisiert ist, während ein anderer die Käseherstellung übernahm und auf einem dritten Brot gebacken wird. Untereinander werden die Produkte ausgetauscht, woraus sich das umfangreiche Angebot auf dem Helchenhof erklärt.

Martin Hahn änderte aus ethischen Gründen die Wirtschaftsweise seines Milchbetriebs.

## Hof Heiselbetz

Der Hof von Hermann und Helga Heiselbetz liegt im Ländl, wohin es zur Reformationszeit eine Gruppe Österreicher verschlug. Seither besteht eine evangelische Insel im Landkreis am Sulzbürg, in der sonst katholischen Oberpfalz. Einmal im Jahr treffen sich die Kirchenvorsteher zu einer Tagung. Der Bodenkundler Professor Gerhard Preuschen sprach dort 1982 über die Folgen konventioneller Landwirtschaft und erläuterte, wie das Bodenleben positiv verändert werden könnte. Hermann Heiselbetz, damals Kirchenvorsteher, und mehrere andere Landwirte horchten auf. Als Professor Preuschen ihr Interesse bemerkte, bot er ihnen unentgeltliche Beratung an. Mehr als zehn Höfe beteiligten sich. Sie begannen einfach 1983 umzustellen. Zwei Jahre später gingen die Heiselbetz' ganz zum biologischen Anbau über. Etwa zur gleichen Zeit begann auch die Lammsbrauerei Bier aus biologischer Gerste zu erzeugen und suchte Höfe für Vertragsanbau. Im Ländl bildete sich eine Erzeugergemeinschaft, die der Brauerei, die seit 1995 ausschließlich Bio-Bier herstellt, Gerste liefert. Schließlich ist die Gegend um Neumarkt, im Jura, ein typisches Braugerstengebiet. Auch Familie Heiselbetz ist dabei und sät inzwischen 4 Hektar ein. Heute umfaßt ihr Hof 50 Hektar, auf denen überwiegend Getreide und das Futter für die 25 Milchkühe angebaut wird. Neben der Rohmilch können Direktkunden Roggen, Hafer, Weizen, Nacktgerste, aber vor allem Kartoffeln und Lagergemüse erstehen.

Der Lehrling gönnt sich eine Verschnaufpause, und der Bauer prüft die Reife der Braugerste.

## Hof May

Dietmar May studierte Betriebswirtschaft in Würzburg, bevor er seinen Landwirtschaftsmeister machte und den elterlichen Hof bei Bad Neustadt übernahm, der auf Schweinemast ausgerichtet war. Die Mast wollte er noch weiter intensivieren, doch ein Besuch bei industriellen Intensivmästereien in den Niederlanden ließ ihn umdenken. Mit dem Bau eines Freilaufstalls schlug er 1988 die entgegengesetzte Richtung ein. Kunden aus Schweinfurt, die bei ihm Schweinefleisch einkauften, regten ihn an, sich mit Bio-Anbau auseinanderzusetzen. Erleichtert wurde ihm die Entscheidung durch die Zusicherung des Naturland-Verbandes, die Vermarktung seines Getreides zu übernehmen. Heute bewirtschaften Dietmar May und seine Frau Klara 70 Hektar, davon zwei Drittel mit Hackfrüchten und Getreide. Außer den 9 Sauen und etwa 100 Mastschweinen (s. S. 26) hält das Ehepaar 80 Legehennen für frische Eier. Neben Fleisch und anderen Wurstwaren bieten sie Räucherspezialitäten nach fränkischer Hausmacher-Art an.

Familie May verkauft ihre Produkte besonders gern auf Bauernmärkten.

## Schloßgut Möhren

Erich Degen pachtete 1988 das Gut des 200 Jahre alten Schlosses von Möhren. Nach einer Karriere in der Landmaschinenindustrie, die für ihn durch den »Bauer im Schutzanzug« charakterisiert wird, wollte er zurück in die Praxis und es anders machen. So stellte er den Besitz, der dem Diakonieverband gehört und 400 Hektar Wald und 130 Hektar Ackerland umfaßt, gleich 1989 um. Im Vertragsanbau für Bio-Firmen erzeugt er Getreide und Feldgemüse. Sein Stolz ist aber die Rinderhaltung, bei der er sich auf Ochsen und Babybeef spezialisiert hat.

Familie Degen machte aus dem großen Gut einen vielseitigen Bio-Betrieb.

Ein überwältigendes Angebot an Nutzpflanzen und Exoten bietet Werner Oppel.

### Baumschule Oppel

Bei Langenzenn hat Werner Oppel ein kleines Paradies angelegt, zu dem nicht nur der Teich gehört, in dem er sich bei warmem Wetter abkühlt. In seiner biologisch-dynamischen Baumschule zieht er über 500 Obstsorten, aber auch Kräuter und Heilpflanzen, mehr als 200 Rosenarten, obendrein Kletter- und Wasserpflanzen, Sträucher und Gehölze. Dabei arbeitet Werner Oppel mit vielfältiger Begrünung und Gründüngung, lockt mit den richtigen Pflanzen Vögel und Insekten zum Schutz gegen Schädlinge an und überläßt es seinen indischen Laufenten mit den Schnecken fertig zu werden.

Da er viel Getreide anbaut, ist der Mähdrescher für Xaver Starzer unerläßlich.

### Hof Starzer

Als Gemischtbetrieb übernahm Xaver Starzer den niederbayerischen Familienhof. Angeregt durch einen Freund begann er mit der Mutterkuhhaltung. Daneben pflanzte er für einen Großabnehmer Baldrian und andere Heilkräuter an. Doch als sein Auftraggeber von ihm verlangte, die Kräuterfelder mit dem Gift E 605 gegen Insekten zu spritzen, machte Xaver Starzer eine völlige Kehrtwendung. Heute erzeugt er neben Getreide (s. Bd. I/24) vor allem Kartoffeln, Wurzel- und Kohlgemüse. Zu den Spezialitäten des Hauses zählt Sauerkraut.

Wie viele Landwirte kümmert sich auch Manfred Weller selbst um Reparaturen an seinen Maschinen.

Christian Hennings hat sich mit der Erzeugung von Kräutern und Sonnenblumenöl einen Kindheitstraum erfüllt.

Günter Zippel begeistert sich für Amaranth und zählt zu den Pionieren seines Anbaus in Europa.

## Hof Weller

Das 300 Jahre alte Fachwerkhaus im ruhigen Büchenbach bei Erlangen ist ein Schmuckstück. Mit viel Sinn für Geschichte und Architektur renovierten Manfred und Jutta Weller ihr Stammhaus 1986. Kein Schild weist darauf hin, daß sie biologische Gemüse erzeugen und direkt verkaufen. Ihre Kundschaft hat sich allein durch Mundpropaganda gebildet. So zahlreich ist sie, daß die Wellers übers Jahr 1000 Zentner Kartoffeln und 100 Zentner Karotten direkt absetzen. Da es für die Kunden immer schwieriger wird, selbst einzulagern, haben die Wellers extra einen Keller eingerichtet. Sie kümmern sich auch selbst um den Verkauf. Dabei weist Manfred Weller seine Kunden gern auf die sechs Karottensorten hin, von denen die unansehnlichste am besten schmeckt, stellt das Ur-Getreide Einkorn vor oder die anderen zwei Dutzend Gemüse- und Getreidesorten. Vor allem aber spricht er über seinen viehlosen Betrieb und erklärt die vorrangige Bedeutung des Bodens.

Angeregt durch Dr. Ruschs Buch über Bodenfruchtbarkeit stand für Manfred Weller nach dem Studium 1981 fest, daß er den Hof, auf dem sein Vater schon 1970 das Vieh abgeschafft hatte, auf biologisch-organischen Anbau ausrichten wollte. Damals maß man der Tierhaltung große Bedeutung bei – wie es noch heute die Mehrzahl der biologischen Betriebe tut –, denn ein natürlicher Kreislauf ohne Futteranbau und Mist schien gar nicht möglich. Aber Manfred Weller und ein Kollege beschloßen, das Gegenteil zu beweisen. Damit die Bodenlebewesen eine gut aufbereitete organische Masse bekommen, sorgt man für eine vielfältige Fruchtfolge, bei der insbesondere die 20%ige Brache mit Gründüngung eine wichtige Rolle spielt. Für die Lebewesen in der Erde wird ebenso Klee gesät, wie man es für Tiere darauf tun würde, und läßt ihnen die Nährwerte zukommen, indem man damit mulcht. Die Spezialität der Wellers sind Feldgemüse und Getreide, darunter Nacktgerste und Nackthafer, die sich für Flocken eignen. Das Getreide reinigen sie selbst und verkaufen es direkt an ihre Kundschaft sowie an zwei Bio-Bäckereien.

## Hof Hennings

Christian Hennings hatte als Kind romantische Bücher über Landwirtschaft gelesen und wollte seither Bauer werden. Obwohl ihm also kein Erbhof winkte, machte er nach dem Abitur eine Lehre auf einem Bauernhof. Da dies allein nicht ausreichte, einen Hof übernehmen zu können, begann er ein Landwirtschafts-Studium, bis ihm sein früherer Lehrherr den eigenen Hof bei Schweinfurt zur Pacht anbot. Den viehlosen Betrieb stellte Christian Hennings 1990 sofort auf biologischen Anbau um, zum einen, weil er nichts von chemischen Düngern und synthetischen Spritzmitteln hielt, zum anderen, weil ihm konventioneller Anbau unrentabel erschien. Auch wollte er seinen Kunden mit gutem Gewissen einwandfreie Lebensmittel anbieten können.

Zu Anfang verlegte er sich ausschließlich auf den Anbau von Getreide, insbesondere Roggen, und von Sonnenblumen. Dabei stimmte er die Fruchtfolge auf letztere ab. Sonnenblumen sind zu seiner Spezialität geworden. Im Lohnverfahren läßt Christian Hennings die Kerne von einer qualitativ hochwertig arbeitenden Mühle zu Öl pressen, um dessen Vermarktung er sich selbst kümmert. Das Öl liefert er vorrangig an 35 Hofläden im Umkreis von 100 Kilometern. Jedes Jahr läßt er sein kaltgepreßtes Öl aus eigenem Antrieb auf Rückstände jeglicher Art untersuchen. Noch nie wurden darin irgendwelche Schadstoffe gefunden. Der Erfolg ermöglichte es ihm mittlerweile, zur ursprünglichen Ackerfläche von 35 Hektar noch weitere 30 Hektar hinzuzupachten.

Darüber hinaus hat er sich auf Sonderkulturen verlegt, die in Schwebheim Tradition haben, denn die Region gilt seit jeher als ein besonders geeignetes Kräuteranbaugebiet. Die Kollegen in der Gemeinde teilten ihm ihre eigenen Erfahrungen mit. So erfuhr er, welche Kräuter wo besonders gut wachsen und mit welchen Sorten man es gar nicht erst versuchen sollte. Schon 1991 begann er in größerem Stil Brennesseln, Bohnenkraut, Thymian, Petersilie, Salbei und Sonnenhut zu kultivieren. Das verlangt zwar viel Arbeitseinsatz, sicherte ihn jedoch gegen erhebliche Preiseinbrüche beim Getreide ab.

## Hof Zippel-Raab

An der Fachhochschule Weihenstephan lernte Birgit Raab Markus Hastenpflug kennen, der damals seine Diplomarbeit über Amaranth, das Wunderkorn der Azteken (s. Bd. I/54), schrieb und in der Folge zum Experten und Befürworter dieser außerordentlich wertvollen Pflanze und ihres Anbaus in Deutschland wurde. Eine Packung Amaranth aus dem Naturkostladen überzeugte Birgit Raab und ihren Freund Günter Zippel vollends. So entschlossen sich die beiden 1990, auf einer kleinen Fläche des landwirtschaftlichen Betriebes, den Günter Zippel von seinen Eltern zur Pacht erhalten hatte, die drei besten Sorten aus dem Anbauversuch der Fachhochschule auszusäen. Im gleichen Jahr stellten sie den gesamten Betrieb auf biologisch-dynamische Wirtschaftsweise um. Das war nicht zuletzt die Konsequenz aus Günter Zippels jahrelangem Engagement im Naturschutz-Bund, das sich nicht mit konventionellem Anbau vereinbaren ließ.

Nach ersten positiven Erfahrungen wagten die beiden 1992 einen Sprung nach vorn und säten das Erntegut des Vorjahres auf 1,5 Hektar aus. Der Amaranth lohnte es ihnen und bescherte ihnen 1,5 Tonnen winzig kleine gelbe Amaranthsamen. Aber im Folgejahr brachte die verdoppelte Fläche nur den gleichen Ertrag. Da der nicht welkende Amaranth erst nach dem ersten Frost geerntet werden kann, der die Pflanze zum Absterben bringt, unterliegt er besonders stark den Launen des Wetters.

Die Milchviehhaltung mit 17 Kühen und deren Nachzucht bildet das Hauptstandbein des Hofes und versorgt die Kunden mit Rohmilch und Rindfleischpaketen. Aber auf dem 28 Hektar großen Betrieb baut das Paar neben Amaranth auch Roggen und Weizen sowie Feldgemüse wie Zwiebeln, Zuckermais, Möhren, Kartoffeln, rote Bete und anderes an. Günter Zippels Eltern helfen, mittlerweile ganz vom biologischen Anbau und der Qualität seiner Produkte überzeugt, kräftig mit. Sie kümmern sich hauptsächlich um das Federvieh, denn Scharen von Hühnern, Enten, Gänsen und Puten bevölkern den Hof. Da ist von der Glucke bis zum Küken wirklich alles vertreten, wovon sich Besucher selbst überzeugen können.

Als vielseitiges Bio-Projekt erlebt der Mühlenbetrieb eine Renaissance.

## Bieringer Mühle

Der idyllisch liegende Betrieb ist der letzte im Rottal, bei dem Landwirtschaft, Mühle und Stromerzeugung sich zu einer Einheit zusammenfügen. Josef Hofbauer hat daraus ein überzeugendes Bio-Projekt gemacht. Die Wasserturbine versorgt den eigenen Betrieb und liefert den Überschuß ins Stromnetz. Auf der Ackerfläche von 40 Hektar wird Getreide angebaut. Die wieder in Gang gesetzte Mühle schält Dinkel und Hafer und mahlt das übrige Getreide. Die Rot-Angus-Rinderherde, über die er ein Herdbuch führt, sorgt für einen runden Hofkreislauf und für das Fleischangebot im Hofladen.

Aus Liebe zu Landwirtschaft und Natur wurde Theo Mandel Ziegenbauer.

## Ziegenhof im Steigerwald

Der Drucker Theo Mandel und seine Frau Sabine kauften 1985 den leerstehenden Hof, auf dem es weder Wasser noch Strom gab. Nachdem sie ihn in der Freizeit renoviert hatten, begannen sie mit 4 Tieren eine Ziegenzucht. Inzwischen ist daraus eine Herde von 80 Ziegen geworden, und Theo Mandel arbeitet ganz als Landwirt. In der eigenen Käserei stellt er nun köstliche Frisch- und Weichkäse (s. S. 100), Rotschmierkäse und Camembert sowie halbfesten Schnittkäse her, der im Naturkeller reift. Den Ziegen stehen 15 Hektar an Kräuterwiesen zur Verfügung, auf denen die Mandels für den Winter Heu ernten.

Für die Familie Volk ist Landwirtschaft die schönste Lebensform.

## Hof Volk

Als Mitte der 80er Jahre in der Region Boxberg eine Autoteststrecke gebaut werden sollte, die die Existenz vieler Bauern bedrohte, bildete sich die Erzeugergemeinschaft Bundschuh, die nicht nur für die Bauern kämpfte, sondern sie auch von ökologischem Anbau zu überzeugen versuchte. So kam Werner Volk, der den 23 Hektar großen Familienbetrieb im Nebenerwerb führte, zur Biodynamik. Die Volks halten gut 20 Rinder, darunter 5 Kühe, und haben sich auf Getreide, dabei insbesondere auf Dinkel und Grünkern spezialisiert. Dazu versorgen sie ihre Kunden gern mit abwechslungsreichen Rezepten.

Haiko Winkler von Mohrenfels, der innovative Biobauer und Teichwirt.

## Landgut Schloß Hemhofen

Das Gut bei Erlangen ist einer der interessantesten Bio-Betriebe in Deutschland. Es ist eine der Wiegen des Gemüseabonnements (s. Bd. I/232) und versorgt mehr als 2 000 Haushalte direkt mit Gemüse, das sowohl aus eigenem Anbau als auch von anderen Bio-Höfen stammt. Neben Getreide, das zu Brot und Teigwaren weiterverarbeitet wird, gibt es Fleisch und diverse Wurstsorten im Angebot, die aus der vorbildlichen Schweine- (s. S. 26, 27) und Rinderhaltung stammen. Außerdem werden 20 Hektar Teiche zukunftsweisend auf biodynamische Weise bewirtschaftet (s. S. 58, 62).

## Dorfgemeinschaft Hausenhof

Zu Beginn der 80er Jahre erstand der Camphill Verein Nürnberg e.V,. eine sozialtherapeutische Einrichtung der Anthroposophen, den Hof der Familie Zeller nicht weit von Neustadt an der Aisch. Damit erfuhr der Verein eine entscheidende Erweiterung. Zu der Karl-König-Schule in Nürnberg, welche sich um seelisch pflegebedürftige Menschen, vor allem behinderte Kinder, kümmert, kam nun der Hausenhof, dessen Ziel und Aufgabe darin besteht, die Erwachsenen weiterzuführen. Die auf einer kleinen Anhöhe stehenden, nur von Wald, Wiesen und Feldern umgebenen Gebäude wurden renoviert und erweitert, um einer Dorfgemeinschaft Platz zu schaffen, die sich immer noch in einer Phase des Auf- und Ausbaus befindet. Sie möchte schließlich 60 Menschen die Möglichkeit geben, den sozialtherapeutischen Aspekt zu nutzen und in einer Gemeinschaft zu leben. In jedem Haus bilden ein Paar mit eigenen Kindern oder Alleinstehende den familiären Hintergrund und Kern, um den sich eine neue Gemeinschaft zusammenfügt, die bis zu zehn Behinderte aufnehmen kann. Gemeinsam stellen sie eine Hausgemeinschaft. Dabei verbinden sich Menschen mit unterschiedlichen Fähigkeiten und Behinderungen. Man arbeitet in verschiedenen Bereichen und Werkstätten. Landwirtschaft stellt dabei nur einen Teil des Ganzen dar, schafft aber den Rahmen und bietet mit den eigenen Produkten die Grundlage. Daneben gibt es noch eine Kerzenzieherei und eine Weberei, aus der Kissen und Decken, Schals und Westen, Teppiche und vieles mehr kommt. Zur Zeit leben auf dem Hausenhof etwa 60 Menschen, darunter sind knapp die Hälfte Mitarbeiter und deren Kinder und gut die Hälfte Behinderte.

In der Landwirtschaft folgt man selbstverständlich der biologisch-dynamischen Wirtschaftsweise und ist bestrebt, einen in sich geschlossenen Organismus und Kreislauf (s. Bd. I/12, II/200) zu schaffen. Zur Zeit befindet sich der Hof noch in einem Stadium der Entwicklung und verfügt über 7 Milchkühe und deren Nachzucht, einige Jungrinder, 4 Mastbullen sowie 8 Mastschweine. Eine große Herde von 104 Mutterschafen und deren Lämmern setzt die Hoftradition fort und sorgt für Produkte aus Lammfell. Die Milch wird in einer Hofkäserei verarbeitet.

Während für die Tierhaltung 15 Hektar Grünland zur Verfügung stehen, werden auf den 18 Hektar Ackerland Getreidearten wie Dinkel, Roggen, Weizen und Tritikale, aber auch diverse Hackfrüchte wie Kartoffeln, rote Bete, Möhren und Futterrüben angebaut. Wird auch ein Großteil der Erzeugung für den Eigenbedarf verwendet oder an die Mitglieder des Camphill Vereins geliefert, so gibt es doch ein großes Angebot, insbesondere an Fleisch und Wurstwaren, für andere Interessenten.

Weben ist eine wichtige Aktivität der Dorfgemeinschaft, die eine große Schafherde hält.

Im Gegensatz zum Ackerland wird der Gemüsegarten nur für den hohen Eigenbedarf bestellt.

Artgerechte Tierhaltung ist eine der Säulen des biodynamisch wirtschaftenden fränkischen Hofes.

# Auswahl von Bio-Höfen in Deutschland

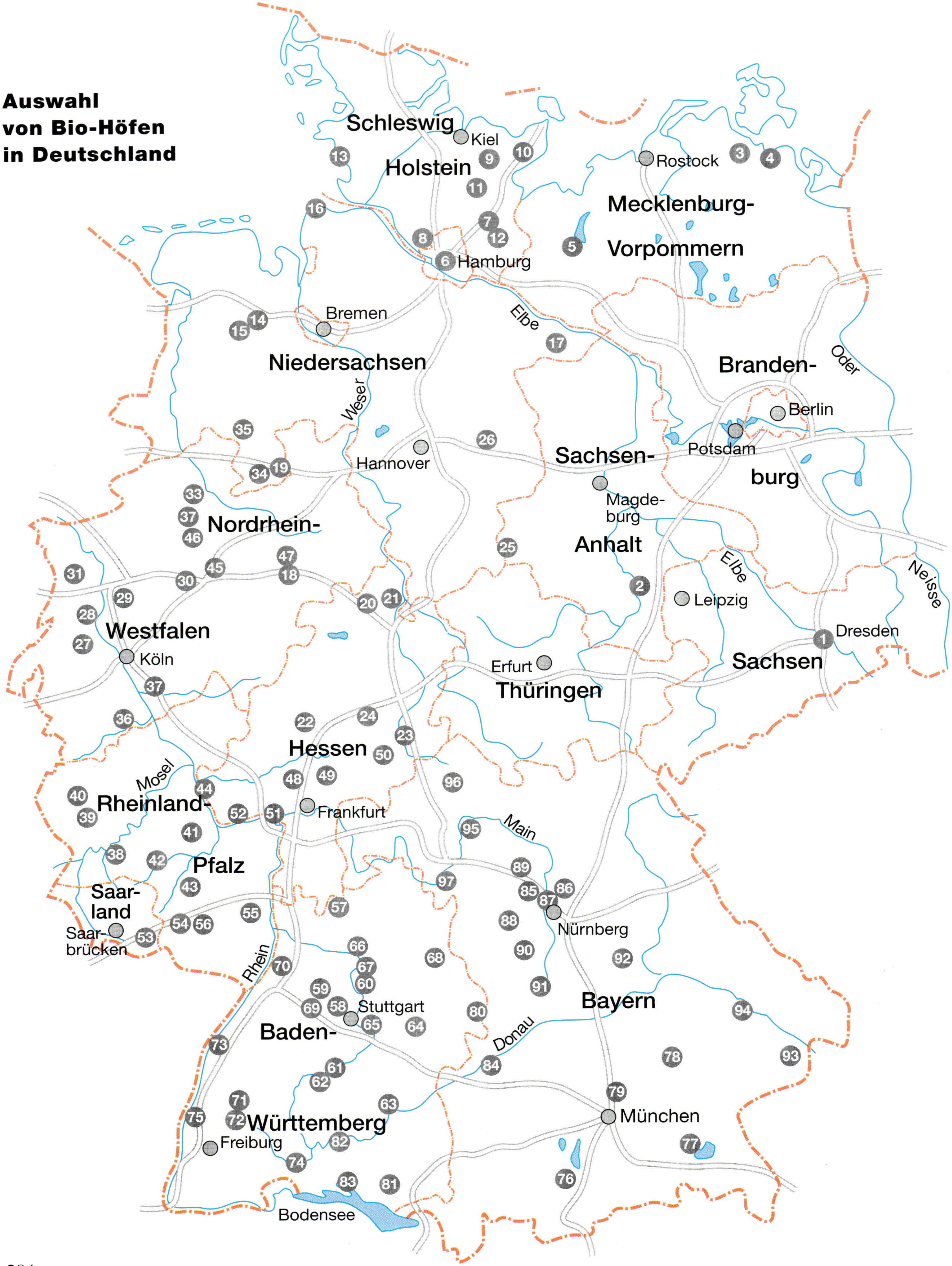

# Adressen der Bio-Höfe

Die Seitenangaben in Klammern verweisen auf die entsprechenden Hofporträts.

## Betriebe im Posteitzahlbezirk 00000 oder 10000

**1.** Gärtnerhof Veit Ludewig (S. 216)
Saalhausener Str. 66
01159 Dresden
Telefon (03 51) 4 11 65 14
Der Hof liegt innerhalb der Stadt.
Mit öffentlichen Verkehrsmitteln: Straßenbahn 7 und 10, Haltestelle Straßenbahnhof Nausslitz

**2.** Gutshof Döllnitz, Adolf Goedecke (S. 217)
06184 Döllnitz (bei Halle)
Telefon (03 45) 7 82 08 32
Direktverkauf nur nach telefonischer Vereinbarung

**3.** Ökologische Domäne Hohenwalde, Hans-Joachim Mautschke in Zusammenarbeit mit FU (S. 218)
17268 Hohenwalde (Post Ringenwalde)
Telefon (03 98 86) 3 55

**4.** Gut Strellin, Anne Schritt und Wilhelm Höper (S. 219)
17495 Strellin (bei Greifswalde)
Telefon (03 83 55) 2 71
Kein Direktverkauf

**5.** Gut Schwerin, Hofgemeinschaft Medewege (S. 217)
Hauptstr. 15
19055 Schwerin-Groß Medewege
Telefon (03 85) 5 50 91 54
A24, Ausfahrt Wittenburg, in Wittenburg erst die zweite Abfahrt nach Schwerin, in Schwerin Richtung Wismar, an der ersten großen Ampel links die Umgehungsstraße Richtung Medewege nehmen. Der Hof ist ausgeschildert.

## Betriebe im Posteitzahlbezirk 20000

**6.** Gärtnerei Sannmann (S. 227)
Ochsenwerder Norderdeich 55
21037 Hamburg
Telefon (0 40) 73 71 21 21
A1, Ausfahrt Moorfleth, in die erste Straße links einbiegen (Vier-und-Marschlande), danach in die zweite links (Tatenberger Deich). Der Tatenberger Deich geht direkt in den Norderdeich über.

**7.** Gut Wulfsdorf, Georg Lutz (S. 223)
Bornkampsweg 39
22926 Ahrensburg
Telefon (0 41 02) 5 11 09
A1, Ausfahrt Ahrensburg, auf der B75 Richtung Ahrensburg in den Ort reinfahren. Nach dem Ortsausgangsschild rechts in den Bornkampweg einbiegen. Nach ca. 1,5 km kommt der Hof, der ausgeschildert ist.

**8.** Hof und Laden am Schüberg, Gudula Paulitschek und Dieter Cordes (S. 229)
Wulfsdorfer Weg 31
22949 Hoisbüttel
Telefon (0 40) 6 05 10 93
Von Hamburg kommend die B434 Richtung Bargteheide nehmen. Zwischen Hamburg und Bargteheide liegt Hoisbüttel. Der Hof ist ausgeschildert.

**9.** Ute und Otto Witt (S. 227)
Lange Dörpstraat 18
23701 Gothendorf-Süsel
Telefon (0 45 21) 18 12
A1, Ausfahrt Scharbeutz, Richtung Pönitz, nach Pönitz Richtung Eutin, durch Gothendorf fahren. Der Hof ist ausgeschildert.

**10.** Wedig von Bonin (S. 221)
Hof Eichwerder
23730 Schashagen
Telefon (0 45 61) 99 10
A1, Ausfahrt Neustadt-Nord, auf der B501 Richtung Grömitz fahren. Nach ca. 3 km steht links eine Mühle, ca. 1 km weiter wird der Hof sichtbar.

**11.** Ute und Hans Richter-Harder (S. 228)
Dorfstr. 20
23829 Kükels
Telefon (0 45 52) 2 51
Auf der B432 von Bad Segeberg 6 km Richtung Norderstedt fahren, nach ca. 2 km rechts nach Kükels abbiegen. Am Ortseingang Hauptstraße nach rechts folgen. Nach ca. 300 m in der Linkskurve in einen kleinen Weg einbiegen.

**12.** Domäne Fredeburg (S. 220)
23909 Fredeburg
Telefon (0 45 41) 8 62 10
Der Hof liegt direkt an der B207 zwischen Mölln und Ratzeburg und ist ausgeschildert.

**13.** Irene und Volker Brandt (S. 225)
Koogchaussee 3
25762 Hedwigenkoog
Telefon (0 48 34) 22 42
A23, Ausfahrt Heide-Süd, Richtung Büsum, durch Oesterdeich und Westerdeich fahren. 5 km von Büsum hinter dem Landhaus rechts abbiegen nach Hedwigenkoog.

**14.** Kornblume (S. 226)
Alexanderstr. 21
26121 Oldenburg
Telefon (04 41) 88 51 25
A29, Ausfahrt Bürgerfelde, stadteinwärts Richtung Oldenburg fahren. Der Hof ist ausgeschildert.
Mit öffentlichen Verkehrsmitteln: Bus Linie 2 oder 3, Haltestelle Humboldtstraße (direkt vor der Haustür)

**15.** Hof Hatterwüsting, Anton Kastenholz (S. 228)
Fasanenweg 5
26209 Hatten (Oldenburg)
Telefon (0 44 81) 3 94
A29 Oldenburg – Visbek, Ausfahrt Sandkrug, Richtung Sandkrug, im Ort der Hauptstraße folgen. Nach 700 m hinter dem Ortsausgang links in den Voßbergweg und dann in die zweite Straße links (Fasanenweg) einbiegen. Am Hof befindet sich ein Schild.

**16.** Helga und Helmut Decker (S. 223)
Lüdingworther Str. 58
27478 Cuxhaven
Telefon (0 47 23) 71 31 61
Der Verbindungsstraße zwischen Cuxhaven-Altenweide und Cuxhaven-Lüdingworth folgen. Der Hof ist ausgeschildert.

**17.** Hartmut und Eckehard Schulz (S. 223)
Platenlaase 7
29479 Jameln (bei Dannenberg)
Telefon (01 71) 7 46 63 56
Von Dannenberg aus Richtung Schaafhausen und dann weiter auf der B248 Richtung Jameln fahren.

## Betriebe im Posteitzahlbezirk 30000

**18.** Heinrich Wienecke (S. 232)
Enkhausen 6
33154 Salzkotten-Verne
Telefon (0 52 58) 83 04
A44, Ausfahrt Geseke, in Geseke die B1 Richtung Salzkotten nehmen. Hinter Geseke links Richtung Verne abbiegen. Der Hof liegt ca. 100 m hinter der Kirche links.

**19.** Sigrid und Joachim Meyer zu Theenhausen (S. 233)
33824 Werther/Theenhausen
Telefon (0 52 03) 50 94
Von Werther Richtung Borgholzhausen fahren. Nach ca. 4 km rechts Richtung Melle abbiegen. Nach 200 m liegt links der Hof. Hofschild an der Straße

**20.** Baumschule Pflanzlust, Ulrike Peter und Heinrich Niggemeyer (S. 236)
Niederelsungerstr. 15
34466 Wolfhagen-Northfelden
Telefon (0 56 92) 86 35
A44, Ausfahrt Breuna, Richtung Wolfhagen, durch Niederelsungen fahren. Nächster Ort ist Nothfelden. Am Ortseingang rechts liegt die Baumschule, ist ausgeschildert.

**21.** Suchthilfe Hof Fleckenbühl (S. 231)
35091 Cölbe-Schönstadt
Telefon (0 64 27) 9 22 10
Der Hof liegt ca. 12 km von Kassel entfernt an der B3.

**22.** Manuela und Burkhard Frey (S. 234)
Amthausstr. 27
35428 Langgöns (bei Gießen)
Telefon (0 64 03) 7 27 58
A485, Ausfahrt Langgöns, in den Ort reinfahren, Vorfahrtstraße folgen, nach der Ampel rechts, nächste Straße rechts, bis zur Kreuzung weiterfahren. Der Hof ist ein Haus mit Quelle-Laden.

**23.** St. Antoniusheim (S. 237)
An St. Kathrin 4
36041 Fulda
Telefon (06 61) 10 97 83
A7 Richtung Kassel, Ausfahrt Fulda, in Fulda in die Frankfurter Straße reinfahren, links abbiegen Richtung Alsfeld, an Neuenberg in die Haimbacher Straße abbiegen, vor dem Autohaus Opel Richtung Haimbach fahren, nächste Straße rechts, ab hier ist der Hof ausgeschildert.
Mit öffentlichen Verkehsmitteln: Zug bis Bahnhof Fulda, Stadtbus nach Heimbach, Haltestelle Antoniusheim

**24.** Marlies und Karl-Heinz Kasper (S. 238)
Am Oberhof 8
36304 Alsfeld-Liederbach
Telefon (0 66 31) 7 11 44
A5 Frankfurt – Kassel, Ausfahrt Alsfeld-West, noch ca. 1 km

**25.** Marienhof Förste (S. 236)
Wassergasse 17
37520 Osterode-Förste
Telefon (05 22) 8 41 61
Schnellstraße Seesen – Bad Lauterberg, von Osterode Richtung Nordsheim, rechts Richtung Bad Gandersheim abbiegen. In Förste: Die Wassergasse geht rechts von der Hauptstraße ab, gegenüber der Volksbank, letzter Hof rechts.

**26.** Albert Schäfer (S. 232)
Aueweg 2a
38176 Wendeburg
Telefon (0 53 03) 17 28
A2, Ausfahrt Braunschweig-Nord, Richtung Wartenbüttel – Braunschweig, rechts nach Wendeburg in die Neue Straße abbiegen, bis Aueweg fahren. Das Hinweisschild ist von Straße aus zu sehen.

## Betriebe im Posteitzahlbezirk 40000

**27.** Haus Neuenhoven, Franz Josef Essers (S. 241)
41363 Jüchen/Neuenhoven
Telefon (0 21 65) 23 36
A46, Ausfahrt Grevenbroich-Bedbodyck, ca. 5 km Richtung Neuenhoven fahren. Der Hof ist im Ort ausgeschildert.

**28.** Lammertzhof, Petra und Heiner Hannen (S. 239)
41564 Kaarst-Büttgen
Telefon (0 21 01) 51 82 20
A57, Ausfahrt Neuss-Büttgen, Richtung Büttgen – Mönchengladbach, siebte Ampel rechts Richtung Sportzentrum Büttgen, nächste Ampel links Richtung Driesch – Vorst. Der Hof liegt auf der rechte Seite (Hinweisschild).
Mit öffentlichen Verkehrsmitteln: S8 Hagen – Düsseldorf – Mönchengladbach, Haltestelle Büttgen, von dort 10 Min. zu Fuß, Driescher Straße, aus dem Ort, erster Hof rechts

**29.** Maria und Siegfried Kuhlendahl (S. 243)
Windrather Str. 190, im Judt
42553 Velbert
Telefon (0 20 53) 32 36
A46, Ausfahrt Karntenberg, ca. 2 km Richtung Judt, einbiegen in die Straße »Am Elisenheim«, bis zum Ende fahren, links abbiegen, danach sofort rechts. Nach ca. 1 km ist ein blaues Silo sichtbar. Am Hof befindet sich ein Schild.

**30.** Werkhof Gärtnerei (S. 240)
Werzenkamp 30
44329 Dortmund-Grevel
Telefon (02 31) 23 732
A2, Ausfahrt Derne, Richtung Grevel, am Ortsausgang Richtung Scharnhorst fahren.
Mit öffentlichen Verkehrsmitteln: U42 Richtung Grevel, bis Endstation fahren, rechts in den Ort einbiegen, nächste Straße rechts. Am Ortsausgang links ist der Werkhof sichtbar (linke Seite, letztes Haus), Schild am Hof.

**31.** Imkerei Rainer Fehlemann und Annette Braun (S. 242)
Teuwsenweg 4
47608 Geldern
Telefon (0 28 31) 8 01 90

**32.** Familie Bölling (S. 242)
Dorfbauernschaft 109
48308 Senden
Telefon (025 97) 83 49
B235 am Kanal in Senden Richtung Ascheberg fahren, nach 800 m erste Straße links, nach ca 1,5 km den zweiten Weg rechts bis zum Ende fahren. Hof ist ausgeschildert.

**33.** Gärtnerhof drunter & drüber (S. 238)
Entrup 119
48341 Altenberge
Telefon (0 25 05) 33 61
Öffnungszeiten: Fr 16.30 –18.30 Uhr
A1, Ausfahrt Münster-Nord, von Süden kommend Richtung Nienberge – Altenberge, in Altenberge ca. 4,5 km Richtung Greven fahren. Der Hof ist ausgeschildert.

**34.** Norbert Meyer (S. 241)
Holtingstr. 5
49326 Melle-Neuenkirchen
Telefon (0 54 28) 19 19
A30, Ausfahrt Mölle-Ost, Richtung Borgoldshausen, hinter Sondermühl Richtung Bielefeld, nach ca. 3 km rechts Richtung Bielefeld, erste Straße links, erster Hof links

**35.** Wilhelm Roddewig (S. 240)
Rolkerskamp 8
49565 Bramsche-Engter
Telefon (0 54 68) 17 32
A1, Ausfahrt Bramsche, Richtung Engter, erste Straße rechts (Engter Nebenstrecke), hinterm Ortsschild erste Straße rechts

## Betriebe im Posteitzahlbezirk 50000

**36.** Wolfgang und Edith Simons (S. 287)
Landhof
Altbroicher Weg
53501 Grafschaft-Gelsdorf
Telefon (0 22 25) 48 55
A61 Richtung Meckenheimer Kreuz, Ausfahrt Grafschaft, Richtung Gelsdorf fahren. Der Hof ist ausgeschildert.

**37.** Dr. Helmut Hüsgen (S. 248)
Auf der Sandkaule 22
53773 Hennef-Süchterscheid
Telefon (0 22 48) 26 84
B8 bis Uckerath, links abbiegen Richtung Eitorf, nach ca. 2 km kommt Süchterscheid. Der Hof ist ausgeschildert.

**38.** Margreth und Johannes Portz (S. 247)
Fellerhof
54341 Fell
Telefon (0 65 00) 4 88
A1, Ausfahrt Fell-Longuich, bis Fell fahren, Richtung Thomm bis Ortsende, noch ca. 5 km bis zum Hof. Ab Ortsende ist der Hof ausgeschildert.

**39.** Hof Kreuzberg, Drs. Uta und Hans-Günther Müller-Lindenlauf (S. 248)
54484 Maring-Noviand
Telefon (0 65 35) 76 03
A4 Koblenz – Trier, Ausfahrt Wittlich, links über Wittlich – Wengerohr – Platten – Osann fahren. Noviand liegt links, der Hof rechts im Feld.

**40.** Ulmenhof, Stefan und Ute Frangen (S. 246)
Haupstr. 17
54552 Sarmersbach
Telefon (0 65 92) 3712
B258 Nürburgring, Richtung Kelberg, Richtung Daun, links nach Sarmersbach abbiegen. Der Hof ist ausgeschildert.

**41.** Dinkel-Naturkost-Hof Planz (S. 244)
Füllenbacher Hof
55444 Seibersbach
Telefon (0 67 24) 86 47
A61, Ausfahrt Rheinböllen, Richtung Stromberg, auf halber Strecke Wegweiser nach Seibersbach, dem Wegweiser folgen, über die Bahnschienen zum Ortsteil Autishof. Ab Autishof ist der Hof ausgeschildert.

**42.** Bannmühle, Hans Pfeffer und Stefanie Dilling (S. 247)
Staudenheimer Str. 1
55571 Odernheim am Glan
Telefon (0 67 55) 10 53
A61 Koblenz – Ludwigshafen, Ausfahrt Bad Kreuznach, Richtung Bad Kreuznach fahren, dort Richtung Idar-Oberstein auf der B41 weiterfahren bis Waldböckelheim. Dort nach Meisenheim abbiegen, durch zwei Ortschaften fahren (Oberstreit und Staudernheim). Odernheim ist der dritte Ort. In Odernheim: Vor der Brücke über den Glan links abbiegen (Zufahrt zur Mühle).

**43.** Betriebsgemeinschaft Bornwiesenhof (S. 246)
Hußweilerstr. 40
55767 Hußweiler
Telefon (0 67 87) 12 40
B41 von Bad Kreuznach Richtung Böckenfeld fahren, in Nieder-Brombach rechts abbiegen, Richtung Schwollen weiterfahren. Der erste Ort ist Hußweiler. Schild am Hof

**44.** Inge und Dietmar Bonn (S. 244)
Taunusstr. 31
56357 Kasdorf
Telefon (0 67 72) 85 94
Bei St. Goarshausen (Loreley) die B274 Richtung Bogel fahren. In Bogel Richtung Kasdorf abbiegen.

**45.** Ulrike und Friedrich Ostendorff (S. 250)
Hanenstr. 5
59192 Bergkamen-Weddinghofen
Telefon (0 23 07) 6 22 81
A2, Ausfahrt Kamen/Bergkamen, B61 Richtung Lünen, erste Ampel rechts (Buckenstraße), sofort wieder rechts in den Turmweg (Anlieger frei). Der Hof ist ausgeschildert.
A1 Ausfahrt Kamen/Unna-Königsborn, Richtung Kamen, B61 Richtung Lünen, hinter Autobahnbereich (A2) erste Ampel rechts (Buckenstraße), sofort wieder rechts in den Turmweg (Anlieger frei). Der Hof ist ausgeschildert.
Mit öffentlichen Verkehrsmitteln: Bahnhof Kamen, Bus Linie R11, Richtung Lünen, oder R81, Richtung Werne, Haltestelle Wellenbad. Parkplatz überqueren und dem Weg am Sportplatz entlang folgen. Rechts liegt der Hof.

**46.** Antonia und Paul Altfeld (S. 244)
Altefelds Holz 1
59394 Nordkirchen
Telefon (0 25 96) 6 75
A1, Ausfahrt Ascheberg, Richtung Lüdinghausen, hinter Ascheberg nach der Eisenbahnunterführung links abbiegen. Nach ca. 5 km liegt auf der linken Seite ein Wanderparkplatz. Links abbiegen. Nach ca. 1 km kommt der Hof, der ausgeschildert ist.

**47.** Gudrun und Hansdieter Blume (S. 245)
Sauerstr. 19
59505 Bad Sassendorf-Lohne
Telefon (0 29 21) 5 13 40
A44 Richtung Kassel, Ausfahrt Soest-Ost/Bad Sassendorf, B1 Richtung Bad Sassendorf, durch den Ort fahren. Weiterfahren auf der B1. In Lohne: Auf der Dorfstraße rechts, zweite Straße hinter der Kirche links (Sauerstraße) bis zum Ende durchfahren, letzter Hof auf der linken Seite.

## Betriebe im Posteitzahlbezirk 60000

**48.** Betriebsgemeinschaft Dottenfelder Hof (S. 259)
Hollerbach
61118 Bad Vilbel
Telefon (0 61 01) 6 45 14
B3 Richtung Friedberg, an der Abzweigung Nidderau bis zur Verkehrsinsel fahren, links abbiegen, ca. 200 m bis zum Hof. Der Hof ist ab der Verkehrsinsel ausgeschildert.
Mit öffentlichen Verkehrsmitteln: S-Bahn von Frankfurt am Main, S6 Richtung Friedberg, Haltestelle Bad Vilbel, ca. 1,5 km zu Fuß bis zum Hof

**49.** Dagmar Hoffmann und Thorsten Nagel (S. 258)
Buchenstr. 26
61169 Friedberg
Telefon (0 60 31) 91 11 45
A5, Ausfahrt Friedberg, B275 Richtung Friedberg

**50.** Kastanienhof, Dieter Althaus und Margot Palmen-Althaus (S. 252)
Völzberger Str. 14
63633 Birstein Lichtenroth
Telefon (0 66 68) 13 20
Von Frankfurt am Main aus: A66 bis Wächtersbach, auf der B276 Richtung Lauterbach, hinter Birstein die beiden Ortschaften Fischborn und Wettges durchqueren, dann kommt Lichterroth.
Von Lauterbach aus: Auf der B275 Richtung Friedberg bis Hartmannsheim fahren, kurz danach links in die B276 einbiegen, Richtung Birstein – Bad Orb, zweiter Ort links.

**51.** Staatsdomäne Mechthildshausen (S. 254)
65205 Wiesbaden-Erbenheim
Telefon (06 11) 7 37 40
Kasten: Die Wiesbadener Jugendwerkstatt 40 à 40
A66, Ausfahrt Mainz-Kastell, A455, Ausfahrt Wiesbaden Airbase. Ab da ist der Hof ausgeschildert.

**52.** Betriebsgemeinschaft Hof Fischbach (S. 257) 65307 Bad Schwalbach-Fischbach
Telefon (0 61 24) 91 19
A61, Ausfahrt Eltville-Mitte, über Kiedrich, in Kiedrich Richtung Hausen fahren und in Hausen Richtung Fischbach. Der Hof liegt zwischen Hausen und Fischbach.

**53.** Haus Sonne, Gislinde und Georg Mayer (S. 253)
Neukahlenberger-Hof
66440 Blieskastel
Telefon (0 68 42) 5 14 01
A8, Ausfahrt Homburg-Einöd, Richtung Gersheim, am Ortsausgang Richtung Mimbach, danach Richtung Altheim, zweiter Hof rechts (nach der Abzweigung). Der Hof ist ausgeschildert.

**54.** Gestüt Sickinger Höhe, Dr. Ernst Guth (S. 253)
Eckstr. 16
66994 Langwieden
Telefon (0 63 34) 50 61
A6 Richtung Saarbrücken, im Bereich Zwickinger Höhe Ausfahrt Landstuhl, noch ca. 3 km bis Langwieden

**55.** Weingut Rainer Eymann (S. 258)
Ludwigstr. 35
67161 Gönnheim
Telefon (0 63 22) 28 08
A61 Speyer – Krefeld, am Autobahnkreuz Ludwigshafen Richtung Bad Dürkheim fahren, links Richtung Gönnheim einbiegen. Im Ort: Immer geradeaus bis zur Gabelung, danach links einbiegen. Der Hof liegt auf der linken Seite schräg gegenüber der Kirche.

**56.** Waltraut und Gerd Lang (S. 259)
Hauptstr. 22
67688 Rodenbach (bei Kaiserslautern)
Telefon (0 63 74) 40 81
A6 Richtung Saarbrücken, Ausfahrt Kaiserlautern-West, Richtung Lauterecken – Weilerbach, auf der Umgehungsstraße Richtung Siegelbach Tierpark fahren. Der nächste Ort ist Rodenbach. Rechts liegt der Hof. Er ist mit dem Schild »Bioland-Hof« gekennzeichnet.

**57.** Hiltrud Rein und Hans Lubig (S. 252)
Hof Breitenstein
Breitenstein 2
69412 Eberbach
Telefon (0 62 71) 17 21
Von Heidelberg aus die B37 Richtung Eberbach nehmen. Die erste Straße links Richtung Stadtmitte abbiegen, danach noch ca. 1,5 km den Berg hochfahren. Der Hof ist ausgeschildert.

## Betriebe im Posteitzahlbezirk 70000

**58.** Wilfried Grieshaber (S.261)
Im Weidle 3
71254 Ditzingen-Hirschlanden
Telefon (0 71 56) 3 96 54
A 81 Heilbronn – Stuttgart, Ausfahrt Ditzingen, durch Ditzingen nach Hirschlanden durchfahren bis zum Kreisverkehr. Am Kreisverkehr geradeaus Richtung Heimerdingen, ca. 500 m nach dem Kreisverkehr links abbiegen, ausgeschildert mit »Aussiedlerhöfe im Weidle«, bis zum dritten Hof fahren.

**59.** Braun GbR (S. 268)
Hohberg 12
71665 Vaihingen/Enz-Aurich
Telefon (0 70 42) 66 69
B10 über Mühlacker – Illingen, hinter Illingen 3 km bis zur Abzweigung Richtung Aurich fahren. An der ersten großen Kreuzung Richtung Großglattbach abbiegen. Nach ca. 100 m links ist es der erste Hof auf der rechten Seite.

**60.** Tylo Strehnisch (S. 263)
Mittlerer Weg 3
71691 Freiberg/Neckar
Telefon (0 71 41) 7 14 89
A81, Ausfahrt Ludwigsburg-Nord, Richtung Freiberg-Nord und Schloß Monrepos, vor Freiberg-Nord links abbiegen Richtung Ingersheim und Besigheim. Nach 800 m und nach dem Verkehrszeichen »Fahrradfahrer« links in den »Mittleren Weg« abbiegen. Den Berg hochfahren bis zur Hausnummer 3.

**61.** Anneliese und Rudolf Trescher (S. 269)
Wilonstr. 28
72072 Tübingen-Weilheim
Telefon (0 70 71) 7 34 62
A 81, Ausfahrt Herrenberg, Richtung Tübingen fahren. Vor Tübingen Richtung Rottenburg abbiegen. Der erste Ort ist Weilheim.
Mit öffentlichen Verkehrsmitteln: Linienbus Richtung Rottenburg, Haltestelle Weilheim

**62.** Ingo Mordhorst und Albin Leute (S. 265)
Fischermühle
72348 Rosenfeld
Telefon (0 74 28) 35 45

**63.** Annette Bürkle und Bernhard Stockmeyer (S. 261)
Maisenburg
72534 Hayingen
Telefon (0 73 86) 5 94
Bis Frühjar 1997 wird der Betrieb vorerst eingestellt.
Ab Frühjahr 1997: Loretto-Hof bei Zwiefalten
B 312 bis Zwiefalten, ab hier Richtung Sonderbuch fahren. Bei der Gabelung im Wald links abbiegen Richtung Hayingen. Der ausgeschilderte Hof ist auf dem Berg sichtbar.

**64.** Iltishof, Hans und Elisabeth Brunner (S. 266)
73037 Göppingen
Telefon (0 71 61) 81 21 92
A8, Ausfahrt Aichelberg, Richtung Göppingen über Bad Boll – Dürnau – Gammelshausen – Heinigen, von Heinigen ca. 4 km bis Göppingen, Abzweigung nach links bei Ausschilderung »Müllheizkraftwerk«, am Kraftwerk entlang noch ca. 1,5 km weiter zum Hof (Einzelhof-Lage)

**65.** Iris und Erich Zimmermann (S. 268)
Buchenhof 1
73257 Köngen/Esslingen
Telefon (0 70 24) 8 16 34
Auf der B313 zwischen Köngen und Wendlingen, Richtung Denkendor, Ort durchqueren, am Ortsausgang nach der Gärtnerei rechts abbiegen. Ab der Hauptstraße ist der Hof ausgeschildert.

**66.** Haaghof, Gottheld und Walther Kress (S. 260)
74239 Hardthausen-Gochsen
Telefon (0 71 39) 14 34
A81, Ausfahrt Hardthausen, ca. 500 m in Richtung Gochsen (Kochertal), vor der Brücke rechts hoch Richtung Hof abbiegen. Der Hof ist ab der Brücke ausgeschildert.

**67.** Obsthof Böhringer (S. 265)
Im Klee 4
74360 Ilsfeld
Telefon (0 70 62) 6 16 20
A81, Ausfahrt Ilsfeld, Richtung Ilsfeld fahren, den Ort durchqueren. Am Ortsende links Richtung Schozach abbiegen. »Aussiedlerhöfe Klee« ist ausgeschildert, nächster Feldweg rechts reinfahren. Es ist der vierte Hof.

**68.** Norbert und Anne-Berit Fischer (s. 267)
Blaufelder Str. 49
74595 Langenburg-Atzenrod
Telefon (079 05) 475
A81, Ausfahrt Ilshofen, Richtung Langenburg, in Langenburg Richtung Blaufelden. Der nächste Ort ist Atzenrod.

**69.** Familie Blessing (s. 269)
Beim Hohen Kreuz 30
75446 Wiernsheim
Telefon (0 70 44) 92 05 66
A66, Ausfahrt Pforzheim-Ost, Richtung Pinache, abbiegen Richtung Wiernsheim. Zwischen Wiernsheim und Pinache ist der Aussiedlerhof an der Straße ausgeschildert.

**70.** Beate und Helmut Petrik (S. 269)
Am Heulenberg
76327 Pfinztal-Berghausen
Telefon (07 21) 46 07 28
B10 Richtung Böschbach. Der Hof liegt zwischen Berghausen und Böschbach rechts am Wald und ist ab der Kreisstraße ausgeschildert.

**71.** Armin und Elisabeth Reber (S. 266)
Dorfstr. 13
77736 Unterentersbach
Telefon (0 78 35) 31 26
Von Freiburg die Schönberger Straße über Lahr nehmen, auf der B33 links Richtung Zell, nach Unterentersbach reinfahren, bis zum Bach, rechts am Bach entlang Richtung Oberentersbach, zweiter Hof links (über kleine Brücke)

**72.** Lixenhof, Jakob Walter (S. 262)
Mühlsbach 13
77790 Welschensteinach
Telefon (0 78 32) 88 98
A5, Ausfahrt Offenburg, auf der B33 Richtung Villingen fahren. An der B33 liegt der Ort Steinach. Von dort aus sind es ca. 7 km bis zum Hof in Richtung Welschensteinach. Hof liegt an der Hauptstraße am Ortsausgang.

**73.** Banaterhof, Kurt und Hans Bartelme (S. 264)
77866 Honau bei Rheinau
Telefon (0 78 44) 14 34
B5, Ausfahrt Achern, Richtung Rheinau, links nach Rheinbischoffsheim abbiegen. B36 nach Diersheim und Honau nehmen. In Honau nach der Kirche links abbiegen zum Ort, dann rechts. Der Hof ist ausgeschildert.

**74.** Hof Bogenschütz (S. 260)
Fürstenbergstr. 12
78183 Hüfingen-Sumpfohren
Telefon (07 71) 6 28 49
A81, Ausfahrt Gelsingen, die B31 Richtung Neudingen und Hüfingen fahren. Nach der Kreuzung mit der B27 Richtung Hüfingen abbiegen.

**75.** Gärtnerhof Christian und Andrea Hiß (S. 264)
Hauptstr. 140
79356 Eichstetten
Telefon (0 76 63) 45 73
A5, Ausfahrt Teningen, Richtung Eichstetten, nächster Ort nach der Ausfahrt

## Betriebe im Posteitzahlbezirk 80000

**76.** Thalerhof, Familie Taffertshofer (S. 270)
82395 Abertshausen
Telefon (0 88 47) 8 04
A95 Ausfahrt Sindelsdorf, auf der B472 Richtung Schongau. 1 km vor Obersöchering abbiegen Noch ca. 800 m bis zum Hof fahren. Der Hof ist ausgeschildert.

**77.** Franz Eitzinger (S. 275)
Hauptstr. 5
83119 Obing-Frabertsham
Telefon (0 86 24) 24 87
Der Hof liegt an der B304 zwischen Wasserburg am Inn und Traunstein (Richtung Chiemsee). Nach Frabertsham reinfahren. Während der Pflückzeit (Mitte Juni bis Oktober) ist der Hof ab Frabertsham ausgeschildert.

**78.** Anita und Lothar Fröschl (S. 275)
Schollenweg 12
84056 Niedereulenbach
Telefon (0 87 81) 16 32
A93 Regensburg – München, Ausfahrt Bachl, Richtung Ruhr fahren. Niedereulenbach durchqueren, am Ortsausgang letzte Abzweigung rechts. Straße bis zum Ende durchfahren. Der Hof ist mit einem Schild gekennzeichnet.

**79.** Rosa und Arthur Stein (S. 271)
Scharlhof 1
85244 Röhrmoss
Telefon (0 81 39) 86 49
Von Dachau aus nach Norden Richtung Indersdorf fahren, durch Hebertsheim – Antermofing – Lotzbach. Dem Schild nach Schönnbrunn folgen. Ca. 1 km nach Röhrmoss nicht links ins Dorf reinfahren, sondern rechts abbiegen. Der Hof ist an der Straße ausgeschildert.

**80.** Wolfgang Geiss (S. 274)
Schrattenhofen 5
86655 Harburg/Schwaben
Telefon (0 90 85) 2 73
Auf der B2 Richtung Donauwörth fahren. Weiterfahren auf der B25 Richtung Harburg, durch Harburg durchfahren Richtung Hoppingen, bei Hoppingen abbiegen auf die Landstraße. Schrattenhofen ist der erste Ort.

**81.** Peter Bentele (S. 275)
Wellmutsweiler 2 – Laimnau
88069 Tettnang
Telefon (0 75 28) 23 80
Von Friedrichshafen aus die Seestraße Richtung Lindau fahren, nach Tettnang abbiegen. Von Tettnang aus Richtung Kressbron, an der Gießenbrücke links abbiegen Richtung Laimnau. In Laimnau gegenüber von der Tankstelle rechts abbiegen, nach dem Ortsausgang wiederum rechts, geradeaus weiter. Am Hof befindet sich ein Schild.

**82.** Hans-Ulrich Andres (S. 272)
Jahnstr. 60
88605 Meßkirch
Telefon (0 75 75) 29 97
A81, Ausfahrt Tuttlingen, Richtung Tuttlingen fahren. Von Tuttlingen Richtung Ulm nach Meßkirch und in Meßkirch Richtung Lahnstadion fahren.

**83.** Helchenhof, Martin Hahn (S. 276)
88662 Überlingen/Bonndorf
Telefon (0 77 73) 92 08 30
A81 Singen – Stockach, Ausfahrt Stockach, Richtung Winterspüren, rechts nach Bonndorf abbiegen. Der Hof liegt zwischen Winterspüren und Bonndorf in Walperzweiler und ist in Walperzweiler ausgeschildert.

**84.** Hildegard und Erhard Knötzinger (S. 271)
OT Weilheim 2
89434 Blindheim
Telefon (0 90 74) 49 74
Auf der B16 zwischen Dillingen und Donauwörth fahren. Blindheim liegt zwischen Unterglaubheim und Schwenenbach. In Blindheim Richtung Bahnhof fahren, dann Richtung Unterglaubheim. Nach ca. 1 km kommt Weilheim. Der Hof liegt links neben der Kapelle.

## Betriebe im Posteitzahlbezirk 90000

**85.** Baumschule Werner Oppel (S. 279)
Dillenbergstr. 13
90579 Langenzenn
Telefon (0 91 01) 28 62
Der Hof liegt in Stinzendorf, einem Ortsteil von Langenzenn. Die B8 Richtung Langenzenn nehmen. Stinzendorf liegt ca. 1 km südlich. Ab Ortseingang ist Hof ausgeschildert.

**86.** Jutta und Manfred Weller (S. 280)
Alter Markt 1
91056 Erlangen-Büchenbach
Telefon (0 91 31) 99 27 48
Büchenbach liegt westlich von Erlangen. Der Hof liegt am Stadtrand im alten Dorfkern neben der Kirche und ist ausgeschildert.
Mit öffentlichen Verkehrsmitteln: Bus 286 und 287, Haltestelle Alter Markt

**87.** Landgut Schloß Hemhofen, Haiko Winkler von Mohrenfels (S. 278)
91334 Hemhofen
Telefon (0 91 95) 24 03

**88.** Camphill Dorfgemeinschaft Hausenhof (S. 283)
Altheim 59
91463 Deltersheim
Telefon (0 91 64) 12 00 und 12 99
Von Höchstadt kommend auf der B470 hinter Neustadt rechts abbiegen nach Dottenheim. Durch den Ort durchfahren. Danach sind es noch ca. 3 km bis zum Hof.

**89.** Sabine und Theo Mandel (S. 281)
Herpersdorf 20
91483 Oberscheinfeld
Telefon (0 91 62) 76 19
A3, Ausfahrt Geiselwind, über Haag – Prühl – Oberscheinfeld nach Herpersdorf

**90.** Birgit Raab und Günter Zippel (s. S. 280)
Lindendorf 7
91746 Weidenbach
Telefon (0 98 26) 96 71 und 15 46
A6, Ausfahrt Ansbach-Mitte, ca. 6 km auf der B13 Richtung Gunsenhausen fahren. Leidendorf liegt direkt an der B13. Am Hof befindet sich ein Demeter-Schild.

**91.** Schloßgut Möhren, Erich Degen (S. 278)
91757 Treuchtlingen
Telefon (0 91 42) 29 92
B2 Richtung Treuchtlingen. Der Hof liegt 4 km von Treuchtlingen entfernt und ist unmittelbar nach Treuchtlingen ausgeschildert.
Mit öffentlichen Verkehrsmitteln: Bahnhof Treuchtlingen, 4 km zu Fuß bis zum Hof

**92.** Helga und Hermann Heiselbetz (S. 277)
Ellmannsdorf 5
92360 Mühlhausen/Oberpfalz
Telefon (0 91 85) 10 20
A3 Nürnberg – Regensburg, Ausfahrt Neumarkt (Oberpfalz), die B299 Richtung Mühlhausen nehmen. In Mühlhausen rechts Richtung Ellmansdorf fahren, das ca. 2 km entfernt liegt. Der Hof ist ausgeschildert.

**93.** Bieringer Mühle, Josef Hofbauer (S. 281)
Niedermühle 2
94086 Griesbach
Telefon (0 85 32) 25 52
Der Hof liegt direkt an der B388 vor Karpfham im Rottal, ca. 5 km von Bad Griesbach entfernt. 1 km vor Karpfham weisen zwei Schilder auf den Hof hin.

**94.** Xaver Starzer (S. 279)
Wallersdorfer Moos 19
94522 Wallersdorf
Telefon (0 99 33) 8 91 92
A92, Ausfahrt Wallersdorf, Richtung Landau. Der Hof liegt auf halber Strecke. Das Schild »Bioland-Hof« ist von der Straße aus sichtbar.

**95.** Christian Hennings (S. 280)
Hadergasse 12
97525 Schwebheim
Telefon (0 97 23) 48 05
Schwebheim liegt ca 50 km südlich von Schweinfurt. A70 Ausfahrt Schweinfurt, auf der B286 Richtung Gerolzhofen fahren. Die erste Ausfahrt ist Schwebheim. Der Hof liegt im alten Dorfkern hinter der evangelischen Kirche.

**96.** Dietmar und Klara May (S. 278)
Wülfershauserstr. 8
97618 Hollstadt-Junkershausen
Telefon (0 97 23) 48 05

**97.** Werner Volk (S. 282)
Steinstr. 23
97944 Boxberg-Angeltürn
Telefon (0 79 30) 28 44
A81, Ausfahrt Boxberg, auf der B292 ca. 4 km Richtung Boxberg fahren. Von Boxberg aus sind es nochmal ca. 4 km bis Angeltürn.

**Anmerkung:**
Die in diesem Band vorgestellten Bio-Höfe stellen lediglich eine Auswahl dar und versuchen ein Bild der Bio-Hof-»Landschaft« Deutschlands zu vermitteln.
Die Zusammenstellung erhebt keinerlei Anspruch auf Vollständigkeit und ist in keiner Weise wertend aufzufassen.

# Die EG-Bioverordnung

Der Agrarministerrat der Europäischen Union hat im Juni 1991 eine »Verordnung über den ökologischen Landbau und die entsprechende Kennzeichnung der landwirtschaftlichen Erzeugnisse und Lebensmittel« verabschiedet. Diese VO 2092/91/EWG, die am 1.1.1993 in allen Mitgliedsstaaten der EU in Kraft trat, gilt vorerst nur für pflanzliche Erzeugnisse. Eine Einigung in Bezug auf artgerechte Tierhaltung und die daraus resultierenden Produkte ist bislang nicht zustande gekommen.
In der bestehenden Verordnung werden Mindestanforderungen an die Erzeugung von Produkten gestellt, die als ökologisch, biologisch, organisch, naturnah oder ähnlich gekennzeichnet und als solche beworben werden. Sie müssen den in der Verordnung aufgeführten Produktionsnormen entsprechen. Ihr wichtigster Abschnitt bezieht sich auf Mindestnormen für den ökologischen Landbau und listet im Anhang sowohl sämtliche zugelassenen Dünger- und Pflanzenschutzmittel wie auch die Zutaten und Zusatzstoffe natürlicher Herkunft auf, die bei der weiteren Verarbeitung zugelassen sind.
Die Erzeuger müssen sich regelmäßig von einer staatlich zugelassenen Kontrollorganisation überprüfen lassen (s. S. 201). Die nach EG-Bio-Standard erzeugten Produkte dürfen mit der Prüfnummer und dem Hinweis »Ökologische Agrarwirtschaft – EWG-Kontrollsystem« gekennzeichnet werden. Die an die Erzeuger gestellten Anforderungen sind weniger streng als die Richtlinien der einzelnen Anbauverbände. So wird zum Beispiel keine Umstellung des gesamten Betriebes gefordert, so daß Teile auch weiterhin konventionell bewirtschaftet werden dürfen, was die Verbände nicht zulassen.
Aber die EG-Verordnung hat nicht nur ein Mindestmaß an Übereinstimmung in den Ländern der Gemeinschaft festgelegt, ihre Anforderungen gelten auch für ökologische Produkte, die importiert werden. Die Erzeugerländer müssen nachweisen, daß ihre Öko-Produkte gleichen Maßstäben entsprechen, wie dies zum Beispiel Österreich, die Schweiz und Israel tun. Aber auch Importeuren ist die Möglichkeit gegeben, in einem komplizierten Verfahren Produkte anderer Länder genehmigen zu lassen, wenn sie den entsprechenden Nachweis für die betreffenden Betriebe liefern können.
Auf jeden Fall hat die EG-Verordnung – auch wenn vieles, insbesondere bezüglich der Tierhaltung oder gentechnisch veränderter Mikroorganismen, zu ergänzen bleibt – bewirkt, daß die Bezeichnungen wie ökologisch, biologisch, organisch und so weiter geschützt sind und dem Verbraucher ein Mindestmaß an Sicherheit garantieren.

**Der Internationale Dachverband IFOAM**
International haben die Basisrichtlinien der IFOAM, der International Federation of Organic Agriculture Movements, Gültigkeit. Die Kontrolle der Arbeit der Verbände ist international gesehen von großer Bedeutung. Mitteleuropa, besonders die deutschsprachigen Länder, importieren viele Produkte aus ökologischem Anbau. Der Schutz von Konsumenten vor Pseudo-Öko-Produkten und der Bauern vor unlauterer Konkurrenz ist damit sehr wichtig.
Ein internationales Akkreditierungssystem der IFOAM für Verbände und andere Organisationen des ökologischen Landbaus garantiert, daß die Standards in Anbau und Verarbeitung weltweit kompatibel sind. Der erste und bis 1996 einzige Verband, der sich in Deutschland nach diesen Standards evaluieren und akkreditieren ließ, ist Naturland.
Die wichtigsten Aufgaben der IFOAM:
* Förderung der Forschung, Bildungsarbeit und Beratung
* Austausch von Informationen zwischen den Mitgliedern, öffentlichen Stellen und interessierten Institutuionen
* Vertretung und Einflußnahme in den politischen Einrichtungen
* Erstellung und internationale Abstimmung von Anbau-, Verarbeitungs- und Handelsrichtlinien
* sowie deren Überprüfung

**Wichtigste Ökologische Anbauverbände**

**Belgien:** Belbior
Nature et Progrès
VELT
Unter dem Zeichen »biogarantie« haben sich Verarbeiter, Händler und Landwirte zu einer Arbeitsgemeinschaft zusammengeschlossen.

**Dänemark:** Statskontrolleret Økologisk
Diese Bezeichnung verleiht der dänsiche Staat an anerkannte und kontrollierte Landbauorganisationen.

**Deutschland:** Bioland
Demeter
Naturland
ANOG
Bundesverband Ökologischer Weinbau
Biokreis Ostbayern
Ökosiegel
Gäa
Biopark
Die deutschen Anbauverbände haben sich in der AGÖL – Arbeitsgemeinschaft Ökologischer Landbau e.V. – zusammengeschlossen.

**Frankreich:** Nature & Progrès
UNIA – Union National Interprofessionnelle de l'Agrobiologie
Demeter SABD – Syndicat d'Agriculture Biodynamique
Bioplampac
Biobourgogne
FESA – Féderation Européenne des Syndicats d'Agrobiologistes
FNAB – Biofranc – Féderation Nationale d'Ariculture Biologique
Der französische Staat führt ein eigenes Anerkennungs- und Kontrollverfahren für Organisationen des ökologischen Landbaus durch. Nur staatlich anerkannte Organisationen dürfen neben ihren verbandseigenen Markenzeichen das Symbol Ab – Agriculture biologique verwenden, das sich nur auf unverarbeitete pflanzliche Produkte bezieht.

**Großbritannien:** The Soil Association
Organic Farmers & Growers
Der englische Staat führt ein eigenes Anerkennungsverfahren durch und vergibt das – im Export nicht immer verwendete – Zeichen UKROFS.

**Irland:** IOFGA – Irish Organic Farmers and Growers Association

**Italien:** AIAB – Associazione Italiana per l'Agricoltura Biologica
Associazione per l'Agricoltura Biodinamica
Consorzio per il Controllo dei Prodotti Biologici
Suolo e Salute
Bioagricoop
Agri Eco Bio
AMAB – Associazione Marchigiana per l'Agricoltura Biologica
Consorzio Friulano Agricoltori Biologici
Coordinamento Toscano
Coordinamento Veneto Terrannova
Il Salto – Consorzio Produttori biologici dell'Emilia Romagna

**Luxemburg:** Verenegung fir biologesche Landbau Letztbuerg

**Niederlande:** SKAL – Stichting Keur Alternatif voortgebrachte Landbouwprodukten

**Österreich:** ERNTE für das Leben – Verband organisch-biologisch wirtschaftender Bauern Österreichs
Demeter
Erde & Saat
Förderungsgemeinschaft für gesundes Bauerntum
BIO-Landwirtschaft Ennstal
KOPRA
Dinatur – Verein für fortschrittlich kontrollierte biologische Landwirtschaft
Die österreichischen Anbauverbände haben sich zur ARGE – Arbeitsgemeinschaft zur Förderung des biologischen Landbaus – zusammengeschlossen.

**Portugal:** agrobio – Associacao Portugesa de Agricultura Biológica

**Schweden:** KRAV

**Schweiz:** Demeter
AAESI – Associazione Agricultura Ecologica della Svizzera Italiana
AJAB – Association jurassienne pour l'agriculture biologique
Biofarm
Biogemüse AVG Galmiz
Biotta Anbauvereinigung
Progana
SGBL/Bioterra – Schweizer Gesellschaft für biologischen Landbau
Die schweizer Anbauverbände haben sich in der VSBLO – Vereinigung schweizer biologischer Landbau-Organisationen – zusammengeschlossen und kennzeichnen ihre Produkte mit Bio Suisse.

**Spanien:** CRAE – Consejo Regulado de la Agricultura Ecologica
VIDASANA
Umbela

**Tschechische Republik:** PRO-BIO
Libera
Altervin
Naturvita
Biowa

**Ungarn:** Biokultura

**Andere Kontinente:**

**Australien:** NASAA – National Association for Sustainable Agriculture
Biofarm – Biological Farmes of Australia

**Canada:** MAB – Mouvement pour l'Agriculture Biologique au Québec
OCIA – Organic Crop Improvement Association

**Israel:** IBAO – Israel Bio-organic Agriculture Organisation.
Sie bietet ihre Exportprodukte exklusiv über die Carmel-Handelsorganisation unter dem Zeichen BIO-TOP an.

**USA:** CCOF – California Certified Organic Farmers
FVO – Farm Verified Organic
OCIA – Organic Crop Improvement Association
OGBA – Organic Growers and Buyers Association

# Alternative Ernährungsweisen

Zunehmend verzichten heute Menschen in der westlichen Welt aus gesundheitlichen und Fitneß-Gründen auf den täglichen Fleichkonsum. Längst sind die Ernährungslehren, die den Verbrauchern einredeten, daß nur tierische Proteine groß, stark und gesund machten, als fragwürdig entlarvt. Aber als Max Bircher-Benner um 1900 in seiner Züricher Klinik Fleisch vom Speiseplan ab- und Rohkost daraufsetzte, handelte es sich um eine Revolution. In der Folge wiesen insbesondere die Forschungen des Mediziners Werner Kollath der Ernährung einen neuen Weg, denn Kollath untersuchte den tatsächlichen ernährungsphysiologischen Wert der aufgenommenen Nahrung. Da bei Kochprozessen ein großer Prozentsatz an Vitalstoffen verloren geht und andere Inhaltsstoffe negativ verändert werden können, empfahl er vorwiegend Rohkost. Außerdem stellte er die Bedeutung des Vollkorns heraus. Heute steht Getreide im Mittelpunkt praktisch aller ernstzunehmenden alternativen Ernährungsweisen, unter denen sich auch immer wieder extremere Konzepte finden. Dabei muß deutlich unterschieden werden, ob es sich um Heildiäten handelt, die nur für eine gewisse Zeit durchgeführt werden sollen, um den erkrankten Organismus zu reinigen und wieder zu natürlicher Harmonie zu verhelfen, oder um Normalkost, die für die tägliche Ernährung von Kindern, Erwachsenen und älteren Menschen geeignet ist.
Andere Ernährungslehren, vor allem die asiatischen, basieren auf einem philosophischen oder religiösen System und sind im Grunde nur dann wirklich zu verstehen und zu praktizieren, wenn man auch den theoretischen Hintergrund begreift. Dies gilt für Ayurveda, Makrobiotik und auch für das chinesische System der Ernährung nach den Fünf Elementen oder für die von Otto Hanisch um die Jahrhundertwende propagierte, auf dem Zoroastrismus basierende vegetarische Mazdaznan-Ernährung. In der gleichen Epoche entwickelte der Amerikaner Howard Hay die Trennkost, bei der man Kohlenhydrate und Proteine getrennt zu sich nimmt. Zu den aktuelleren Vertretern der Trennkost kann man in gewisser Weise auch Harvey und Marilyn Diamond rechnen, deren Bestseller »Fit for Life« viel Wirbel auslöste. Sie messen der Rohkost große Bedeutung bei, aber auch einem Nahrungsaufnahmezyklus, dessen Befolgung das Leben kompliziert. Reine Rohkosternährung mit viel frischen Sprossen und Grassäften wird von den Amerikanern Ann Wigmore und Viktoras Kulvinskas vertreten – und wir können sicher sein, daß uns noch viele neue Lehren in Zukunft erwarten.
Lassen wir die extremeren Ernährungsweisen außer acht, gibt es heute eine große Übereinstimmung bezüglich der Ausgewogenheit der Ernährung, in der Vollgetreide, frisches Gemüse und Obst täglich vertreten sein sollten. Ganz gleich aber, ob wir lieber roh oder gekocht, Gemüse oder Obst, Getreide oder Fisch, Käse oder Wurst essen, Wasser oder Wein, Milch oder Saft, grünen Tee oder Espresso trinken: Heute kommt es vor allem darauf an, daß die Lebensmittel, die wir verbrauchen, auch ökologisch erzeugt werden. Denn sonst brauchen wir uns um Ernährungsweisen gar nicht erst Gedanken zu machen.

## Vegetarische Ernährung

Verzichten heute auch immer mehr Menschen freiwillig auf den Verzehr von Fleisch und teilweise auch auf den aller anderen tierischen Produkte, so ist vegetarische Ernährung keineswegs eine Erfindung unserer Zeit. Abgesehen davon, daß in verschiedenen Regionen der Welt – und zu verschiedenen Zeiten der Entwicklung – Fleisch nicht oder nur selten zur Verfügung stand und steht, lehnten und lehnen insbesondere asiatische Philosophien und Religionen wie Hinduismus, Buddhismus und Jainismus Fleischverzehr mehr oder weniger kategorisch ab. In Europa gilt Pythagoras als der früheste Verfechter bewußt fleischloser Ernährung. Der im 6. Jahrhundert vor Christus lebende griechische Philosoph sagte kategorisch: »Solange der Mensch Tiere schlachtet, werden die Menschen auch einander töten.« Auch Seneca und Hippokrates hielten nichts von fleischlicher Kost, genauso wenig wie später der große Leonardo da Vinci. In Frankreich waren die Freigeister Voltaire und Jean-Jacques Rousseau entschiedene Vegetarier, in Rußland Leo Tolstoi, aber auch Richard Wagner und Albert Schweitzer. In England, wo sich heute ein beachtlicher Prozentsatz der Bevölkerung zu den Vegetarier zählt, entstanden um 1850 Bünde, die eine fleischlose, gemüsebetonte, gesündere und enthaltsamere Lebensweise befürworteten.
Es gibt verschiedene Gründe, die gegen den Verzehr des Fleisches toter Tiere sprechen. Sie reichen vom generellen Tabu des Tötens und vom Anrecht der Tiere auf Leben über gesundheitliche Aspekte bis zu ökologischen, wirtschaftlichen und politischen Argumenten. In zahlreichen Untersuchungsreihen wurde inzwischen nachgewiesen, daß Vegetarier in der Regel gesünder sind als Fleischesser. Sie leiden weniger häufig an Übergewicht, zu hohem Blutfettspiegel, überhöhtem Blutdruck, aber auch weniger häufig an Allergien und Krebs. Da Vegetarier meist auch wenig oder keinen Alkohol trinken und selten rauchen, treten auch Herz- und Kreislauferkrankungen bei ihnen in weitaus geringerem Maße auf. Der positive gesundheitliche Befund beruht also nicht nur auf der fleischlosen Ernährung, sondern zum Teil auch auf einer allgemein gesünderen Lebensweise.
In unserer Epoche der Überbevölkerung und der Unterernährung großer Teile der Weltbevölkerung kann man nicht übersehen, daß eine auf Fleisch basierende Ernährung Rohstoffe auf unverantwortliche Weise verschwendet. Um ein Kilo tierisches Eiweiß zu erhalten, braucht es ein Vielfaches an pflanzlichem Eiweiß. So dient nicht nur ein Großteil der Ernten der westlichen Ackerflächen nur auf dem Umweg über das Tier menschlicher Ernährung, sondern auch Länder der Dritten Welt, in denen Menschen hungern, verlegen sich auf die deviseneinbringende Erzeugung von Viehfutter.
Gibt es auch Vorstufen des Vegetarismus, bei denen der Fleisch- und Fischkonsum bereits erheblich reduziert wird, so unterscheidet man allgemein zwischen drei unterschiedlichen Formen:

- **Ovo-Lacto-Vegetarier** essen weder Fleisch, noch Fisch, ernähren sich aber – außer von allen pflanzlichen Lebensmitteln – auch von Eiern, Milch, Milchprodukten und Käse. Max Bircher-Benners (s. Bd. I/29) Ernährungsweise, die viel Wert auf Rohkost legt, sie aber mit anderen Lebensmitteln ergänzt, zählt zu dieser Kategorie.
- **Lacto-Vegetarier** verbinden pflanzliche Lebensmittel mit aus Milch erhaltenen Produkten und Käse, verzichten jedoch außer auf Fleisch und Fisch auch auf Eier. Bekanntester Verfechter dieser Einstellung war der Schwede Aare Waerland, dem es in erster Linie darum ging, Fäulnisvorgänge aus dem Darm fernzuhalten, die seiner Ansicht nach durch Fleisch, Fisch und Eier gefördert werden.
- **Veganer** lehnen nicht nur den Verzehr von Fleisch und Fisch, sondern überhaupt aller tierischen Produkte ab. Oft bezieht sich ihre Ablehnung auch generell auf den Gebrauch und die Verwendung von tierischen Produkten in anderen Bereichen des Lebens wie z. B. Pelze und Felle, und selbst Wolle und Seide.

Während Ovo-Lacto-Vegetarier, die die größte Gruppe unter den Vegetariern stellen, und Lacto-Vegetarier durch die Verbindung von tierischem und pflanzlichem Eiweiß keinerlei Mangelerscheinungen zu befürchten brauchen, muß die Ernährung der Veganer mit großer Kenntnis zusammengestellt werden, um den Organismus mit allen notwendigen Stoffen, vor allem Eiweiß, Calcium, Eisen und Vitamin B12 zu versorgen. In Bezug auf diese wesentlichen Nahrungsbestandteile können bei Kleinkindern und Menchen, die extremen Belastungen ausgesetzt sind, gefährliche Mangelerscheinungen auftreten.

## Vollwertkost

Die Basis für die heutige Vollwert-Ernährung schuf der Mediziner Werner Kollath, der in seinem 1942 erschienenen Buch »Die Ordnung der Natur« eine Wertung der Nahrung vornahm. Dabei ging er von folgendem Kernsatz aus: »Laßt unsere Nahrung so natürlich wie möglich!« Je natürlicher, das heißt, je unverarbeiteter die Nahrung ist, um so mehr von den in ihr enthaltenen Vitalstoffen gelangen in den menschlichen Organismus, desto vollwertiger und wertvoller ist sie also. Von diesem Blickwinkel aus betrachtete Kollath alles, was wir zu uns nehmen und klassizierte es. Dabei unterschied er zunächst zwei große Gruppen: die Lebens- und die Nahrungsmittel. Zu den Lebensmitteln zählt alles, was nicht gekocht wurde und deshalb noch als lebendig angesehen werden kann. Dagegen fallen sämtliche mit Hitze zubereiteten oder haltbar gemachten oder industriemäßig verarbeiteten Zutaten unter die toten Nahrungsmittel, bei denen ein Großteil der positiven Inhaltstoffe zerstört oder verändert wurde. Jede dieser beiden Hauptkategorien unterteilte Kollath in drei aufeinanderfolgende Unterbereiche, wobei die Wertigkeit fortlaufend abnimmt.

1. **Natürlich** sind alle unveränderten Lebensmittel, die im Ganzen roh genossen werden wie Ölsaaten und Nüsse, Getreide, Früchte und Honig, Gemüse, Eier und Milch sowie Quellwasser.
2. **Mechanisch** verändert sind kaltgepreßte Öle und zerkleinerte Ölsaaten, geschrotetes Getreide, zu Salaten kleingeschnittene Früchte und Gemüse, naturtrübe Säfte und Milchprodukte.
3. **Fermentativ** umgewandelt durch Hefen und Bakterien sind milchsaure Gemüse wie Sauerkraut und ihre Säfte, gegorene Milchgetränke, Quark und Käse, Biere und Weine, aber auch ungekochten Vollkornbrei und gehacktes Fleisch zählte Kollath zu dieser Kategorie.
4. **Erhitzt** werden Brote und Backwaren, gekochte Getreide, aber auch Früchte und Gemüse, Fleisch und Fisch, die zubereitet werden, sowie Brühen und Tees.
5. **Konserviert** werden Dauerbackwaren, Konfitüren und Kompotte, eingemachte Gemüse sowie sämtliche Konserven und haltbar gemachte Produkte, insbesondere Milch.
6. **Präpariert** sind alle raffinierten Öle und Fette, Fabrikzuckerarten und Süßigkeiten, sämtliche Produkte aus Auszugsmehlen und geschälte Getreide, alle Nahrungsmittel, die irgendwelche Zusatzstoffe enthalten, sämtliche Fleisch- und Fischkonserven, Trockenmilch und sämtliche Destillate.

Als wirklich gesund sah Kollath nur Lebensmittel an, die den ersten drei Gruppen angehören, wobei er ungekochtem Getreide und Rohmilch den größten Wert beimaß. Dabei empfahl er, daß 60 Prozent der aufgenommenen Nahrung aus diesen Lebensmitteln bestehen sollte und daß sie durch 40 Prozent aus der vierten Gruppe – im wesentlichen durch gekochtes Getreide und Gemüse – ergänzt werden sollte. Dieses rigide System wurde in der Zwischenzeit von Koerber, Männle und Leitzmann modernisiert und vereinfacht.
Moderne Vollwertkost ist eine vorwiegend lacto-vegetarische Ernährungsweise. Sie legt Wert auf möglichst wenig verarbeitete Lebensmittel und empfiehlt, die Hälfte der Ernährung aus frischen Lebensmitteln wie Frischkorn,

Nüssen, Vorzugs-, bzw. Rohmilch, frischem Gemüse und Obst zusammenzustellen. Besteht die Wahl, etwas roh oder gegart zu essen, gibt Vollwertkost immer dem rohen Genuß den Vorzug. Die andere Hälfte bleibt erhitzter Kost vorbehalten, wobei nur schonendste Garprozesse angewandt werden. Insbesondere kommt Vollkorn ein hoher Stellenwert zu, sei es als Brot oder gegartes Getreide, aber natürlich vor allem roh oder gekeimt. Generell empfiehlt Professor Claus Leitzmann als ernährungsphysiologisch wertvolle Lebensmittel:

- Vollkornprodukte
- Gemüse und Obst (auch als unerhitzte Frischkost und als milchsaure Erzeugnisse)
- Kartoffeln
- Hülsenfrüchte
- Milch und Milchprodukte (einschließlich milchsaurer Produkte)
- Butter und ungehärtete pflanzliche Margarine
- kaltgepreßte, nichtraffinierte Öle
- Kräuter- und Früchtetees
- Gewürze und Kräuter

Vollwertkost betont außerdem heute die Notwendigkeit, daß die in ihr verwandten Lebensmittel aus ökologisch arbeitender Landwirtschaft kommen und bei ihrer Erzeugung Umwelt- und Sozialverträglichkeit gesichert sind. Konservierte und präparierte Nahrungsmittel fallen auch bei moderner Vollwertkost in die Kategorien weniger oder nicht empfehlenswert.

## Anthroposophische Ernährungslehre

Wie Rudolf Steiner im Rahmen der Anthroposophie die Grundlagen für die biologisch-dynamische Wirtschaftsweise darlegte, die eine der beiden bedeutendsten und einflußreichsten Schulen ökologischer Landwirtschaft wurde, so hat er auf vergleichbare Weise die »Naturgrundlagen der Ernährung« dargelegt. Nicht nur die Anbaumethoden der Biodynamik wurden nach seinem Tode weiterentwickelt, das gleiche geschah auch mit seiner Ernährungslehre. Von besonderer Wichtigkeit bei der Ernährung war für Steiner die Weise, in der die drei Bereiche der Pflanze mit denen des Menschen korrespondieren. Nach seinen Ansichten ergeben sich daraus folgende Beziehungen:

- der Wurzel-Bereich der Pflanze mit dem Nerven-Sinnes-Bereich des Menschen, dessen Zentrum in Kopf und Gehirn liegt
- der Blatt-Stengel-Bereich der Pflanze mit dem Atmungs-Kreislauf-Bereich des Menschen, dessen Zentrum in Brust, Lungen und Herz liegt
- der Blüten-Frucht-Bereich der Pflanze mit dem Fortpflanzungs-Stoffwechsel-Bereich des Menschen, der in Unterleib und seinen Organen liegt

Um sich ausgewogen zu ernähren, muß das Essen aus entsprechend unterschiedlichen Gemüse zusammengestellt sein, so daß Wurzeln, Blätter und Früchte – wozu natürlich auch Samen gehören – vertreten sind. Dazu tritt aber immer als Basis ein Getreide.

Dem Getreide kommt ein ganz besonderer Stellenwert zu. Er beruht auf der Ansicht, daß im einzelnen Korn – sozusagen auf dynamische Weise – alle drei Bereiche enthalten sind. Um aber Getreide in der täglichen Ernährung eine prägende Präsenz zu schaffen, wurden die sieben Hauptgetreidearten jeweils einem bestimmten Wochentag zugeordnet. Dabei legt man die kosmischen Zusammenhänge, die zur Entstehung des westlichen Kalenders führten, zugrunde, bei dem jeder Wochentag unter dem Einfluß eines anderen Planten steht. Daraus ergeben sich folgende Empfehlungen: Sonntag – Weizen; Montag – Reis; Dienstag – Gerste; Mittwoch – Hirse; Donnerstag – Roggen; Freitag – Hafer; Samstag – Mais. Im Gegensatz zur Vollwertkost hält man es für vorteilhafter, wenn das Getreide durch Einweichen, Kochen und Nachquellen aufgeschlossen wird.

Abgesehen vom Getreide werden Lebensmittel nach ihrem Wärmewert eingestuft. Am hochwertigsten sind dabei solche Lebensmittel, die keine zusätzliche Wärme benötigen, um verzehrt zu werden. Deshalb schätzen Anthroposophen Früchte, Nüsse, Ölsaaten, aber ebenso Milch und Honig besonders hoch ein. Aufgrund von Aussagen Rudolf Steiners, der ihre Wirkung als geistig träge machend einstufte, kommt Kartoffeln und einigen Hülsenfrüchte nur eine untergeordnete Rolle in der anthroposophischen Ernährung zu. Als Vegetarier stellte Rudolf Steiner zwar die beeinträchtigenden Folgen von Fleischgenuß heraus, aber von strikten Verboten hielt er grundsätzlich nichts. Da Tieren jedoch in der biologisch-dynamischen Landwirtschaft eine außerordentlich wichtige Funktion zukommt, ergibt sich daraus fast von allein ein gewisser Fleischverzehr.

## Ayurveda

Als »Wissenschaft vom Leben«, wie man Ayurveda übersetzen kann, gehen diese alten indischen Lehren über Ernährung allein weit hinaus und beinhalten im Grunde das gesamte Heil- und Gesundheitssystem. Als Teil der Veden wurden auch diese Schriften nicht zu einem Zeitpunkt und von einem einzigen Autor verfaßt, sondern stellen eine Sammlung dar. Ihr erster Teil wurde bereits im 3. Jahrtausend vor unserer Zeitrechnung begonnen und immer wieder ergänzt. Ab dem 7. Jahrhundert vor Christus beginnt die klassische Epoche der Texte, die bis ins 11. Jahrhundert danach reichte. Ayurveda ist bis in unsere Zeit lebendig geblieben, wird als medizinisches System in Indien praktiziert und hat immer wieder Aktualisierungen und ergänzende Kommentare erfahren. Die im Westen bekannteste und stark auf die Ernährung ausgerichtete Form wurde von Maharishi Mahesh Yogi, dem Begründer der Transzendentalen Meditation, initiiert.

Ayurveda ist ein ganzheitliches System, in dem der Ernährung regulierende und heilende Kräfte zuerkannt werden. Das Fundament des Ayurveda stellt die Lehre der Doshas dar. Danach werden bei den Menschen drei Grundtypen unterschieden, je nach dem Wirkprinzip oder Dosha, das sie hauptsächlich bestimmt: Vata, Pitta und Kapha. Diese wiederum basieren auf den fünf Elementen, aus denen alle materiellen Erscheinungen zusammengesetzt sind. So beruht Vata auf Raum und Luft, Pitta auf Feuer und Wasser und Kapha auf Erde und Wasser. Während man einerseits somit Luft-, Feuer- oder Erdcharaktere unterscheidet, bedeutet dies nicht, daß im Menschen nur ein einziges Dosha wirksam ist. Jedes Dosha ist in jedem Menschen noch bis in die kleinste Zelle präsent, doch in unterschiedlichem Kräfteverhältnis. Nur wenn sie sich in einer Harmonie befinden, fühlt sich der Mensch wohl und ist gesund.

Hier nun setzt die ayurvedische Ernährung an. Denn sie kann die zu starken Doshas ausgleichen. Dabei werden Lebensmittel nach ihrem positiven oder negativen Einfluß auf die drei Grundkonstitutionen klassiziert. Darüber hinaus erhält jedes Individuum aufgrund seiner Veranlagung noch zusätzliche Empfehlungen, die von der Zusammensetzung und Menge seiner Mahlzeiten bis zur günstigsten Tageseinteilung reichen. In der täglichen Ernährung kommt dabei den sechs Geschmacksrichtungen große Bedeutung zu. Süß, sauer, salzig, scharf, bitter und herb wirken als Regulative. Süß, sauer und salzig stärken das Erdprinzip Kapha und mindern das Luftprinzip Vata. Sauer, salzig und scharf stärken das Feuerprinzip Pitta, das durch süß, bitter und herb gemildert wird. Scharf, bitter und herb stärken Vata und schwächen Kapha.

Folgende Lebensmittel werden beispielsweise den einzelnen Geschmacksrichtungen zugeordnet:

- süß: Zucker, Brot, Teigwaren, Reis, Milch und Ghee (Butterschmalz)
- sauer: Zitrone, Essig, Joghurt und Lassi
- salzig: Salz
- scharf: alle Gewürze und pikante Kräuter
- bitter: Salate und Blattgemüse
- herb: Hülsenfrüchte, verschiedene Gemüse

Bei einer vollständigen ayurvedischen Mahlzeit sind sie alle sechs vertreten. Auf jeden Fall sollten sie alle sechs an jedem Tag aufgenommen und geschmeckt werden. Dabei kann man aus den eigenen Vorlieben eindeutige Schlüsse ziehen und ihnen – wenn man sich auf ayurvedische Ernährung umgestellt hat – getrost folgen.

In seiner für den Westen aktualisierten Form betont die ayurvedische Ernährung die regionale Herkunft der Zutaten, legt Wert auf Vollkorngetreide und wird überwiegend als lakto-vegetarische Kost verstanden, obwohl Eier, Fisch und Fleisch nicht verboten sind. Dagegen spielt Rohkost keine Rolle. Große Bedeutung wird der angenehmen, entspannten Atmosphäre beim Essen zugewiesen, bei der man sich von seinem individuellem Geschmack leiten läßt und die Gerichte mit Aufmerksamkeit genießt.

## Makrobiotik

Auf der Basis alter chinesischer und japanischer Lehren entwickelte in der ersten Hälfte des 20. Jahrhunderts der Japaner Georges Oshawa die Makrobiotik als Ernährungs- und Lebensweise. Oshawa verstand sie als »Weg zu Langlebigkeit und Verjüngung«, so der Untertitel seines Lehrbuchs, und als Methode, um dem Menschen in einer Zeit der Gefährdung zu umfassender Gesundheit zu verhelfen. Die Makrobiotik fußt auf der altchinesischen Lehre von Yin und Yang, der Polarität von Weiblich und Männlich, Empfangendem und Gebendem, sich Ausdehnendem und Zusammenziehendem. Die in stetiger Wechselwirkung stehenden Pole gilt es in der Ernährung auszugleichen, um ein Gleichgewicht zu schaffen, das den harmonischen Fluß der alles durchdringenden Energie, Chi genannt, fördert. Extreme müssen deshalb vermieden werden.

Yin ist lockerer und wasserhaltiger und steht für Süßes und Saures. Yang dagegen zeigt sich fester und trockener, salzig und bitter. Entsprechend werden deshalb die verschiedenen Lebensmittel bewertet.

Als extrem Yin gelten zum Beispiel

- Nachtschattengewächse wie Tomate, Aubergine, Paprika und Kartoffel
- Südfrüchte wie Ananas, Mango und Zitrusfrüchte
- Milchprodukte wie Joghurt, Sahne, Butter und Milch
- Schweinefleisch und Hauskaninchen
- Kaffee, Schokolade, Schwarztee, süße Getränke
- Zucker, Kunsthonig, Fett generell und Olivenöl

Als stark Yang gelten andererseits

- Möhren, andere Wurzelgemüse und Kichererbsen
- vor allem Äpfel
- Ziegenmilch und Käse
- Kaviar
- Wildgeflügel und befruchtete Eier

Es werden generell die nur wenig Yin oder Yang betonten Lebensmittel bevorzugt, wobei Vollgetreide, insbesondere dem leicht Yang betonten Naturreis ein außerordentlich hoher Stellenwert zukommt, denn es soll 50 – 60 Prozent der Gesamternährung ausmachen. So wird es jedenfalls von der modernen Makrobiotik empfohlen, die Georges Oshawas' Vorschläge mehr den westlichen Bedingungen anpaßte. Dies wurde von seinen Schülern Mishio und Aveline Kushi vollzogen, die die sogenannte Standarddiät entwickelten. Dabei wird die höchst fettarme makrobiotische Ernährung, die bei extremer Anwendung Mangelerscheinungen auslösen kann, zum Teil durch Fisch, Eier und Pflanzenöle ergänzt, um damit vor allem auch das notwendige Vitamin B12 zu bekommen. Neben dem weitgehenden Verzicht auf rohes Gemüse und Obst wird die Makrobiotik durch eine Vielzahl typisch japanischer Produkte charakterisiert, unter denen Soja als Eiweißquelle und Meeresalgen, wegen des Mineralstoffreichtums, die Hauptrolle spielen.

## Bedenkliche Lebensmittel-Zusatzstoffe mit E-Nummern

E-Nummern sind die in allen Ländern der EU gültigen Bezeichnungen für Lebensmittel-Zusatzstoffe. Zur Zeit sind 296 Stoffe zugelassen. Sie müssen auf dem Produkt, in dem sie verwendet sind, vermerkt sein, zumindest bei verpackten Lebensmitteln. Bei loser Ware müssen, auf Hinweisschildern neben dem Produkt, nur Süßstoffe, Konservierungsstoffe, Schwefel und der Oberbegriff der Farbstoffe angegeben sein.
Freilich darf kein Stoff, der sich in Lebensmitteln befindet, gesundheitsschädlich sein, aber der Stand der Forschung kann nicht jedes Risiko ausschließen. Die Risikomengen sind verschieden hoch. Die Wechselwirkung einzelner Zusatzstoffe mit Arzneimitteln, Umweltgiften und Agrarchemikalien wie auch die Folgen gentechnischer Veränderungen sind erst wenig erforscht. In der Naturkost gilt darum: Der beste Zusatzstoff ist kein Zusatzstoff.
Die zweitbeste Lösung ist, beim Einkauf die Zutatenliste auf der Verpackung zu prüfen und Produkte, die kritische Zusatzstoffe enthalten, zu meiden. Bei unverpackten Lebensmitteln, für die nur eine beschränkte Ausweispflicht besteht, sollte man sich nicht scheuen, nach den Inhaltsstoffen zu fragen.
Im Folgenden sind, nach laufender E-Nummer, all jene Zusatzstoffe aufgelistet, die nach dem aktuellen Stand der Forschung Anlaß zu Bedenken geben können. Stoffe, die allgemein anerkannt als unbedenklich gelten, bleiben zugunsten der Übersichtlichkeit unberücksichtigt.

### Farbstoffe:

**Sie umfassen 43 E-Nummern, davon sind bei 21 unerwünschte Nebenwirkungen möglich und belegt. Da Lebensmittel bei der Herstellung häufig ihre natürliche Farbe einbüßen, gestattet der Gesetzgeber in einem gewissen Rahmen ihre optische Aufbesserung. Es soll auch appetitanregend und verkaufsfördernd wirken. Verboten ist allerdings, mit Hilfe von Farbstoffen die Verwendung von Zutaten wie Ei- oder Fruchtanteilen vorzutäuschen. Vor allem von Azo-Farbstoffen ist erwiesen, daß sie Allergien auslösen können.**

**E 102 Tartrazin**
Künstlicher, gelber Azo-Farbstoff.
Von Allergikern mit Aspirin- und Benzoe-Intoleranz zu meiden.
**E 104 Chinolingelb**
Künstlicher, gelber Farbstoff.
Kann Allergien auslösen.
**E110 Sunsetgelb FCF, Gelborange S**
Künstlicher, rot-oranger Farbstoff.
Allergieauslösend, im Tierversuch Tumore.
**E122 Azorubin, Carmoisin**
Künstlicher, roter Azo-Farbstoff.
Für Allergiker bedenklich.
**E 123 Amaranth**
Künstlicher, roter Azo-Farbstoff. Zugelassen für Spirituosen und Fischrogen.
In den USA seit 1981 wegen Krebsverdachts verboten.
**E 124 Ponceau 4R, Cochenillerot A**
Künstlicher, roter Azo-Farbstoff.
Möglicher Allergieauslöser.
**E 127 Erythrosin**
Künstlicher roter Farbstoff, bekannt durch kandierte Kirschen.
Kann Schilddrüsenfunktion beeinflussen, im Tierversuch bis zum Verdacht von Tumorbildung. In unlackierten Konservendosen ist die Verbindung mit metallischem Eisen oder Zinn zu Fluorescin möglich, das als nierentoxisch bekannt ist.
**E 128 Rot 2G**
Künstlicher roter Azo-Farbstoff.
Für Allergiker individuell bedenklich.
**E 129 Allurarot AC**
Künstlicher roter Azo-Farbstoff.
Möglicherweise allergen.
**E 132 Indigotin, Indigokarmin**
Blauer Farbstoff, künstlich.
Im Tierversuch in hoher Dosis Erbgutschäden.
**E 141 Kupferhaltige Komplexe der Chlorophylle und Chlorophylline**
Grüne Farbstoffe, pflanzlich, künstlich mit Kupfer angereichert.
Bedenklich für Personen mit Kupferspeichererkrankung.
**E 150c Ammoniak-Zuckerkulör**
Brauner künstlicher Farbstoff auf pflanzlicher Basis, z. B. in Cola.
Im Tierversuch bei hohen Dosen Krämpfe und Absenkung der Zahl der weißen Blutkörperchen.
**E 150d Ammonsulfit-Zuckerkulör**
Brauner Farbstoff auf pflanzlicher Basis, künstlich.
Im Tierversuch blutbildverändernd.
**E 151 Brillantschwarz BN, Schwarz PN**
Schwarzer Azo-Farbstoff, künstlich.
Bedenken bei Allergikern.
**E 154 Braun FK**
Braune Mischung verschiedener Azo-Farbstoffe.
Unter Umständen für Allergiker bedenklich.
**E 155 Braun HT**
Brauner Azo-Farbstoff, künstlich.
Möglicherweise allergieauslösend.
**E 161g Canthaxanthin, Xantophyll**
Gelboranger bis roter Farbstoff, zugelassen nur in Straßburger Wurst.
Führte in Hautbräunungsmitteln zu Ablagerungen in der Netzhaut.
**E173 Aluminium**
Silbergrauer, mineralischer Farbstoff, künstlich hergestellt.
Für Kuchendekoration zugelassen.
Steht in Verdacht, die Alzheimer-Erkrankung mit zu verursachen. Gefahr auch für Nierenkranke.
**E 174 Silber**
Natürlicher, mineralischer silberner Farbstoff. Auch Konservierungsstoff und Entkeimungsmittel. Zugelassen zum Überziehen und Verzieren von Süßwaren.
Kann zu Vergiftungen führen.
**E 175 Gold**
Mineralischer goldener Farbstoff. Als Verzierung von Konfekt und Pralinen erlaubt. Kann Blutbild stören.
**E 180 Litholrubin BK**
Roter Azo-Farbstoff, künstlich, für Käserinden verwendet.
Für Allergiker bedenklich.

### Konservierungsstoffe:

**Die Gruppe der zugelassenen Konservierungsstoffe umfaßt 41 E-Nummern, davon sind 35 gesundheitlich bedenklich. Konservierungsstoffe verlängern die Haltbarkeit von Lebensmitteln und ermöglichen so ihren Transport auch in sehr entfernte Gegenden. Ein Sachverhalt, der natürlich den kommerziellen Interessen der Hersteller entgegenkommt, aber auch für das breite Angebot unverdorbener Waren sorgt. Besonders umstritten ist der Einsatz von Antobiotika.**

**E 210-219 Benzoesäure und ihre Verbindungen**
Künstlich hergestellt, eingesetzt vor allem in Fisch- und Salatprodukten.
Können allergische Reaktionen auslösen, bei E 214 wurde im Tierversuch betäubende, krampfauslösende, gefäßerweiternde Wirkung festgestellt.
E 214-217 oft in Kosmetika zu finden, Gefahr allergischer Ekzeme durch oralen Kontakt.
**E 220-228 Schwefeldioxid und seine Verbindungen**
Künstlich hergestellt, vor allem in Weißweinen, Trockenobst, Kartoffelerzeugnissen.
Kann zu Kopfschmerz und Übelkeit führen, bei Asthmatikern zu Sulfit-Asthma.
50 mg pro Person und Tag nicht überschreiten.
**E 230-232 Biphenyl, Diphenyl und Verbindungen**
Künstlich hergestellt, eingesetzt gegen Schimmel- und Pilzbefall, oft bei Zitrusfrüchten, auch als Pestizid.
Im Tierversuch bei hohen Dosen innere Blutungen, Organveränderungen. Hautkontakt meiden!
**E 234 Nisin**
Künstlicher Konservierungsstoff mit antibiotischer Wirkung.
Zu häufige Aufnahme kann die Resistenz von Krankheitserregern gegen Antibiotika erhöhen.
**E 235 Natamycin**
Künstlicher Konservierungsstoff mit antimykotischer Wirkung. Nur zur Oberflächenbehandlung von Käse und gepökelten Wurstwaren zugelassen, auch als Arzneimittel zu finden.
**E 239 Hexamethylentetramin**
Aus Ammoniak und Formaldehyd hergestellt, künstlich.
Nur für die Käsesorte Provolone zugelassen.
**E 242 Dimethyldicarbonat**
Zur Entkeimung alkoholfreier Getränke zugelassen, bei der Zersetzung entsteht ein Pestizid, Verdacht, krebserregend zu sein.
**E 249 Kaliumnitrit - siehe E 250**
**E 250 Natriumnitrit, Nitritpökelsalz**
Künstlicher Konservierungsstoff, für gepökelte Fleischerzeugnisse und Speck zugelassen.
Behindert den Sauerstofftransport im Blut, bei Säuglingen Gefahr der Blausucht. Kann in Verbindung mit Eiweißen krebserregende Nitrosamine bilden.
**E 251/252 - siehe E 250**
**E 280-283 Propionsäure und Verbindungen**
Künstlich hergestellt, für vorverpackte Brot- und Backwaren zugelassen.
Im Rattenversuch krebsähnliche Organveränderungen.
**E 284/285 Borsäure/Borax**
Künstlich hergestellt, hochgiftig.
Bei häufiger Aufnahme Durchfälle, innere Organschäden.

### Säuerungsmittel/Antioxidationsmittel:

**Wenn bestimmte Lebensmittel-Bestandteile, vor allem Fette, mit Sauerstoff reagieren, verändert diese Oxidation den Geschmack des Produkts und verringert seine Haltbarkeit. Die Antioxidantien wirken dem entgegen, vor allem in Trockenprodukten wie Tüten-Suppen, Saucen, Knabbereien, aber auch bei Marzipan, in Nußmassen und Kaugummi. Säuerungsmittel und Säureregulatoren bringen einerseits einen sauren Geschmack in das Lebensmittel, unterstützen auf der anderen Seite die Antioxidantien in ihrer konservierenden Wirkung. Von 92 E-Nummern, die sie versammeln, gelten 7 als bedenklich, vor allem für Allergiker.**

**E 310 Propylgallat, Gallat**
Künstliches Antioxidationsmittel.
Verdacht, Allergien auszulösen und die Eisenaufnahme zu behindern. Im Tierversuch Wachstumsverzögerung.
**E 320 Butylhydroxyanisol (BHA)**
Fettlösliches Antioxidationsmittel, künstlich, verwendet für Nüsse, Öle, Chips.
Im Tierversuch bei hohen Dosen Gefahr der Anreicherung im Körper, Vormagen-Geschwülste, Benommenheit.
**E 338 Orthophosphorsäure, Phosphorsäure**
Antioxidations- und Säuerungsmittel, natürlich.
Behindert in hoher Dosis Aufnahme von Calcium, Magnesium und Eisen. Knochenschwund und Kalkablagerungen möglich.
**E 339-341 Natrium-, Kalium- und Calciumphosphate**
Antioxidations- und Säuerungsmittel, Schmelzsalze.
Wie bei E 338.
**E 385 Calciumdinatrium-EDTA**
Antioxidationsmittel und Komplexbildner.
Bindet Mineralstoffe, Beeinträchtigungen im Stoffwechsel möglich, für Kinder unter 2 Jahren ungeeignet.

**Gelier-, Feuchthalte- und Verdickungsmittel:**
**Diese Zusatzstoffe werden zum Binden von Flüssigkeiten in Lebensmitteln benutzt, vom schwachen Gelieren bis zum festen Verdicken. Zugleich halten sie das Produkt feucht und haben Einfluß auf sein Schmelzverhalten oder das Kauempfinden, etwa bei Weingummi oder im Speiseeis. Von den 32 Stoffen mit E-Nummern können 16 vor allem Mineralstoffmangel bewirken oder die Verdauung beeinflussen.**

**E 400-404 Alginsäure, Alginate**
Verdickungs-, Gelier- und Überzugsmittel, pflanzlich, aus den Zellwänden der Braunalgen gewonnen.
Können die Aufnahme von Mineralstoffen beeinträchtigen und zur Unterversorgung führen.
**E 405 Propylenglycolalginat**
Wie E 400, kann darüberhinaus allergen wirken.
**E 406 Agar-Agar**
Gelier- und Verdickungsmittel, pflanzlich, aus den Zellwänden von Rotalgen hergestellt.
Unverdaulich, Mineralstoffaufnahme behindernd, abführend.
**E 407 Carrageen**
Natürliches Gelier- und Verdickungsmittel aus Rotalgen. Unverdaulich. Wie E 406.
Bestimmte Verbindungen im Tierversuch darmschädigend.
**E 410 Johannisbotkernmehl**
Gelier- und Verdickungsmittel, pflanzlich, aus den Früchten des Johannisbrotbaums. Unverdaulich und abführend. Möglicherweise Allergen.
**E 412 Guarkernmehl**
Verdickungs-, Mehlbehandlungsmittel und Füllstoff, pflanzlich. Unverdaulich.
Ekzeme, Allergien, Magen-Darm-Erkrankungen beschrieben. Im Tierversuch Schilddrüsen-Vergrößerung. Toxische Effekte.
**E 413 Traganth**
Verdickungs- und Bindemittel aus einer Leguminosenart. Unverdaulich, abführend. Allergen.
**E 414 Gummi arabicum**
Pflanzlicher Stabilisator, Füll-und Verdickungsstoff aus dem Gummi einer Akazienart.
In einigen Ländern bestrahlt. Kann Allergien auslösen.
**E 416 Karayagummi**
Pflanzliches Gelier-, Überzugs- und Verdickungsmittel aus der Rinde der Sterkulia.
Abführend, die Mineralstoffaufnahme beeinträchtigend.
**E 417 Tarakernmehl**
Pflanzlicher Füll- und Verdickungsstoff, aus dem Tarastrauch gewonnen.
Bedenklich für Allergiker.
**E 420 Sorbit, Sorbitsirup**
Künstliches Süßungsmittel, Zuckeraustauschstoff, Feuchthalter und Trägerstoff. Aus Traubenzucker hergestellt.
Eine Dosis von mehr als 20 g pro Tag kann zu Durchfall und Blähungen führen. Im Tierversuch bei hoher Dosis Harnsteinbildung und Nierentumore.
**E 421 Mannit**
Wie E 420. Auch Trennmittel.
Risikodosis: über 50 g pro Tag.

**Emulgatoren:**
**Sie belegen bei den E-Nummern 27 Stoffe. 15 gelten wegen ihrer möglichen Wirkung auf Darmtrakt und Knochen als bedenklich.**
**Emulgatoren machen eine stabile Verbindung zwischen ansonsten nicht mischbaren Stoffen möglich, etwa zwischen Fett und Wasser. So entstehen neue Geschmackseindrücke, zugleich ergeben sich eine leichtere technische Verarbeitung und größere Haltbarkeit. Bei Light-Produkten dienen Emulgatoren in der Regel dazu, an die Stelle teurer Pflanzenfette billiges Wasser zu setzen, das durch sie schnittfest wird und den Eindruck wirklicher Substanz erweckt.**

**E 432-436 Polysorbate (Polyoxyethylen-sorbitan-Verbindungen)**
Künstliche Emulgatoren und Komplexbildner, die die Aufnahme fettlöslicher Schadstoffe fördern können und die Verdauung anderer Stoffe verändern.
**E 450-452 Phosphate**
Künstliche Stabilisatoren, Säureregulatoren und Emulgatoren. Einsatz besonders bei Milch- und Käseprodukten, Fisch- und Wurstzubereitung.
Können die Aufnahme von Mineralstoffen im Körper behindern und damit zu Kalkablagerungen und Knochenschwund führen.
**E 466 Carboxymethylcellulose**
Natürliches Verdickungsmittel, aus pflanzlichen Zellwänden gewonnen und mit Laugen hergestellt. Abführend.
**E 476 Polyglycerin-Polyricinoleat**
Künstlicher Stabilisator und Emulgator für fettreduzierte Saucen und Schokoladen.
Im Tierversuch Leber- und Nierenvergrößerung.
**E 491-495 Sorbitanmonostearat und Verbindungen**
Künstlicher Entschäumer, Emulgator und Fettkristallbeschleuniger für Feinbackwaren, Schokoladen, Marmelade. Im Tierversuch bei hohen Dosen Organschäden, Blasensteine und Durchfall.

**Verschiedene Zusatzstoffe:**
**Hier sind überwiegend Stoffe versammelt, die der schnelleren und kostengünstigeren Produktion von Lebensmitteln dienen (wie Füllstoffe, Backtriebmittel, Stabilisatoren) oder ihr Verklumpen und Verkleben verhindern (wie Trennmittel). Bei 16 von 46 E-Nummern sind mögliche Risiken bekannt.**

**E 512 Zinn-II-Chlorid**
Künstlicher Farbstabilisator und Antioxidationsstoff, zugelassen für weiße Konserven-Gemüse.
Bei hoher Dosis Übelkeit und Erbrechen möglich.
**E 520-523 Aluminiumsulfate**
Künstliche Festigungsmittel. Zugelassen für kandiertes, glasiertes, kristalliertes Obst und Gemüse und für Eiklar. Erhöhte Aluminiumbelastung im Körper. Aluminium ist als Mitverursacher der Alzheimer-Krankheit in Verdacht.
**E 541 Saures Natriumaluminiumphosphat**
Künstliches Backtriebmittel, zugelassen für feine Backwaren. Bedenken wie bei E 520.
**E 554-556 und 559 Kieselsäure (Aluminiumsilicate)**
Natürliche Trennmittel. Risiken wie bei E 520.
**E 574-579 Gluconsäure und Verbindungen**
Künstliche Stabilisatoren, Säureregulatoren und Komplexbildner. Dosen über 20 g abführend.

**Geschmacksverstärker:**
**Sie sollen den Geschmack von Lebensmitteln verbessern, Geschmacksmängel ausgleichen und übereinstimmenden Geschmack bei gleichen Produkten gewährleisten. Sie prägen aber auch die Geschmacksnorm bei Fertigprodukten und helfen dem Produzenten, teure Rohstoffe einzusparen. Geschmacksverstärker wirken appetitanregend und fördern so Übergewichtigkeit.**
**Von den 27 E-Nummern, die ihnen vorbehalten sind, sind 10 kaum erforscht und 8 als bedenklich einzustufen.**

**E 620-625 Glutaminsäure und Verbindungen**
Aus pflanzlichem oder tierischem Eiweiß gewonnener Geschmacksverstärker, vor allem in der asiatischen Küche, hochkonzentriert z.B. in Sojasauce.
Kann bei empfindlichen Menschen Taubheitsgefühle, Herzklopfen, Kopfschmerzen und Schwächegefühl auslösen. (China-Restaurant-Syndrom)
**E 900 Dimethylpolysiloxan (Silikonöl)**
Künstliches Schaumverhütungsmittel.
Von häufigem Verzehr abzuraten.

**E 912 Montansäureester**
Natürliches , aus Braunkohle gewonnenes Pflanzenwachs zur Oberflächenbehandlung von Zitrusfrüchten.
Im Tierversuch gesundheitsschädliche Folgen.

**Süßstoffe:**
**Als Ersatzmittel für Zucker werden sie für Diät- und sogenannte Light-Produkte eingesetzt, denn sie süßen ohne die belastende Glucose. Heute in zu vielen Lebensmitteln anzutreffen, darum besteht die Gefahr der unkontrollierbaren Überdosierung.**

**E 951 Aspartam**
Geschmacksverstärker und Süßstoff, 200mal süßer als Zucker, künstlich, in Japan und den USA gentechnisch hergestellt. Bedenklich für Verbraucher mit PKU.
**E 952 Cyclohexansulfamidsäure und ihre Natrium- und Calciumsalze, Cyclamat**
Künstliche Süßstoffe, um Vielfaches süßer als Zucker.
Im Tierversuch Blasenkrebs, Zellveränderungen, verminderte Fruchtbarkeit. Tägliche Aufnahmemenge höchstens 11 mg/kg Körpergewicht.
**E 953 Isomalt**
Zuckeraustauschstoff, künstliches Süßungsmittel, mit halber Süßkraft des Zuckers.
Durchfall und Blähungen möglich.
**E 954 Saccharin und seine Salze**
Künstliche Süßstoffe, oft mit bitterem, metallischem Beigeschmack. 500 mal süßer als Zucker.
Im Tierversuch Blasentumore.
**E 965 Maltit, Maltitsirup**
Feuchteregulator und Süßungsmittel, künstlich.
Durchfälle und Blähungen möglich.
**E 966 Lactit, E 967 Xylit**
Künstliche Süßungsmittel und Trägerstoffe.
Bei Tagesdosen über 50 g sind Durchfall und Blähungen möglich.
**E 999 Quillaja-Extrakt**
Natürliches pflanzliches Schaummittel aus der Rinde des Quillaja-Baumes. Enthält Blutgifte (Saponine).
**E 1105 Lysozym**
Konservierungsstoff für Käse, Enzym für alle Lebensmittel, natürlich wie auch gentechnisch hergestellt.
Bedenklich für Allergiker.
**E 1200 Polydextrose**
Künstlicher Füllstoff, Feuchteregulator. Abführend.
**E 1201 Polyvinylpyrrolidon, E 1202 Polyvinylpolypyrrolidon**
Künstliche Flockungsmittel zum Binden von Trübstoffen in Getränken. Zugelassen bei Wein, Diätlebens- und Süßungsmitteln.

## Stoffe ohne E-Nummern

Aromastoffe sind nicht durch E-Nummern gekennzeichnet. Sie müssen aber ebenfalls ausgewiesen werden, und zwar als:

**Natürliche Aromastoffe** (pflanzlicher oder tierischer Herkunft),
**Naturidentische Aromastoffe**
(künstlich hergestellt),
**Künstliche Aromastoffe** und **Raucharomen.**
Als technische Hilfsstoffe werden häufig Enzyme zur Produktion hinzugezogen. Viele Hersteller geben sie nicht an, weil sie im fertigen Lebensmittel nicht mehr nachweisbar sind.
Das gilt auch für gentechnische Methoden bei der Herstellung dieser Stoffe.
Aber auch manche E-Nummer muß auf dem Endprodukt nicht verzeichnet sein, wenn der zur Herstellung benutzte Zusatzstoff im fertigen Lebensmittel keine technologische Wirkung mehr zeigt.
Hier ist eine bedauerliche Lücke im europäischen Lebensmittelrecht, zugleich eine Lücke im Verbraucherschutz.

# Glossar

**Abgang** Begriff der Weinsprache, der sich auf den Nachgeschmack und seine Länge bezieht.
**Agar-Agar** Verdickungsmittel aus den Zellwänden von Rot-Algen.
**Al dente** Italienisch; bißfester Garzustand von Teigwaren und Gemüsen.
**Aminosäuren** Die Bausteine der Proteine, von denen 8 für den menschlichen Organismus lebensnotwendig (essentiell) sind; ohne sie kommt es zu schweren Stoffwechsel- und Wachstumsstörungen.
**Andünsten** Zutaten in Öl oder Fett bei niedriger bis mittlerer Temperatur glasig werden lassen oder leicht bräunen.
**Anschwitzen** Gemüse, insbesondere Zwiebeln, bei niedriger Hitze in Öl oder Butter garen, ohne daß es bräunt.
**Ausbau** Reifeprozeß des zu Ende gegorenen Weins in Fässern oder neutralen Behältern.
**Ausfetten, Buttern** Eine feuerfeste Form oder ein Blech mit Fett oder Butter gleichmäßig aus- oder einreiben.
**Auszugsmehl** Von den wertvollen Randschichten und dem Keimling befreites, mineralstoffarmes Mehl mit niedrigem Ausmahlungsgrad.
**Ballaststoffe** Unverdauliche Kohlenhydrate, sehr verdauungsfördernd und -regulierend, auch entgiftend.
**Barrique** Neues Eichenfaß von 225 Liter Fassungsvermögen, das für den Ausbau feiner Weine verwandt wird.
**Benzypren** Krebserregende Verbindung, die z. B. entsteht, wenn beim Grillen über Holzkohle Fett aufflammt und Fleisch ankohlt.
**Biologische Wertigkeit** Sie besagt, wieviel Gramm Körpereiweiß aus 100 g verzehrtem Eiweiß gebildet werden können; Maßstab ist das Vollei mit dem Wert 100; wichtig wegen Aufnahme der essentiellen Aminosäuren.
**Blanchieren** Zutaten, vor allem Gemüse, für wenige Minuten in kochendes Wasser geben und vorgaren.
**Bodenleben** Ein gesunder Boden enthält 1 Milliarde Lebewesen pro Gramm, die für sein optimales Funktionieren sorgen. Deshalb ernährt jeder gute Bio-Bauer den Boden und nicht die Pflanzen.
**Bouquet garni** Zusammengebundenes Kräutersträußchen, immer mit Thymian und Lorbeer, meist noch mit Petersilie; je nach Region und Gericht auch mit Rosmarin, Majoran, Liebstöckel oder Sellerie.
**Brunoise** Sehr klein geschnittene Gemüsewürfel, die meist zur Garnierung dienen.
**Bukett** Französisch: bouquet; bezeichnet den Duft von bereits entwickeltem Wein, seine »Nase«.
**Carotin** Vorstufe des Vitamins A, deshalb Provitamin genannt; wichtig für Sehkraft und Hautschutz.
**Chlorophyll** Der grüne Farbstoff der Pflanzen, unerläßlicher Bestandteil der Photosynthese und vermutlich ein wahres Gesundheitselixier.
**Crème de Cassis** Likör aus Schwarzen Johannisbeeren.
**Darren** Trocknen und Rösten.
**Deglacieren** Ablöschen; durch Zugabe von Flüssigkeit und unter Rühren den Bratensatz vom Topfboden lösen.
**Degorgieren** Bei Schaumweinen durch Rütteln der Flasche den Hefesatz in den Flaschenhals befördern.
**Dekantieren** Das Umfüllen von Wein in eine Karaffe, um ihn zu belüften und/oder vom Bodensatz in der Flasche zu trennen.
**Dicksaft** Ein in der Naturkost geschätztes mineralstoffreiches Süßmittel, das durch Einkochen von Äpfeln, Birnen oder Trauben gewonnen wird.
**Domäne** Vom französischen domaine; Bezeichnung für landwirtschaftliches Gut, in Frankreich häufig für Weingüter.
**Dünsten** Speisen im eigenen Saft oder mit wenig zusätzlicher Flüssigkeit garen.
**Einweichen** Getrocknete Früchte, Gemüse oder Getreide in Wasser oder andere Flüssigkeiten legen und quellen lassen.
**Elaio-Technik** Mit ihr wird Olivenöl gewonnen.
**Extensivierung** Landwirtschaftliche Flächen werden mit geringem Arbeits- und Kapitalaufwand genutzt wie z. B. bei der Mutterkuhhaltung.
**Fermentation** Allgemeiner und internationaler Begriff für Gärvorgänge, ob bei Käse, Sauerkraut oder Wein.
**Fettsäuren** ungesättigte: gesund und »herzfreundlich«, generell gut für Gefäße.
**Freie Radikale** Sehr aggressive, aus zerstörten Verbindungen stammende Sauerstoffmoleküle, die andere Zellen und Verbindungen im menschlichen Körper angreifen und schädigen können.
**Freilaufstall** auch einfach Laufstall: ein Stall der artgerechten Tierhaltung, in dem sich die Tiere frei bewegen können und direkten Kontakt miteinander haben.
**Fruchtfolge** Bezeichnet die Folge verschiedener Kulturen, die darauf angelegt ist, die Fruchtbarkeit des Bodens durch Wechsel der Bepflanzung zu fördern.
**Fruchtsaftgetränke** Getränke mit nur geringem Anteil an Fruchtsaft, der zwischen 6% und 30% variiert; folglich haben sie keinen Platz in der Naturkost.
**Fructose** oder Fruchtzucker ist Bestandteil von Rohr- und Rübenzucker und kommt in Honig, Obst und vielen Gemüsen vor.
**Fünfkorn** Bewährte Getreidemischung in Broten und Müslis aus Weizen, Roggen, Gerste, Hafer und Reis.
**Garnieren** Ein Gericht verzieren.
**Glasieren** Entweder das Überziehen eines Gebäcks mit Glasur oder das Überziehen von hellem Fleisch mit natürlicher Gelatine beim wiederholten Übergießen mit dem Fond beim Schmoren.
**Glattziehen** Weist eine Sauce Bläschen oder Klümpchen auf, löst man diese durch anhaltendes Rühren auf.
**Glukose** oder Traubenzucker, der wichtigste Einfachzucker im menschlichen Organismus, findet sich in Obst, Honig und manchen Gemüsen.
**Gluten** Klebereiweiß; Bestandteil des Mehlkörpers einiger Getreidesorten, der für gute Backeigenschaften sorgt, aber bei manchen Menschen Allergien auslöst.
**Gründüngung** Anreicherung des Bodens mit organischer Substanz und Luftstickstoff durch Aussaat von Luzerne, Klee oder anderen geeigneten Pflanzen.
**Halmverkürzer** Chemische Mittel im Getreideanbau, verhindern das Umknicken von Halmen, indem sie das Wachstum reduzieren, bleiben als Rückstände im Stroh erhalten.
**Julienne** In feine Streifen geschnittenes Gemüse.
**Jus** Französisch für Saft; in der Küche Ausdruck für intensive, aus Knochen, Abfallstücken, Gemüse und Wein bereitete klare Fleischsauce.
**Kleie** Die vital- und ballaststoffreichsten Teile des Getreides, nämlich Randschichten und Keim, die bei Auszugsmehlen ausgesondert werden.
**Klon** Durch künstliche, nicht geschlechtliche Vermehrung entstandenes, genetisch identisches Ausgangsmaterial bei Pflanzen und Lebewesen.
**Leguminosen** Schmetterlingsblütler; dazu zählen Erbsen, Bohnen, Linsen, Soja und auch Futterfrüchte, die gleichzeitig den Boden mit Stickstoff anreichern.
**Lezithin** Fettähnlicher Stoff, insbesondere in Eidotter, Hülsenfrüchten und Pseudogetreiden, wichtig für Stoffwechsel, stärkt Gehirn und Nerven.
**Linolsäure** Zweifach ungesättigte essentielle Fettsäure, die sich in hoher Konzentration in den meisten kaltgepreßten Pflanzenölen befindet.
**Lysin** Eine der essentiellen acht Aminosäuren, für Wachstum der Knochen, Stärkung des Immunsystems und des Denkvermögens von Bedeutung.
**Maische** Zermahlene Trauben oder anderes Obst oder mit Wasser angesetztes Malz, aus denen durch Gärung Wein oder Bier entsteht.
**Marinieren** Beizen; Zutaten in einer Sauce, meist aus Öl, Essig oder Zitronensaft sowie Gewürzen und Kräutern, einlegen und für einige Zeit ziehen lassen.
**Milchsäuregärung** Methode zur Haltbarmachung von Gemüse, z. B. Sauerkraut, dank der Wirkung von Milchsäurebakterien.
**Mischmus** Gemischtes Nußmus aus Mandeln, Erdnüssen, Haselnüssen, Cashewkernen – fertig im Naturkosthandel erhältlich.
**Mischsatz** Fachbegriff der Weinsprache für Mischen oder Assemblieren mehrerer Rebsorten für eine Abfüllung.
**Morgen** Altes deutsches Feldmaß, das je nach Region unterschiedlich große Flächen umschreibt, in Bayern z. B. ist 1 Morgen = 34,07 a, in Preußen = 25,50 a.
**Nährstoffdichte** Der Nährstoffgehalt im Lebensmittel; der Gehalt an Eiweiß, Fett, Kohlenhydraten, Vitaminen, Mineralstoffen und Spurenelementen.
**Nigari** Bittersalz; aus Meersalz hergestellt, wird zur traditionellen Tofu-Herstellung verwendet.
**Nitrosamine** Stark krebserzeugende Verbindungen, die durch Pökeln und insbesondere durch Grillen oder Braten von Gepökeltem entstehen.
**Önologie** Die Wissenschaft vom Wein.
**Oxidation** Das Einwirken von Luft-Sauerstoff, das bei Lebensmitteln den Verlust von Vitalstoffen und Aromen unterstützt.
**Parieren** Abschneiden von Fett, Knorpeln und sonstigem Überflüssigen von Fleisch- und Fischstücken.
**Passieren** Zubereitungen durch ein Sieb oder Tuch streichen.
**Pektine** In festeren Fruchtteilen enthaltene, sehr quellfähige Kohlenhydrate und Ballaststoffe; vor allem in Äpfeln, Quitten, Zitrusfrüchten; dienen isoliert als Gelier- und Bindemittel.
**Pestizide** Oberbegriff für chemische Pflanzenschutzmittel wie Insektizide, Herbizide, Fungizide etc.
**Pseudogetreide** Buchweizen, Amaranth und Quinoa, die als Getreide verwandt werden, aber botanisch zu anderen Pflanzenfamilien zählen.
**Raffination** Mehrstufige Reinigungsverfahren der Nahrungsmittelindustrie, um chemisch reine Öle, Fette, aber auch Zucker und Salz zu erhalten, wobei Vitalstoffe ganz oder teilweise ausgesondert werden.
**Reduzieren** Verringern einer Flüssigkeitsmenge durch Einkochen bei starker Hitze.
**Rösten** Bräunen von Zutaten mit wenig oder ohne Fett.
**Salsa Verde** Grüne Sauce.
**Schrot** Grob gemahlenes Getreide, aber nur bei Vollkorn mit dem wichtigen Keim, nicht bei Backschrot.
**Tamari** Eine Sojasauce, besteht nur aus Soja, Wasser und Meersalz; Nebenprodukt der Miso-Herstellung.
**Tannine** Gerbstoffe im Wein, die aus Schalen und Strunken (Rappen) stammen und als natürlicher Konservierungsstoff wirken.
**Tempeh** Sojaprodukt aus Indonesien mit hohem Eiweißgehalt, durch Fermentation gewonnen, meist gebraten gegessen.
**Tofu** Durch Gerinnung hergestelltes Sojaprodukt.
**Trester** Bei der Wein- und Saftherstellung die Rückstände nach dem Pressen.
**Umebosi** In Salz eingelegte, milchsaure japanische Aprikosenart, als Heilmittel verwandt.
**Umröter** Bei der konventionellen Wurstherstellung benutzte Färbemittel, meist Pökelsalz oder Salpeter, die im Fleisch das rote Stickoxid Myoglobin bilden, sich aber auch mit Aminosäuren zu krebserregenden Nitrosaminen verbinden können.
**Unterheben** Zutat(en) in eine homogene Zubereitung oder Mischung geben und mit ihr ohne kräftiges Rühren verbinden.
**Vinaigrette** Salatsauce auf der Basis von Essig (französisch vinaigre) und Öl.
**Vinifikation** Fachbegriff für die Weinbereitung.
**Vitalstoffe** Unwissenschaftlicher Sammelbegriff für lebenswichtige Wirkstoffe, insbesondere für Mineralien, Spurenelemente und Vitamine, oft auch zusätzlich für Enzyme, Hormone, ungesättigte Fettsäuren etc.
**Zesteur**
Schälmesser für Orangen und Zitronen.

# Bibliographie


Acuff, Steve: Das makrobiotische Gesundheitsbuch. München 1989
AID – Auswertungs- und Informationsdienst für Ernährung, Landwirtschaft und Forsten: Biologische Schädlingsbekämpfung. Bonn 1993
Arbeitsgemeinschaft Ökologischer Landbau (Hrsg.): Rahmenrichtlinien zum ökologischen Landbau. Darmstadt 1991.
ArbeitsGemeinschaft Ökologischer Landbau und Evangelische Landjugendakademie Altenkirchen (Hrsg.), Susanne Hermanowski (Redaktion): Land- und Gartenbau mit Behinderten. Bad Dürkheim 1994
Aren-Azevedo, Günther, Pletschen, Schneider (Hrsg.): Ernährungslehre – zeitgemäß, praxisnah. Hannover 1990
Bernath, Konrad: Futterbau. Bad Dürkheim 1984
Bernath, Konrad: Düngung. Bad Dürkheim 1985
Binder, Franz und Josef Wahler: Handbuch der gesunden Ernährung. München 1993
Blanc, Bernhard: Unterschiede zwischen Roh- und H-Milch und ihre Folgen. Auszüge, Kassel 1993. In: Rohmilch – Ein qualitativ hochwertiges Lebensmittel. Hrsg. v. Stiftung Ökologie und Landbau, Bad Dürkheim 1995
Bourguignon, Claude: Le sol, la terre et les champs. Paris 1989
Bruker, Dr. M. O.: Nahrung und Schicksal. Lahnstein 1988
Burggrabe, Hilmar und Hermine Gronau: Vollkorn, Schrot & Mühlen. Weil der Stadt 1987
Dähler, Fritz: Zum 100. Geburtstag von Dr. Hans Müller. In: Kultur und Politik, Nr. 5,1991
Danner, Helma: Biologisch kochen und backen. Düsseldorf 1981
Diamond, Harvey und Marilyn: Fit fürs Leben. München 1990
Elliot, Rose: Vegetarische Küche. Stuttgart 1994
Elmadfa, Ibrahim und Claus Leitzmann: Ernährung des Menschen. Stuttgart 1988
Elmadfa, Ibrahim u. a.: Die große GU-Nährwerttabelle. München 1993
Fischer, Claudia und Reinold: Der Bio-Pakt. München 1988
Fölsch, D. W., R. Hoffmann und BAT: Artgerechte Hühnerhaltung. Karlsruhe 1991
Franke, Wolfgang: Nutzpflanzenkunde. Stuttgart 1989
Friedmann, Günter: Demeter-Bienenhaltung, ein neuer Weg der ökologischen Bienenkultur. In Deutsches Bienen Journal 6, 1996
Glandorf, Kuhnert, Lück (Hrsg.): Handbuch der Lebensmittelzusatzstoffe. Hamburg 1991
Glenk, W. und S. Neu: Enzyme. München 1992
Goetz, Rolf: Naturkost – Ein praktischer Warenführer. 2 Bände, Schaafheim 1987
Goetz, Rolf: Andere Ernährung – Ein Führer durch die alternativen Kostformen. Schaafheim 1988
Goetz, Rolf (Forum Berufsbildung): Hülsenfrüchte und Sojaprodukte. Berlin 1996
Goetz, Rolf (Forum Berufsbildung): Öle und Fette. Berlin 1996
Goetz, Rolf (Forum Berufsbildung): Waschmittel und Haushaltsreiniger. Berlin 1996
Gottschall, Hampl, Kähny, Schmitz, Scholz: Kompostieren – die technischen Aspekte der Kompostierung im ökologischen Landbau. Bad Dürkheim 1991
Greer, Rita und Cyril Blau: Olive Oil. London 1995
Gronauer, Andreas und Bernd Lehmann (Hrsg.): Technik der artgerechten Tierhaltung im ökologischen Landbau
Guth, Dr. Ernst: Stutenmilch – Ein Naturheilmittel. Maßweiler o. J.
Guth, Dr. Ernst: Kumyß. Maßweiler o. J.
Hampl-Mathy, Ulrich: Bodengesundung. Bad Dürkheim 1991
Herrmann, Karl: Exotische Lebensmittel – Inhaltsstoffe und Verwendung. Heidelberg 1983
Hirn, Gerhard (Hrsg.): Die EG-Bio-Verordnung – Diskussionsbeiträge. Bad Dürkheim 1993
Hohlstein, Eike Erich (Forum Berufsbildung): Ernährungslehre. Berlin 1996
Hohlstein, Eike Erich (Forum Berufsbildung): Zucker, andere Süßmittel und Honig. Berlin 1996
Howard, Sir Albert: Mein landwirtschaftliches Testament. München 1979
Hüsgen, Dr. Helmut: Leben in einer nachindustriellen Gesellschaft – aber wie? Süchterscheid 1989
IFOAM: Basisrichtlinien der IFOAM. Bad Darmstadt 1993
Kapfelsperger, E. und U. Pollmer: Iß und stirb. Chemie in unserer Nahrung. Köln 1992
Katalyse e.V.: Das Ernährungsbuch. Köln 1989
Katalyse e.V.: Das Umweltlexikon. Köln 1993
Katch, Frank und William D. McArdle: Introduction to Nutrition, Exercise and Health. Philadelphia 1993
Köhler, A. und S. Ullmann: Obst und Früchte von A bis Z. München 1985
Kollath, Werner: Die Ordnung der Nahrung. Heidelberg 1986
kraut & rüben, Zeitschrift, verschiedene Ausgaben, München
Kreuter, Marie-Luise: Der Bio-Garten. München 1982
Kreuter, Marie-Luise: Kräuter und Gewürze aus dem eigenen Garten. München 1990
Kühne, Elisabeth (Forum Berufsbildung): Fleisch, Fisch und Eier. Berlin 1996
Kuhnert, Peter: Die neuen E-Nummnmern der Zusatzstoffe. In AID-Verbraucherdienst 40, Heft 5, 1995
Kulvinskas, Viktoras: Leben und Überleben – Kursbuch des 21. Jahrhunderts. München 1980
Kurz, Christ und Gabi: Die Vollwert-Kochschule. München 1986
Kushi, Michio: Der makrobiotische Weg. Freiburg 1986
Lad, Vasant: Das Ayurveda-Heilbuch. Aitrang 1994
Langman, Mary, Dr. Victor Stewart, Bob Waller: Lady Eve Balfour – Organic Pioneer. In: Living Earth, Bristol, April – June 1990
Leitzmann, Claus und Herbert Million: Vollwertküche für Genießer. Niedernhausen 1995
Leitzmann, von Koerber, Männle: Vollwert-Ernährung. Heidelberg 1993
Le Jaouen, Jean-Claude: La fabrication du fromage de chèvre fermier. Paris 1977
Liebster, Günther: Warenkunde Obst & Gemüse. 2 Bände, Düsseldorf 1988
Marquardt, Mayer, Mikelski: Umwelt-Lexikon ökologisches Grundwissen. Reinbek bei Hamburg 1993
May, Wolfgang: Die Heilkräfte in unserer Nahrung. Regensburg 1989
Mayer, Faul, Ries, Gerber, Kärcher Hrsg.): Ökologischer Landbau – Perspektive für die Zukunft! Bad Dürkheim 1994
Meyer, Axel: Das Lexikon der Vollwert-Ernährung. München 1991
Meyers Lexikon, E. Menden (Hrsg.): Die Ernährung. Mannheim 1990
Mindell, Earl: Die Vitamin-Bibel. München 1987
Mohr-Lüllmann, Rita: Amaranth – Körner einer alten Kulturpflanze. Berlin 1992
Moser, Gerhard: Bauernkäserei. Tholey 1987
Münster, Walter: Milch- und Milchprodukte. Schaafheim 1988
Münzing-Ruef, Ingeborg: Kursbuch für gesunde Ernährung. München 1991
Nöcker, Rose-Marie: Das grosse Buch der Sprossen und Keime. München 1987
Ökoring: Beratungsordner. Walsrode
Öko-Test: Ratgeber Ernährung. Reinbek bei Hamburg 1993
Oshawa, Georges: Zen Makrobiotik. Hamburg 1986
Pollmer, Fock, Gonder, Haug: Prost Mahlzeit! Krank durch gesunde Ernährung. Köln 1994
Popp, Fritz A.: Die Botschaft der Nahrung. Frankfurt 1994
Preuschen, Gerhardt: Anleitung zur Spatendiagnose. Bad Dürkheim 1981
Preuschen, Gerhardt: Gründüngung – aber wie? Fruchtfolgen. Bad Dürkheim 1983
Preuschen, Gerhardt: Mensch und Natur – Partner oder Gegner? Bad Dürkheim 1991
Preuschen, Gerhardt und Ulrich Hampl: Der Aufbau der Bodengesundheit. Bad Dürkheim 1983
Privatklinik Bircher-Benner: Max Bircher-Benner zum 50. Todestag. Zürich 1989
Renzenbrink, Udo: Ernährungskunde aus anthroposophischer Sicht. Dornach 1979
Rückert, Ulrich: Vitamine und Mineralstoffe. München 1990
Rusch, Hans-Dieter: Bodenfruchtbarkeit. Eine Studie biologischen Denkens. Heidelberg 1968
Rusch, Hans-Dieter: Naturwissenschaft von Morgen. Küsnacht – Zürich 1955
Sambraus, Hans Hinrich: Atlas der Nutztierrassen. Stuttgart 1987
Sattler, Friedrich und Eckard von Wistinghausen: Der landwirtschaftliche Betrieb. Biologisch-Dynamisch. Stuttgart 1995
Schaepers-Feese, Dr. Gabriele und Joachim Zielke (Forum Berufsbildung): Milch und Milchprodukte. Berlin 1996
Scheidegger, Werner: Maria Müller, Hans Müller und Hans Peter Rusch – eine Idee wird geboren. In: Bioland, Heft 1, 1996.
Schlieper, Cornelia A.: Grundfragen der Ernährung. Hamburg 1992
Scholz, Wolfgang: Käse aus Schaf- und Ziegenmilch. Stuttgart 1995
schrot & korn, Zeitschrift, verschiedene Ausgaben, Schaafheim
Schrott, Dr. Ernst: Ayurveda für jeden Tag. München 1994
Schrott, Dr. Ernst: Die köstliche Küche des Ayurveda. München 1995
Siebeneicher, Georg E.: Handbuch für den biologischen Landbau. Augsburg 1993
Simon, Bernhard: Zur Geschichte des organisch-biologischen Landbaus nach Müller-Rusch. In: Zeitschrift für Agrargeschichte und Agrarsoziologie, Heft 1, 1991
Souci, Fachmann, Kraut: Nährwerttabellen. Stuttgart 1989
Steiner, Rudolf: Naturgrundlagen der Ernährung. Stuttgart 1981
Steiner, Rudolf: Geisteswissenschaftliche Grundlagen zum Gedeihen der Landwirtschaft – Landwirtschaftlicher Kurs. Dornach 1985
Stiftung Ökologie und Landbau: Folienvorlagen zum Öko-Landbau. Bad Dürkheim 1994
Stiftung Warentest: test spezial Ernährung. Berlin 1993
Stolze, Fritz: Handbuch des Erwerbsgärtners. Stuttgart 1989
Sulzberger, Robert: Gartenkräuter. München 1993
Temelie, Barbara: Ernährung nach den fünf Elementen. Sulzberg 1992
Teubner (Edition): Das große Buch der Exoten. Füssen 1990
Thomas, Frieder und Rudolf Vögel: Gute Argumente – Ökologische Landwirtschaft. München 1989
Vogtmann, Hartmut: Ökologischer Gartenbau. Bad Dürkheim 1990
Vollmer, Günter u. a.: Lebensmittelführer Fleisch, Fisch. Stuttgart – München 1990
Vollmer, Günter u. a.: Lebensmittelführer Obst, Gemüse. Stuttgart – München 1990
Vollmer, Günter und Manfred Franz: Chemie in Haus und Garten. Stuttgart – München 1994
Walter, Sabine: Nicht-chemische Unkrautregulierung. Bad Dürkheim 1990
Weber, Carina und Werner Balzer: Pestizide in Nahrungsmittel: Besonders gefährlich für Kinder. Bad Dürkheim 1992
Weber, Marlies und Isabel Wilden: Lexikon der gesunden Ernährung. Weil der Stadt 1991
von Wistinghausen, Christian, Wolfgang Scheibe und Eckard von Wistinghausen: Anleitung zur Herstellung der Biologisch-Dynamischen Präparate. Arbeitsheft 1, Stuttgart 1996

## Danksagung

Culinaria »Naturkost« wäre ohne die Hilfe von Bio-Bäuerinnen und Bauern, Gärtnerinnen und Gärtnern, von Köchen und Bäckern, von Winzern und Anbauverbänden, Naturkosthändlern und -herstellern nicht möglich gewesen. Der Verlag dankt ihnen allen, auch wenn sie nicht in jedem Fall erwähnt werden konnten.

Claudia und Reinold Fischer, Triftern, für die Kapitel Biogarten und Hofwirtschaft sowie Texte über EG-Bio-Verordnung und IFOAM.
Gudrun und Hansdieter Blume, Bad Sassendorf-Lohne, für ihren unerschöpflichen guten Willen, uns zu helfen, ob bei Sauerteigbrot, Rindfleischpaket, Hausschlachtung, Mettwurst, Bauerngarten und anderem mehr. Auch Anna Blume, der Wurstexpertin, dem Metzgermeister Rolf Puls, sowie Margarethe Bloch und Lisel Markhoff unseren herzlichen Dank.
Veit und Inga Ludewig, Dresden, die uns immer mit großer Freundlichkeit bei vielen Dingen halfen, ob bei Äpfeln, Birnenkuchen, Gemüsesuppe, Sauerkraut oder Kräutern.
Staatsdomäne Mechtildshausen, Wiesbaden, Direktor Horst Freund, Metzgermeister Randolf Müller, Hans-Jürgen und Iris Wolf, Leiter des Gästehauses, den Köchen Andreas Willius, Andreas Weihmann, Martin Bauerndick und den Konditoren, Ralf Sommer und Paul Sommerock für ihre leckeren Rezepte und ihre Unterstützung.
Allos Naturkostprodukte Walter Lang, Mariendrebber, und Markus Hastenpflug für Informationen und Rezepte zum Amaranth.
Andrew Whitley, Melmersby, England, für seine Brot- und Kuchenrezepte.
Uschi Stender-Barbieri, Herrsching, für mediterrane und italienische Naturkost-Rezepte, und Nino Barbieri für seine Informationen.
Campiña Verde, Cordoba, Spanien, Friedrich Huber, Alwin Gfrörer, Anna, Martina und Paco für ihre herzliche Aufnahme, die exzellente Organisation, die verwegenen Fahrkünste und für hinreißende Entdeckungen in punkto Obst und Wein.
Iñaki Martinez, Hospederia de S. Francisco, Palma del Rio, Spanien, für Gastfreundlichkeit und andalusische Orangenrezepte.
Gasthof und Metzgerei Schwarz, Veitsaurach, für den grandiosen Schweinebraten und die Brotzeit.
Petra Kupke, Fourque, Frankreich, für Recherchen zu Gemüse, Tierhaltung, Milch und Milchprodukten.
Andree Köthe und Rainer Sollfranz, Restaurant Essigbrätlein, Nürnberg, für ihre unvergleichlich feinen Rezepte, ob das grandiose Zicklein, Lammnieren oder Lammkoteletts, die Süßwasser- und Meeresfische, insbesondere die perfekte Dorade, und für die originellen Kartoffelrezepte.
Haiko Winkler von Mohrenfels, Hemhofen, für seine hervorragenden Fische und anderen Zutaten.
Dr. Helmut Riethmüller und Monika Schwarz vom Forum Berufsbildung, Berlin, für die gute Zusammenarbeit.
Stephan Krauth, Köln, für Schlunzensalat und Knabbersachen.
Gisela Schanzenberger, Viersen-Dülken, für ihre hausgemachten Konfitüren, Nußecken, Käsegebäck und Mixed Pickles.
Michel und Rebecca Lopez-Radakovitch, Maureillas, Frankreich, für ihre Geduld und Kräuterrezepte.
Horst Nagel, Friedberg, für seinen Text über Apfelwein.
Nicolas Joly, Savennières, Frankreich, für seinen Text »Biodynamik und Appellation«.
Familie Mail aus Bad Sassendorf-Lohne, die uns demonstrierte, wie man einen Komposthaufen optimal anlegt.
Dr. Reinhard Albert, Landesanstalt für Pflanzenschutz, für seinen Beitrag über Nützlinge und Schädling.
Johanna Fox, Trier, für das Porträt des Fellerhofs.
Kyra Stempell, Köln, für ihre hinreißenden Dips und für Hilfe, Skript und Geduld bei der ersten Layout-Sitzung.
Lilly Stempell, die immer auf Papa Ruprecht warten mußte.

Miguel Abad, Finca Emalba, Pago Real Alto, Spanien
AGÖL Arbeitsgemeinschaft Ökologischer Landbau,
Dr. Manon Haccius, Darmstadt
Agrico, Emmeloord, Niederlande
Stefan und Irene Ambacher, Hußweiler
Dr. Peter Auhagen, Naturheilarzt, Köln
Bioland – Verband für organisch-biologischen Landbau, Uhingen
Privatklinik Bircher-Benner, Zürich, Schweiz
Gudrun und Hansdieter Blume, Bad Sassendorf-Lohne
Robert Bon, Bongran, Camargue, Frankreich
Eric Bordelet, Charcigné, Frankreich
F. Brisson, Pineuilh, Frankreich
Bureau Interprofessionnel des Vins de Bourgogne, Beaune, Frankreich
Bureau National Interprofessionnel du Pruneau, Dominique René-Bazin, Villeneuve-sur-Lot, Frankreich
Cilverpuy, Comité Interprofessionnel des Lentilles du Puy, Puy-en-Velay
Campiña Verde, Cordoba, Spanien
Domaine Combier, Pont Saint-Esprit, Frankreich
Laurent Combier, Pont de l'Isère, Frankreich
Hjalmar Dahm, Guérande, Frankreich
Davert Mühle, Senden
Demeter Bund, Darmstadt
Christian und Hedda Diedrichs, Mas Miguelet, Baillestavy
Dingers Gartencenter, Köln
Dottenfelder Hof, Hollerbach
Bernd Drohsin, Viana, Euskirchen-Kuchenheim
Franz Eitzinger, Obing-Frabertsham
Irmgard Elsner, Bergisch Gladbach
Rainer Eymann, Kellermeister Ernst-Ludwig Frei und den Lesehelfern, Gönnheim
Rainer Fehlemann, Geldern
Miguel Angel Fernandez, Alora, Spanien
Lothar Fröschl, Rottenburg
Gabriel Gomez Nevado, Villaviciosa de Cordoba, Spanien
Pierre Guillot, Centre Français du Riz, Arles, Frankreich
Dr. Ernst Guth, Maßweiler
Hanns-Joachim Henrich, Fischbach
Dr. Karl Hermann, Universität Hohenheim
Herzogenbacher Brauerei, Jülich
Ulf Hofferbert, Europlant, Lüneburg
Hannes Jäzosch, Les Ayges, Fourtou, Frankreich
Ben Kurtenbach, Köln
Landesanstalt für Pflanzenschutz, Stuttgart
Antoine Lemaire, Du Sol à la Table, Trélazé, Frankreich
Jean-François Lemaire, Coutures, Frankreich
Ellen Linder, Köln
Loschter Knorze, Bäckerei und Konditorei, Lustadt
Patrick Marcotte, CIVAM BIO, Perpignan, Frankreich
Maria Thun, Versuchsstation für Konstellationsforschung im Pflanzenbau, Biedenkopf
Judith Moog, Huilérie Moog, Bram, Frankreich,
Karin Mundt
José Mari Muñoz, Entre Rios, Spanien
Nature & Progrès, Olivier de Visscher, Namur, Belgien
Naturland – Verband für naturgemäßen Landbau, Gräfeling
Nuñes de Prado, Baena, Spanien
Olive, Köln
Werner Oppel, Langenzenn
Oliver Paffrath, Siegburg
People's Trading Co., Hull
Charles Perraud, Sel de Guérande, Guérande
José Portales, Velez Malaga, Spanien
Juan Perez Postigo, Valle de Abdalajis, Spanien
Birgit Raab und Günther Zippel, Weidenbach
Conrad von Randow, Zuchtverband für Ostpreußische Skudden und rauhwollige Pommersche Landschafe e. V., Niederbachem
Rapunzel, Anke Klein, Legau
Peter Riegel, Stockach
Knut Rösemann, ViVoLoVin, Bremen
Rudolf Steiner Stiftung, Dornach, Schweiz
SaKa-Ragis Pflanzenzucht, Hamburg
Gilbert Salvini, Ligneville, Frankreich

Giovanni und Carmen Santisi, Edenkoben
Werner Scheidegger, Kultur und Politik, Kleindietwil, Schweiz
Schloms & Schmitz, Filmentwicklung, Köln
Oliver Schmauch, Köln
Jürgen Schulski, Bergisch Gladbach
SOPEXA, Düsseldorf, Christa Langen und Angela Driesen
Marita Spittenarend, Serkshof
Stiftung Ökologie und Landbau, Bad Dürkheim
The Soil Association, Christina May, Bristol, England
UNIA/UNITRAB, Montchauvet, Frankreich
Baltasar Viudez, Citricos del Valle, Alora, Spanien
Heinke Welge, Annahof, Albertsweiler-St. Johann
Christoph Ziechaus-Hartelt, Bioland – Verband für organisch-biologischen Landbau, Uhingen


## Fotonachweis

Alle Fotos Ruprecht Stempell
außer:

Günter Beer: 34, 35, 60, 64 (Spiegelkarpfen), 65 (Aal, Regenbogenforelle, Bachforelle), 68 (Kaisergranat, Garnele, Kalmar), 69 (Kleiner Kalmar, Taschenkrebs), 110, 111, 122, 123, 192 (Basilikum), 193 (Majoran, Rosmarin), 208, 209, 210
Christoph Büchel: 158/159
Cercle d'Etude de Contréxeville: 118/119
André Dominé: 132, 133, 136, 137
Sabine Emrich: 200 (Grafik)
Food Foto Köln, Brigitte Krauth und Jürgen Holz: 8/9, 22/23, 110/111, 46/47, 56/57, 72/73
Saša Fuis: 108, 109, 116, 140 (Graf von Kanitz), 141 (Schloß Wallhausen, Erwin Christ), 143 (Château les Jésuites), 160
Birgit Hartmann: 18 (Grafik)
© Verlagsservice K. G. Hütten/Kriso: 64 (Rotauge, Rotfeder), 65 (Barsch, Blei)
© Verlagsservice K. G. Hütten/Raimund Kramm: 107 Kleine Maräne
© Verlagsservice K. G. Hütten/Hans Reinhard: 64 (Schuppenkarpfen), 65 (Blaufeldchen)
Nicolas Joly: 130/131
K'Artagnan, Berlin: 284
Pierre Parcé: 112, 113, 126 (Speltor, Jade, Moinette), 140 (Nicolas Joly, Marc Kreydenweiss, Fleury, Thierry Guyot), 141 (Domaine Huet, Didier Dagueneau, Jean Goulley, Domaine de l'Ecu), 142 (Château de Caraguilhes, Mas de Janiny), 143 (Jean-Claude Rateau, Terre Blanches)
Rapunzel: 146/147, 148/149
M. Gilbert Salvin: 118, 119
Klaus Schrameyer, Amt für Landwirtschaft, Landschafts- und Bodenkultur, Heilbronn: 178/179, 180, 181, 182, 183
SOPEXA: 48 (Pute, Perlhuhn)
Steiner: 180/181, 182, 183
E. Weichel, Ackersystem, Heiningen: 207 (Strichzeichnungen)
Dr. Christian von Wistinghausen: 203

# Register

Verweise auf Rezepte und ausführlichere Textstellen sind halbfett gesetzt.